KB126041

譯註

禮記淺見錄

⑤

樂記上 · 樂記下 · 雜記上 · 雜記下 · 喪大記

譯註
禮記淺見錄

5

樂記上·樂記下·雜記上·雜記下·喪大記

권 근權近 저
정병섭鄭秉燮 역

學古房

본 역서는 고려말 조선초기 학자인 양촌 권근의 『예기천견록(禮記淺見錄)』을 번역한 것이다. 권근은 매우 유명한 인물이며, 관련 연구도 많이 되어 있기 때문에 별도로 덧붙일 말은 없다. 역자가 『예기천견록』을 번역하게 된 것은 우연하고도 사소한 이유 때문이다. 『예기보주』를 완역하고 난 뒤에 무료함을 달래기 위해 무엇을 할까 고민하다가 책장 한켠에 놓여 있던 『한국경학자료집성』이 눈에 들어왔다. 이 책은 모교의 대동문화연구원에서 발간한 것인데, 대학원 박사과정 때 우연한 기회로 오경(五經) 전권을 얻게 되었다. 그러나 당시에는 딱히 참고할 일이 없어 한쪽 구석에 먼지와 함께 쌓여 있었고, 몇번의 이사를 거치면서 책장을 정리할 때마다 늘 구석에서도 가장 후미진 곳을 차지하게 되었다. 그러던 중 조선 유학자인 김재로의 『예기보주』를 번역하게 되었고, 번역 과정에서 조선 유학자들의 『예기』에 대한 주석은 어떠한 성향을 보일까 궁금증이 들었다. 그래서 오경 중 『예기』 파트만 별도로 추려내서 가장 잘 보이는 곳에 두었는데, 첫번째로 수록된 책이 바로 『예기천견록』이었고, 무심코 자판을 두드리다보니 이렇게 책을 출판하게 되었다. 이것이 이 책을 번역하게 된 이유이다. 조선유학의 본원을 탐구하거나 양촌 권근의 사상적 특징을 밝히려는 거창한 계획은 애당초 없었고, 나는 그런 뜻을 품을 만한 재목도 되지 못한다.

『예기천견록』은 진호(陳澔)의 『예기집설(禮記集說)』을 그대로 차용하고 있다. 즉 『예기』의 경문과 진호의 『집설』 주를 거의 가감없이 그대로 수록하고 있으며, 덧붙여 설명할 부분에서만 자신의 견해를 그 뒤에 간략히 수록하고 있다. 물론 진호의 주석에 이견을 보인 부분에서는 나름의 근거를 제시하며 반박하는 기록들도 종종 등장하지만, 대부분 진호의 견해를 그대로 따르고 있다. 따라서 『예기천견록』은 『예기』에 대한 새로운 해석을 제시하는 주석서라기보다는 『예기집설』을 조선에 소개하며, 미진했던 부분을 보완하는 성격이 강하다.

그렇다고 해서 전혀 의미없는 책은 아니다. 이 책의 가장 큰 특징은 경문의 순서를 자신의 견해에 따라 새롭게 배열했다는 점이다. 『예기』 자체가 단편적 기록들의 묶음이다보니, 경문 배열에 대한 문제는 정현(鄭玄) 이전부터 제기되어 왔다. 정현도 주를 작성하며 문장의 순서를 일부 바꾼 부분이 있지만, 매우 제한된 경우에 한한다. 이후 여러 학자들도 배열이 잘 못되었거나 내용이 뒤죽박죽이라는 것을 알고 있었지만, 대부분 기존의 체제를 그대로 따랐다. 그런데 권근의 경우에는 각 편의 내용들을 일별하여, 동일한 주제에 따라 문장의 순서를 뒤바꾸고, 앞뒤의 내용이 연결되도록 문단을 재구성하였다. 또 『대학장구』에 착안하여, 『예기』의 일부 편들을 경문과 전문으로 구분하기도 했다. 이것이 이 책이 가진 가장 큰 특징이다.

나는 타고난 재질도 보잘것없고 게으른 성격 탓에 노력이란 것에 있어서도 그다지 밀도가 높지 않다. 따라서 이 책을 출간한다는 것이 부끄럽고 도움이 될 수 있을런지도 모르겠다. 무료함을 달래기 위해 지극히도 사소한 이유에서 시작된 역서이지만, 이 책을 발판으로 더 좋은 번역이 나왔으면 하는 바람이다. 끝으로 『예기천견록』을 출판할 수 있도록 허락해주신 학고방의 하운근 사장님께도 감사를 전한다.

- 본 책은 역주서(譯註書)로써, 『예기천견록(禮記淺見錄)』을 완역하고, 자세한 주석을 첨부했다.

- 『예기천견록』은 진호(陳澔)의 『예기집설(禮記集說)』에 대한 주석서로, 『예기』의 경문(經文)과 진호의 『집설』을 수록하고 자신의 견해를 덧붙이고 있다.

- 『예기천견록』의 가장 큰 특징은 경문 배열을 수정한 것이다. 일부 편들은 기존 『예기집설』의 문장 순서를 그대로 따르고 있지만, 특정 편들은 경문(經文)과 전문(傳文)으로 구분하여 새롭게 구성한 것들도 있고, 각 문장들을 주제별로 묶어서 순서를 바꾼 것이 많다. 이러한 점들을 나타내기 위해, 각 편의 첫 부분에는 『예기집설』의 문장순서와 『예기천견록』의 문장순서를 비교하여 도표로 제시하였고, 각 경문 기록 뒤에는 〈001〉·〈002〉·〈003〉 등으로 표시하여, 이 문장이 『예기집설』에서는 몇 번째 문장에 해당하는지 나타내었다.

- 『예기』 경문 해석은 진호의 『집설』에 따랐다. 권근이 진호의 해석에 대해 이견을 나타낸 것이 여러 차례 보이는데, 특별한 경우를 제외하면 주석을 통해 권근의 경문 해석을 확인할 수 있으므로, 권근의 주석에 따른 새로운 경문 해석은 별도로 제시하지 않았다.

- 본 역서의 『예기천견록(禮記淺見錄)』 원문과 표점은 한국유경편찬센터 (http://ygc.skku.edu)의 자료를 사용하였다.

- 『예기천견록』의 주석 대상이 되는 『예기집설』의 저본은 다음과 같다. 『禮記』, 서울 : 保景文化社, 초판 1984 (5판 1995)

- **經文** 으로 표시된 것은 『예기』의 경문 기록이다.
- **集說** 로 표시된 것은 진호의 『집설』 기록이다.
- **淺見** 으로 표시된 것은 권근의 주석이다.

禮記淺見錄卷第十五 『예기천견록』 15권

禮記淺見錄卷第十六 『예기천견록』 16권

禮記淺見錄卷第十七 『예기천견록』 17권

禮記淺見錄卷第十八 『예기천견록』 18권

禮記淺見錄卷第十九 『예기천견록』 19권

禮記淺見錄卷第十五

『예기천견록』 15권

「악기상(樂記上)」

淺見

近按: 此篇論樂之理, 而兼言禮二者不可以相離也. 其論精微, 多與
易‧繫辭相類, 而視禮運‧學記等篇之誣誕者不同. 此必非出於記
者之手, 疑亦作於孔門也歟.

내가 살펴보니, 「악기」편은 악의 이치를 논의하고 있는데, 예와 악은 서
로 떨어질 수 없다는 사실도 언급하고 있다. 그 의론은 정밀하고 은미하
여 대체로 『역』「계사전」의 기록과 유사한데, 「예운」이나 「학기」편처럼
무람되고 거짓된 기록과는 다르다. 이 기록은 분명 『예기』를 기록한 자
의 손에서 나온 것이 아니니, 아마도 공자의 문하에서 작성되었을 것이
다.

「악기」편 문장 순서 비교

『예기집설』	『예기천견록』		
	구분		문장
001			001
002			002
003			003
004			004
005			005
006			006
007			007
008			008
009			009
010			010
011			011
012	上篇	經文	012
013			013
014			014
015			015
016			016
017			017
018			018
019			019
020			020
021			021
022			022
023			023
024			024
025			025
026		傳1절	026
027			027
028			028
029	下篇		029前
030			029後
031		傳2절	030
032			031
033			032

『예기집설』	『예기천견록』		
	구분		문장
034			033
035			034
036		傳3절	035
037			036
038			037
039			038
040		傳4절	039
041			040
042			041
043		傳5절	042
044			043
045			044
046			046
047		傳6절	047
048			048
049			049
050	下篇		075
051		傳7절	076
052			077
053			078
054			079
055		傳8절	080
056			081
057			082
058			050前
059			050後
060			051
061			052
062			053
063		傳9절	054
064			055
065			056
066			057
067			058
068			059

『예기집설』	『예기천견록』		
	구분		문장
069	下篇	傳10절	060
070			061
071			062
072			063
073			064
074			065
075			066
076			067
077			068
078			069
079			070
080			071
081			072
082			073
083			074
084		傳11절	083
085			084
			085
		傳文	045

경문(經文)

凡音之起, 由人心生也. 人心之動, 物使之然也. 感於物而動,
故形於聲. 聲相應, 故生變. 變成方, 謂之音. 比[毗至反]音而樂
[如字]之, 及干戚羽旄, 謂之樂.〈001〉

무릇 음악의 기원은 사람의 마음으로부터 생겨났다. 사람의 마음이 움
직이게 된 것은 외부 사물이 그렇게 시켜서 된 것이다. 즉 마음이 외부
사물을 느껴서 움직이기 때문에 그것이 소리로 형용화된다. 소리의 말
과 뜻이 서로 호응하기 때문에 변화가 생겨난다. 변화는 곧 법칙과 형
태를 이루니, 이것을 '음(音)'이라 부른다. 음을 견주어서['比'자는 '毗(비)'
자와 '至(지)'자의 반절음이다.] 악기로 연주하고['樂'자는 글자대로 읽는다.] 방
패나 도끼 또는 깃털과 꼬리털을 들고 춤을 추게 되면, 이것을 '악(樂)'
이라 부른다.

集說

凡樂音之初起, 皆由人心之感於物而生. 人心虛靈不昧, 感而遂通, 情
動於中, 故形於言而爲聲. 聲之辭意相應, 自然生淸濁高下之變, 變而
成歌詩之方法, 則謂之音矣. 成方, 猶言成曲調也. 比合其音而播之樂
器, 及舞之干戚羽旄, 則謂之樂焉. 干戚, 武舞也. 羽旄, 文舞也.

무릇 음악이 최초 기원한 것은 모두 사람의 마음이 사물에 감응한 것으
로부터 생겨났다. 사람의 마음은 영묘하여 어둡지 않고 느껴서 결국 통
달하니, 정감은 그 안에서 움직인다. 그렇기 때문에 말을 통해 형용화되
어 소리가 된다. 소리의 말과 뜻은 서로 호응하여, 자연스럽게 소리의
맑고 탁함 또는 높고 낮은 변화가 생기고, 변화를 이루어 시가의 법칙과
형태를 이루면, 이것을 '음(音)'이라 부른다. 법칙과 형태를 이룬다는 것

은 곡조를 이룬다는 뜻이다. 그 음들을 견주고 합하여 악기로 연주하고, 또 방패와 도끼 및 깃털과 꼬리털 등을 이용해 춤으로 춘다면, 그것을 '악(樂)'이라 부른다. 방패와 도끼를 이용해 추는 춤은 무무이고, 깃털과 꼬리털을 이용해 추는 춤은 문무이다.

淺見

近按: 此章備擧樂之本末而言, 由人心生者本也, 及干戚羽旄者末也. 生變, 謂其應之無窮, 成方, 謂其音之有定也.

내가 살펴보니, 이 문장은 음악의 본말을 모두 제시해서 말한 것인데, 사람의 마음으로부터 생겨난 것은 근본이 되고, 방패와 도끼 및 깃털과 꼬리털 등은 말단에 해당한다. 변화가 생긴다는 것은 호응함이 무궁하다는 뜻이고, 법칙과 형태를 이룬다는 것은 음에 확정됨이 생긴다는 뜻이다.

經文

樂者, 音之所由生也, 其本在人心之感於物也. 是故其哀心感者, 其聲噍[焦]以殺[色介反]; 其樂[洛]心感者, 其聲嘽[昌展反]以緩; 其喜心感者, 其聲發以散; 其怒心感者, 其聲粗以厲; 其敬心感者, 其聲直以廉; 其愛心感者, 其聲和以柔. 六者非性也, 感於物而后動.〈002〉

악이라는 것은 음을 통해 생겨나는 것이니, 그 근본은 사람의 마음이 외부 대상에 대해 느끼는 것에 달려 있다. 이러한 까닭으로 슬픈 마음이 느껴지게 되면, 그 소리는 건조하여 윤기가 없고['噍'자의 음은 '焦(초)'이다.] 줄어들게['殺'자는 '色(색)'자와 '介(개)'자의 반절음이다.] 된다. 또 즐거운['樂'자의 음은 '洛(락)'이다.] 마음이 느껴지게 되면, 그 소리는 분명하며['嘽'자는 '昌(창)'자와 '展(전)'자의 반절음이다.] 완곡하고 급하지 않다. 또 기뻐하는 마음이 느껴지게 되면, 그 소리는 발산하여 끊임없이 생겨나서 흩어지게 된다. 또 성난 마음이 느껴지게 되면, 그 소리는 높고 다급하여 난폭하게 된다. 또 공경하는 마음이 느껴지게 되면, 그 소리는 곧게 나와서 구분이 생긴다. 또 사랑하는 마음이 느껴지게 되면, 그 소리는 조화롭고 유순하게 된다. 이러한 여섯 가지 것들은 본성에 따른 것이 아니니, 마음이 외부 대상에게 느낀 이후에야 마음이 움직여서 생긴 정감에 해당한다.

集說

方氏曰: 人之情, 得所欲則樂, 喪所欲則哀; 順其心則喜, 逆其心則怒; 於所畏則敬, 於所悅則愛. 噍則竭而無澤, 殺則減而不隆, 蓋心喪其所欲, 故形於聲者如此. 嘽則闡而無餘, 緩則紓而不迫, 蓋心得其所欲, 故形於聲者如此. 發則生而不窮, 散則施而無積, 蓋順其心, 故形於聲者如此. 直則無委曲, 廉則有分際, 蓋心有所畏, 故形於聲者如此. 和則不乖, 柔則致順, 蓋心有所悅, 故形於聲者如此.

방씨가 말하길, 사람의 정감은 바라던 것을 얻으면 즐거워하고, 바라던 것을 잃으면 슬퍼하며, 그 마음에 따르면 기뻐하고, 그 마음을 거스르면 성을 내며, 외경하는 대상에 대해서는 공경하고, 좋아하는 대상에 대해서는 사랑하게 된다. 소리가 다급하면 말라서 윤기가 없고, 깎이면 줄어들어 높지 않으니, 마음이 바라던 것을 잃었기 때문에 소리를 통해 이처럼 나타나는 것이다. 소리가 밝아지면 분명하여 드러내지 않는 것이 없고, 느리면 완곡하여 급하지 않으니, 마음이 바라던 것을 얻었기 때문에 소리를 통해 이처럼 나타나는 것이다. 소리가 발산하면 생겨남에 끝이 없고, 흩어지면 퍼져서 남겨둠이 없게 되니, 그 마음에 따랐기 때문에 소리를 통해 이처럼 나타나는 것이다. 소리가 곧으면 완곡함이 없고, 낮춰서 물리면 구분이 생기니, 마음에 외경하는 것이 있기 때문에 소리를 통해 이처럼 나타나는 것이다. 소리가 조화로우면 어그러지지 않고, 유순하면 순종함을 다하니, 마음에 좋아하는 것이 있기 때문에 소리를 통해 이처럼 나타나는 것이다.

陳氏曰: 粗以厲者, 高急而近於猛暴也. 六者心感物而動, 乃情也, 非性也, 性則喜怒哀樂未發者也.

진씨가 말하길, '조이려(粗以厲)'는 소리가 높고 급하여 난폭함에 가깝다는 뜻이다. 이러한 여섯 가지는 마음이 외부 사물을 느껴서 움직이게 된 것으로, 정감에 해당하는 것이지 본성에 해당하는 것은 아니다. 본성이라는 것은 기쁨·성냄·슬픔·즐거움이 아직 발산하지 않은 상태에 해당한다.

淺見

近按: 樂者音之所由生者, 言音由樂而生也. 蓋首章言由音而后有樂, 是原其樂之未作而言也. 此章言由樂而制有音, 是自其旣作而言也. 未作之初因音而制樂, 旣作之后因樂而節音, 故交互而言之也. 其本在人心之感物者, 又探其未作之前而言也. 其哀心感以下六者, 是明上章生變成方之意, 哀樂喜怒之類, 是心之生變而無窮者也. 噍殺嘽緩之類, 是音之成方而有定者也.

내가 생각하기에, '악자음지소유생(樂者音之所由生)'이라는 말은 음이라는 것은 악을 통해 생겨난다는 뜻이다. 첫 장에서는 음을 통한 이후에야 악이 있다고 했는데, 이것은 악이 아직 일어나지 않았을 때에 근원해서 말한 것이다. 이곳에서는 악을 통해서 제정되어야 음이 생긴다고 말했는데, 이것은 이미 일어난 것으로부터 말한 것이다. 아직 일어나지 않은 초기에는 음을 통해서 악을 제정하게 되고, 이미 일어난 이후에는 악을 통해서 음을 조절한다. 그렇기 때문에 상호 문장을 바꿔서 그 뜻을 드러내도록 말한 것이다. "그 근본은 사람의 마음이 사물을 느끼는 것에 있다."고 했는데, 이 또한 아직 일어나기 이전의 것을 구명하여 말한 것이다. 슬픈 마음을 느낀다로부터 그 이하의 여섯 가지 것들은 앞에서 변화가 생겨나고 법칙과 형태를 이룬다고 한 뜻을 나타낸 것이니, 슬픔 · 즐거움 · 기쁨 · 성냄 등의 부류는 마음에 변화가 생겨나서 끝이 없는 것에 해당한다. 다급하고 줄어들며 밝아지고 완만한 것 등의 부류는 음이 법칙과 형태를 이루어 확정됨이 생긴 것에 해당한다.

是故先王愼所以感之者, 故禮以道其志, 樂以和其聲, 政以一
其行[去聲], 刑以防其姦. 禮樂刑政, 其極一也, 所以同民心而
出治道也.〈003〉

이러한 까닭으로 선왕들은 사람의 마음을 느끼게 하는 것에 대해서 신
중을 기했다. 그래서 예를 통해 백성들의 뜻을 옳은 방향으로 선도했고,
악을 통해 백성들의 소리를 조화롭게 했으며, 정치를 통해 백성들의 행
동을['行'자는 거성으로 읽는다.] 올바르게 일치시켰고, 형벌을 통해 백성들
의 간사함을 방지했다. 예·악·형벌·정치는 각각 다른 사안이지만,
그 지극함에 있어서는 일치하니, 이것들은 바로 백성들의 마음을 합치
시키고 다스림의 도리를 창출하는 방법이다.

集說

劉氏曰: 愼其政之所以感人心者, 故以禮而道其志之所行, 使必中
節; 以樂而和其聲之所言, 使無乖戾. 政以敎不能而一其行, 刑以罰
不率而防其姦. 禮樂刑政四者之事雖殊, 而其致則一歸於愼其所以
感之者, 所以同民心而出治道也.

유씨가 말하길, 정치가 사람의 마음을 느끼게 하는 것에 대해 신중히 하
기 때문에, 예로써 그 뜻이 시행하는 바를 선도하여 반드시 절도에 맞게
하는 것이고, 악으로써 그 소리가 말하고자 하는 바를 조화롭게 하여 어
그러짐이 없도록 하는 것이다. 정치를 시행하여 잘하지 못하는 자들을
교화하여 그 행동을 일치시키고, 형벌을 시행하여 통솔되지 않는 자들
을 벌하여 간사함을 방지한다. 예·악·형·정이라는 네 가지 것들은
그 사안이 비록 다르지만, 그 지극함에 있어서는 느끼게 하는 것에 대해
신중히 한다는 것으로 귀결되니, 이것은 백성들의 마음을 합치시키고
다스림의 도리를 창출하는 방법이 된다.

近按: 上文兩節, 是言人心感物而有樂. 此節又言聖人制禮樂, 以感
人心也. 物之感人有邪有正, 樂之感人, 所以愼之而無其邪也.

내가 살펴보니, 앞의 두 문단에서는 사람의 마음이 사물을 느껴서 악이
생겨난다고 말했다. 이곳 문단에서는 또한 성인이 예악을 제작하여 사
람의 마음을 느끼게 했다고 말한 것이다. 사물이 사람을 느끼게 할 때에
는 삿된 것일 수도 있고 올바른 것일 수도 있는데, 악이 사람을 느끼게
하는 것은 신중하게 해서 삿됨이 없도록 하는 것이다.

凡音者, 生人心者也. 情動於中, 故形於聲, 聲成文, 謂之音.
是故治世之音安以樂, 其政和; 亂世之音怨以怒, 其政乖; 亡
國之音哀以思, 其民困. 聲音之道, 與政通矣. ⟨004⟩

무릇 음이라는 것은 사람의 마음을 통해서 생겨나는 것이다. 정감은 마음속에서 움직여 생기기 때문에 소리로 나타나고, 소리가 무늬와 제도를 이루게 되면 그것을 '음(音)'이라 부른다. 이러한 까닭으로 태평하게 다스려질 때의 음은 안정되고 즐거우니, 그 정치가 조화롭기 때문이다. 또 난세의 음은 원망하여 분노에 가득 차니, 그 정치가 어그러졌기 때문이다. 또 망하게 될 나라의 음은 슬프고 옛날을 그리워하게 되니, 그 백성들이 고달프기 때문이다. 따라서 소리와 음의 도리는 정치와 통하게 된다.

集說

此言音生於人心之感, 而人心哀樂之感, 由於政治之得失, 此所以愼
其所以感之者也. 治世政事和諧, 故形於聲音者安以樂; 亂世政事
乖戾, 故形於聲音者怨以怒; 將亡之國其民困苦, 故形於聲音者哀以
思. 此聲音所以與政通也.

이 내용은 음이 사람의 마음이 느끼는 것에서 생겨나니, 사람의 마음이 슬픔과 즐거움을 느끼는 것은 정치의 득실에서 비롯되므로, 이것이 느끼게 함을 신중히 하는 이유라는 뜻이다. 잘 다스려지는 세상의 정사는 조화롭기 때문에, 소리와 음으로 나타나는 것들이 안정되어 즐거우며, 난세의 정사는 어그러졌기 때문에, 소리와 음으로 나타나는 것들이 원망하여 분노하게 되고, 장차 망하게 될 나라에서는 백성들이 고달프기 때문에, 소리와 음으로 나타나는 것들이 슬퍼서 시름에 겨워한다. 이것은 소리와 음이 정치와 통하는 이유를 나타낸다.

詩疏曰: 雜比曰音, 單出曰聲. 哀樂之情, 發見於言語之聲, 於時雖言哀樂之事, 未有宮商之調, 惟是聲耳. 至於作詩之時, 則次序淸濁, 節奏高下, 使五聲爲曲, 似五色成文, 卽是爲音. 此音被絃管, 乃名爲樂.

『시』의 소에서 말하길, 여러 음들이 섞여서 나열되는 것을 '음(音)'이라 부르고, 하나의 음이 나오는 것을 '성(聲)'이라 부른다. 슬프고 즐거운 감정은 언어라는 소리를 통해 나타나며, 때에 따라 비록 슬프고 즐거운 일을 말하더라도, 아직 궁음이나 상음 등의 조화가 갖춰지지 않았으니, 단지 '성(聲)'에 해당할 따름이다. 시를 짓게 된 때에 이르게 되면, 맑고 탁한 음을 차례대로 나열하고, 음의 높낮이를 조절하고 연주해서, 오성을 통해 악곡을 만드니, 마치 오색이 무늬를 이루는 것과 같으므로, 이것은 곧 '음(音)'에 해당한다. 이러한 음들이 현악기나 관악기를 통해 나타나게 되면, 곧 '악(樂)'이라 부른다.

淺見

近按: 此承上章刑政出治之意, 以明其聲音通於政治之道也. 前言噍以殺之類, 是言其變之著於一身者也. 此言安以樂之類, 是言其效之驗於一世者也.

내가 살펴보니, 이것은 앞에서 형벌과 정치가 다스림의 도리를 창출한다고 한 뜻을 이어서, 소리와 음이 정치의 도리에 통한다는 뜻을 나타낸 것이다. 앞에서 다급하여 줄어든다고 한 부류들은 변화가 한 개인을 통해 드러남을 말한 것이다. 이곳에서 안정되어 즐겁다고 한 부류들은 그 효과가 한 세대를 통해 징험됨을 말한 것이다.

經文

宮爲君, 商爲臣, 角爲民, 徵爲事, 羽爲物. 五者不亂, 則無怗
[齔]懘[昌制反]之音矣.〈005〉

궁음은 군주에 해당하고, 상음은 신하에 해당하며, 각음은 백성에 해당
하고, 치음은 사안에 해당하며, 우음은 물건에 해당한다. 다섯 가지 것
들이 문란하지 않다면, 어긋나서['怗'자의 음은 '齔(첨)'이다.] 조화롭지 못한
['懘'자는 '昌(창)'자와 '制(제)'자의 반절음이다.] 음도 없게 된다.

集說

劉氏曰: 五聲之本, 生於黃鍾之律, 其長九寸, 每寸九分, 九九八十
一, 是爲宮聲之數. 三分損一以下生徵, 則去二十七, 得五十四也.
徵三分益一以上生商, 則加十八, 得七十二也. 商三分損一以下生
羽, 則去二十四, 得四十八也. 羽三分益一以上生角, 則加十六, 得
六十四也. 角聲之數, 三分之不盡一筭, 其數不行, 故聲止於五, 此
其相生之次也. 宮屬土, 絃用八十一絲爲最多, 而聲至獨, 於五聲獨
尊, 故爲君象. 商屬金, 絃用七十二絲, 聲次濁, 故次於君而爲臣象.
角屬木, 絃用六十四絲, 聲半淸半濁, 居五聲之中, 故次於臣而爲民
象. 徵屬火, 絃用五十四絲, 其聲淸, 有民而後有事, 故爲事象. 羽屬
水, 絃用四十八絲爲最少, 而聲至淸, 有事而後用物, 故爲物象. 此
其大小之次也. 五聲固本於黃鍾爲宮, 然正相爲宮, 則其餘十一律
皆可爲宮. 宮必爲君而不可下於臣, 商必爲臣而不可上於君, 角民·
徵事·羽物, 皆以次降殺. 其有臣過君, 民過臣, 事過民, 物過事者,
則不用正聲而以半聲應之. 此八音所以克諧而無相奪倫也. 然聲音
之道與政相通, 必君臣民事物五者, 各得其理而不亂, 則聲音和諧而
無怗懘也. 怗懘者, 敝敗也.

유씨가 말하길, 오성의 근본은 십이율 중 황종에서 생기니, 그 길이는
9촌으로, 매 촌마다 9등분으로 하면, 9 곱하기 9는 81이 되는데, 이것이

「악기상(樂記上)」 **25**

궁음의 수에 해당한다. 이 수에서 3등분을 하여 그 중 1만큼을 덜어내면 그 아래로 치음이 생기니, 27을 제거하면 54라는 수가 나온다. 치음의 수를 3등분하여, 그 중 1만큼을 더하면 그 위로 상음이 생기니, 18을 더하면 72라는 수가 나온다. 상음의 수를 3등분하여, 그 중 1만큼을 덜어내면 그 아래로 우음이 생기니, 24를 제거하면 48이라는 수가 나온다. 우음의 수를 3등분하여, 그 중 1만큼을 더하면 그 위로 각음이 생기니, 16을 더하면 64라는 수가 나온다. 각음의 수인 64를 3등분하면 딱 떨어지지 않으니, 수를 나누는 것이 더 이상 진행되지 않기 때문에, 오성은 이 다섯 가지에서 멈추게 된다. 이것은 음률 중 서로 생겨나게 하는 순서에 해당한다. 궁음은 오행에 배분하면 토에 해당하고, 그 음을 내는 현악기의 줄은 81가닥의 끈을 엮어서 만들어 가장 많으므로 소리가 매우 탁하고, 오성 중에서 독보적으로 존귀하므로 군주의 상이 된다. 상음은 금에 해당하고, 그 음을 내는 현악기의 줄은 72가닥의 끈을 엮어서 만들어 그 소리가 궁음 다음으로 탁하다. 그렇기 때문에 군주 다음 순번이 되는 신하의 상이 된다. 각음은 목에 해당하고, 그 음을 내는 현악기의 줄은 64가닥의 끈을 엮어서 만드는데, 그 소리는 맑고 탁한 정도가 중간에 해당하여, 오성 중에서도 가운데 위치한다. 그렇기 때문에 신하 다음 순번이 되는 백성의 상이 된다. 치음은 화에 해당하고, 그 음을 내는 현악기의 줄은 54가닥의 끈을 엮어서 만드는데, 그 소리가 맑고 백성이 있은 뒤에 사안이 생기기 때문에 사안의 상이 된다. 우음은 수에 해당하고, 그 음을 내는 현악기의 줄은 48가닥의 끈을 엮어서 만들어 가장 적고, 그 소리는 매우 맑고 사안이 생긴 뒤에 물건이 쓰이게 되므로 물건의 상이 된다. 이것은 크기에 따른 순서에 해당한다. 오성은 진실로 황종을 궁음으로 삼는데 근본을 두고 있지만, 그러나 서로 도와서 궁음이 되니, 나머지 11개 율 모두 궁음이 될 수 있다. 궁음은 반드시 군주가 되어 신하보다 낮출 수 없고, 상음은 반드시 신하가 되어 군주보다 높일 수 없으며, 각음에 해당하는 백성, 치음에 해당하는 사안, 우음에 해당하는 물건들도 모두 각각의 순서에 따라 높이고 낮추게 된다. 신하에 해당하는 상음이 군주에 해당하는 궁음을 넘어서거나 백성에 해당하는 각음이 신하에 해당하는 상음을 넘어서거나 사안에 해당하는 치음이 백성에 해당하는 각음을 넘어서거나 물건에 해당하는 우음이 사안에 해당하는 치음을 넘어서는 일이 생기면, 정성을 사용하지 않고 반성으로 호응한다. 이것은 팔음이 지극히 조화로워서 서로 질서를 어기는 일이 없는 이유이다. 그러나 소리와 음의 도는 정치와 서로 통하니, 반드시 군주·신하·백성·사안·물건에 해당하는 다섯 가지 것들이 각각 그 이치를 얻어서 문란하지 않는다면, 소리와 음이 조화롭게 되어 어긋나는 일이 없게 된다. '첩체(怗懘)'는 서로 맞지 않아 어긋난다는 뜻이다.

經文

宮亂則荒, 其君驕; 商亂則陂[卑], 其臣壞; 角亂則憂, 其民怨; 徵亂則哀, 其事勤; 羽亂則危, 其財匱. 五者皆亂, 迭相陵, 謂之慢. 如此則國之滅亡無日矣.〈006〉

궁음이 문란하다면 소리가 거칠게 되니, 그 이유는 군주가 교만하기 때문이다. 상음이 문란하다면 소리가 치우치게['陂'자의 음은 '卑(비)'이다.] 되니, 그 이유는 신하가 도리를 무너트렸기 때문이다. 각음이 문란하다면 소리가 근심스럽게 되니, 그 이유는 백성들이 원망하기 때문이다. 치음이 문란하다면 그 소리가 슬프게 되니, 그 이유는 사안이 괴롭기 때문이다. 우음이 문란하다면 그 소리가 위태롭게 되니, 그 이유는 재화가 모자라기 때문이다. 이 다섯 가지가 모두 문란하여, 교대로 상대를 침범하는 것을 교만하다고 부른다. 이처럼 된다면 그 나라는 얼마 가지 않아서 멸망하게 될 것이다.

集說

此言審樂以知政,　若宮亂則樂聲荒散,　是知由其君之驕恣使然也.

餘四者例推.

이 문장은 악을 살펴서 정치를 안다는 뜻이니, 만약 궁음이 문란하게 되면 악과 소리도 거칠고 흩어지게 되니, 이것을 통해 그 이유가 군주가 교만하고 바르지 못함에서 비롯되어 이처럼 만들었음을 알 수 있다. 나머지 네 부류 또한 이와 같이 추론할 수 있다.

陳氏曰: 五聲含君臣民事物之象, 必得其理, 方調得律呂, 否則有臣陵君, 民過臣, 而謂之奪倫矣. 此却不比漢儒附會效法之言, 具有此事, 毫髮不可差, 設或樂聲奪倫, 卽其國君臣民物必有不盡分之事. 如州鳩師曠皆能以此知彼, 此是樂與政通.

진씨가 말하길, 오성은 군주·신하·백성·사안·물건의 상을 포함하고 있으니, 반드시 해당하는 이치를 얻어야만 음률도 조화롭게 할 수 있다. 그렇지 않다면 신하가 군주를 업신여기고 백성이 신하를 뛰어넘게 되니, 이러한 것을 두고 인륜을 없앤다고 말한다. 이러한 것들에 대해서는 한나라 때의 유학자들이 만들어낸 견강부회의 설명들을 붙이지 않더라도, 문장 자체에 이러한 일들이 포함되어 있으니, 조금도 어긋나게 할 수 없다. 만약 악과 소리가 질서를 잃어버렸다면, 그 나라의 군주·신하·백성·물건에는 반드시 본분을 다하지 못한 일이 있는 것이다. 예를 들어 악관인 주구와 사광과 같은 자들도 모두 음악을 통해서 정치의 실정을 알 수 있었으니, 이것이 바로 음악이 정치와 통한다는 뜻을 나타낸다.

淺見

近按: 此言審樂以知政之道, 由五聲之得失以知其政之美惡也.

내가 살펴보니, 이것은 음악을 살펴서 정치를 아는 도리를 말한 것인데, 오성의 득실을 통해서 정치의 아름다움과 추함을 알 수 있다는 의미이다.

鄭衛之音, 亂世之音也, 比[毗至反]於慢矣. 桑間濮[卜]上之音, 亡國之音也, 其政散, 其民流, 誣上行私而不可止也.〈007〉

정나라와 위나라의 음은 난세의 음이니, 교만함에 가깝다.['比'자는 '毗(비)'자와 '至(지)'자의 반절음이다.] 복수['濮'자의 음은 '卜(복)'이다.] 물가 뽕나무 숲에서 들리는 음은 망하게 될 나라의 음이니, 정치의 도리가 흩어져 없어지고, 백성들도 정처 없이 떠돌게 되어, 윗사람을 속이고 사사로운 짓을 벌이면서도 그치지 못한다.

此慢字, 承上文謂之慢而言. 比, 近也. 桑間濮上, 衛地, 濮水之上, 桑林之間也. 史記言衛靈公適晉, 舍濮上, 夜聞琴聲, 召師涓聽而寫之. 至晉, 命涓爲平公奏之. 師曠曰: "此師延靡靡之樂. 武王伐紂, 師延投濮水死. 故聞此聲, 必於濮水之上也." 政散故民罔其上, 民流故行其淫蕩之私也.

이곳의 '만(慢)'자는 앞 문장에서 "교만하다고 부른다."고 했을 때의 '만(慢)'자를 이어서 한 말이다. '비(比)'자는 "가깝다."는 뜻이다. '상간복상(桑間濮上)'은 위나라의 땅으로, 복수가의 뽕나무 숲 사이를 뜻한다. 『사기』에서는 위나라 영공이 진나라로 가다가 복수가에 머물렀는데, 밤에 금을 타는 소리를 들어서, 사연을 불러다가 그 음악을 듣고 베끼도록 했다. 그리고 진나라에 도착하자 사연에게 명하여, 평공을 위해 연주하도록 했다. 그러자 사광은 "이것은 사연이 지은 음이 가녀린 음악입니다. 무왕이 주임금을 정벌하여, 사연은 복수에 몸을 던져 죽었습니다. 그렇기 때문에 이 소리를 들은 것은 분명 복수가였을 것입니다."라고 했다. 정치의 도리가 흩어졌기 때문에 백성들이 위정자를 속이는 것이며, 백성들이 정처 없이 떠돌기 때문에 사사롭게 음탕한 행위를 하는 것이다.

張子曰: 鄭衛地濱大河, 沙地土薄, 故其人氣輕浮; 其地平下, 故其質柔弱; 其地肥饒, 不費耕耨, 故其人心怠惰. 其人情性如此, 其聲音亦然. 故聞其樂, 使人知此懈慢也.

장자가 말하길, 정나라와 위나라의 땅은 황하에 닿아 있고 모래로 깔려 있으며 토지가 좁기 때문에, 사람들의 기풍이 경박하며, 그 땅은 평평하고 낮기 때문에 사람들의 본바탕이 유약하고, 그 땅은 비옥하여 경작하는 일에 힘을 쓰지 않기 때문에 사람들의 마음이 나태해진다. 사람의 정감과 본성이 이와 같아서 그 소리와 음 또한 이와 같은 것이다. 그래서 그 음악을 듣게 되면 이처럼 사람들을 나태하게 만든다.

朱子曰: 鄭聲之淫甚於衛. 夫子論爲邦獨以鄭聲爲戒, 蓋擧重而言也.

주자가 말하길, 정나라의 음악은 음란함이 위나라보다 심하다. 공자는 나라 다스리는 일을 논의하며, 유독 정나라의 음악을 경계하였으니,[1] 아마도 그 중에서도 정도가 심한 것을 들어 언급한 것이다.

淺見

近按: 此引鄭衛以訂政治美惡之效也. 桑間濮上, 衛地. 衛爲狄所滅, 故爲亡國之音也. 孔子論爲邦放鄭聲者, 衛已嘗滅, 人皆知其爲亡國之音也. 鄭猶未滅而其聲之淫, 又甚於衛, 則人無所懲創, 樂而易流, 不自知其懈慢, 而□於亡也. 故特擧以爲戒, 詳見詩說國風.

내가 살펴보니, 이것은 정나라와 위나라의 악을 들어 정치의 아름다움과 추함의 효과를 평한 것이다. '상간복상(桑間濮上)'은 위나라 땅이다. 위나라는 북적에게 멸망을 당했기 때문에 망국의 음이 된다. 공자는 나라를 다스리는 일을 논의하며 정나라의 음악을 내쳐야 한다고 했는데,

---

1) 『논어』「위령공(衛靈公)」: 顏淵問爲邦. 子曰, "行夏之時, 乘殷之輅, 服周之冕, 樂則韶舞. 放鄭聲, 遠佞人. 鄭聲淫, 佞人殆."

위나라는 이미 멸망을 당한 적이 있어서 사람들은 모두 그 나라의 음악이 망국의 음이 됨을 알고 있었다. 그러나 정나라는 아직 멸망을 당하지 않았고, 그 음악의 음란함은 위나라보다도 심하여, 사람들은 경계함이 없어 즐기며 쉽게 따라 흐르게 되어 스스로 나태하게 되는지도 모르고 망하게 된다. 그렇기 때문에 특별히 이를 제시해서 경계를 했으니, 자세한 설명은 『시설』「국풍」편에 나온다.

凡音者, 生於人心者也. 樂者, 通倫里者也. 是故知聲而不知
音者, 禽獸是也. 知音而不知樂者, 衆庶是也. 唯君子爲能知
樂. 是故審聲以知音, 審音以知樂, 審樂以知政, 而治道備矣.
是故不知聲者, 不可與言音; 不知音者, 不可與言樂. 知樂則
幾於禮矣. 禮樂皆得, 謂之有德. 德者得也.〈008〉

무릇 음(音)이라는 것은 사람의 마음에서 생겨난다. 악(樂)이라는 것은
사물들이 각각 가지고 있는 이치에 통한다. 이러한 까닭으로 소리는 알
되 음(音)을 모르는 자는 짐승에 해당한다. 또 음(音)은 알되 악(樂)을
모르는 자는 일반 대중에 해당한다. 오직 군자만이 악(樂)을 알 수 있
다. 그렇기 때문에 소리를 살펴서 음(音)을 알고, 음(音)을 살펴서 악
(樂)을 알며, 악(樂)을 살펴서 정치를 하니, 다스림의 도리가 거기에 모
두 갖춰지게 된다. 이러한 까닭으로 소리를 알지 못하는 자와는 함께
음(音)에 대해서 말을 할 수 없고, 음(音)을 알지 못하는 자와는 함께
악(樂)에 대해서 말을 할 수 없다. 악(樂)을 안다면, 예(禮) 또한 거의
알 수 있게 된다. 예(禮)와 악(樂)을 모두 얻게 되면, 이러한 자를 유덕
한 자라고 부른다. '덕(德)'자는 얻는다는 뜻이다.

倫理, 事物之倫類各有其理也.

'윤리(倫理)'는 사물의 부류들이 각각 가지고 있는 이치를 뜻한다.

方氏曰: 凡耳有所聞者皆能知聲, 心有所識者則能知音, 道有所通者
乃能知樂. 若瓠巴鼓瑟, 流魚出聽; 伯牙鼓琴, 六馬仰秣, 此禽獸之
知聲者也. 魏文侯好鄭衛之音, 齊宣王好世浴之樂, 此衆庶之知音
者也. 若孔子在齊之所聞, 季禮聘魯之所觀, 此君子之知樂者也.

방씨가 말하길, 무릇 귀로 들리는 것이 있다면 모두 그 소리를 알 수 있고, 마음에 알고 있는 것이 있다면 음을 알 수 있으며, 도에 대해서 통달한 점이 있는 자는 곧 악을 알 수 있다. 호파라는 자가 슬을 연주하자 물고기가 뛰어올라 그 소리를 들었고, 백아라는 자가 금을 연주하자 여섯 마리의 말이 머리를 치켜들고 꼴을 먹었다고 한 경우[1]는 바로 짐승들도 소리를 알아듣는 것을 뜻한다. 위문후가 정나라와 위나라의 음악을 좋아했고, 제선왕이 세속의 음악을 좋아했던 경우[2]는 대중들이 음을 알아듣는 것을 뜻한다. 공자가 제나라에서 음악을 들었던 경우[3]와 계찰이 노나라에 빙문으로 찾아와서 음악을 살펴보았던 경우[4]는 군자가 악을 알아듣는 것을 뜻한다.

應氏曰: 倫理之中, 皆禮之所寓, 知樂則通於禮矣. 不曰通而曰幾者, 辨析精微之極也.

응씨가 말하길, 윤리에 해당하는 것들은 모두 예가 깃들어 있는 것이니, 악을 안다면 예에도 달통하게 된다. "달통한다."라고 말하지 않고, "거의 가깝다."라고 말한 이유는 매우 세밀하게 글자를 구분하여 썼기 때문이다.

淺見

近按: 此以上既言樂之本末, 與其得失之效備矣. 此章全言君子不可以不知樂也. 幾於禮者, 應氏謂辨析精微之極. 愚恐幾當訓近, 蓋方知樂而未及於行, 故曰幾於禮, 猶大學知所先後則近道矣之意, 故下文又曰禮樂皆得,

---

1) 『순자』「권학(勸學)」: 昔者瓠巴鼓瑟, 而流魚出聽; 伯牙鼓琴, 而六馬仰秣. 故聲無小而不聞, 行無隱而不形.
2) 『맹자』「양혜왕하(梁惠王下)」: 他日, 見於王曰, "王嘗語莊子以好樂, 有諸?" 王變乎色, 曰, "寡人非能好先王之樂也, 直好世俗之樂耳."
3) 『논어』「술이(述而)」: 子在齊聞韶, 三月不知肉味, 曰, "不圖爲樂之至於斯也."
4) 이 일화는 『춘추좌씨전』「양공(襄公) 29년」에 기록되어 있다.

謂之有德, 得亦猶大學能得之得, 是乃言其行也. 旣知則已近於禮, 旣行然
後, 爲皆得也.

내가 살펴보니, 이 문장 앞에서는 이미 악의 본말과 그것의 득실에 따른
효험을 모두 설명하였다. 이곳 문장에서는 전적으로 군자가 악에 대해
알지 못해서는 안 된다는 사실을 언급한 것이다. '기어례(幾於禮)'에 대
해 웅씨는 매우 세밀하게 글자를 구분해서 쓴 것이라고 했다. 내가 생각
하기에 '기(幾)'자는 마땅히 "가깝다."는 뜻으로 풀이해야 하니, 악에 대
해 알게 되었지만 아직 실천까지는 미치지 못했기 때문에 "예에 가깝
다."라고 말한 것으로, 이것은 『대학』에서 "먼저 할 것과 뒤에 할 것을
안다면 도에 가까울 것이다."라고 한 뜻과 같다. 그렇기 때문에 아래문
장에서는 "예와 악을 모두 얻게 되면, 이러한 자를 유덕한 자라고 부른
다."라고 말한 것이니, 이때의 얻는다는 말 또한 『대학』에서 '능득(能
得)'이라고 할 때의 득(得)자와 같고, 이것은 곧 실천을 말한 것이다. 이
미 알고 있다면 예에 가깝게 된 것이고, 실천을 한 뒤에야 모두 얻게
된다.

경文

是故樂之隆, 非極音也. 食[嗣]饗之禮, 非致味也. 清廟之瑟, 朱絃而疏越[如字], 壹倡而三歎, 有遺音者矣. 大饗之禮, 尚玄酒而俎腥魚, 大[泰]羹不和[去聲], 有遺味者矣. 是故先王之制禮樂也, 非以極口腹耳目之欲也, 將以教民平好[去聲]惡[去聲]而反人道之正也.〈009〉

이러한 까닭으로 악의 융성함은 음을 지극히 하는 것이 아니다. 또 사향의['食'자의 음은 '嗣(사)'이다.] 예는 음식의 맛을 지극히 하는 것이 아니다. 청묘라는 시를 슬로 연주할 때에는 주색의 현을 매달고 바람이 구멍을['越'자는 글자대로 읽는다.] 통하게 하며, 한 사람이 선창하면 세 사람이 화답하니, 다 표현하지 않은 음들이 있는 것이다. 대향(大饗)1)의 예에서는 현주를 숭상하고, 조리하지 않은 물고기를 도마에 올리며, 태갱에는['大'자의 음은 '泰(태)'이다.] 조미를 가미하지['和'자는 거성으로 읽는다.] 않으니, 다 표현하지 않은 맛들이 있는 것이다. 이러한 까닭으로 선왕이 예와 악을 제정한 것은 단순히 사람의 입·배·귀·눈이 바라는 것을 지극히 충족시키기 위해서가 아니며, 장차 이러한 것들을 통해서 백성들이 좋아함과['好'자는 거성으로 읽는다.] 싫어함에['惡'자는 거성으로 읽는다.] 대해서 균평하도록 하고, 인도의 올바름으로 되돌리도록 가르치기 위해

---

1) 대향(大饗)은 대향(大享)이라고도 부른다. '대향'은 본래 선왕(先王)에게 협제(祫祭)를 지낸다는 뜻이다. 『예기』「예기(禮器)」편에는 "大饗, 其王事與."라는 기록이 있고, 이에 대한 정현의 주에서는 "謂祫祭先王."이라고 풀이하였고, 『순자』「예론(禮論)」편에는 "大饗尙玄尊, 俎生魚, 先大羹, 貴食飮之本也."라는 기록이 있는데, 이에 대한 양경(楊倞)의 주에서는 "大饗, 祫祭先王也."라고 풀이하였다. 또한 '대향'의 뜻 중에는 선왕뿐만 아니라, 천제(天帝)인 오제(五帝)에게 두루 제사지낸다는 뜻도 있다. 『예기』「월령(月令)」편에는 "是月也, 大饗帝."라는 기록이 있고, 이에 대한 정현의 주에서는 "言大饗者, 遍祭五帝也. 曲禮曰大饗不問卜, 謂此也."라고 풀이하였다.

서이다.

集說

樂之隆盛, 不是爲極聲音之美; 食饗禘祫之重禮, 不是爲極滋味之
美. 蓋樂主於移風易俗, 而祭主於報本反始也. 鼓淸廟之詩之瑟, 練
朱絲以爲絃, 絲不練則聲淸, 練之則聲濁. 疏, 通也. 越, 瑟底之孔
也. 疏而通之, 使其聲遲緩. 瑟聲濁而遲, 是質素之聲, 非要妙之音
也. 此聲初發, 一倡之時, 僅有三人從而和之, 言和者少也. 以其非
極聲音之美, 故好者少. 然而其中則有不盡之餘音存焉, 故曰有遺
音者矣. 尊以玄酒爲尙, 俎以生魚爲薦, 大羹無滋味之調和, 是質素
之食, 非人所嗜悅之味也. 然而其中則有不盡之餘味存焉, 故曰有
遺味者矣. 由此觀之, 是非以極口腹耳目之欲也. 敎民平好惡, 謂不
欲其好惡之偏私也. 人道不正, 必自好惡不平始, 好惡得其平則可
以復乎人道之正, 而風移俗易矣.

악 중 지극히 융성한 것은 소리와 음의 아름다움을 지극히 하지 않는다.
사향(食饗)2)과 체협과 같이 중대한 예법에 있어서는 음식의 맛을 지극
히 하지 않는다. 무릇 악은 풍속을 좋은 쪽으로 바꾸는 것을 위주로 하
고, 제사에서는 근본에 보답하고 시초를 돌이키는 것을 위주로 하기 때
문이다. '청묘(淸廟)'라는 시를 슬로 연주할 때, 붉은색의 끈을 누여서
줄을 만드는데, 끈을 누이지 않는다면 소리가 맑게 되고, 누이게 되면
소리가 탁하게 된다. '소(疏)'자는 "통한다."는 뜻이다. '월(越)'은 슬의 바
닥에 있는 구멍이다. 바람을 구멍으로 통하게 하여 그 소리가 느려지도

---

2) 사향(食饗)은 술과 음식을 준비하여, 빈객(賓客)들을 대접하거나, 종묘(宗廟)에
서 제사를 지내는 등의 일을 뜻한다. 『예기』 「악기(樂記)」편에는 "食饗之禮, 非
致味也."라는 기록이 있는데, 이에 대한 공영달(孔穎達)의 소(疏)에서는 "食饗,
謂宗廟祫祭."라고 풀이했으며, 『공자가어(孔子家語)』 「논례(論禮)」편에는 "食
饗之禮, 所以仁賓客也."라는 기록이 있다.

록 하는 것이다. 슬의 소리는 탁하고 느리니 질박한 소리에 해당하며, 정밀하고 은미한 음이 아니다. 이러한 소리가 처음 나오게 되면, 한 사람이 선창할 때 겨우 세 사람 정도가 그에 따라서 화답하게 되니, 이것은 화답하는 것이 적음을 뜻한다. 그 소리는 지극히 아름다운 소리가 아니기 때문에 좋아하는 자도 적은 것이다. 그러나 그 속에는 다 표현하지 않고 남겨진 음이 숨어 있다. 그렇기 때문에 "남겨진 음이 있는 것이다."라고 말한 것이다. 술동이에 있어서는 현주를 숭상하고, 도마에 있어서는 조리하지 않은 물고기를 바치게 되며, 태갱에는 조미를 가미하여 맛을 내는 일이 없으니, 이것들은 소박한 음식에 해당하며, 사람들이 즐겨먹는 음식이 아니다. 그러나 그 속에는 다 내지 않은 남겨진 맛이 숨어 있다. 그렇기 때문에 "남겨진 맛이 있는 것이다."라고 말한 것이다. 이것을 통해 살펴본다면, 이러한 것들을 이용해 입·배·귀·눈이 바라는 것을 지극히 하기 위함이 아니다. 백성들이 좋아함과 싫어함을 균평하게 하도록 교화한다는 말은 좋아하고 싫어함이 편벽되고 삿되지 않도록 한다는 뜻이다. 인도가 바르지 못하면 반드시 좋아함과 싫어함도 균평하게 다스려지지 않고, 좋아함과 싫어함이 균평함을 얻어야만 인도의 바름을 회복할 수 있고, 풍속도 좋은 방향으로 바꿀 수 있다.

朱子曰: 一倡而三歎, 謂一人倡而三人和. 今解者以爲三歎息, 非也.

주자가 말하길, '일창이삼탄(一倡而三歎)'은 한 사람이 선창하여 세 사람이 화답한다는 뜻이다. 현재 주석가들은 세 사람이 탄식한다고 여겼는데, 이것은 잘못된 해석이다.

淺見

近按: 此承前章之末禮樂皆得之言, 以明禮樂之事. 蓋上文諸章, 皆以其理言, 而此則以其事言也.

내가 살펴보니, 이것은 앞 장의 끝에서 예악을 모두 얻는다고 한 말을 이어서, 이를 통해 예악에 대한 사안을 나타낸 것이다. 앞의 여러 문장

들에서는 모두 이치를 기준으로 언급했는데, 이곳에서는 해당하는 사안
을 기준으로 말한 것이다.

人生而靜, 天之性也. 感於物而動, 性之欲也. 物至知知.〈010〉

사람은 태어나면서부터 고요하니, 하늘이 부여한 본성에 해당한다. 마음은 외부 사물을 느껴서 움직이게 되니, 본성에서 나타난 욕망이다. 외부 사물이 다다르면, 지각 능력이 그것을 알게 된다.

集說

朱子曰: 上知字是體, 下知字是用.

주자가 말하길, '지지(知知)'에서 앞의 '지(知)'자는 본체에 해당하고, 뒤의 '지(知)'자는 작용에 해당한다.

經文

然後好惡形焉. 好惡無節於內, 知誘於外, 不能反躬, 天理滅矣. 夫物之感人無窮, 而人之好惡無節, 則是物至而人化物也. 人化物也者, 滅天理而窮人欲者也. 於是有悖逆詐僞之心, 有淫泆作亂之事. 是故强者脅弱, 衆者暴寡, 知[去聲]者詐愚, 勇者苦怯, 疾病不養, 老幼孤獨不得其所, 此大亂之道也.〈011〉

그런 뒤에 좋고 싫어함이 나타나게 된다. 좋고 싫어함에 대해 내적으로 절제함이 없고, 지각 능력이 외부 사물의 꾐에 넘어가서, 스스로 돌이켜서 그 이치를 따져볼 수 없다면, 천리가 없어지게 된다. 무릇 사물이 사람의 마음을 느끼게 함에는 끝이 없는데, 사람의 좋고 싫어함에 절제함이 없다면, 이것은 사물이 다다라서 사람이 사물에게 이끌려 사물화되는 것이다. 사람이 사물에게 이끌려 사물화 되는 자는 천리를 없애고 인욕을 끝없이 다하는 자이다. 여기에서 어그러지고 거짓된 마음이 생겨나고, 음란하고 난리를 일으키는 일이 생긴다. 이러한 까닭으로 강자는 약한 자를 위협하고, 다수는 소수에게 난폭하게 대하며, 똑똑한 자는 ['知'자는 거성으로 읽는다.] 아둔한 자를 속이고, 용맹한 자는 겁이 많은 자를 괴롭히니, 병에 걸린 자들은 부양을 받지 못하고, 노인이나 어린이 또 고아나 홀아비는 자신의 자리를 얻지 못한다. 이것이 바로 크게 혼란스럽게 되는 도이다.

集說

劉氏曰: 人生而靜者, 喜怒哀樂未發之中, 天命之性也. 感於物而動, 則性發而爲情也. 人心虛靈知覺事至物來, 則必知之而好惡形焉. 好善惡惡, 則道心之知覺, 原於義理者也. 好姸惡醜, 則人心之知覺, 發於形氣者也. 好惡無節於內, 而知誘於外, 則是道心昧而不能爲主宰, 人心危而物交物, 則引之矣. 不能反躬以思其理之是非, 則人欲熾而天理滅矣. 況以無節之好惡, 而接乎無窮之物感, 則心爲物役, 而違禽獸不遠矣. 違禽獸不遠, 則瓜剛者決, 力强者奪. 此所以爲大丹之道也.

유씨가 말하길, "사람이 태어나면서 고요하다."는 말은 기쁨·성냄·슬픔·즐거운 감정이 아직 나타나기 이전의 중(中)으로, 천명인 성(性)이다. 외부 사물을 느껴서 움직이게 된다면, 성(性)이 발현되어 정(情)이 된다. 사람의 마음이라는 것은 비어 있으면서 영묘하며 지각 능력이 있어서, 어떤 사안이나 물건이 도래하게 되면, 반드시 그것을 알아서 좋고 싫음을 나타내게 된다. 좋은 것을 좋아하고 나쁜 것을 싫어한다면 도심(道心)에 따른 지각 능력으로, 의리(義理)에 근원한 것이다. 고운 것을 좋아하고 추한 것을 싫어하는 것은 인심(人心)에 따른 지각 능력으로, 형체와 기운에서 나타난 것이다. 좋고 싫어함에 대해 내적으로 절제함이 없고, 지각 능력이 외부 사물의 꾐에 넘어가게 되면, 도심은 어둡게 되어 주재를 할 수 없게 되고, 인심은 위태롭게 되어 외부 사물이 신체의 기간과 교섭하게 되니, 끌려 다니게만 된다. 이것을 자신에게로 되돌려서 그 이치의 옳고 그름을 헤아릴 수 없다면, 인욕(人欲)이 왕성하게 되고 천리(天理)가 없어지게 된다. 하물며 좋고 싫어함에 대해서 절제함이 없고 끊임없이 외부 사물과 교섭하며 느끼기만 한다면, 마음은 외부 사물에게 부림을 당하고, 짐승과 거의 차이가 나지 않게 된다. 짐승과 차이가 나지 않는다면 손아귀가 강한 자는 끊어버리고, 힘이 강한 자는 빼앗아버린다. 이것이 큰 혼란의 도가 되는 이유이다.

淺見

近按: 篇首諸節, 皆以心言, 而此章始言性, 性者, 人心所受之天理也. 人生而靜者, 未發之中, 心之體也. 感物而動者, 已發之情, 心之用也. 故經言心自虞書而始, 言性自湯誥而始, 言欲自仲虺而始. 言心言性, 又竝擧天理人欲而對言之者, 唯此篇而已矣. 虞書之言人心道心, 卽是天理人欲, 然不曰天理而曰道心, 則學者猶未知吾心之道, 卽天之理也. 湯誥之言上帝降衷, 若有恒性, 則天與人猶有二也. 仲虺之言, 則人但見其有欲而未知其有理也. 此章曰人生而靜, 天之性也, 則吾心之理, 卽天之性, 是合天人而一之也. 其下分言天理人欲, 而要反躬, 其所以發明虞書・湯誥之意, 而開示後學者, 可謂親切而著明矣. 但不言其所以存天理遏人欲之工夫, 而泛言其從欲之事者, 是論樂而不論學故也. 然因樂而蕩滌其邪穢, 消融其查滓, 能反躬, 而循天理, 不化物而窮人欲, 則其用力之功, 亦庶幾於虞書之精一矣, 及其養成中和之德, 以至立於從容中道之域, 則聲爲律而身爲度, 學問之極功聖人之能事得矣. 故孔子論學, 而以成於樂終之也.

내가 살펴보니, 「악기」편 첫 부분의 여러 문단들은 모두 마음을 기준으로 말했는데, 이곳 문장에서는 비로소 성을 말했다. '성(性)'이라는 것은 인심이 받은 천리에 해당한다. "사람이 태어나면서부터 고요하다."는 것은 미발의 중으로, 심의 본체에 해당한다. "사물을 느껴서 움직인다."는 것은 이발한 정으로 심의 작용에 해당한다. 그렇기 때문에 경전에서 심을 말한 것은 『서』「우서(虞書)」로부터 시작되고, 성을 말한 것은 『서』「탕고(湯誥)」편으로부터 시작하며, 욕을 말한 것은 『서』「중훼지고(仲虺之誥)」편으로부터 시작하는 것이다. 그런데 심을 말하고 성을 말하며, 또 천리와 인욕을 함께 열거하여 대비해서 말한 것으로는 「악기」편이 유일할 따름이다. 「우서」에서 인심과 도심을 말한 것은 천리와 인욕에 해당하지만, '천리(天理)'라 말하지 않고 '도심(道心)'이라고 말했으니, 배우는 자들은 여전히 내 마음의 도가 곧 하늘의 이치에 해당하는 줄 모른다. 「탕고」편에서는 상제가 충(衷)을 내려주어 항상된 성을 가지게 되었다고 했다면, 하늘과 사람은 여전히 하나가 아닌 둘인 상태인 것이다. 「중훼지고」편에서 말한 것에 따른다면, 사람은 단지 욕심이 있는 것만 보고 이치가 있다는 사실을 알아차리지 못하는 것이다. 이곳 문장에서 "사람은 태어나면서부터 고요하니, 하늘이 부여한 본성에 해당한다."라고 했다면, 내 마음의 이치는 곧 하늘의 성에 해당하여, 하늘과 사람을 합쳐 하나로 만든 것이다. 그 뒤에서는 천리와 인욕을 나눠서 언급하였지만, 요점은 자신에게 돌이켜보는 것으로, 「우서」와 「탕고」편의 뜻을 드러내는 것이니, 후학들에게 그 뜻을 열어 보여준다는 점에서 친절하면서도 확연히 드러난다고 평할 수 있다. 다만 천리를 보존하고 인욕을 제거하는 공부에 대해 언급하지 않고, 욕심에 따르게 되는 사안들을 범범하게 언급한 것은 악에 대해서만 논의하고 학문에 대해서는 논의하지 않았기 때문이다. 그러나 악을 통해 삿되고 더러운 것들을 씻어내고 그 찌꺼기에 해당하는 것들을 모조리 없애버려서 자신에게 돌이켜볼 수 있고 천리에 따르며, 사물에 동화되지 않고 인욕을 막는다면 그 노력의 공효 또한 「우서」에서 말한 정일함에 가깝게 될 것이고, 중화를 양성한 덕으로부터 행동거지가 도리에 들어맞는 경지에 이르게 되면, 소리가 율이 되고 몸이 법도가 되어, 학문의 지극한 공효와 성인만이 잘 할 수 있는 것들을 터득하게 될 것이다. 그렇기 때문에 공자는 학문에 대해 논의하며 음악을 통해 완성된다는 말로 끝맺음을 맺었던 것이다.

是故先王之制禮樂, 人爲之節. 衰麻哭泣, 所以節喪紀也. 鍾
鼓干戚, 所以和安樂[洛]也. 昏姻冠笄, 所以別男女也. 射鄉食
[嗣]饗, 所以正交接. 禮節民心, 樂和民聲, 政以行之, 刑以防
之. 禮樂刑政, 四達而不悖, 則王道備矣.〈012〉

이러한 까닭으로 선왕이 예와 악을 제정하여, 사람들은 그것을 절도로
삼았다. 즉 상복 및 상례제도를 두어서 상을 치르는 기간에 대해 조절
을 한 것이다. 또 종이나 북 방패나 도끼 등 음악과 관련된 제도를 만들
어서 안정되고 즐거워하는['樂'자의 음은 '洛(락)'이다.] 마음을 조화롭게 한
것이다. 또 혼인 및 관례나 계례 등의 의식을 두어서, 남녀사이에 구별
을 둔 것이다. 또 사례나 향음주례 및 사향['食'자의 음은 '嗣(사)'이다.] 등의
의식을 두어서, 서로 교류하는 일을 바로잡은 것이다. 따라서 예는 백
성들의 마음을 조절하고, 악은 백성들의 소리를 조화롭게 만들며, 정치
는 이를 통해 시행하고, 형벌은 이를 통해 나쁜 것을 방지한다. 예·
악·형벌·정치가 사방에 두루 시행되어 어그러지지 않는다면, 왕도가
모두 갖춰지게 된다.

集說

劉氏曰: 先王之制禮樂, 因人情而爲之節文. 因其哀死而喪期無數,
故爲衰麻哭泣之數以節之. 因其好逸樂而不能和順於義理, 故爲鍾
鼓干戚之樂以和之. 因其有男女之欲而不知其別, 故爲昏姻冠笄之
禮以別之. 因其有交接之事而或失其正, 故爲射鄉食饗之禮以正之.
節其心, 所以使之行而無過不及; 和其聲, 所以使之言而無所乖戾;
爲之政以率其怠倦, 而使禮樂之敎無不行; 爲之刑以防其恣肆, 而使
禮樂之道無敢廢, 禮樂刑政四者通行於天下, 而民無悖違之者, 則王
者之治道備矣.

유씨가 말하길, 선왕이 예와 악을 제정함에, 사람의 정감에 따라서 그것에 대한 격식과 제도를 만들었다. 죽은 자를 애도할 때 그 기한에 끝이 없음에 연유했기 때문에, 상복이나 곡을 하며 우는 것들에 대해 정해진 수치를 두어서 조절했다. 또 안일하고 안락함을 좋아하여 의리에 순종하거나 조화롭게 되지 못함에 연유했기 때문에, 종·북 등의 악기와 방패·도끼 등의 무용도구를 두어 조화롭게 했다. 또 남녀 간의 욕망으로 인해 구별됨을 알지 못함에 연유했기 때문에, 혼인 및 관례와 계례의 규정을 두어 구별한 것이다. 또 서로 교류하는 사안에 있어서 간혹 올바름을 잃어버리는 일이 있음에 연유했기 때문에, 사례·향음주례·사향 등의 예법을 제정하여 바르게 했던 것이다. 그 마음을 조절하는 것은 그들로 하여금 시행하되 지나치거나 미치지 못함이 없게끔 하는 것이다. 그 소리를 조화롭게 하는 것은 그들로 하여금 말을 함에 어긋나는 것이 없게끔 하는 것이다. 그들을 위해 정치를 시행하여 태만한 마음을 이끌어, 예와 악의 가르침을 시행하지 못하는 일이 없게끔 한 것이다. 그들을 위해 형벌을 시행하여 방자한 마음을 방지해서, 예와 악의 도리를 감히 저버리는 일이 없게끔 한 것이다. 예·악·형벌·정치라는 네 가지가 천하에 통행되어, 백성들 중 어그러트리거나 위배하는 자가 없다면, 왕의 다스리는 도리가 모두 갖춰지게 된다.

淺見

近按: 上章原性言其欲之無節, 此章是言所以節之之事, 故兼以禮言之. 禮節·樂和·政行·刑防, 此四者, 其所以禁人欲而反天理者, 亦至矣. 此扁備擧四者而言者二章, 前言出治道, 是自其始而言也, 後言王道備, 是要其成而言也.

내가 살펴보니, 앞 장에서는 성에 근원하여 욕심에 절제함이 없음을 언급하였는데, 이곳에서는 그것들을 절제하는 사안에 대해 언급했다. 그렇기 때문에 예까지도 함께 언급한 것이다. 예절(禮節)·악화(樂和)·정행(政行)·형방(刑防)이라는 네 가지 것들은 인욕을 금지하여 천리로 되돌리는 방법에 있어서도 지극한 것이다. 「악기」편에서 이 네 가지를 모두 제시해서 말한 것은 두 장인데, 앞에서는 "다스림의 도리가 나온다."[1]라고 했으니, 이것은 그 시작점으로부터 말한 것이며, 뒤에서는 "왕도가 갖춰진다."라고 했으니, 이것은 이룸을 요약해서 말한 것이다.

---

1) 『예기』「악기」003장 : 是故先王愼所以感之者, 故禮以道其志, 樂以和其聲, 政以一其行, 刑以防其姦. 禮樂刑政, 其極一也, 所以同民心而出治道也.

樂者爲同, 禮者爲異. 同則相親, 異則相敬. 樂勝則流, 禮勝則
離. 合情飾貌者, 禮樂之事也. 禮義立, 則貴賤等矣. 樂文同,
則上下和矣. 好惡著, 則賢不肖別矣. 刑禁暴, 爵擧賢, 則政均
矣. 仁以愛之, 義以正之, 如此則民治行矣.〈013〉

악은 동일하게 만들고, 예는 다르게 만든다. 동일하게 되면 서로 친애
하게 되고, 다르게 되면 서로 공경하게 된다. 악이 예보다 지나치면 방
탕한 곳으로 빠지고, 예가 악보다 지나치면 서로 떠나게 된다. 정감을
합치고 모양을 꾸미는 것은 예와 악에 해당하는 일들이다. 예의 뜻이
확립되면, 귀천의 등급이 고르게 된다. 악의 격식이 동일하게 되면, 상
하 계층이 화합하게 된다. 좋고 싫어함이 드러나면, 현명하고 불초한
자들이 구별된다. 형벌로 난폭함을 금하고 작위로 현명한 자를 등용하
면, 정치가 균평하게 시행된다. 인으로 서로를 사랑하고, 의로 바르게
하니, 이처럼 한다면, 백성들을 다스리는 일이 시행된다.

和以統同, 序以辨異. 樂勝則流, 過於同也. 禮勝則離, 過於異也. 合
情者, 樂之和於內, 所以救其離之失; 飾貌者, 禮之檢於外, 所以救
其流之失. 此禮之義, 樂之文, 所以相資爲用者也. 仁以愛之, 則相
敬而不至於離; 義以正之, 則相親而不至於流. 此又以仁義爲禮樂
之輔者也. 等貴賤, 和上下, 別賢不肖, 均政, 此四者皆所以行民之
治, 故曰民治行矣.

조화롭게 함으로써 동일함을 통솔하고, 차례를 지음으로써 다름을 변별
한다. 악이 지나치면 방탕하게 흐른다는 말은 동일하게 하는데 지나치
다는 뜻이다. 예가 지나치면 떠나게 된다는 말은 다르게 하는데 지나치
다는 뜻이다. 정감을 합한다는 말은 악이 내적으로 조화를 이루는 것으

로, 떠나게 되는 잘못을 구제할 수 있는 방법이다. 모양을 꾸민다는 말은 예가 외적으로 검속하는 것으로, 방탕하게 흐르는 잘못을 구제할 수 있는 방법이다. 이것은 예의 뜻과 악의 형식이 서로 보탬이 되어 쓰임이 되는 것이다. 인으로써 사랑한다면 서로 공경하여 떠나게 되는 지경에 이르지 않고, 의로써 바르게 한다면 서로 친하게 되어 방탕한 지경에는 이르지 않는다. 이것은 또한 인과 의를 예와 악을 도와주는 것으로 삼는 것이다. 귀천의 등급이 균등하게 되고, 상하의 계층이 조화를 이루며, 현명하고 불초한 자들을 구별하고, 정치를 균등하게 하는 네 가지 것들은 모두 백성들을 다스리는 일을 시행하는 방법이다. 그렇기 때문에 "백성들을 다스리는 일이 시행된다."라고 말한 것이다.

應氏曰: 上言王道備, 言其爲治之具也. 此言民治行, 言其爲治之效.

응씨가 말하길, 앞에서는 "왕도가 갖춰진다."고 했는데, 이것은 다스림을 시행하는 도구를 말한 것이다. 이곳에서는 "백성들을 다스리는 일이 시행된다."라고 했는데, 이것은 다스림을 시행해서 나타난 결과를 말한 것이다.

淺見

近按: 此承上章禮樂刑政, 而推言其治行之效. 上章以政刑爲二, 此合爲一, 而又兼言仁義. 仁以愛之, 卽樂之同者, 而所以救禮之離, 義以正之, 卽禮之異者, 而所以救樂之流. 此二者, 相資而救其偏者也. 王道備則治隆於上, 民治行則俗美於下, 禮樂之功用極矣.

내가 살펴보니, 이곳에서는 앞 장에서 예·악·형·정을 언급한 것을 이어서, 정치를 시행하는 효과에 대해 미루어 언급한 것이다. 앞 장에서는 정치와 형벌을 둘로 보았는데, 이곳에서는 합쳐서 하나로 보았고, 또 인과 의까지도 함께 언급했다. 인으로 사랑한다는 것은 악이 동일하게 만드는 것에 해당하여, 예를 지나치게 해서 떠나게 되는 것을 구제하는 방법이고, 의로 바르게 한다는 것은 예가 다르게 만드는 것에 해당하여,

악을 지나치게 해서 방탕한 곳으로 흐르게 되는 것을 구제하는 방법이다. 이 두 가지는 서로 보탬이 되어 한쪽으로 치우치는 것을 구제한다. 왕도가 갖춰지게 되면 정치는 위에서 융성해지고, 백성들을 다스리는 일이 시행되면 풍속은 아래에서 아름답게 변화하니, 예악의 공용이 지극한 것이다.

樂由中出, 禮自外作. 樂由中出故靜, 禮自外作故文. 大樂必
易, 大禮必簡. 樂至則無怨, 禮至則不爭. 揖讓而治天下者, 禮
樂之謂也. 暴民不作, 諸侯賓服, 兵革不試, 五刑不用, 百姓無
患, 天子不怒, 如此, 則樂達矣. 合父子之親, 明長幼之序, 以
敬四海之內, 天子如此, 則禮行矣.〈014〉

악은 마음으로부터 나오고, 예는 외부로부터 만들어진다. 악은 마음으
로부터 나오기 때문에 고요하며, 예는 외부로부터 만들어지기 때문에
문채가 난다. 큰 악은 반드시 쉽고, 큰 예는 반드시 간략하다. 악이 지
극해지면 원망함이 없고, 예가 지극해지면 다투지 않는다. 옛날의 선왕
이 인사하고 겸양하는 것만으로도 천하를 다스릴 수 있었다는 말은 바
로 예와 악이 지극했음을 뜻한다. 난폭한 백성이 생기지 않고, 제후들
이 복종하며, 병장기가 사용되지 않고, 오형이 사용되지 않으며, 백성들
에게 근심이 없고, 천자가 성내지 않게 되니, 이처럼 한다면 악이 두루
통하게 된다. 천자가 부자관계의 친애함을 합하여 널리 시행하고, 장유
관계에서의 질서를 밝혀서, 이를 통해 천하의 모든 사람들을 공경하니,
천자가 이처럼 한다면, 예가 시행된다.

集說

應氏謂四海之內四字, 恐在合字上, 如此則文理爲順.

응씨는 '사해지내(四海之內)'라는 네 글자는 아마도 '합(合)'자 앞에 있어
야 하니, 이처럼 되어야만 문맥이 순탄하다고 했다.

劉氏曰: 欣喜歡愛之和出於中, 進退周旋之事著於外. 和則情意安
舒, 故靜; 序則威儀交錯, 故文. 大樂與天地同和, 如乾以易知而不
勞; 大禮與天地同節, 如坤以簡能而不煩. 樂至則人皆得其所而無

怨, 禮至則人各安其分而不爭. 如帝世揖讓而天下治者, 禮樂之至
也. 達者, 徹於彼之謂. 行者, 出於此之謂. 行者達之本, 達者行之
效. 天子自能合其父子之親, 明其長幼之序, 則家齊族睦矣. 又能親
吾親以及人之親, 長吾長以及人之長, 是謂以敬四海之內, 則禮之本
立而用行矣. 禮之用行, 而後樂之效達. 故於樂但言天子無可怒者,
而於禮則言天子如此. 是樂之達, 乃天子行禮之效也. 周子曰: "萬物
各得其理而後和, 故禮先而樂後", 是也.

유씨가 말하길, 기뻐하며 사랑하는 조화로움은 마음에서 비롯되고, 나
아가고 물러나며 움직이는 질서는 외부로 드러난다. 조화롭다면 정감과
뜻이 편안하게 된다. 그렇기 때문에 고요하다. 질서를 지키면 위엄을 갖
춘 의례들이 교차하게 된다. 그렇기 때문에 문채가 난다. 큰 악은 천지
와 조화로움을 함께 하니, 건이 평이함으로 주장하여 수고롭지 않음과
같고, 큰 예는 천지와 절도를 함께 하니, 곤이 간략함으로써 능하여 번
잡하지 않음과 같다.[1] 악이 지극해지면 사람들은 모두 제자리를 얻어서
원망함이 없게 되고, 예가 지극해지면 사람들은 각각 본분을 편안하게
여겨서 다투지 않는다. 예를 들어 오제시대에는 인사하고 겸양만 하더
라도 천하가 다스려졌는데, 이것은 예와 악이 지극했기 때문이다. '달
(達)'이라는 말은 저곳에도 통한다는 뜻이다. '행(行)'이라는 말은 이곳에
서 나온다는 뜻이다. 행은 달의 근본이며 달은 행을 통한 효과이다. 천
자가 스스로 부자관계에서 지켜야 하는 친애함에 합할 수 있고, 장유관
계에서의 질서를 밝힐 수 있다면, 집안이 다스려지고 친족이 화목하게
된다. 또 자신의 부모를 친애하는 마음을 미루어서 남의 부모에게까지
미칠 수 있고, 자신의 어른을 어른으로 섬기는 마음을 미루어서 남의 어
른에게까지 미치는 것을 바로 "이를 통해 천하의 모든 사람들을 공경한
다."라고 부르니, 이처럼 한다면, 예의 근본이 확립되고 그 쓰임이 시행
된 것이다. 예의 쓰임이 시행된 이후에 악의 효과도 두루 통하게 된다.

---

1) 『역』 「계사상(繫辭上)」 : 乾以易知, 坤以簡能, 易則易知, 簡則易從, 易知則有
親, 易從則有功, 有親則可久, 有功則可大, 可久則賢人之德, 可大則賢人之業.

그렇기 때문에 악에 대해서는 단지 "천자에게 성낼만한 것이 없다."라고 말하고, 예에 대해서는 "천자가 이처럼 한다."라고 말한 것이다. 이것은 곧 악이 두루 통하는 것은 천자가 예를 시행한 효과에 해당한다는 뜻이다. 주자는 "만물은 각각 그 이치를 얻은 이후에 조화롭게 된다. 그렇기 때문에 예가 먼저이고, 악이 뒤이다."라고 했다.

淺見

近按: 禮自外作, 猶所謂義形於外, 非在外也. 上章言禮樂治行之效, 然猶有刑政爲治之迹也.　此章則言大禮大樂,　揖讓而治天下之事, 所謂無爲而治, 不動而化者也. 故特謂之大, 又謂之至也. 暴民不作 以下, 形容其治天下之極效也. 上言天子不怒, 如此則樂達, 下言天 子如此, 則禮行. 下節"天子"之下, 恐有脫字.

내가 살펴보니, "예는 외부로부터 만들어진다."고 한 말은 의로움이 외부로 형상화된다고 말한 것과 같으니, 외부에 있다는 말이 아니다. 앞장에서는 예·악·정치를 시행한 효과를 언급했는데, 여전히 형벌과 정치로 다스림을 시행한 자취가 있게 된다. 이곳에서는 큰 예와 큰 악이 인사하고 겸양하여 천하가 다스려지는 사안을 언급했는데, 인위적으로 하지 않아도 다스려지고 움직이지 않아도 조화롭게 됨을 뜻한다. 그렇기 때문에 특별히 '대(大)'자를 붙여서 언급하고, 또 지극하다고 말한 것이다. "난폭한 백성이 생기지 않는다"고 한 말로부터 그 이하의 내용은 천하를 다스리는 지극한 효험에 대해 형용한 것이다. 앞에서 "천자가 성내지 않게 되니, 이처럼 한다면 악이 두루 통하게 된다."고 했고, 뒤에서는 "천자가 이처럼 한다면, 예가 시행된다."라고 했는데, 뒷 문단에 있어 '천자(天子)'라는 말 뒤에는 아마도 누락된 글자가 있는 것 같다.

大樂與天地同和, 大禮與天地同節. 和故百物不失, 節故祀天祭地. 明則有禮樂, 幽則有鬼神. 如此, 則四海之內合敬同愛矣. 禮者殊事合敬者也. 樂者異文合愛者也. 禮樂之情同, 故明王以相沿也. 故事與時竝, 名與功偕.〈015〉

큰 악은 천지와 조화로움을 함께 하고, 큰 예는 천지와 절제함을 함께 한다. 조화롭기 때문에 모든 사물이 그들의 본성을 잃지 않고, 절제하기 때문에 천지에 대한 제사를 지내는 것이다. 밝은 인간 세상에는 예와 악이 있고, 그윽한 저 세상에는 작용인 귀와 신이 있다. 이와 같다면 천하 사람들은 공경함을 함께 하고 사랑함을 동일하게 따른다. 예라는 것은 그 사안을 제각각 구별하지만 공경함에 합치되도록 하는 것이다. 악이라는 것은 그 격식을 다르게 하지만 사랑함에 합치되도록 하는 것이다. 예와 악의 실정이 같기 때문에, 성왕들은 이를 통해서 서로 그 본질을 따랐다. 그렇기 때문에 사안은 때와 함께 시행되었고, 이름과 공덕은 함께 어울리게 되었다.

集說

百物不失, 言各遂其性也.

'백물불실(百物不失)'은 각각 그 본성에 따른다는 뜻이다.

朱子曰: 禮主減, 樂主盈, 鬼神, 亦止是屈伸之義. 禮樂鬼神一理. 又曰: 在聖人制作處便是禮樂, 在造化處便是鬼神. 禮有經禮·曲禮之事殊, 而敬一; 樂有五聲·六律之文異, 而愛一. 所以能使四海之內合敬同愛者, 皆大樂·大禮之所感化也. 禮樂之制, 在明王, 雖有損益, 而情之同者, 則相因述也. 惟其如此, 是以王者作興, 事與時竝. 如唐虞之時, 則有揖讓之事. 夏殷之時, 則有放伐之事. 名與功偕者, 功成作樂, 故歷代樂名, 皆因所立之功而名之也.

주자가 말하길, 예는 줄이는 것을 위주로 하고 악은 채우는 것을 위주로 한다. '귀신(鬼神)'이라는 말 또한 단지 굽히고 펴는 뜻에 해당할 따름이다. 예와 악 및 귀와 신은 그 이치가 동일하다. 또 말하길, 성인이 만든 것이 바로 예와 악이고, 그것이 만들어지고 변화하며 쓰이는 것은 곧 귀와 신이다. 예에는 경례와 곡례처럼 다른 사안이 있지만, 공경함의 측면에서는 동일하다. 악에는 오성이나 육률처럼 격식이 다른 점이 있지만, 사랑함의 측면에서는 동일하다. 천하 사람들로 하여금 공경함에 합치시키고 사랑함을 동일하게 따르게 할 수 있는 것은 모두 큰 악과 큰 예에 따라 감화된 것이다. 예와 악을 제정한 것은 성왕 때인데, 비록 각 시대마다 덜고 더한 점이 있지만, 정감의 측면에서는 동일하니, 서로 그에 따라서 조술했기 때문이다. 오직 이와 같아야만 천자가 일어남에 그 사안이 때와 병행되는 것으로, 예를 들어 당우시대에는 읍과 겸양을 통해 제위를 양보한 일이 있었다. 또 하나라와 주나라 때에는 내치고 정벌하여 제위에 오른 일이 있었다. "이름과 공덕이 함께 한다."는 말은 공덕이 이루어지면 악을 만들기 때문에, 역대 악의 이름은 모두 수립한 공덕에 따라서 명명한 것이다.

蔡氏曰: 禮樂本非判然二物也. 人徒見樂由陽來, 禮由陰作, 即以爲禮屬陰, 樂屬陽, 判然爲二, 殊不知陰陽一氣也. 陰氣流行即爲陽, 陽氣凝聚即爲陰, 非眞有二物也. 禮樂亦止是一理. 禮之和即是樂, 樂之節即是禮, 本非二物也. 善觀者, 旣知陰陽禮樂之所以爲二, 又知陰陽禮樂之所以爲一, 則達禮樂之體用矣.

채씨가 말하길, 예와 악은 본래 확연하게 구별되는 두 가지 대상이 아니다. 사람들은 단지 악이 양으로부터 비롯되어 나타나고, 예는 음으로부터 비롯되어 만들어진다는 것을 보고서, 곧 예가 음에 속하고 악이 양에 속한다고 여겨, 확연하게 갈라 두 가지 대상으로 여겼던 것이다. 그러나 이것은 음과 양이 동일한 기운임을 알지 못했기 때문이다. 음기가 두루 흐르게 되면 곧 양기가 되고, 양기가 응집되면 곧 음기가 되니, 진실로 두 가지 대상이 있을 수 없다. 예와 악 또한 단지 하나의 이치일 따름이다. 예의 조화로움은 곧 악에 해당하고, 악의 절제는 곧 예에 해당하니, 이 또한 두 대상이 아니다. 잘 살펴볼 수 있는 자가 음기와 양기 및 예와 악이 둘이 되는 이유를 알았고, 또 음기와 양기 및 예와 악이 하나가 되는 이유를 알았다면, 예와 악의 본체 및 쓰임에 통달하게 된다.

浅見

近按: 此承上章, 以言禮樂非特爲平治天下之具, 而實與天地同其大者也. 易‧繫辭曰: "乾以易知, 坤以簡能." 上章所謂大樂必易, 卽乾之易也; 大禮必簡, 卽坤之簡也. 旣以禮樂分配天地, 此章又言其大樂與天地同其和, 大禮與天地同其節, 是禮樂各具天地之德也. 明則有禮樂, 幽則有鬼神, 是言在天地則有造化屈伸之理, 在人道則有禮樂愛敬之情, 其理本一而非二致也. 事與時竝, 名與功偕者, 是承上文殊事‧異文, 而言帝王制作雖有不同, 而其情實則相沿述, 故揖讓征伐, 其事雖殊, 而隨時之義則相ально, 歷代樂名, 其文雖異, 而治世之功則相偕也. 前言揖讓而治天下者, 以禮樂行於一世者而言, 此則以行於萬世者言也.

내가 살펴보니, 이것은 앞 문장의 뜻을 이어서 예악은 단순히 천하를 편안하게 다스리는 도구가 아니며, 실질적으로 천지와 큰 작용을 함께 하는 것임을 언급한 것이다. 『역』「계사전(繫辭傳)」에서는 "건은 평이함으로 주장하고, 곤은 간략함으로써 능하다."[1]고 했는데, 앞 장에서 말한 "큰 악은 반드시 쉽다."는 것은 건의 평이함에 해당하고, "큰 예는 반드시 간략하다."는 것은 곤의 간략함에 해당한다. 이미 예와 악을 나눠서 하늘과 땅에 짝하였는데, 이곳에서는 또한 "큰 악은 천지와 조화로움을 함께 하고, 큰 예는 천지와 절제함을 함께 한다."고 했으니, 이것은 예악

---

1) 『역』「계사상(繫辭上)」: 乾以易知, 坤以簡能, 易則易知, 簡則易從, 易知則有親, 易從則有功, 有親則可久, 有功則可大, 可久則賢人之德, 可大則賢人之業.

에 각각 천지의 덕이 구비되어 있음을 나타낸다. "인간세상에 있어서는 예와 악이 있고, 저 세상에 있어서는 귀와 신이 있다."고 했는데, 이것은 천지에 있어서는 조화를 이루고 굽히고 펴는 이치가 있고, 인도에 있어서는 예악의 사랑하고 공경하는 정감이 있는데, 이치는 본래 하나로 두 가지가 아님을 뜻한다. "사안은 때와 함께 시행되고, 이름과 공덕은 함께 어울린다."는 말은 앞 문장에서 사안을 제각각 구별하고 격식을 다르게 한다는 말을 이어서 제왕이 제작한 것에는 비록 동일하지 않은 점이 있지만, 실정에 있어서는 서로 따르며 잇는다. 그렇기 때문에 읍하고 겸양하는 것과 정벌하는 것은 그 사안이 비록 다르지만, 때에 따른다는 도의의 측면에서는 서로 함께 시행된 것이고, 역대의 악곡 명은 그 문채에 있어서 비록 차이가 나지만, 세상을 다스리는 공덕의 측면에서는 서로 어울리는 것이다. 앞에서 읍과 겸양을 하여 천하를 다스린다는 것은 예악을 한 세대 안에서 시행한다는 것을 기준으로 말한 것이며, 이곳에서는 만세에 시행한다는 측면에서 말한 것이다.

故鍾鼓管磬, 羽籥干戚, 樂之器也. 屈伸俯仰, 綴[拙]兆舒疾, 樂
之文也. 簠簋俎豆, 制度文章, 禮之器也. 升降上下, 周還[旋]裼
襲, 禮之文也. 故知禮樂之情者能作, 識禮樂之文者能述. 作
者之謂聖, 述者之謂明. 明聖者, 述作之謂也.〈016〉

그러므로 종·북·피리·석경 등의 악기들과 깃털·피리·방패·도끼
등의 무용도구들은 악의 도구들에 해당한다. 굽히고 펴며 굽어보고 치
켜듦, 무용수들의 대열과['綴'자의 음은 '拙(졸)'이다.] 춤을 추는 공간 및 천
천히 하고 빠르게 하는 동작들은 악의 격식에 해당한다. 보·궤·조·
두와 같은 제기들과 제도 및 각종 형식들은 예의 도구들에 해당한다.
오르고 내리며 위로 올라가고 내려가며, 선회하고['還'자의 음은 '旋(선)'이
다.] 석과 습을 하는 것은 예의 격식에 해당한다. 그렇기 때문에 예와
악의 실정을 아는 자는 예와 악을 새롭게 만들 수 있고, 예와 악의 격식
을 아는 자는 그것을 조술할 수 있다. 새로 만드는 자를 '성인(聖人)'이
라 부르며, 조술하는 자를 '명자(明者)'라 부른다. 명자와 성인은 곧 조
술하고 새로 만드는 자들을 뜻한다.

綴, 舞者行位相連綴也. 兆, 位外之營兆也. 裼襲, 說見曲禮. 情, 謂
理趣之深奧者. 知之悉, 故能作. 文, 謂節奏之宣著者. 識之詳, 故能
述. 若黃帝·堯·舜之造律呂垂衣裳, 禹·湯·文·武之不相沿襲,
皆聖者之作也. 周公經制, 盡取先代之禮樂而參用之, 兼聖明之作
述也. 季札觀樂而各有所論, 此明者之述也. 夫子之聖, 乃述而不作
者, 有其德無其位故耳.

'졸(綴)'은 무용수들의 대열과 자리가 서로 연결되어 있음을 뜻한다. '조
(兆)'는 무용수들이 서 있는 자리 밖의 영역이다. '석(裼)'과 '습(襲)'에 대
한 설명은 『예기』「곡례(曲禮)」편에 나온다. '정(情)'은 매우 심오한 의

리와 뜻을 의미한다. 깊이 알고 있기 때문에 만들 수 있다. '문(文)'은 연주에 현저히 드러나는 점이다. 상세히 알고 있기 때문에 조술할 수 있다. 황제·요·순 등은 율려를 만들고 의복 등을 제정했으며, 우·탕·문왕·무왕 등은 서로 답습만 하지 않았으니, 이 모두는 제작을 할 수 있는 성인들에 해당한다. 주공이 만든 전장제도는 이전 세대의 예악을 모두 취하여 참고해서 사용하였으니, 성인과 명자가 짓고 조술하는 것을 겸하고 있다. 계찰은 음악을 살펴보고 각각에 대해 논의했는데, 이 것은 명자의 조술에 해당한다. 공자와 같은 성인도 조술만 하고 만들지 않았는데, 그 이유는 그에 해당하는 덕은 있었지만, 해당하는 지위가 없었기 때문이다.

淺見

近按: 上言禮樂傳世之意, 而此言其所寓之器, 又兼及其述作之事. 蓋聖人制作, 必寓是器而後可傳, 明者繼述, 必識其文而後可擧, 作之於前, 述之於後, 此可行於萬世者也.

내가 살펴보니, 앞에서는 예악이 세상에 전수되는 뜻을 언급하였고, 이 곳에서는 그것이 깃드는 도구들 및 조술하고 만드는 사안까지 함께 언급했다. 성인이 제작한 것은 반드시 해당하는 기물에 깃든 이후에야 전할 수 있고, 명자가 이어서 조술한 것은 반드시 해당하는 격식에 새긴 이후에야 시행할 수 있는데, 앞에서 제작하고 뒤에서 조술하니, 만세에 시행할 수 있는 것이다.

樂者天地之和也. 禮者天地之序也. 和故百物皆化, 序故群物
皆別. 樂由天作, 禮以地制. 過制則亂, 過作則暴. 明於天地,
然後能興禮樂也.〈017〉

악은 천지의 조화로움에 해당한다. 예는 천지의 질서에 해당한다. 조화
롭기 때문에 만물은 모두 조화롭게 되는 것이고, 질서가 있기 때문에
만물은 모두 구별되는 것이다. 악은 하늘로부터 만들어지고, 예는 땅으
로부터 제정된다. 잘못 제정되면 어지럽게 되고, 잘못 만들어지면 난폭
하게 된다. 천지에 대해서 해박하게 안 뒤에야 예와 악을 흥성하게 만
들어서 천지의 작용을 도울 수 있다.

集說

朱子曰: 樂由天作屬陽, 故有運動底意. 禮以地制, 如由地出, 不可
移易.

주자가 말하길, 악은 하늘로부터 비롯되어 만들어지니 양에 해당한다.
그렇기 때문에 두루 운행되는 뜻이 있다. 예는 땅을 통해서 제정되니
땅으로부터 비롯되어 나온 것과 같으므로, 옮기거나 바꿀 수 없다.

劉氏曰: 前言大樂與天地同和, 大禮與天地同節, 以成功之所合而言
也. 此言樂者天地之和, 禮者天地之序, 以效法之所本而言也. 蓋聖
人之禮樂, 與天地之陰陽相爲流通, 故始也法陰陽以爲禮樂, 終也以
禮樂而贊陰陽. 天地之和, 陽之動而生物者也. 氣行而不乖, 故百物
皆化. 天地之序, 陰之靜而成物者也. 質具而有秩, 故群物皆別. 樂
由天作者, 法乎氣之行於天者而作, 故動而屬陽. 聲音, 氣之爲也.
禮以地制者, 法乎質之具於地者而制, 故靜而屬陰. 儀則, 質之爲也.
過制則失其序, 如陰過而肅, 則物之成者復壞矣, 故亂. 過作則失其
和, 如陽過而亢, 則物之生者反傷矣, 故暴. 明乎天地之和與序, 然

後能興禮樂以贊化育也.

유씨가 말하길, 앞에서는 큰 악은 천지와 조화로움을 함께 하고 큰 예는 천지와 절제함을 함께 한다고 했으니, 공덕을 이룸에 부합되는 것을 기준으로 말한 것이다. 이곳에서는 악은 천지의 조화로움이고 예는 천지의 질서라고 했는데, 이것은 법도를 본받음에 근본으로 삼는 것을 기준으로 말한 것이다. 무릇 성인이 제정한 예악은 천지의 음양과 서로 더불어 유행하며 두루 통한다. 그렇기 때문에 최초에는 음양을 본받아서 예악을 만들고, 끝으로는 예악을 통해서 음양을 돕는다. 천지의 조화로움은 양이 움직여서 만물을 생겨나게 함이다. 기운이 운행하며 어그러지지 않기 때문에 만물이 모두 조화롭게 된다. 천지의 질서는 음이 고요하여 만물을 완성하게 함이다. 바탕이 갖춰지고 질서가 있기 때문에 만물이 모두 구별된다. "악이 하늘로부터 만들어졌다."는 말은 기운이 하늘에서 운행하는 것을 본받아 만들었다는 뜻이다. 그렇기 때문에 움직여서 양에 속한다. 소리와 음은 기운이 나타난 것이다. "예는 땅으로써 제정한다."는 말은 바탕이 땅에서 갖춰진 것을 본받아 제정했다는 뜻이다. 그렇기 때문에 고요하여 음에 속한다. 법칙은 바탕이 나타난 것이다. 잘못 제정되면 그 질서를 잃으니, 마치 음이 지나쳐서 숙살하게 되면 만물 중 완성된 것들이 다시 무너지는 것과 같다. 그렇기 때문에 어지럽게 된다. 잘못 만들어지면 조화로움을 잃으니, 마치 양이 지나쳐서 오래되면 만물 중 생겨나는 것들이 반대로 상처를 입는 것과 같다. 그렇기 때문에 난폭하게 된다. 천지의 조화로움과 질서에 대해 밝게 안 뒤에라야 예악을 흥성하게 만들어서 천지의 화육하는 작용을 도울 수 있다.

近按: 前言同和同節, 是禮樂與天地猶二也. 此言樂者天地之和, 禮者天地之序, 是禮樂與天地爲一也. 前言百物不失, 是各得其所而已, 此言皆化, 則絪縕竝育, 而有合同而化之妙矣. 天地卽一禮樂, 禮樂卽一天地, 故明於天地之道, 然後可以制禮樂而興之也.

내가 살펴보니, 앞에서는 조화로움을 함께 하고 절제함을 함께 한다고
했는데, 이것은 예악과 천지가 여전히 둘인 상태이다. 이곳에서는 악은
천지의 조화로움에 해당하고, 예는 천지의 질서에 해당한다고 했는데,
이것은 예악과 천지가 하나가 된 것이다. 앞에서는 모든 사물이 잃지
않는다고 했는데, 이것은 각각 제자리를 얻었다는 뜻일 뿐이며, 이곳에
서는 모두 조화롭게 된다고 했으니, 얽히고설켜 나란히 자라나며, 합하
고 같아져서 변화하는 오묘함이 있는 것이다. 천지는 곧 예악과 일치하
고, 예악은 곧 천지와 일치한다. 그렇기 때문에 천지의 도를 해박하게
안 뒤에야 예악을 제작해서 흥성하게 만들 수 있다.

論倫無患, 樂之情也; 欣喜歡愛, 樂之官也; 中正無邪, 禮之質
也; 莊敬恭順, 禮之制也. 若夫禮樂之施於金石, 越於聲音, 用
於宗廟·社稷, 事乎山川·鬼神, 則此所與民同也.〈018〉

노래에 가사가 있고 율려가 있어서 근심이 없게 되는 것은 악의 실정에
해당한다. 기뻐하고 사랑하게 함은 악의 기능에 해당한다. 중도에 맞고
올바르며 사벽함이 없는 것은 예의 본질에 해당한다. 장엄하고 공경하
며 공손하고 순종하는 것은 예가 제재하는 것에 해당한다. 이러한 것들
은 파악하기 어려우니 오직 군자만 알 수 있다. 그런데 예와 악을 쇠나
돌로 된 악기로 연주하고 소리나 음으로 표현하여, 종묘와 사직의 제사
에서 사용하고 산천과 귀신을 섬기는 것들은 백성들도 모두 알고 있는
것들이다.

方氏曰: 金石聲音, 特樂而已, 亦統以禮爲言者. 凡行禮然後用樂,
用樂以成禮, 未有用樂而不爲行禮者也. 情·官·質·制者, 禮樂之
義也. 金石·聲·音者, 禮樂之數也. 其數可陳, 則民之所同; 其義難
知, 則君之所獨. 故於金石聲音, 曰此所與民同也.

방씨가 말하길, 쇠나 돌로 된 악기 소리나 음 등은 단지 악에만 해당할
따름인데, 또한 예까지도 통괄해서 말한 이유는 무릇 예를 실행한 연후
에야 악을 사용하고 악을 사용하여 예를 완성하니, 악을 사용하면서 예
를 시행하지 않은 경우는 없기 때문이다. 실정·기능·바탕·제도라는
것은 예와 악의 뜻에 해당한다. 쇠나 돌로 된 악기 소리나 음 등은 예와
악의 제도에 해당한다. 그 제도에 대해서는 진술할 수 있으니 백성들도
동일하게 아는 것이다. 그러나 그 뜻에 대해서는 알기 어려우니 군자만
홀로 아는 것이다. 그렇기 때문에 쇠나 돌로 된 악기 소리 및 음에 대해
서는 "이것이 백성들과 함께 동일하게 아는 것이다."라고 말한 것이다.

劉氏曰: 論者, 雅頌之辭, 倫者律呂之音. 惟其辭足論而音有倫, 故極其和而無患害. 此樂之本情也, 而在人者則以欣喜歡愛爲作樂之主焉. 中者, 行之無過不及. 正者, 立之不偏不倚. 惟其立之正而行之中, 故得其序而無邪僻. 此禮之本質也, 而在人者則以莊敬恭順爲行禮之制焉. 此聖賢君子之所獨知也. 若夫施之器而播之聲, 以事乎鬼神者, 則衆人之所其知者也.

유씨가 말하길, '논(論)'은 아나 송에 해당하는 가사들이며, '윤(倫)'은 육률과 육려에 해당하는 음들이다. 다만 그 가사에 대해서는 논의할 수 있고 음에도 질서가 있기 때문에, 조화로움을 지극히 하여 우환과 해로움이 없는 것이다. 이것은 악의 근본적인 실정에 해당하는데, 사람에게 있어서는 기뻐함과 사랑함을 악을 짓는 일에 있어서 위주로 삼는다. '중(中)'은 행동에 지나치거나 미치지 못함이 없는 것이다. '정(正)'은 서 있을 때 치우치거나 기울이지 않는 것이다. 다만 서 있는 것이 올바르고 행실이 마땅하기 때문에, 질서를 얻어서 삿되고 편벽됨이 없는 것이다. 이것은 예의 본질에 해당하는데, 사람에게 있어서는 장엄하고 공경하며 공손하고 순종하는 것을 예를 시행할 때의 제재로 삼는다. 이것은 성현과 군자만이 알 수 있는 것이다. 악기를 통해 연주하고 소리로 나타내어, 이를 통해 귀신을 섬기는 경우라면, 대중들도 모두 알고 있는 것이다.

淺見

近按: 上旣言禮樂之大極於天地, 此又自在人者而申言之, 以明其小者也. 中正無邪, 爲禮之質, 則禮雖外作, 而非在外明矣. 大則天地鬼神之道, 小則聲音度數之末, 籩豆有司之事, 無非禮樂也.

내가 살펴보니, 앞에서는 이미 예악의 큼은 천지에 이른다고 했는데, 이곳에서는 또한 사람에게 해당하는 것으로부터 거듭 언급하여, 작은 것들을 나타낸 것이다. 중도에 맞고 올바르며 사벽함이 없는 것이 예의 본질이 된다면, 예가 비록 외적으로 일어나더라도 외부에 있는 것이 아님이 분명하다. 큰 것의 경우에는 천지와 귀신의 도에 해당하는데, 작은 것의 경우에는 소리와 음 및 도수와 같은 말단에 해당하니, 변두나 유사가 시행하는 일 등 모두 예악이 아닌 것들이 없다.

王者功成作樂, 治定制禮, 其功大者其樂備, 其治辯[徧]者其禮
具. 干戚之舞, 非備樂也; 孰亨[烹]而祀, 非達禮也. 五帝殊時,
不相沿樂; 三王異世, 不相襲禮. 樂極則憂, 禮粗則偏矣. 及夫
敦樂而無憂, 禮備而不偏者, 其唯大聖乎!〈019〉

천자가 된 자는 공덕을 이루면 악을 만들고, 다스림의 도리가 안정되면 예를 제정하니, 그 공덕이 큰 경우에는 악도 제대로 갖춰지고, 그 다스림의 도리가 두루['辯'자의 음은 '徧(편)'이다.] 미친 경우에는 예도 온전히 갖춰진다. 방패나 도끼를 들고 추는 춤은 제대로 갖춰진 악이 아니며, 희생물을 익혀서['亨'자의 음은 '烹(팽)'이다.] 제사를 지내는 것은 두루 달통하는 예가 아니다. 오제 때에는 때가 달랐으므로, 악에 대해서 서로 따르지 않았던 것이며, 삼왕 때에는 세대가 달라졌으므로, 예에 대해서 서로 답습만하지 않았던 것이다. 악이 지나치게 지극해지면 근심스럽게 되고, 예가 너무 소략하게 되면 치우치게 된다. 무릇 악을 후하게 하더라도 근심이 없게 되고, 예가 갖춰져서 치우치지 않는 경우는 오직 위대한 성인만이 가능할 것이다!

集說

干戚之舞, 武舞也. 不如韶樂之盡善盡美, 故云非備樂也. 熟烹牲體
而薦, 不如古者血腥之祭爲得禮意, 故云非達禮也. 若奏樂而欲極
其聲音之娛樂, 則樂極悲來, 故云樂極則憂; 行禮粗略而不能詳審,
則節文之儀, 必有偏失而不擧者, 故云禮粗則偏矣. 惟大聖人則道
全德備, 雖敦厚於樂, 而無樂極悲來之憂; 其禮儀備具, 而無偏粗之
失也.

방패와 도끼를 들고 추는 춤은 무무에 해당한다. 소라는 악곡처럼 진선과 진미를 다한 것만 못하기 때문에, "모든 것이 갖춰진 음악이 아니다."

라고 말한 것이다. 희생물을 익혀서 바치는 것은 고대에 피와 생고기를 바쳐서 제사를 지내어 예의 뜻을 다할 수 있었던 것만 못하기 때문에, "달통한 예가 아니다."라고 말한 것이다. 만약 음악을 연주하여 소리와 음에 따른 즐거움을 지극히 하고자 한다면, 악이 지나치게 되어 슬픈 감정이 찾아오게 된다. 그렇기 때문에 "악이 너무 지극해지면 근심스럽게 된다."라고 말한 것이다. 또 예를 시행하며 지나치게 소략하고 세심하게 살필 수 없다면, 절도와 격식에 따른 의례에 반드시 치우치거나 실수를 범하는 점이 생겨 거행하지 못하는 경우가 발생한다. 그렇기 때문에 "예가 너무 거칠게 되면 치우친다."라고 말한 것이다. 오직 위대한 성인만이 도를 온전히 하고 덕을 모두 갖춰서, 비록 악에 대해 후하게 하더라도 악을 너무 지나치게 해서 슬픈 감정이 도래하는 근심이 없을 수 있고, 그 예의에 대해서는 모두 갖춰서 치우치거나 소략하게 되는 실수가 없게 된다.

淺見

近按: 此承上章在人之事, 而又申言聖人制作之事. 上章以其小者而言, 此以其大者而言也.

내가 살펴보니, 이것은 앞 장에서 사람에 대한 사안을 언급한 것을 이어, 또한 성인이 제작하는 사안을 거듭 언급한 것이다. 앞 장에서는 작은 것들을 기준으로 말했는데, 이곳에서는 큰 것을 기준으로 말한 것이다.

經文

天高地下, 萬物散殊, 而禮制行矣. 流而不息, 合同而化, 而樂
興焉. 春作夏長, 仁也. 秋斂冬藏, 義也. 仁近於樂, 義近於禮.
樂者敦[如字]和, 率神而從天; 禮者別宜, 居鬼而從地. 故聖人
作樂以應天, 制禮以配地. 禮樂明備, 天地官矣.〈020〉

하늘은 높고 땅은 낮으며, 만물은 그 사이에 흩어지고 달라지며, 예에
따른 절제함이 시행된다. 두루 흘러 그치지 않고, 합하고 같아져서 변
화하여 악이 흥성하게 된다. 봄은 만들고 여름은 장성하게 하니, 인에
해당한다. 가을은 거둬들이고 겨울은 보관하니, 의에 해당한다. 인은 악
에 가깝고, 의는 예에 가깝다. 악은 조화로움을 돈독히['敦'자는 글자대로
읽는다.] 하고, 신에 따라 하늘을 따르며, 예는 마땅함을 변별하고, 귀에
머물며 땅을 따른다. 그렇기 때문에 성인은 악을 만들어서 하늘에 호응
하고, 예를 제정하여 땅에 부합한다. 예와 악이 밝아지고 갖춰지니, 천
지가 주관하는 것이다.

集說

物各賦物而不可以强同, 此造化示人以自然之禮制也. 絪縕化醇而
不容以獨異, 此造化示人以自然之樂情也. 合同者, 春夏之仁, 故曰
仁近於樂. 散殊者, 秋冬之義, 故曰義近於禮. 敦和, 厚其氣之同者.
別宜, 辨其物之異者. 率神, 所以循其氣之伸; 居鬼, 所以斂其氣之
屈. 伸陽而從天, 屈陰而從地也. 由是言之, 則聖人禮樂之精微寓於
制作者, 旣明且備, 可得而知矣. 官, 猶主也. 言天之生物, 地之成
物, 各得其職也.

만물은 각각 만물로서의 본성과 형질을 부여받아 억지로 동화시킬 수
없으니, 이것이 창조하고 화육함에 사람들에게 자연의 예제를 보인 이
유이다. 천지가 얽히고설킴에 만물이 변화하여 엉기고,[1] 홀로만 다른
것을 용납하지 않으니, 이것이 창조하고 화육함에 자연의 악정을 보인

이유이다. 합치하고 같아지는 것은 봄과 여름이 인에 해당하기 때문에, "인은 악에 가깝다."고 말한 것이다. 흩어지고 달라지는 것은 가을과 겨울의 의에 해당하기 때문에, "의는 예에 가깝다."고 말한 것이다. 조화로움을 돈독히 하는 것은 기운의 같아지는 작용을 두텁게 하는 것이다. 마땅함을 구별하는 것은 사물의 차이점을 구별하는 것이다. 신에 따른다는 것은 기운의 펼쳐지는 작용에 따르는 것이다. 귀에 머문다는 것은 기운의 굽혀지는 작용에 따라 거둬들이는 것이다. 양기를 펼쳐서 하늘에 따르고 음기를 굽혀서 땅에 따른다. 이것을 통해 말해보자면, 성인이 만든 예와 악의 정미한 뜻은 제정과 만드는 작업 속에 깃드니, 그것이 이미 밝아지고 갖춰진 것임을 알 수 있다. '관(官)'자는 "주관한다."는 뜻이다. 즉 하늘이 만물을 낳고 땅이 만물을 완성시킴에 각각 그 직무를 얻게 한다는 뜻이다.

劉氏曰: 此申明禮者, 天地之序; 樂者, 天地之和. 高下散殊者, 質之具, 天地自然之序也. 而聖人法之, 則禮制行矣. 周流同化者, 氣之行, 天地自然之和也. 而聖人法之, 則樂興焉. 春作夏長, 天地生物之仁也. 氣行而同和, 故近於樂. 秋斂冬藏, 天地成物之義也. 質具而異序, 故近於禮. 此言效法之所本也. 敦化者, 厚其氣之同. 別宜者, 辨其質之異. 神者, 陽之靈. 鬼者, 陰之靈. 率神以從天者, 達其氣之伸而行於天. 居鬼而從地者, 斂其氣之屈而具於地. 蓋樂可以敦厚天地之和, 而發達乎陽之所生; 禮可以辨別天地之宜, 而安定乎陰之所成. 故聖人作樂以應助天之生物, 制禮以配合地之成物. 禮樂之制作旣明且備, 則足以裁成其道, 輔相其宜, 而天之生, 地之成, 各得其職矣. 此言成功之所合也.

유씨가 말하길, 이것은 예라는 것이 천지의 질서이며 악이라는 것이 천지의 조화로움임을 거듭 밝힌 것이다. 높고 낮으며 흩어지고 달라진다

---

1) 『역』「계사하(繫辭下)」: <u>天地絪縕, 萬物化醇</u>, 男女構精, 萬物化生.

는 것은 바탕이 갖춰진 것으로 천지자연의 질서에 해당한다. 그리고 성인은 그것을 본받으니 예제가 시행된다. 두루 유행하여 같아지고 변화하는 것은 기의 운행이니 천지자연의 조화로움에 해당한다. 그리고 성인은 그것을 본받으니 악이 흥성하게 된다. 봄은 만물을 만들어내고 여름은 장성하게 하니, 천지가 만물을 생장시키는 인에 해당한다. 기운이 운행하여 같아지고 조화롭게 되기 때문에 악에 가깝다. 가을에 거둬들여지고 겨울에 보관되는 것은 천지가 만물을 완성시키는 의에 해당한다. 본질이 갖춰지고 질서에 따라 달라지기 때문에 예에 가깝다. 이것은 본받음에 있어서 근본으로 삼는 것을 뜻한다. 조화로움을 돈독히 한다는 것은 기운의 같아지게 하는 작용을 두텁게 한다는 뜻이다. 마땅함을 구별한다는 것은 본질의 다름을 구별한다는 뜻이다. '신(神)'이라는 것은 양의 영묘함이다. '귀(鬼)'라는 것은 음의 영묘함이다. 신을 따라 하늘을 따른다는 것은 기운의 펼쳐지는 작용을 두루 통하게 하여 하늘에서 시행되도록 하는 것이다. 귀에 머물며 땅에 따른다는 것은 기운의 굽혀지는 작용에 따라 거둬들여 땅에서 갖춰지도록 하는 것이다. 무릇 악은 천지의 조화로움을 돈독하게 할 수 있고, 양의 발생시키는 작용을 두루 발산하게 하며, 예는 천지의 마땅함에 따라 구별할 수 있고, 음의 완성시키는 작용을 안정시킨다. 그렇기 때문에 성인은 악을 만들어서 하늘이 만물을 생장시키는 작용에 호응하여 돕고, 예를 제정하여 땅이 만물을 완성시키는 작용에 짝하여 합하도록 한다. 예와 악이 제정되고 만들어져서 이미 밝아지고 또 갖춰졌다면, 그 도를 재단하여 완성시킬 수 있고 그 마땅함을 도울 수 있어서, 하늘이 생장시키고 땅이 완성시킴에 각각 그 직분을 얻게 된다. 이것은 공덕을 이룸에 부합되는 것을 뜻한다.

淺見

近按: 此又申言禮樂所以與天地爲一之義, 聖人作樂以應天, 制禮以配地者, 又以合天地, 聖人禮樂而爲一也. 前章之末言明於天地, 然後能興禮樂, 是自其效法之初而言也. 此章之終言禮樂明備天地官矣, 是要其成功之終而言也. 初因天地而制禮樂, 後由禮樂而位天地, 聖神之功極矣.

내가 살펴보니, 이것은 또한 예악이 천지와 더불어 하나가 된다는 뜻을 거듭 설명한 것으로, 성인은 악을 만들어서 하늘에 호응하고 예를 제정해서 땅에 부합하며, 또한 이를 통해 천지와 합하니, 성인과 예악은 하나가 된다. 앞 장의 끝에서는 "천지에 대해 해박하게 안 뒤에야 예악을 흥성하게 만들 수 있다."고 했는데, 이것은 본받는 초기로부터 말한 것이다. 이곳 문장의 끝에서는 "예악이 밝아지고 갖춰지니, 천지가 주관하는 것이다."라고 했는데, 이것은 공을 이뤄 마치는 것을 요약해서 말한 것이다. 초기에는 천지로 인하여 예악을 제정했고, 이후에는 예악으로 말미암아 천지의 지위를 세우니, 성신의 공이 지극한 것이다.

天尊地卑, 君臣定矣. 卑高以陳, 貴賤位矣. 動靜有常, 小大殊
矣. 方以類聚, 物以群分, 則性命不同矣. 在天成象, 在地成形,
如此, 則禮者天地之別也.〈021〉

하늘은 높고 땅은 낮아서 군주와 신하의 지위가 정해진다. 높고 낮음이
이미 정해져서, 신분의 귀천이 등차적으로 자리잡는다. 움직임과 고요
함에는 항상된 법칙이 있어서, 크고 작은 일들이 달라진다. 인륜의 도
는 해당 부류로써 머물게 되고, 사안은 같은 부류로써 구분하니, 성명이
다르기 때문이다. 하늘에 있어서는 상을 이루고, 땅에 있어서는 형체를
이루니, 이와 같다면 예는 천지의 법칙에 따른 구별이다.

集說

此與易繫辭略同, 記者引之, 言聖人制禮, 其本於天地自然之理者如
此. 定君臣之禮者, 取於天地尊卑之勢也. 別貴賤之位者, 取於山澤
卑高之勢也. 小者不可爲大, 大者不可爲小, 故小大之殊, 取於陰陽
動靜之常也. 此小大, 如論語"小大由之"之義, 謂小事·大事也. 方,
猶道也. 聚, 猶處也. 君臣父子夫婦長幼朋友各有其道, 則各以其類
而處之, 所謂方以類聚也. 物, 事也. 行禮之事, 卽謂天理之節文, 人
事之儀則, 行之不止一端, 分之必各從其事, 所謂物以群分也. 所以
然者, 以天所賦之命, 人所受之性, 自然有此三綱五常之倫, 其間尊
卑厚薄之等, 不容混而一之也. 故曰性命不同矣. 在天成象, 如衣與
旗常之章, 著爲日月星辰之象也. 在地成形, 如宮室器具各有高卑
小大之制, 是取法於地也. 由此言之, 禮之有別, 非天地自然之理乎?

이 내용은 『역』「계사전(繫辭傳)」의 내용과 대략적으로 동일한데,[1] 『예

---

1) 『역』「계사상(繫辭上)」: 尊地卑, 乾坤定矣. 卑高以陳, 貴賤位矣. 動靜有常,
   剛柔斷矣. 方以類聚, 物以群分, 吉凶生矣. 在天成象, 在地成形, 變化見矣.

기』를 기록한 자가 이 말을 인용하여, 성인이 예를 제정한 것은 이처럼 천지자연의 이치에 근본한 것임을 나타내었다. 군신의 예법을 확정한 것은 천지의 높고 낮은 형세에 따른 것이다. 신분 귀천의 지위를 등차로 나열한 것은 산과 못의 높고 낮은 형세에 따른 것이다. 작은 것은 크게 될 수 없고 큰 것은 작게 될 수 없기 때문에, 작고 큼의 다름은 음양과 동정의 항상된 법칙에 따른 것이다. 여기에서 말한 '소대(小大)'는 『논어』에서 "작고 큰 일이 여기에 따른다."[2]고 했을 때의 뜻과 같으니, 작은 일과 큰 일을 의미한다. '방(方)'은 도와 같다. '취(聚)'자는 "머문다."는 뜻이다. 군신·부자·부부·장유·붕우의 관계에서는 각각 해당하는 도가 있어서, 각각 그 부류에 따라 머물게 되니, 이것이 바로 "도는 부류로써 머문다."는 의미이다. '물(物)'자는 사안을 뜻한다. 예를 시행하는 사안은 곧 천리의 절문과 인사의 의칙을 뜻하니, 그것을 시행할 때에는 한 부분에만 그치지 않고, 그것을 나눔에 있어서는 반드시 각각 해당하는 사안에 따르니, 이것이 "사안은 무리로써 구분한다."는 뜻이다. 이처럼 하는 이유는 하늘이 부여한 천명과 사람이 부여받은 본성은 자연적으로 이러한 삼강과 오상의 윤리를 갖추고 있어서, 그 사이에 있는 존비·후박 등의 차등에 대해서는 뭉쳐서 하나로 만들 수 없기 때문이다. 그래서 "본성과 천명이 다르다."고 한 것이다. "하늘에 있어서는 상을 이룬다."는 말은 옷과 깃발 등에 새기는 무늬와 같은 것으로, 그곳에는 해·달·별 등의 무늬를 드러내게 된다. "땅에 있어서는 형체를 이룬다."는 말은 마치 궁실 및 기물들에 있어서 각각 높고 낮음 및 크고 작음의 차등적 제도가 나타남과 같으니, 이러한 것들은 땅에서 법도를 취한 것이다. 이를 통해 말해본다면, 예에 차별이 있는 것은 천지자연의 이치가 아니겠는가?

---

2) 『논어』「학이(學而)」 : 有子曰, "禮之用, 和爲貴. 先王之道, 斯爲美, 小大由之. 有所不行, 知和而和, 不以禮節之, 亦不可行也."

應氏曰: 此卽所謂天高地卑, 萬物散殊, 而禮制行矣.

응씨가 말하길, 이 내용은 곧 "하늘은 높고 땅은 낮으며, 만물은 그 사이에 흩어지고 달라지고, 예에 따른 절제함이 시행된다."는 뜻에 해당한다.

劉氏曰: 此又申言禮者天地之序也. 天地萬物, 各有動靜之常, 大者有大動靜, 小者有小動靜, 則小大之事法之, 而久近之期殊矣. 方以類聚, 言中國蠻夷戎狄之民, 各以類而聚. 物以群分, 言飛潛動植之物, 各以群而分. 則以其各正性命之不同也, 故聖人亦因之而異其禮矣. 在天成象, 則日月星辰之曆數, 各有其序. 在地成形, 則山川人物之等倫, 各有其儀. 由此言之, 則禮者豈非天地之別乎?

유씨가 말하길, 이 내용은 또한 "예는 천지의 질서이다."는 뜻을 거듭 밝힌 것이다. 천지만물에는 각각 움직임과 고요함의 항상됨이 있으니, 큰 것은 큰 움직임과 고요함이 있고, 작은 것은 작은 움직임과 고요함이 있으므로, 크고 작은 사안은 그것을 본받아서 오랜 기간이 걸리거나 근시일내로 할 수 있는 시간적 차이가 있다. '방이류취(方以類聚)'는 중국 및 사방 오랑캐 땅의 백성들은 각각 같은 부류로써 모여 산다는 뜻이다. '물이군분(物以群分)'은 날거나 물속에 살거나 동식물 등은 각각 무리를 지어서 구분이 된다는 뜻이다. 이것은 각각 성명을 바르게 함이 다르기 때문이다. 그래서 성인은 또한 그에 따라 예법에 차이를 두었다. 하늘에 있어서는 상을 이루니, 해·달·별의 운행에는 각각 해당하는 질서체계가 있다. 땅에 있어서는 형체를 이루니, 산과 못 및 사람과 사물의 무리들에게는 각각 해당하는 법칙이 있다. 이를 통해 말해본다면, 예가 어찌 천지에 따른 구별이 아니겠는가?

淺見

近按: 自篇首至樂者天地之和諸節, 是由樂之在人者, 推廣而極於天地之大, 自論倫無患至天高地下三節, 又自在人者, 申言而極於天地聖人禮樂之爲一. 此章以下, 又自其在天地者而申明之也.

내가 살펴보니, 편의 첫 부분으로부터 "악은 천지의 조화로움이다."라고
한 구문까지의 여러 문장들은 사람에게 있어서의 악으로부터 그것을 미
루어 넓혀 천지의 큼에 다다른 것이며, "노래에 가사가 있고 율려가 있
어서 근심이 없다."라는 구문으로부터 "하늘은 높고 땅은 낮다."라고 한
구문까지의 세 문장은 또한 사람에게 있는 것으로부터 거듭 설명하여,
천지·성인·예악이 하나가 됨에 다다른 것이다. 이곳 문장 이하의 기
록에서는 또한 천지에 있는 것으로부터 거듭 설명한 것이다.

地氣上[上聲]齊[躋], 天氣下降, 陰陽相摩, 天地相蕩, 鼓之以雷
霆, 奮之以風雨, 動之以四時, 煖[暄]之以日月, 而百化興焉. 如
此, 則樂者天地之和也.〈022〉

땅의 기운은 위로['上'자는 상성으로 읽는다.] 오르고['齊'자의 음은 '躋(제)'이다.]
하늘의 기운은 아래로 내려오며, 음양은 서로 부딪치고, 천지의 기운이
흘러 움직이니, 우레와 천둥으로 두드리고, 바람과 비로 휘두르며, 사계
절을 통해 움직이고, 해와 달로 따뜻하게['煖'자의 음은 '暄(훤)'이다.] 하여,
만물의 화육과 생장이 흥성하게 된다. 이와 같다면 악은 천지의 조화로
움에 해당한다.

應氏曰: 此卽所謂流而不息, 合同而化, 而樂興焉.

응씨가 말하길, 이 내용은 곧 "두루 흘러 그치지 않고, 합하고 같아져서
변화를 하여 악이 흥성하게 된다."는 뜻에 해당한다.

劉氏曰: 此申言樂者, 天地之和也. 齊, 讀爲躋. 天地相蕩, 亦言其氣
之播蕩也. 百化興焉, 所謂天地絪縕而萬物化醇也. 以上言效法之
所本.

유씨가 말하길, 이 내용은 "악은 천지의 조화로움에 해당한다."라는 뜻
을 거듭 밝힌 것이다. '제(齊)'자는 "오른다."는 뜻의 '제(躋)'자로 해석한
다. '천지상탕(天地相蕩)'은 또한 기운의 흐름과 움직임을 뜻한다. '백화
흥언(百化興焉)'은 이른바 "천지가 얽히고설킴에 만물이 변화하여 엉킨
다."[1]는 뜻에 해당한다. 이러한 내용은 본받음에 근본으로 삼는 것들을

---

1)『역』「계사하(繫辭下)」: 天地絪縕, 萬物化醇, 男女構精, 萬物化生.

언급한 것이다.

近按: 此上兩節與繫辭略同, 先儒謂記者引之. 愚竊恐此篇之文最精, 與諸篇不類, 似非出於記者之手, 疑亦作於聖筆也. 前言明則有禮樂, 幽則有鬼神, 易是言屈伸消長之理, 實與禮樂相爲表裏者也. 故聖人旣以此繫易辭, 而又以此論禮樂, 以明其一理, 而示後學於無窮也歟.

내가 살펴보니, 이곳 앞의 두 문단은 『역』「계사전(繫辭傳)」의 기록과 대략적으로 동일한데, 선대 학자들은 『예기』를 기록한 자가 그 내용을 인용한 것이라고 했다. 내가 생각해보니, 「악기」편의 문장은 가장 정밀하여, 다른 편들과 유사하지 않으니, 아마도 『예기』를 기록한 자의 손에서 나온 것이 아니며, 아마도 성인의 기록에서 나온 것 같다. 앞에서는 "인간세상에는 예와 악이 있고, 저 세상에는 귀와 신이 있다."라고 했는데, 『역』에서는 굽히고 펴며 쇠하고 자라는 이치를 언급했으니, 실로 예악과 서로 표리관계를 이룬다. 그렇기 때문에 성인은 이것을 『역』의 기록과 연결시키고, 또 이것으로 예악을 논의하여 그 이치가 하나라는 것을 밝혔으며, 무궁함에 대해 후학들에게 보여준 것이다.

化不時則不生, 男女無辨則亂升, 天地之情也.〈023〉

조화가 때에 맞지 않다면 만물이 생장하지 않고, 남녀 사이에 구별됨이 없다면 혼란함이 기승을 부리니, 이것이 천지의 실정이다.

集說

此言禮樂之得失與天地相關, 所謂和氣致祥, 乖氣致異也. 揔結上文兩節之意.

이 내용은 예악의 득실이 천지와 서로 관련됨을 나타내고 있으니, 이른바 "조화로운 기운은 상서로움을 불러오고, 어그러진 기운은 재이를 불러온다."는 뜻에 해당한다. 이 문장은 앞의 두 문장의 뜻을 결론 맺은 것이다.

淺見

近按: 此又因其在天地者, 以明其在人之事, 其文疑有缺失也.

내가 살펴보니, 이 또한 천지에 있는 것으로 인해서 사람에 대한 사안을 나타낸 것인데, 문장에 있어서는 아마도 누락된 글이 있는 것 같다.

及夫禮樂之極乎天, 而蟠乎地, 行乎陰陽, 而通乎鬼神, 窮高極遠而測深厚. 樂著[直略反]太始而禮居成物. 著[如字]不息者, 天也. 著不動者, 地也. 一動一靜者, 天地之間也. 故聖人曰: "禮樂云."〈024〉

무릇 예와 악이 하늘에 두루 미치고, 땅에 두루 퍼지며, 음양에 두루 시행되고, 귀신의 현묘한 작용에 두루 통함에 있어서, 높고 먼 곳까지 두루 통하고 깊고 두터운 것을 헤아린다. 악은 큰 시작에 있고['著'자는 '直(직)'자와 '略(략)'자의 반절음이다.] 예는 만물을 이루는데 있다. 뚜렷하게['著'자는 글자대로 읽는다.] 쉬지 않음은 천에 해당한다. 뚜렷하게 움직이지 않음은 지에 해당한다. 한 번 움직이고 한 번 고요함은 천지 사이에 있는 만물에 해당한다. 그렇기 때문에 성인은 "예악을 뜻한다."라고 말한 것이다.

朱子曰: 乾知太始, 坤作成物. 知者, 管也. 乾管却太始, 太始卽物生之始, 乾始物而坤成之也.

주자가 말하길, 건은 큰 시작을 주관하고 곤은 만물을 이룬다고 했다.[1] 이때의 '지(知)'자는 "주관하다."는 뜻이다. 즉 건은 큰 시작을 주관하는데, 큰 시작은 곧 만물이 생겨나는 시작이 되어, 건은 만물을 시작시키고 곤은 그것을 완성시킨다.

應氏曰: 及, 至也. 言樂出於自然之和, 禮出於自然之序, 二者之用, 充塞流行, 無顯不至, 無幽不格, 無高不屆, 無深不入, 則樂著乎乾

---

1) 『역』「계사상(繫辭上)」: 乾道成男, 坤道成女. 乾知大始, 坤作成物.

知太始之初, 禮居于坤作成物之位. 而昭著不息者, 天之所以爲天;
昭著不動者, 地之所以爲地. 著不動者, 藏諸用也. 著不息者, 顯諸
仁也. 天地之間, 不過一動一靜而已. 故聖人昭揭以示人, 而名之曰
禮樂也. 或曰: 不息不動, 分著於天地. 而一動一靜, 循環無端者, 天
地之間也. 動靜不可相離, 則禮樂不容或分. 故聖人言禮樂必合而
言之, 未嘗析而言之也. 以上言成功之所合.

응씨가 말하길, '급(及)'자는 "~에 이르다."는 뜻이다. 즉 악은 자연의 조
화로움에서 도출되고 예는 자연의 질서에서 도출되는데, 예악의 쓰임이
충만하고 두루 유행하여, 밝은 곳에도 이르지 않음이 없고 그윽한 곳에
도 도달하지 않음이 없으며, 높은 곳에도 다다르지 않음이 없고 깊은 곳
에도 들어가지 않음이 없으니, 악은 건이 큰 시작을 주관하는 처음에 자
리하고, 예는 곤이 만물을 이루는 위치에 있다. 뚜렷하게 쉬지 않는 것
은 하늘이 하늘이 되는 까닭이며, 뚜렷하게 움직이지 않는 것은 땅이 땅
이 되는 까닭이다. "뚜렷하게 움직이지 않는다."는 말은 쓰임을 감춘다
는 뜻이다. "뚜렷하게 쉬지 않는다."는 말은 인을 드러낸다는 뜻이다.[2]
천지의 사이에 있는 만물은 한 번 움직이고 한 번 고요한 데 불과할 따
름이다. 그렇기 때문에 분명히 제시해서 사람들에게 보여주고, 그 명칭
을 '예(禮)'와 '악(樂)'이라고 한 것이다. 혹자는 "불식과 부동은 천과 지
에 각각 나뉘어 드러난다. 한 번 움직이고 한 번 고요하여 두루 순환하
며 끝이 없는 것은 천지의 사이에 있는 만물이다. 움직임과 고요함은
서로 떨어질 수 없으니, 예와 악도 나뉘질 수 없다. 그렇기 때문에 성인
은 '예악(禮樂)'이라고 하여 반드시 함께 언급했으며, 일찍이 둘을 나눠
서 말한 적이 없다. 이상의 내용은 공을 이루는 것과 부합되는 것을 언
급한 것이다."라고 했다.

劉氏曰: 自一陽生于子, 至六陽極於巳而爲乾, 此乾知太始也. 自一

---

2) 『역』「계사상(繫辭上)」: 顯諸仁, 藏諸用, 鼓萬物而不與聖人同憂.

陰生於午, 至六陰極於亥而爲坤, 此坤作成物也. 又乾坤交於否秦, 一歲則正月泰, 二壯, 三夬, 四乾, 五姤, 六遯, 皆有乾以統陰, 是乾主春夏也. 七月否, 八觀, 九剝, 十坤, 子復, 丑臨, 皆有坤以統陽, 是坤主秋冬也.

유씨가 말하길, 하나의 양은 자 방위에서 생겨나서, 여섯 양이 사 방위에서 지극해져 건이 되니, 이것이 "건이 큰 시작을 주관한다."는 뜻이다. 하나의 음은 오 방위에서 생겨나서, 여섯 음이 해 방위에서 지극해져 곤이 되니, 이것이 "곤이 만물을 이룬다."는 뜻이다. 또 건과 곤은 비와 태에서 교차하고, 한 해를 기준으로 한다면 정월은 태가 되며, 이월은 대장이 되고, 삼월은 쾌가 되며, 사월은 건이 되고, 오월은 구가 되며, 유월은 돈이 되고, 이 모두는 건을 통해서 음을 통솔함이니, 곧 건이 봄과 여름을 주관한다는 사실을 나타낸다. 또 칠월은 비가 되고, 팔월은 관이 되며, 구월은 박이 되고, 시월은 곤이 되며, 자의 방위인 십일월은 복이 되고, 축의 방위인 십이월은 림이 되며, 이 모두는 곤을 통해서 양을 통솔함이니, 곧 곤이 가을과 겨울을 주관한다는 사실을 나타낸다.

淺見

近按: 此又言禮樂之大充塞上下, 無乎不在之意, 而末兼及聖人之事也. 一動一靜天地之間者, 卽復姤出入之機而易道精微之蘊也. 此篇自人生而靜以下至此, 其言多與繫辭相表裏, 人生而靜, 卽寂然不動者也. 感物而動, 卽感而遂通者也. 但易所謂感, 主理之用而言, 此所謂感, 主情之欲而言, 亦所以互相發明也. 天之性者, 成之者性也. 禮樂之易簡, 卽乾坤之德也. 明則有禮樂, 幽則有鬼神, 卽幽明之故也. 天高地下, 萬物散殊, 流而不息, 合同而化者, 卽天地絪縕, 萬物化醇之意也. 春作夏長, 仁也者, 顯諸仁之謂也. 秋斂冬藏, 義也者, 藏諸用之謂也. 著大始者, 乾之所知, 居成物者, 坤之所作. 至以動靜言天地而明禮樂者, 尤爲精切, 一篇奧旨無不吻合, 豈特天尊地卑二節爲略同哉? 是非記者援引附會之辭明矣. 愚恐此上是爲樂記之經, 而此下卽其傳文也.

내가 살펴보니, 이 또한 예악 중 큰 것은 상하에 가득 차서 있지 않은 곳이 없다는 뜻을 말한 것이고, 끝에서는 성인에 대한 사안까지도 함께 언급한 것이다. "한 번 움직이고 한 번 고요함은 천지 사이이다."는 말은 복괘와 구괘가 출입하는 기미로 역의 도에서도 정미함이 온축된 것이다. 「악기」편에서 "사람은 태어나면서부터 고요하다."라고 한 구문으로부터 그 이하로 이곳에 이르기까지, 그 말들은 대부분 『역』「계사전(繫辭傳)」의 기록과 서로 표리관계를 이루는데, "사람은 태어나면서부터 고요하다."는 것은 "고요히 움직이지 않는다."는 것에 해당한다. 또 "외부 사물을 느껴서 움직인다."는 것은 "느껴서 드디어 통한다."는 것에 해당한다. 다만 『역』에서 언급한 '감(感)'은 이치의 작용을 위주로 말한 것이며, 이곳에서 말한 '감(感)'은 정의 바람을 위주로 말한 것인데, 이 또한 상호 그 뜻을 드러내도록 하기 위한 것이다. "하늘이 부여한 본성이다."는 것은 "이룬 것이 성이다."는 것에 해당한다. 예악의 쉽고 간략함은 건곤의 덕에 해당한다. "인간세상에는 예악이 있고, 저 세상에는 귀신이 있다."는 것은 유명의 원인에 해당한다. "하늘은 높고 땅은 낮으며, 만물은 그 사이에 흩어지고 달라지며, 두루 흘러 그치지 않고, 합하고 같아져서 변화한다."는 것은 "천지가 얽히고설킴에 만물이 변화하여 엉긴다."는 뜻에 해당한다. "봄은 만들고 여름은 장성하게 하니 인에 해당한다."는 것은 "인을 드러낸다."는 것을 뜻한다. "가을은 거둬들이고 겨울은 보관하니 의에 해당한다."는 것은 "작용을 감춘다."는 것을 뜻한다. "큰 시작에 있다."는 것은 건이 주관하는 것이고, "이루는데 있다."는 것은 곤이 이루는 것이다. 그리고 동정을 통해 천지를 말하고 예악을 드러낸 것은 더욱 정밀하고 간절하니, 이 한 편의 깊은 뜻에 부합되지 않는 것이 없다. 그런데 어떻게 "하늘은 높고 땅은 낮다."라고 한 두 문단만을 대략적으로 동일하다고 여길 수 있는가? 이것은 『예기』를 기록한 자가 이것들을 끌어들여 견강부회한 말이 아님이 분명하다. 내가 생각하기 여기까지는 「악기」편의 경문에 해당하는 것 같고, 뒤의 기록들은 그 전문에 해당하는 것 같다.

右蓋樂記之經, 其文節次相承, 血脉相貫, 深淺始終, 各有條理. 篇首言心, 次言性, 心者, 樂之所由生, 性者, 禮之所由制, 能以性之理而節其心之欲, 然後禮樂皆得其道, 而參贊之功, 亦可馴致之矣. 是心性二字, 一篇之體要, 而明有禮樂, 幽有鬼神者, 又一篇之蘊奧也. 夫人之精神與天地陰陽, 相爲流通, 故心之所感有邪正, 而音之所發有美惡, 身之所行有得失, 而氣之所應有休咎, 天人一理, 幽明一致, 而其感召之機, 只在吾方寸之間, 可不愼哉? 可不敬哉?

여기까지는 「악기」편의 경문인데, 문장들의 순서가 서로 이어지고 혈맥이 관통하며 깊고 낮음 또 시작과 끝에 각각 조리가 있다. 편의 첫 부분에서는 심을 말하고, 그 다음으로 성을 말했는데, 심이라는 것은 악이 말미암아 생겨나는 것이고, 성이라는 것은 예가 말미암아 제작되는 것인데, 성의 이치로 심의 욕을 절제할 수 있은 뒤에야 예악이 모두 그 도를 얻고, 천지의 작용에 참여하여 돕는 공 또한 이르게 할 수 있다. 심과 성이라는 두 글자는 「악기」편의 요체가 되며, 인간세상에 예악이 있고 저 세상에 귀신이 있다는 것은 또한 「악기」편의 깊은 뜻에 해당한다. 사람의 정신과 천지의 음양은 서로 흘러 통하게 된다. 그렇기 때문에 심이 느끼는 것에는 삿됨도 있고 바름도 있으며, 음이 나타난 것에는 아름다운 것도 있고 추한 것도 있으며, 몸이 행동한 것에는 바른 것도 있고 잘못된 것도 있으며, 기가 호응하는 것에는 길한 것도 있고 흉한 것도 있으니, 하늘과 사람은 이치가 같고 유명이 일치하는데, 감응시켜 불러들이는 기미는 단지 내 마음에 있으니 어찌 신중하지 않을 수 있겠으며, 공경하지 않을 수 있겠는가?

禮記淺見錄卷第十六

『예기천견록』 16권

「악기하(樂記下)」

전(傳) 1절

經文

昔者舜作五絃之琴以歌南風, 夔始制樂以賞諸侯. 故天子之
爲樂也, 以賞諸侯之有德者也. 德盛而教尊, 五穀時熟, 然後
賞之以樂. 故其治民勞者, 其舞行[杭]綴[拙]遠; 其治民逸者, 其
舞行綴短. 故觀其舞, 知其德; 聞其諡, 知其行[去聲]也.〈025〉

예전에 순임금은 오현의 금을 만들어서 남풍을 연주하였고, 그의 신하
였던 기는 명령에 따라 악곡을 만들어서 제후에게 상으로 건네었다. 그
렇기 때문에 천자가 악곡을 만드는 것은 제후 중 유덕한 자에게 상으로
하사하기 위해서이다. 따라서 덕성이 융성하고 교화가 존귀하게 높여지
며, 오곡이 때에 맞게 익은 뒤에야 그에게 악곡을 상으로 내려준다. 그
러므로 백성들을 다스리는데 노력하는 자라면, 하사받은 음악이 융성하
므로 무희들의 대열이['行'자의 음은 '杭(항)'이다. '綴'자의 음은 '拙(졸)'이다.]
길고, 백성들을 다스리는데 태만했던 자라면, 하사받은 음악도 보잘것
없어 무희들의 대열이 짧다. 따라서 무희들의 대열을 살펴보면 군주의
덕성을 알 수 있고, 그의 시호를 듣는다면 그의 행적을['行'자는 거성으로
읽는다.] 알 수 있다.

應氏曰: 勤於治民, 則德盛而樂隆, 故舞列遠而長; 怠於治民, 則德
薄而樂殺, 故舞列近而短.

응씨가 말하길, 백성을 다스리는데 수고롭게 일했다면, 덕이 융성하고
음악 또한 융성하기 때문에, 무희들의 대열이 멀고도 길게 늘어선다. 백
성들을 다스리는데 태만하게 굴었다면, 덕이 얕고 음악 또한 줄어들기
때문에, 무희들의 대열이 가깝고도 짧다.

石梁王氏曰: 夔制樂, 豈專爲賞諸侯? 此處皆無義理.

석량왕씨가 말하길, 기가 음악을 만들었더라도, 어떻게 자기 마음대로
제후에게 상으로 하사할 수 있겠는가? 여기에 대해서는 해당하는 도리
가 없다.

近按: 此節多誣, 乃是記者之附會也. 律呂之制肇自軒轅, 此篇上文
亦言五帝不相沿樂, 而此乃謂夔始制樂, 夔之典樂, 是敎胄子以成其
德, 其效至於神人以和鳳凰來儀, 而此乃謂以賞諸侯, 皆非也. 自此
以下, 或引古語, 或附記者之說, 當以爲樂記之傳文也.

내가 살펴보니, 이곳의 내용은 대부분 무람된 기록들이니, 『예기』를 기
록한 자가 견강부회한 말들이다. 율려를 제작한 기원은 헌원으로부터
시작되며, 앞 문장에서도 오제 때에는 악에 대해서 서로 따르지 않았다
고 했는데, 이곳에서는 기가 처음으로 악을 제정했다고 했으며, 기가 전
악을 담당했다고 하는데, 이것은 주자(胄子)[1]들을 가르쳐서 그들의 덕

---

1) 주자(胄子)는 국자(國子)와 같은 뜻이다. 자 및 공(公), 경(卿), 대부(大夫)의 자
제들을 말한다. 때론 상황에 따라 천자의 태자(太子) 및 왕자(王子)를 포함시키
지 않는 경우도 있다. 『서』「우서(虞書)·순전(舜典)」편에는 "帝曰, 夔, 命汝典
樂, 敎胄子."라는 기록이 있는데, 이에 대한 공안국(孔安國)의 전(傳)에서는 "胄,
長也, 謂元子以下至卿大夫子弟."라고 풀이했다.

성을 완성시킨다는 것이고, 그 효과가 신과 사람이 조화롭게 되고, 봉황이 도래하여 춤을 추는 경지에 이른다고 했는데, 이곳에서는 이를 통해 제후들에게 상을 주었다고 하니, 이 모두는 잘못된 말이다. 이곳 문장으로부터 그 이하의 기록에서는 간혹 옛 기록을 인용하거나 또는 『예기』를 기록한 자의 주장을 덧붙이기도 했는데, 이것들은 마땅히 「악기」편에 대한 전문으로 보아야 한다.

大章, 章之也. 咸池, 備矣. 韶, 繼也. 夏, 大也. 殷·周之樂盡
矣.〈026〉

요임금의 '대장(大章)'은 요임금의 덕을 밝게 드러낸다는 뜻이다. '함지
(咸池)'는 모든 것을 갖췄다는 뜻이다. 순임금의 '소(韶)'는 요임금을 계
승했다는 뜻이다. 우임금의 '하(夏)'는 요순의 덕을 크게 했다는 뜻이다.
은나라와 주나라의 음악인 '대호(大濩)'와 '대무(大武)'는 인간의 도리를
다했다는 뜻이다.

疏曰: 堯樂謂之大章者, 言堯德章明於天下也. 咸, 皆也. 池, 施也.
黃帝樂名咸池, 言德皆施被於天下, 無不周徧, 是爲備具矣. 韶, 繼
也者, 言舜之道德繼紹於堯也. 夏, 大也. 禹樂名夏者, 言能光大
堯·舜之德也. 殷·周之樂, 謂湯之大濩, 武王之大武也. 盡矣, 言於
人事盡極矣.

소에서 말하길, 요임금에 대한 악곡을 '대장(大章)'이라 부르는 것은 요
임금의 덕이 천하에 밝게 드러남을 뜻한다. '함(咸)'자는 모두라는 뜻이
다. '지(池)'자는 "베푼다."는 뜻이다. 황제에 대한 악곡 명칭은 '함지(咸
池)'이니, 그 덕이 모두 천하에 베풀어져서 두루 펼쳐지지 못함이 없으
니, 이것은 모든 것을 갖췄다는 의미이다. "소(韶)는 계승한다는 뜻이
다."는 말은 순임금의 도와 덕은 요임금에게서 계승했다는 뜻이다. '하
(夏)'자는 "크다."는 뜻이다. 우임금의 악곡을 '하(夏)'라고 부르는 것은
요임금과 순임금의 덕을 빛나게 하고 크게 넓힐 수 있음을 뜻한다. 은나
라와 주나라 때의 악곡은 탕임금에 대한 '대호(大濩)'와 무왕에 대한 '대
무(大武)'를 뜻한다. "다했다."는 말은 인간에 대한 사안에 있어서 지극
함을 다했다는 뜻이다.

近按: 舊說大章堯樂, 咸池黃帝樂, 然則上章舜時夔始制樂, 其說自相牴牾矣.

내가 살펴보니, 옛 학설에서는 '대장(大章)'은 요임금에 대한 악곡이고, '함지(咸池)'는 황제에 대한 악곡이라고 했다. 그렇다면 앞 문장에서 순임금 때 기가 처음으로 음악을 제정했다고 했으니, 그 주장은 그 자체로 이곳 기록과 어긋난다.

天地之道, 寒暑不時則疾, 風雨不節則饑. 敎者民之寒暑也,
敎不時則傷世; 事者民之風雨也, 事不節則無功. 然則先王之
爲樂也, 以法治也, 善則行[去聲]象德矣.〈027〉

천지의 도에 있어서, 추위와 더위가 때에 맞지 않으면 질병이 유행하고,
바람과 비가 절기에 맞지 않으면 기근이 든다. 가르침은 비유하자면 백
성들에게 있어 추위와 더위 같은 대상이니, 가르침이 때에 맞지 않다면
세상에 피해를 입힌다. 또 각각의 해당 사안들은 비유하자면 백성들에
게 있어서 바람과 비 같은 대상이니, 사안이 절도에 맞지 않는다면 공
이 없다. 그러므로 선왕이 악을 제정함은 법으로써 다스리는 것이니,
그것이 선하다면 백성들의 행동['行'자는 거성으로 읽는다.] 또한 군주의 덕
을 본받게 된다.

寒暑者, 一歲之分劑; 風雨者, 一旦之氣候. 敎重而事輕, 故以寒暑
喩敎, 而以風雨喩事也. 然則先王之制禮樂, 事皆有敎, 是法天地之
道以爲治於天下也. 施於政治而無不善, 則民之行, 象君之德矣.

추위와 더위는 한 해의 분기점을 의미하며, 바람과 비는 하루의 날씨를
의미한다. 가르침은 중요하고 해당 사안은 상대적으로 덜 중요하다. 그
렇기 때문에 추위와 더위로 가르침을 비유한 것이고, 바람과 비로 해당
사안을 비유한 것이다. 그렇다면 선왕이 예악을 제정하여 각 사안에는
모두 해당하는 가르침이 있는데, 이것들은 천지의 도를 본받아서 천하
에 대한 다스림을 시행한 것이다. 정치에 이것들을 시행하여 선하지 않
음이 없다면, 백성들의 행동 또한 군주의 덕을 본받게 된다.

近按: 此因天地之失時, 以明禮樂之失節, 以在天地者言也.

내가 살펴보니, 이것은 천지가 때를 놓쳤다는 것으로 인해, 예악에서 절
도를 잃었을 때를 드러낸 것이니, 천지에 대한 것을 기준으로 말한 것이
다.

夫豢豕爲酒, 非以爲禍也. 而獄訟益繁, 則酒之流生禍也. 是
故先王因爲酒禮. 壹獻之禮, 賓主百拜, 終日飮酒而不得醉焉.
此先王之所以備酒禍也. 故酒食者, 所以合歡也. 樂者, 所以
象德也. 禮者, 所以綴[拙]淫也. 是故先王有大事, 必有禮以哀
之; 有大福, 必有禮以樂之. 哀樂之分[去聲], 皆以禮終. 樂也者,
聖人之所樂[洛]也, 而可以善民心. 其感人深, 其移風易俗, 故
先王著其教焉.〈028〉

무릇 돼지를 키우고 술을 만드는 것은 본래 제사나 연회를 위한 것이지,
재앙을 불러들이기 위해서가 아니다. 그런데도 다툼이 빈번하게 일어난
다면, 술이 지나쳐서 재앙을 초래한 것이다. 이러한 까닭으로 선왕은
그에 따라 술에 대한 예법을 만들었다. 한 차례 술을 따르는 의례에서
도 빈객과 주인은 수없이 절을 하여, 종일토록 술을 마시더라도 취하지
않았다. 이것은 선왕이 술로 인한 재앙을 대비한 것이다. 그러므로 술
과 음식이라는 것은 기쁨을 함께 하기 위한 수단이다. 악은 덕을 본뜨
기 위한 수단이다. 예는 방탕함을 그치게['綴'자의 음은 '拙(졸)'이다.] 하는
수단이다. 이러한 까닭으로 선왕은 상사 등의 일이 있을 때, 반드시 그
에 해당하는 예를 제정하여 그 사안을 슬퍼하였고, 크게 경사스러운 일
이 있을 때, 반드시 그에 해당하는 예를 제정하여 그 사안을 즐거워하
였다. 슬픔과 즐거움이 나뉘는['分'자는 거성으로 읽는다.] 분기점에서 이 모
두를 예에 따라 마무리를 짓는다. 악이라는 것은 성인이 즐거워했던['樂'
자의 음은 '洛(락)'이다.] 것이고, 이를 통해서 백성들의 마음을 선하게 할
수 있다. 사람들을 감응시킴이 깊고, 풍속을 좋은 쪽으로 바꾸기 때문
에, 선왕은 그 가르침을 드러낸 것이다.

集說

一獻之禮, 士之饗禮惟一獻也. 綴, 止也. 大事, 死喪之事也. 大福,

吉慶之事也. 以大福對大事而言, 則大事爲禍矣. 哀樂皆以禮終, 則不至於過哀過樂矣. 此章言禮處多, 而末亦云樂者, 明禮樂非二用也. 應氏本漢志俗下增易字, 音以豉反.

일헌의 의례는 사 계층의 향례에서 오직 한 차례 술을 따르는 것을 뜻한다. '졸(綴)'자는 "그치다."는 뜻이다. '대사(大事)'는 상사를 뜻한다. '대복(大福)'은 길하거나 경사스러운 일을 뜻한다. 대복을 통해 대사와 대비해서 말을 했다면 대사는 재앙이 된다. 슬프고 즐거운 일들을 모두 예를 통해서 마무리 짓는다면, 슬픔이 지나치거나 즐거움이 지나치게 되는 지경에 이르지 않는다. 이곳 문장에서는 예에 대한 언급이 대부분이지만, 끝에서는 또한 악에 대해서 언급했으니, 예와 악이 별개의 쓰임이 아니라는 사실을 나타낸다. 응씨는 『한서』 「예악지(禮樂志)」의 기록에 근본을 두어 '속(俗)'자 뒤에 '易'자를 첨가했는데,[1] 그 음은 '以(이)'자와 '豉(시)'자의 반절음이다.

疏曰: 按今鄕飮酒之禮, 是一獻無百拜, 此云百拜, 喩多也.

소에서 말하길, 살펴보니 현재의 향음주례에서는 한 차례 술을 따르며 백번의 절을 하는 예법이 없으니, 이곳에서 백번의 절을 한다고 한 말은 많음을 비유한 것이다.

淺見

近按: 此因飮酒之禮一獻之小, 而推明其禮樂之敎功效之大, 以在人者言也.

내가 살펴보니, 이것은 술을 마시는 예법 중 일헌이라는 소소한 것으로 인해, 그것을 미루어 예악의 가르침과 공효처럼 중대한 것까지도 드러냈는데, 이것은 사람에 대한 것을 기준으로 말한 것이다.

---

1) 『한서(漢書)』 「예악지(禮樂志)」: 樂者, 聖人之所樂也, 而可以善民心. 其感人深, 其移風易俗易, 故先王著其敎焉.

右傳之第一節.

여기까지는 전(傳)의 1절이다.

전(傳) 2절

經文

夫民有血氣心知之性, 而無哀樂喜怒之常, 應感起物而動, 然
後心術形焉. 〈029〉1)

무릇 백성들은 혈기와 마음 및 지각 능력을 가지고 있지만, 슬픔·즐거
움·기쁨·성냄 등에 대해서 항상됨이 없으니, 외부 사물을 느끼는 것
으로부터 움직이게 되고, 그런 뒤에야 속마음이 드러나게 된다.

集說

劉氏曰: 此申言篇首音之生本在人心之感於物也一條之義. 民心無
常, 而喜怒哀樂之情, 應其感起於物者而動, 然後其心術形於聲音
矣. 故采詩可以觀民風, 審樂可以知國政也.

유씨가 말하길, 이 문장은 「악기」편의 처음에서 "음이 생겨나는 것은 그
근본이 사람의 마음이 외부 대상에 대해서 느끼는 것에 달려 있다."고
했던 한 조목의 뜻을 거듭 밝힌 것이다. 백성들의 마음에는 항상됨이
없고, 기쁨·노여움·슬픔·즐거움 등의 감정은 외부 사물에 대해 느낀
것에 호응하여 움직이며, 그런 뒤에야 속마음이 소리와 음으로 나타난
다. 그렇기 때문에 시를 채집하여 백성들의 풍속을 살펴볼 수 있고, 악
을 살펴서 국가의 정치를 알 수 있다.

淺見

近按: 此合心性而爲一, 前章言性, 是指理而言, 此則以氣而言也.

---

1) 『예기』 「악기」 029장 : <u>夫民有血氣心知之性, 而無哀樂喜怒之常, 應感起物而</u>
<u>動, 然後心術形焉.</u> 是故志微噍殺之音作, 而民思憂.

내가 살펴보니, 이것은 마음과 성을 합쳐 하나로 본 것으로, 앞 장에서 성을 말한 것은 이치를 가리켜서 말한 것인데, 이곳에서는 기를 기준으로 말한 것이다.

是故志微噍[焦]殺[色介反]之音作, 而民思[去聲]憂.〈029〉1)

이러한 까닭으로 다급하고 작으며 쇠하고['噍'자의 음은 '焦(초)'이다.] 줄어
드는['殺'자는 '色(색)'자와 '介(개)'자의 반절음이다.] 음들이 연주되면, 백성들
은 슬퍼하며['思'자는 거성으로 읽는다.] 근심하는 것이다.

集說

志, 疑當作急, 急促. 微, 細; 噍, 枯; 殺, 臧也. 其哀心感者, 其聲噍
以殺, 故作樂而有急微噍殺之音, 則其民心之哀思憂愁可知.

'지(志)'자는 아마도 급(急)자로 기록해야 하니, 급박하다는 뜻이다. '미
(微)'자는 "미세하다."는 뜻이며, '초(噍)'자는 "쇠하다."는 뜻이고, '쇄
(殺)'자는 "줄다."는 뜻이다. 슬픈 마음을 느끼는 경우 그 소리가 쇠하여
줄어들기 때문에, 악을 연주함에 급박하고 작으며 쇠하고 줄어드는 음
이 있다면, 그 나라의 백성들 마음에는 슬프고 그리워하며 근심스럽고
우울한 감정이 있는 것임을 알 수 있다.

嘽[昌展反]諧慢易繁文簡節之音作, 而民康樂.〈030〉

크면서도['嘽'자는 '昌(창)'자와 '展(전)'자의 반절음이다.] 조화롭고 느리면서
평이하며 문채가 많이 나고 가락이 간략한 음들이 연주되면, 백성들은
안심하면서도 즐거워하는 것이다.

---

1) 『예기』「악기」029장 : 夫民有血氣心知之性, 而無哀樂喜怒之常, 應感起物而
動, 然後心術形焉. <u>是故志微噍殺之音作, 而民思憂.</u>

嘽, 寬; 諧, 和; 慢, 緩; 易, 平也. 繁文簡節, 多文理而略節奏也. 其
樂心感者, 其聲嘽以緩, 故此等音作, 則其民心之安樂可知矣.

'탄(嘽)'자는 "크다."는 뜻이며, '해(諧)'자는 "조화롭다."는 뜻이고, '만
(慢)'자는 "느리다."는 뜻이며, '이(易)'자는 "평이하다."는 뜻이다. '번문
간절(繁文簡節)'은 문채가 많고 음의 가락을 간략히 한다는 뜻이다. 즐
거운 마음을 느끼는 경우 그 소리가 크면서도 느려지기 때문에, 이러한
음들이 연주된다면 그 나라의 백성들 마음에는 안심하고 즐거워함이 있
음을 알 수 있다.

粗厲猛起奮末廣賁[扶粉反]之音作, 而民剛毅.〈031〉

거칠며 사납고 맹렬하게 처음을 일으키며 진동하며 빠르게 끝나고 크고
성내는['賁'자는 '扶(부)'자와 '粉(분)'자의 반절음이다.] 음들이 연주되면, 백성
들이 강직하고 굳센 것이다.

粗厲, 粗疏嚴厲也. 猛, 威盛貌. 奮, 振迅貌. 起, 初; 末, 終也. 猛起
奮末者, 猛盛於初起, 而奮振於終末也. 廣, 大; 賁, 憤也. 廣賁, 言中
間絲竹匏土革木之音皆怒也. 其怒心感者, 其聲粗以厲, 故此等音
作, 則可知其民之剛毅.

'조려(粗厲)'는 거칠고 성글며 엄하고 사납다는 뜻이다. '맹(猛)'자는 위
엄이 있고 융성한 모양이다. '분(奮)'자는 진동하며 빠르게 움직이는 모
습이다. '기(起)'자는 처음을 뜻하고, '말(末)'자는 끝을 뜻한다. '맹기분

말(猛起奮末)'은 처음에는 맹렬하고 융성하게 시작하고, 끝에서는 진동하며 빠르게 마무리를 맺는다는 뜻이다. '광(廣)'자는 "크다."는 뜻이며, '분(賁)'자는 "성내다."는 뜻이다. '광분(廣賁)'은 악곡의 연주 중간에 실·대나무·박·흙·가죽·나무 등으로 만든 악기들이 내는 음이 모두 성내듯 연주된다는 뜻이다. 성내는 마음을 느끼는 경우 그 소리가 거칠면서도 사납기 때문에, 이러한 음들이 연주된다면 그 나라의 백성들 마음에 강직하고 굳셈이 있음을 알 수 있다.

經文

廉直勁正莊誠之音作, 而民肅敬.〈032〉

반듯하고 강직하며 굳세고 바르며 장엄하고 성실한 음들이 연주되면, 백성들이 정숙하고 공손한 것이다.

集說

廉, 有稜隅也. 勁, 堅强也. 其敬心感者, 其聲直以廉, 故此等音作, 則可知其民之肅敬.

'염(廉)'자는 모가 남이 있다는 뜻이다. '경(勁)'자는 굳세고 강하다는 뜻이다. 공경하는 마음을 느끼는 경우 그 소리가 강직하고 반듯하기 때문에, 이러한 음들이 연주된다면 그 나라의 백성들 마음에 정숙하고 공손함이 있음을 알 수 있다.

經文

寬裕肉[而牧反]好[去聲]順成和動之音作, 而民慈愛.〈033〉

관대하고 너그러우며 옥처럼 매끄럽게 빛이 나고['肉'자는 '而(이)'자와 '牧(목)'자의 반절음이다. '好'자는 거성으로 읽는다.] 순조롭게 이루며 조화롭게 움직이는 음들이 연주된다면, 백성들이 자애로운 것이다.

集說

考工記註云: "好, 璧孔也. 肉倍好曰璧, 好倍肉曰瑗, 肉好均曰環." 如此, 則肉乃璧之肉地也. 此言肉好, 則以璧喩樂音之圓瑩通滑耳. 其愛心感者, 其聲和以柔, 故此等音作, 則知其民之慈愛.

『고공기』[2]의 주에서는 "'호(好)'자는 벽에 있는 구멍이다. 곁에서부터 구멍 난 부위까지의 길이가 구멍의 직경보다 배가 되는 옥을 '벽(璧)'이라 부르고, 구멍의 직경이 구멍이 난 부위로부터 끝까지의 길이보다 배가 되는 옥을 '원(瑗)'이라 부르며, 구멍의 직경과 구멍이 난 부위로부터 끝까지의 길이가 같은 것을 '환(環)'이라 부른다."[3]라고 했다. 이와 같다면 '육(肉)'자는 벽 중 곁에서부터 구멍이 난 부분까지를 뜻한다. 이곳에

---

2)『고공기(考工記)』는 『동관고공기(冬官考工記)』라고도 부른다. 공인(工人)들에 대한 공예기술(工藝技術) 서적이다. 작자는 미상이다. 강영(江永)은 『고공기』의 작자를 제(齊)나라 사람으로 추정하였고, 곽말약(郭沫若)은 춘추시대(春秋時代) 말기에 제나라에서 제작된 관서(官書)와 관련이 깊다고 추정하였다. 『주례(周禮)』는 천관(天官), 지관(地官), 춘관(春官), 하관(夏官), 추관(秋官), 동관(冬官) 등 육관(六官)의 체제로 구성되어 있는데, 그 중 '동관'에 대한 기록이 누락되어 있어서, 한(漢)나라 무제(武帝) 때, 『고공기』를 가지고 누락된 부분을 보충하게 되었다. 그렇기 때문에 『고공기』를 또한 『동관고공기』라고도 부르는 것이다. 각종 공인들의 직책과 직무들이 기록되어 있다.

3) 이 문장은 『주례』「동관고공기(冬官考工記)·옥인(玉人)」편의 "璧羨度尺, 好三寸, 以爲度."라는 기록에 대한 정사농(鄭司農)의 주에 나온다.

서 '육호(肉好)'라고 했다면, 벽을 통해서 악과 음이 둥글고 밝으며 두루
통하고 매끄럽다는 것을 비유했을 따름이다. 사랑하는 마음을 느끼는
경우 그 소리가 조화롭고 부드럽기 때문에, 이러한 음들이 연주된다면
그 나라의 백성들 마음에 자애로움이 있음을 알 수 있다.

經文

流辟[僻]邪散狄[他歷反]成滌濫之音作, 而民淫亂. 〈034〉

방탕하게 흐르고 편벽되며['辟'자의 음은 '僻(벽)'이다.] 사벽하고 흩어지며
한 곡조가 너무 길게 끝나고['狄'자는 '他(타)'자와 '歷(력)'자의 반절음이다.] 씻
어내지만 범람하는 음들이 연주된다면, 백성들이 음란한 것이다.

集說

狄, 與逖同, 遠也. 成者, 樂之一終. 狄成, 言其一終甚長, 淫泆之意
也. 滌, 洗也. 濫, 侵僭也. 言其音之泛濫侵僭, 如以水洗物, 而浸債
侵濫無分際也. 此是其喜心感者, 而其聲然也. 故聞此音之作, 則其
民之淫亂可知矣.

'적(狄)'자는 적(逖)자와 같으니, "멀다."는 뜻이다. '성(成)'이라는 말은
악의 한 곡조가 끝났다는 뜻이다. '적성(狄成)'은 한 곡조가 끝나는 것이
매우 길다는 뜻으로, 지나치고 넘친다는 의미이다. '척(滌)'자는 "씻어낸
다."는 뜻이다. '남(濫)'자는 침범하고 참람되다는 뜻이다. 즉 음이 범람
하고 참람되다는 뜻이니, 마치 물이 사물을 씻어내지만 젖어들고 범람
하여 구분이 없게 됨을 뜻한다. 이 내용은 기뻐하는 마음을 느끼는 경우
그 소리가 이처럼 된다는 뜻이다. 그렇기 때문에 이러한 음이 연주되는
것을 듣는다면, 그 나라의 백성들 마음에 넘치고 혼란스러움이 있음을
알 수 있다.

近按: 志微噍殺之類, 是釋篇首噍以殺以下六者之意, 五者之序皆
同, 而釋發以散之言居後者, 前以喜怒對言, 此以善惡爲次, 喜本非
惡, 喜而無節, 必至淫亂, 故五者之發皆歸於善, 而喜心之發獨至於
惡也.

내가 살펴보니, "다급하고 작으며 쇠하고 줄어든다."고 한 부류들은 편
의 첫 부분에서 "건조하여 윤기가 없고 줄어들게 된다."[4]고 한 말로부터
그 이하의 여섯 가지의 뜻을 풀이한 것인데, 다섯 개의 순서는 모두 동
일하지만, "발산하여 끊임없이 생겨나서 흩어진다."고 한 말을 풀이한
것이 뒤에 위치한 것은 앞에서는 기쁨과 성냄을 대비해서 말하였는데,
이곳에서는 선악으로 순서를 정하였다. 기쁨은 본래 악함이 아니며, 기
뻐하면서 절제함이 없으면 반드시 음란한 지경에 이르게 된다. 그렇기
때문에 다섯 가지가 드러난 것은 모두 선함으로 귀결되지만, 기쁜 마음
이 드러난 것은 유독 악함에 이르게 된다.

右傳之第二節.

여기까지는 전(傳)의 제 2절이다.

---

4) 『예기』「악기」 002장 : 樂者, 音之所由生也, 其本在人心之感於物也. 是故其哀
心感者, 其聲噍以殺; 其樂心感者, 其聲嘽以緩; 其喜心感者, 其聲發以散; 其
怒心感者, 其聲粗以厲; 其敬心感者, 其聲直以廉; 其愛心感者, 其聲和以柔.
六者非性也, 感於物而后動.

전(傳) 3절

經文

是故先王本之情性, 稽之度數, 制之禮義, 合生氣之和, 道五
常之行[去聲], 使之陽而不散, 陰而不密, 剛氣不怒, 柔氣不攝,
四暢交於中, 而發作於外, 皆安其位而不相奪也. 然後立之學
等, 廣其節奏, 省[悉井反]其文采, 以繩德厚, 律小大之稱[去聲],
比[毗至反]終始之序, 以象事行, 使親疎貴賤長幼男女之理, 皆
形見[現]於樂. 故曰: "樂觀其深矣."〈035〉

이러한 까닭으로 선왕은 음악을 만들 때, 인간의 성정에 근본을 두고,
법칙을 살펴보았으며, 예의를 제정하고, 생기의 조화로움에 합치되도록
했으며, 오상의 행실을['行'자는 거성으로 읽는다.] 인도하여, 양에 해당하는
것들이 흩어지지 않게끔 하고, 음에 해당하는 것들이 숨지 않도록 했으
며, 굳센 기운이 성냄에 이르지 않도록 했고, 부드러운 기운이 겁냄에
이르지 않도록 했으며, 이러한 네 가지 것들이 가운데에서 사귀며 펴져
서 밖으로 나타나도록 하여, 이 모두가 그 자리를 편안하게 여기고 서
로 그 순서를 빼앗지 않게끔 했다. 그런 뒤에 학제와 등차를 세우고,
학생들이 익혀야 할 것들을 늘리며, 악곡을 자세히 살피게['省'자는 '悉
(실)'자와 '井(정)'자의 반절음이다.] 하여, 이를 통해 덕이 두터워지도록 바로
잡았고, 작고 큼이 각각 알맞도록['稱'자는 거성으로 읽는다.] 조율했으며,
시작과 끝의 순서가 합치되도록['比'자는 '毗(비)'자와 '至(지)'자의 반절음이다.]
했고, 이를 통해 각 사안의 행실을 본받아 친소·귀천·장유·남녀의
이치를 모두 악에서 드러나도록['見'자의 음은 '現(현)'이다.] 했다. 그렇기
때문에 "악을 살펴보니, 그 뜻이 매우 깊구나."라고 말한 것이다.

此承上文聲音之應感而言. 本之情性, 卽民有血氣心知之性, 喜怒哀樂之情也. 度數, 十二律上生下生損益之數也. 禮義·貴賤·隆殺·淸濁·高下各有其義也. 生氣之和, 造化發育之妙也. 五常之行, 仁·義·禮·知·信之德也. 言聖人之作樂, 本於人心七情所感之音, 而稽考於五聲·十二律之度數, 而制之以淸濁·高下·尊卑·隆殺之節, 而各得其宜, 然後用之以合天地生氣之和, 而使其陽之動而不至於散, 陰之靜而不至於密, 道人心五常之行, 而使剛者之氣不至於怒, 柔者之氣不至於攝. 天地之陰陽, 人心之剛柔, 四者各得其中而和暢焉, 則交暢於中而發形於外, 於是宮君商臣角民徵事羽物, 皆安其位而不相奪倫也. 此言聖人始因人情而作樂, 有度數禮義之詳, 而以之和天地之氣, 平天下之情, 及天氣人情感而大和焉, 則樂無怵惕之音矣, 然後推樂之敎以化民成俗也. 立之學, 若樂師掌國學之政, 大胥掌學士之版, 是也. 立之等, 若十三舞勺, 成童舞象之類是也. 廣其節奏, 增益學者之所習也. 省其文采, 省察其音曲之辭, 使五聲之相和相應, 若五色之雜以成文采也. 厚, 如書"惟民生厚"之厚. 以繩德厚, 謂檢約其固有之善而使之成德也. 律, 以法度整齊之也. 比, 以次序聯合之也. 宮音至大, 羽音至小, 律之使各得其稱, 始於黃鍾之初九, 終於仲呂之上六, 比之使各得其序. 以此法象而寓其事之所行, 如宮爲君, 宮亂則荒之類, 故曰以象事行也. 人倫之理, 其得失皆可於樂而見之, 是樂之所觀, 其義深奧矣. 此古有是言, 記者引以爲證.

이 문장은 앞에서 "소리가 느낌에 호응한다."는 것을 이어서 한 말이다. "성정에 근본한다."는 말은 백성들은 혈기와 마음 및 지각 능력이라는 본성을 가지고 있고, 기쁨·성냄·슬픔·즐거움 등의 감정을 가지고 있음을 뜻한다. '도수(度數)'는 십이율이 위로 파생되고 아래로 파생되며 덜고 더하는 법칙을 뜻한다. 예의(禮義)·귀천(貴賤)·융쇄(隆殺)·청탁(淸濁)·고하(高下)에는 각각 해당하는 뜻이 있다. 생기(生氣)의 조화로움은 생겨나게 하고 변하게 하며 발생하게 하고 양육하는 오묘함을 뜻한다. 오상(五常)의 행실은 인(仁)·의(義)·예(禮)·지(知)·신(信)의 덕을 뜻한다. 즉 성인이 악을 제정할 때, 인심의 칠정에 따라 느끼게 되는 음들에 근본을 두고, 오성·십이율의 법칙을 살펴보고, 청탁·고하·존비·융쇄 등의 절도로써 제정하여, 각각 그 합당함을 얻도록 했으며, 그런 뒤에야 그것을 사용하여 천지 생기의 조화로움에 합치시켜서, 양의 움직임이 흩어지는 지경에 이르지 않도록 했고, 음의 고요함이 숨게 되는 지경에 이르지 않도록 했으며, 인심에 있는 오상의 행실을 인도하여, 굳센 기운이 성냄에 이르지 않도록 했고, 부드러운 기운이 겁냄에 이르지 않도록 했다는 뜻이다. 천지의 음·양과 인심의 굳셈·부드러움에 있어서, 이 네 가지는 각각 그 알맞음을 얻어서 조화롭게 펴지니, 안에서 사귀고 통하여 밖으로 발산하여 나타나니, 이에 군주에 해당하는 궁(宮)음, 신하에 해당하는 상(商)음, 백성에 해당하는 각(角)음, 사물에 해당하는 치(徵)음, 만물에 해당하는 우(羽)음들은 모두 그 자리를 편안하게 여기어, 서로 그 순서를 빼앗지 않는다. 이것은 성인이 처음에는 인정에 연유하여 악을 만들었는데, 법칙 및 예의 등의 상세함을 갖춰서, 이를 통해 천지의 기운을 조화롭게 하고, 천하의 정감을 평탄하게 했으니, 천기와 인정의 감응이 크게 조화롭게 되면, 악에는 어우러지지 않은 음이 없게 되니, 그런 뒤에야 악의 가르침을 미루어서 백성들을 교화하고 풍속을 완성할 수 있음을 뜻한다. "학제를 세운다."는 말은 마치 악사(樂師)가 국학의 정무를 담당하고,[1] 대서(大胥)가 학사들의 호적을 담당하는[2] 부류와 같다. "등위를 세운다."는 말은 13세 때에는 작(勺)이라는 춤을 추고, 성동(成童)[3]이 상(象)이라는 춤을 추는 부류와 같다. "음

---

1) 『주례』「춘관(春官)·악사(樂師)」: <u>樂師掌國學之政</u>, 以敎國子小舞.
2) 『주례』「춘관(春官)·대서(大胥)」: <u>大胥掌學士之版</u>, 以待致諸子.
3) 성동(成童)은 아동들 중에서도 나이가 찬 자들을 뜻한다. 8세 이상이 된 아동을 뜻한다고 풀이하기도 하며, 15세 이상이 된 아동을 뜻한다고 풀이하기도 한다. 『춘추곡량전』「소공(昭公) 19년」편의 "<u>羈貫成童</u>, 不就師傅, 父之罪也."라는 기

의 가락을 넓힌다."는 말은 학생들이 익히는 것들을 더하여 늘린다는 뜻
이다. "문채를 살핀다."는 말은 악곡의 가사를 살펴서, 오성이 서로 화합
하고 호응하게 만든다는 뜻으로, 마치 오색이 섞여서 문채를 이루는 것
과 같다. '후(厚)'자는 『서』에서 "백성들이 태어날 때에는 본성이 두텁
다."4)라고 할 때의 후(厚)자와 같다. "덕이 두텁게 되도록 바로잡는다."
는 말은 본래부터 가지고 있는 선함을 단속하여 덕을 이루게끔 한다는
뜻이다. '율(律)'자는 법도로 바로잡는다는 뜻이다. '비(比)'자는 순서에
따라 연결되고 합치되도록 한다는 뜻이다. 궁음은 매우 크고 우음은 매
우 작은데, 법도로 바로잡아서 그것들로 하여금 각각 해당되는 것을 얻
도록 하니, 『주역』과 연계시킨다면 황종(黃鍾)에 해당하는 초구(初九)
에서 시작하여, 중려(仲呂)에 해당하는 상육(上六)에서 마치도록 하는
데, 순서에 따라 합치되도록 하여 그것들로 하여금 각각 해당 순서를 얻
도록 한다. 이처럼 본받고 본뜬 것으로 각각의 사안에서 시행되는 것에
깃들게 하니, 예를 들어 궁음은 군주가 되어, 궁음이 문란하게 되면 소
리가 거칠게 되는 부류와 같다. 그렇기 때문에 "이로써 사안의 행실을
본받다."라고 말한 것이다. 인륜의 이치에 있어서 그 득실은 모두 악을
통해서 확인할 수 있으니, 이것이 악을 살펴보니 그 의미가 매우 깊다고
한 이유이다. 이 말은 고대에 이러한 말이 있어서, 『예기』를 기록한 자
가 이 말을 인용해서 증명한 것이다.

淺見

近按: 此統論聖人作樂之理, 而明其體之大.

내가 살펴보니, 이것은 성인이 음악을 만든 이치에 대해 총괄적으로 논
의하며, 그 본체의 큼을 나타낸 것이다.

록에 대해, 범녕(范甯)의 주에서는 "成童, 八歲以上."이라고 풀이했고, 『예기』「
내칙(內則)」편의 "成童, 舞象, 學射御."라는 기록에 대해, 정현의 주에서는 "成
童, 十五以上."이라고 풀이했다.
4) 『서』「주서(周書)·군진(君陳)」: 惟民生厚, 因物有遷, 違上所命, 從厥攸好.

土敝則草木不長, 水煩則魚鼈不大, 氣衰則生物不遂, 世亂則
禮慝而樂淫. 是故其聲哀而不莊, 樂而不安; 慢易以犯節, 流
湎以忘本; 廣則容姦, 狹則思欲; 感條暢之氣, 滅平和之德. 是
以君子賤之也.(036)

지력이 고갈되면 초목이 생장하지 못하고, 물에 빈번히 들어가서 물고
기 등을 잡으면 물고기나 자라 등이 커지지 못하며, 기운이 쇠락하면
만물이 완성되지 못하고, 세상이 혼란스럽게 되면 예가 사특해지고 악
이 음란하게 된다. 이러한 까닭으로 그 소리가 슬프되 장엄하지 못하고,
즐겁되 편안하지 못하며, 태만하게 굴어서 예법을 범하고, 방탕하게 굴
어서 근본을 잊으니, 이러한 것들은 크게는 간사한 짓을 하더라도 용납
하게 만들고, 작게는 탐욕을 부리도록 만들며, 두루 통하는 기운을 해치
고, 화평한 덕을 없앤다. 이러한 까닭으로 군자는 이러한 것들을 천시
한다.

集說

土敝, 地力竭也, 故草木不長. 水煩, 謂澤梁之入無時. 水煩擾而魚
鼈不得自如, 故不大也. 物類之生, 必資陰陽之氣. 氣衰耗, 故生物
不得成遂也. 此三句, 皆以喩世道衰亂, 上下無常, 故禮慝, 男女無
節, 故樂淫也. 樂淫, 故哀而不莊, 樂而不安, 若關雎則樂而不淫, 哀
而不傷. 禮慝, 故慢易以犯節, 流湎以忘本. 若正禮則莊敬而有節,
知反而報本也. 廣, 猶大也. 俠, 猶小也. 言淫樂慝禮, 大則使人容其
姦宄, 小則使人思爲貪欲, 感傷天地條暢之氣, 滅敗人心和平之德.
是以君子賤之而不用也. 感, 或作蹙. 感條暢之氣, 則與合生氣之和
者反矣. 滅和平之德, 則與道五常之行者異矣.

'토폐(土敝)'는 지력이 고갈되었다는 뜻이기 때문에 초목이 생장하지 못
한다. '수번(水煩)'은 물고기 등을 잡기 위해 못과 둑에 들어감에 정해진

때가 없다는 뜻이다. 물에 자주 들어가서 혼란스럽게 흔들어 놓으면 물고기나 자라 등이 자유롭게 있을 수 없기 때문에 크지 못한다. 만물의 생장은 반드시 음양의 기운을 바탕으로 삼게 된다. 기가 소모되기 때문에 생물들이 이루어지지 못한다. 이 세 구문은 모두 그 내용을 통해 세상의 도가 쇠약해지고 혼란스럽게 되었음을 비유했으니, 상하의 질서에 항상된 법도가 없기 때문에 예가 사특하게 되고, 남녀사이에 절도가 없기 때문에 악이 음란하게 된 것이다. 악이 음란하기 때문에 슬퍼하되 장엄하지 못하고 즐거워하되 편안하지 못하다. 「관저(關雎)」편의 경우에는 즐거우면서도 지나치지 않고 슬프면서도 조화를 해치지 않는다.[1] 예가 사특하기 때문에 태만하게 굴어서 법도를 범하고 방탕하게 굴어서 근본을 잊는다. 만약 올바른 예라면 장엄하고 공경하면서도 절도가 있고 반추할 것을 알아서 근본에 보답한다. '광(廣)'자는 "크다."는 뜻이다. '협(狹)'자는 "작다."는 뜻이다. 즉 음란한 악과 사특한 예가 커지게 되면 사람들로 하여금 간사하고 바르지 못한 짓을 용납게 하고, 이것이 작다고 하더라도 사람들로 하여금 탐욕을 부리도록 생각하게 만드니, 천지의 두루 통하는 기운을 해치고 인심의 화평한 덕을 없앤다. 이러한 까닭으로 군자는 그것들을 천시하여 사용하지 않는다. '감(感)'자는 다른 판본에서 '척(蹙)'자로도 기록한다. 두루 펼쳐지는 기운을 줄어들게 만든다면 생기의 조화로움에 합하는 것과 반대가 된다. 화평한 덕을 없앤다면 오상의 행실을 인도하는 것과 어긋난다.

浅見

近按: 此擧其失之反效, 而明其用之廣.

내가 살펴보니, 이것은 잘못을 하여 나타나는 반대 효과를 거론해서, 그 작용의 광범위함을 나타낸 것이다.

---

1) 『논어』「팔일(八佾)」: 子曰, "關雎, 樂而不淫, 哀而不傷."

右傳之第三節.

여기까지는 전(傳)의 제 3절이다.

전(傳) 4절

凡姦聲感人而逆氣應之, 逆氣成象而淫樂興焉; 正聲感人而
順氣應之, 順氣成象而和樂興焉. 倡和有應, 回邪曲直各歸其
分[去聲], 而萬物之理, 各以類相動也.〈037〉

무릇 간사한 소리가 사람을 느끼게 해서 거스르는 기운이 호응하니, 거
스르는 기운이 형상을 이루어 음란한 악이 나타난다. 바른 소리가 사람
을 느끼게 해서 따르는 기운이 호응하니, 따르는 기운이 형상을 이루어
화락한 악이 나타난다. 느끼게 함과 그에 따라 기운이 일어나는 것에는
각각의 호응함이 있고, 어그러짐과 사벽함 굽음과 곧음은 각각 그 구분
에['分'자는 거성으로 읽는다.] 따라 되돌아가며, 만물의 이치도 각각 그 부
류에 따라 서로 움직이게 된다.

疏曰: 倡和有應者, 姦聲正聲感人, 是倡也, 而逆氣順氣應之, 是和
也. 回, 謂乖違. 邪, 謂邪僻. 及曲之與直, 各歸其善惡之分限, 善歸
善分, 惡歸惡分, 而萬物之情理, 亦各以善惡之類, 自相感動也.

소에서 말하길, "창과 화에 호응함이 있다."고 했는데, 간사한 소리와 바
른 소리가 사람을 느끼게 하는 것이 '창(倡)'이고, 거스르는 기운과 따르
는 기운이 호응하는 것이 '화(和)'이다. '회(回)'자는 어그러졌다는 뜻이
다. '사(邪)'자는 사벽하다는 뜻이다. '곡(曲)'과 '직(直)'도 각각 선악의
구분에 따라 돌아가니, 선함은 선한 곳으로 되돌아가고 악함은 악한 곳
으로 되돌아가며, 만물의 정감과 이치 또한 각각 선악의 부류에 따라 그
자체로 서로 호응하여 움직인다.

應氏曰: 聲感於微而氣之所應者甚速, 氣應於微而象之所成者甚著. 成象則有形而可見, 見乃謂之象也. 各歸其分者, 所謂樂之道歸焉耳.

응씨가 말하길, 소리가 은미한 곳을 느끼게 하고 호응하는 기운은 매우 빠르며, 기운이 은미한 곳에서 호응하고 이루어지는 형상은 분명하게 드러난다. 형상을 이루면 형체를 가지게 되어 볼 수 있으니, 드러나는 것을 '상(象)'이라 부른다. "각각 그 구분으로 되돌아간다."는 말은 이른 바 "악의 도로 귀결될 따름이다."는 뜻에 해당한다.

淺見

近按: 此言心之所感有邪正, 而氣之所應有逆順, 是承上文反效之用, 而并言其得失之效, 其應甚速者也.

내가 살펴보니, 이것은 마음이 느끼는 것에는 삿된 것도 있고 바른 것도 있으며, 기운이 호응하는 것에는 거스르는 것도 있고 따르는 것도 있다는 뜻인데, 앞 문장에서 반대 효과로 나타나는 작용을 언급한 것을 이어서 득과 실에 따른 효과와 그 호응이 매우 빠른 것들을 함께 언급한 것이다.

是故君子反情以和其志, 比類以成其行[去聲], 姦聲亂色不留
聰明, 淫樂慝禮不接心術, 惰慢邪辟之氣不設於身體, 使耳目
鼻口心知百體, 皆由順正以行其義.〈038〉

이러한 까닭으로 군자는 정감에 반추하여 뜻을 조화롭게 하고, 그 부류
를 비교하여 행실을['行'자는 거성으로 읽는다.] 이루니, 간사한 소리와 문란
한 색깔은 총명함을 억류하지 않고, 음란한 악과 사특한 예가 심술에
접하지 않으며, 태만하고 사벽한 기운이 몸에 베풀어지지 않아서, 귀·
눈·코·입·마음과 지각·온몸으로 하여금 모두 순종하고 바른 것에
연유하여, 그 도의를 시행하도록 만든다.

反情, 復其情性之正也. 情不失其正, 則志無不和. 比類, 分次善惡
之類也. 不入於惡類, 則行無不成. 曰不留, 不接, 不設, 如論語四勿
之謂, 皆反情比類之事. 如此則百體從令, 而義之與比矣. 此一節,
乃學者修身之要法也.

'반정(反情)'은 정감과 본성의 올바름으로 되돌린다는 뜻이다. 정감이 올
바름을 잃지 않았다면 뜻에도 조화롭지 않음이 없다. '비류(比類)'는 선
악의 부류들을 구분하고 등차를 매긴다는 뜻이다. 악한 부류에 들어가
지 않는다면 행실도 이루어지지 않음이 없다. "억류하지 않는다."는 말
과 "접하지 않는다."는 말과 "베풀지 않는다."는 말은 모두 『논어』에서
하지 말라는 네 부류를 뜻하니,[1] 이 모두는 정감에 반추하고 그 부류를
비교하는 일에 해당한다. 이처럼 한다면 온몸이 그에 따라서 도의와 대

---

[1] 『논어』「안연(顏淵)」: 顏淵問仁. 子曰, "克己復禮爲仁. 一日克己復禮, 天下歸
仁焉. 爲仁由己, 而由人乎哉?" 顏淵曰, "請問其目." 子曰, "非禮勿視, 非禮勿
聽, 非禮勿言, 非禮勿動." 顏淵曰, "回雖不敏, 請事斯語矣."

등하게 된다. 이곳 문단은 학생들이 자신을 다스리는 요점에 해당한다.

浅見

近按: 此亦承上文邪正所感之效, 而言其君子去邪從正之道. 此兩節文義甚精, 至此節姦聲亂色不留聰明以下, 其言修身之要, 最爲深切, 學者所當體念者也.

내가 살펴보니, 이 또한 앞 문장에서 삿됨과 바름의 느낀 것에 따른 효과를 이어받아서, 군주가 삿됨을 제거하고 바름을 따르는 도리를 언급하였는데, 이 두 문단의 뜻이 매우 정밀하며, 이곳 문단에서 "간사한 소리와 문란한 색깔은 총명함을 억류하지 않는다."라고 한 말로부터 그 이하의 기록은 수신의 요점을 말한 것 중에서도 가장 깊고 절실하니, 학생들이 마땅히 체득하고 유념해야 할 바이다.

然後發以聲音, 而文以琴瑟, 動以干戚, 飾以羽旄, 從以簫管,
奮至德之光, 動四氣之和, 以著萬物之理. 是故清明象天, 廣
大象地, 終始象四時, 周還[旋]象風雨, 五色成文而不亂, 八風
從律而不姦, 百度得數而有常, 小大相成, 終始相生, 倡和清
濁, 迭相爲經. 故樂行而倫淸, 耳目聰明, 血氣和平, 移風易俗,
天下皆寧.〈039〉

그런 뒤에 소리와 음을 통해서 나타내고, 금과 슬을 통해서 격식을 나
타내며, 방패와 도끼를 통해서 활동적으로 표현하고, 깃털과 꼬리털로
꾸미며, 소와 피리로 따르게 하여, 지극한 덕의 빛남을 떨치고, 사계절
의 조화로운 기운을 움직여서, 이를 통해 만물의 이치를 드러낸다. 그
렇기 때문에 맑고 밝음은 하늘을 형상화하고, 넓고 큼은 땅을 형상화하
며, 끝과 시작은 사계절을 형상화하고, 나아가고 물러나는['還'자의 음은
'旋(선)'이다.] 등의 행위는 바람과 비를 형상화하니, 오색이 무늬를 이루
어 문란하지 않고, 팔풍이 율력에 따라서 간사하지 않으며, 모든 도수가
해당 수치를 얻어 항상됨이 있으니, 작고 큼이 서로를 이루어주고, 끝과
시작이 서로를 생겨나게 하며, 이끌고 화답함 맑고 탁함이 갈마들며 서
로의 기준이 된다. 그렇기 때문에 악이 시행되고 인륜이 맑아지며, 귀
와 눈이 총명해지고, 혈기가 화평하게 되며, 풍속이 좋게 바뀌니, 천하
가 모두 편안하게 된다.

集說

大章之章, 咸池之備, 韶之繼, 皆聖人極至之德發於樂者, 其光輝猶
若可見也. 書云 "光被四表", "光天之下", 皆所謂至德之光也. 四氣
之和, 四時之和氣也. 小大終始, 卽前章小大之稱, 終始之序也. 迭
相爲經, 卽前篇還相爲宮之說也.

대장(大章)이라는 악곡이 밝힌다는 뜻을 나타내고, 함지(咸池)라는 악곡이 갖췄다는 뜻을 나타내며, 소(韶)라는 악곡이 계승한다는 뜻을 나타내는 것들은 모두 성인의 지극한 덕이 악으로 드러난 것이니, 휘황찬란하게 나타남을 살펴볼 수 있다. 『서』에서는 "빛이 사방에 펼쳐졌다."[1]고 말하고, "하늘 아래에 빛나게 한다."[2]고 말했는데, 이 모두는 지극한 덕의 빛남을 뜻한다. 네 기운의 조화로움은 사계절의 조화로운 기운을 뜻한다. 작고 큰 끝과 시작은 곧 앞에서 말한 '작고 큼의 알맞음'과 '끝과 시작의 순서'를 의미한다. '질상위경(迭相爲經)'은 곧 앞 편에서 "순환하여 서로의 궁이 된다."는 말에 해당한다.

疏曰: 八風, 八方之風也. 律, 十二月之律也. 距冬至四十五日條風至, 條者, 生也. 四十五日明庶風至, 明庶者, 迎衆也. 四十五日清明風至, 清明者, 芒也. 四十五日景風至, 景者, 大也, 言陽氣長養也. 四十五日凉風至, 凉, 寒也, 陰氣行也. 四十五日閶闔風至, 閶闔者, 咸收藏也. 四十五日不周風至, 不周者, 不交也, 言陰陽未合化也. 四十五日廣莫風至, 廣莫者, 大莫也, 開陽氣也.

소에서 말하길, 팔풍(八風)[3]은 여덟 방위에서 불어오는 바람을 뜻한다.

---

1) 『서』「우서(虞書) · 요전(堯典)」: 曰放勳, 欽明文思安安, 允恭克讓, <u>光被四表</u>, 格于上下.
2) 『서』「우서(虞書) · 익직(益稷)」: 禹曰, 兪哉, <u>帝光天之下</u>, 至于海隅蒼生, 萬邦黎獻, 共惟帝臣, 惟帝時擧, 敷納以言, 明庶以功, 車服以庸, 誰敢不讓, 敢不敬應, 帝不時, 敷同日奏罔功.
3) 팔풍(八風)은 팔방(八方)에서 풀어오는 바람으로, 각 문헌에 따라서 명칭이 조금씩 다르다. 『여씨춘추(呂氏春秋)』에 따르면, 동북풍(東北風)은 염풍(炎風), 동풍(東風)은 도풍(滔風), 동남풍(東南風)은 훈풍(熏風), 남풍(南風)은 거풍(巨風), 서남풍(西南風)은 처풍(淒風), 서풍(西風)은 료풍(飂風), 서북풍(西北風)은 려풍(廣風), 북풍(北風)은 한풍(寒風)이다. 『회남자(淮南子)』에 따르면, 동북풍(東北風)은 염풍(炎風), 동풍(東風)은 조풍(條風), 동남풍(東南風)은 경풍(景風), 남풍(南風)은 거풍(巨風), 서남풍(西南風)은 량풍(凉風), 서풍(西風)은 료풍(飂風), 서북풍(西北風)은 려풍(麗風), 북풍(北風)은 한풍(寒風)이다. 『설문해자

'율(律)'은 12개월에 따른 율(律)을 뜻한다. 동지로부터 45일이 지나면 조풍(條風)이 불어오는데, '조(條)'자는 "생기다."는 뜻이다. 또 45일이 지나면 명서풍(明庶風)이 불어오는데, '명서(明庶)'라는 말은 무리를 맞이한다는 뜻이다. 또 45일이 지나면 청명풍(淸明風)이 불어오는데, '청명(淸明)'이라는 말은 "무성하게 하다."는 뜻이다. 또 45일이 지나면 경풍(景風)이 불어오는데, '경(景)'자는 "크게 하다."는 의미로, 양기가 장성하게 길러준다는 뜻이다. 또 45일이 지나면 양풍(涼風)이 불어오는데, '양(涼)'자는 "춥다."는 의미로, 음기가 움직인다는 뜻이다. 또 45일이 지나면 창합풍(閶闔風)이 불어오는데, '창합(閶闔)'이라는 말은 모두 거두어 보관한다는 뜻이다. 또 45일이 지나면 부주풍(不周風)이 불어오는데, '부주(不周)'라는 말은 사귀지 않는다는 의미로, 음양이 아직 합치되어 변화하지 않았다는 뜻이다. 또 45일이 지나면 광막풍(廣莫風)이 불어오는데, '광막(廣莫)'이라는 말은 막대하다는 의미로, 양기를 열어준다는

(說文解字)』에 따르면, 동풍(東風)은 명서풍(明庶風), 동남풍(東南風)은 청명풍(淸明風), 남풍(南風)은 경풍(景風), 서남풍(西南風)은 량풍(涼風), 서풍(西風)은 창합풍(閶闔風), 서북풍(西北風)은 부주풍(不周風), 북풍(北風)은 광막풍(廣莫風), 동북풍(東北風)은 융풍(融風)이다. 『경전석문(經典釋文)』에 따르면, 동풍(東風)은 곡풍(谷風), 동남풍(東南風)은 청명풍(淸明風), 남풍(南風)은 개풍(凱風), 서남풍(西南風)은 량풍(涼風), 서풍(西風)은 창합풍(閶闔風), 서북풍(西北風)은 부주풍(不周風), 북풍(北風)은 광막풍(廣莫風), 동북풍(東北風)은 융풍(融風)이다. 『여씨춘추(呂氏春秋)』「유시(有始)」편에서는 "何謂八風. 東北曰炎風, 東方曰滔風, 東南曰熏風, 南方曰巨風, 西南曰淒風, 西方曰飂風, 西北曰厲風, 北方曰寒風."이라고 하였고, 『회남자(淮南子)』「추형훈(墜形訓)」편에서는 "東北曰炎風, 東方曰條風, 東南曰景風, 南方曰巨風, 西南曰涼風, 西方曰飂風, 西北曰麗風, 北方曰寒風."이라고 하였으며, 『설문(說文)』「풍부(風部)」편에서는 "風, 八風也. 東方曰明庶風, 東南曰淸明風, 南方曰景風, 西南曰涼風, 西方曰閶闔風, 西北曰不周風, 北方曰廣莫風, 東北曰融風."이라고 하였고, 『춘추좌씨전』「은공(隱公) 5년」편에는 "夫舞所以節八音, 而行八風."이라는 기록이 있는데, 이에 대한 육덕명(陸德明)의 『경전석문(經典釋文)』에서는 "八方之風, 謂東方谷風, 東南淸明風, 南方凱風, 西南涼風, 西方閶闔風, 西北不周風, 北方廣莫風, 東北方融風."이라고 풀이하였다.

뜻이다.

方氏曰: 淸明者樂之聲, 故象天. 廣大者樂之體, 故象地. 終始者樂
之序, 故象四時. 周還者樂之節, 故象風雨.

방씨가 말하길, '청명(淸明)'은 악의 소리이기 때문에 하늘을 형상화한
다. '광대(廣大)'는 악의 본체이기 때문에 땅을 형상화한다. 끝과 시작은
악의 질서이기 때문에 사계절을 형상화한다. 나아가고 물러나며 것 등
은 악의 절도이기 때문에 바람과 비를 형상화한다.

應氏曰: 五聲配乎五行之色, 故各成文而不亂; 八音配乎八卦之風,
故各從律而不姦. 自一度行之而至於百, 則百度各得其數, 猶八卦
至於六十四, 而其變無窮也. 大而日月星辰之度, 小而百工器物之
度, 各有數焉, 不止晝夜之百刻也. 曰不亂不姦, 以至有常, 言其常
而不紊也. 曰相成相生, 以至迭相爲經, 言其變而不窮也. 順其常,
則能極其變矣.

응씨가 말하길, 오성을 오행에 해당하는 색깔에 배합했기 때문에 각각
무늬를 이루어 문란하지 않고, 팔음을 팔괘에 해당하는 바람에 배합했
기 때문에 각각 그 율법에 따라서 간사하지 않다. 1도로부터 확장하여
100도에 이르면 100도가 각각 그 도수를 얻으니, 이것은 팔괘가 육십사
괘에 이르러 변화에 끝이 없음과 같다. 크게는 해·달·별들의 운행 도
수, 작게는 모든 공인들이 만든 기물들의 도수에 각각 해당하는 수치가
있으니, 낮과 밤의 시간인 100각에만 한정되지 않는다. 문란하지 않고
간사하지 않다고 했고, 항상됨이 있다고도 말했으니, 항상됨을 갖춰서
문란하지 않다는 의미이다. 서로 완성하고 서로 생겨나게 한다고 했고,
갈마들며 서로의 법칙이 된다고도 말했으니, 변화하며 끝이 없다는 뜻
이다. 항상됨에 따른다면 변화를 지극히 할 수 있다.

近按: 此又擧器數之末, 而推及其功用之大, 蓋有上章修身之功, 然後有此章致效之盛也.

내가 살펴보니, 이 또한 기물과 도수와 같은 말단의 것을 제시하고, 이를 미루어서 공용의 큼을 언급하였는데, 앞 장에 자신을 수양하는 공이 기록되어 있으므로, 그 뒤의 이곳 문장에 공효를 이룬 성대함에 대한 내용이 있는 것이다.

故曰: "樂者, 樂也." 君子樂得其道, 小人樂得其欲. 以道制欲, 則樂而不亂; 以欲忘道, 則惑而不樂.〈040〉

그러므로 "악이라는 것은 즐거움이다."라고 말한다. 군자는 그 도를 얻는 것을 즐거워하며, 소인은 욕망을 추구하는 것을 즐거워한다. 도로써 욕망을 제재하면 즐거워하되 문란하지 않고, 욕망에 따라 도를 잊게 되면 의혹되고 즐거워하지 못한다.

集說

君子之樂道, 猶小人之樂欲. 君子以道制欲, 故坦蕩蕩; 小人徇欲忘道, 故長戚戚.

군자가 도를 즐거워함은 소인이 욕망을 즐거워함과 같다. 군자는 도로써 욕망을 제재하기 때문에 평탄하며 여유가 있고, 소인은 욕망에 따라 도를 잊기 때문에 항상 근심스러워한다.[1]

經文

是故君子反情以和其志, 廣樂以成其教. 樂行而民鄉[去聲]方, 可以觀德矣.〈041〉

이러한 까닭으로 군자는 정감을 회복하고 그 뜻을 조화롭게 하며, 악을 널리 퍼트려서 가르침을 이룬다. 악이 시행되고 백성들이 도를 지향하게['鄕'자는 거성으로 읽는다.] 된다면, 군자의 덕을 살펴볼 수 있게 된다.

---

[1] 『논어』「술이(述而)」: 子曰, "君子坦蕩蕩, 小人長戚戚."

集說

承上文而言, 所以君子復情和志以修其身, 廣樂成敎以治乎民, 及樂
之敎行而民知向道, 則可以觀君子之德矣.

앞 문장을 이어서 한 말이니, 군자가 정감을 회복하고 뜻을 조화롭게 해
서 자신을 수양하고, 악을 널리 퍼트리고 가르침을 이루어서 백성들을
다스리며, 악의 가르침이 시행되고 백성들이 도를 지향해야 함을 아는
경지에 도달한다면, 군자의 덕을 살펴볼 수 있게 된다.

淺見

近按: 此言君子小人所樂不同, 而又言君子反情之事, 以結上文之
意.

내가 살펴보니, 이것은 군자와 소인이 즐거워하는 것이 다르다는 사실
을 말한 것이고, 또 군자가 정감을 회복하는 사안을 언급하여 앞 문장의
뜻을 결론 맺은 것이다.

右傳之第四節.

여기까지는 전(傳)의 제 4절이다.

전(傳) 5절

德者, 性之端也. 樂者, 德之華也. 金石絲竹, 樂之器也. 詩, 言
其志也. 歌, 咏其聲也. 舞, 動其容也. 三者本於心, 然後樂器
從之. 是故情深而文明, 氣盛而化神, 和順積中而英華發外,
惟樂不可以爲僞. ⟨042⟩

덕은 본성의 단서이다. 악은 덕이 아름답게 나타난 것이다. 쇠·돌·
실·대나무 등으로 만든 악기는 악의 기구이다. 시는 그 뜻을 말로 나
타낸다. 노래는 그 소리를 길게 내뺀다. 춤은 그 모습을 움직이게 한다.
이 세 가지는 마음에 근본을 두고 있고, 그런 뒤에 악기가 뒤따르게 된
다. 이러한 까닭으로 정감이 깊어서 나타나는 것도 밝고, 기운이 왕성
해서 변화도 신묘하며, 조화와 순종이 내부에 쌓여서 영화로움이 밖으
로 나타나니, 오직 악만은 거짓으로 만들 수 없다.

石梁王氏曰: 註以志聲容三者爲本, 非也. 德有心爲本, 性又德之本,
然後詩歌舞三者出焉.

석량왕씨가 말하길, 정현의 주에서는 지·성·용이라는 세 가지를 근본
으로 여겼는데, 잘못된 주장이다. 덕은 마음에 있어 근본이 되고, 본성
또한 덕의 근본이니, 그런 뒤에 시·노래·춤이라는 세 가지가 나타난다.

劉氏曰: 性之端, 和順積中者也. 德之華, 英華發外者也. 三者, 謂志
也, 聲也, 容也. 志則端之初發者, 聲容, 則華之旣見者. 志動而形於
詩, 詩成而咏歌其聲, 咏歌之不足, 則不知手舞足蹈而動其容焉. 三
者皆本於心之感物而動, 然後被之八音之器, 以及干戚羽旄也. 情

之感於中者深, 則文之著於外者明. 如天地之氣盛於內, 則化之及
物者, 神妙不測也. 故曰和順積中而英華發外也. 由此觀之, 則樂之
爲樂, 可以矯僞爲之乎?

유씨가 말하길, 본성의 단서는 조화와 순종이 안에 쌓인 것을 뜻한다.
덕의 아름다움은 영화로움이 밖으로 나타난 것이다. 세 가지는 곧 뜻·
소리·모습을 뜻한다. 뜻은 단서가 처음 나타난 것이다. 소리와 모습은
영화로움으로 드러난 것이다. 뜻이 움직여서 시를 통해 나타나고, 시가
완성되어 그 소리를 통해 노래로 부르며, 노래로도 부족하다면 자신도
모르게 손과 발이 저절로 들썩이며 그 모습을 움직이게 한다. 세 가지는
모두 마음이 대상을 느껴서 움직이는 것에 근본을 두고, 그런 뒤에 그것
을 팔음의 악기로 나타내며, 방패와 도끼 및 깃털과 꼬리털 등의 무용도
구로 나타낸 것이다. 정감이 안에서 느끼는 것이 깊다면 수식을 통해
외적으로 나타난 것도 밝다. 예를 들어 천지의 기운이 내적으로 융성하
게 되면 변화를 이루어 사물에게 미치는 것도 신묘하여 헤아릴 수 없다.
그렇기 때문에 "조화와 순종이 안에서 쌓이고 영화로움이 밖으로 나타
난다."고 말한 것이다. 이를 통해 살펴본다면 악의 악됨을 거짓으로 말
들 수 있겠는가?

淺見

近按: 此本德性, 以論樂之情文·氣化·相感之道, 有積中形外, 自
然之妙, 而非可容其巧僞者也. 德字, 是椄上文德字而言.

내가 살펴보니, 이것은 덕성에 근본하여, 악의 정문(情文)·기화(氣
化)·상감(相感)의 도를 논의한 것으로, 안에 쌓여서 겉으로 드러남에는
자연의 묘리가 있지만, 교묘하고 거짓된 것들은 용납할 수 있는 것이 아
니다. '덕(德)'자는 앞 문장에 나온 덕(德)자를 이어서 말한 것이다.

樂者, 心之動也. 聲者, 樂之象也. 文采節奏, 聲之飾也. 君子
動其本, 樂其象, 然後治其飾. 是故先鼓以警戒, 三步以見[現]
方, 再始以著往, 復亂以飾歸, 奮疾而不拔[蒲末反], 極幽而不
隱, 獨樂其志, 不厭其道, 備擧其道, 不私其欲. 是故情見[現]而
義立, 樂終而德尊, 君子以好善, 小人以聽過. 故曰: "生民之
道, 樂爲大焉."〈043〉

악은 마음이 감동하여 나타난 것이다. 소리는 악의 형상이다. 수식을
꾸미고 음악의 가락을 만드는 것은 소리의 꾸밈이다. 군자는 근본에 해
당하는 마음을 감동시키고, 형상을 통해 악을 나타내며, 그런 뒤에 악에
꾸밈을 더한다. 이러한 까닭으로 먼저 북을 울려서 모여 있는 사람들에
게 주의를 주고, 춤을 출 때에는 먼저 세 걸음을 떼어서 방식을 드러내
며['見'자의 음은 '現(현)'이다.] 재차 시작하여 나아가고자 함을 드러내며,
재차 마쳐서 되돌아가는 무용수들이 되돌아가는 것을 신중히 하도록 만
드는데, 무용수들은 신속히 움직이지만 지나치게 빠르지['拔'자는 '蒲(포)'
자와 '末(말)'자의 반절음이다.] 않고, 음악은 지극히 그윽하지만 숨김이 없
으니, 군자는 홀로 그 뜻을 즐거워하며, 그 도에 대해서 싫증을 느끼지
않고, 그 도를 제대로 갖춰서 시행하며, 그에 대한 욕구를 자기 것으로
만 하지 않는다. 이러한 까닭으로 정감이 드러나서['見'자의 음은 '現(현)'이
다.] 도의가 성립되며, 악이 마쳐서 덕이 존숭되니, 군자는 음악을 통해
선을 좋아하고, 소인은 음악을 통해서 과실을 깨닫는다. 그렇기 때문에
"백성들에 대한 도의 중에서 악이 매우 크다."고 말했다.

集說

動其本, 心之動也. 心動而有聲, 聲出而有文采節奏, 則樂飾矣. 樂
之將作, 必先擊鼓以聳動衆聽, 故曰先鼓以警戒. 舞之將作, 必先三
擧足以示其舞之方法, 故曰三步以見方. 再始, 謂一節終而再作也.

往, 進也. 亂, 終也. 如云關雎之亂. 歸, 舞畢而退就位也. 再始以著
往者, 再繫鼓以明其進也. 復亂以飾歸者, 復擊鐃以謹其退也. 此兩
句, 言舞者周旋進退之事. 拔, 如拔來赴往之拔, 言舞之容, 雖若奮
迅疾速, 而不過於疾也. 樂之道雖曰幽微難知, 而不隱於人也. 是故
君子以之爲己, 則和而平, 故獨樂其志. 不厭其道, 言學而不厭也.
以之爲人, 則愛而公, 故備擧其道. 不私其欲, 言誨人不倦也. 情見
於樂之初, 而見其義之立; 化成於樂之終, 而知其德之尊. 君子聽之
而好善, 感發其良心也. 小人聽之而知過, 蕩滌其邪穢也. 故曰以下,
亦引古語結之. 此章諸家皆以爲論大武之樂, 以明伐紂之事, 且以
再始爲十一年觀兵, 十三年伐紂, 此誤久矣.

"근본을 움직인다."는 말은 마음이 동한다는 뜻이다. 마음이 동하여 소
리가 생기고, 소리가 나와서 문채와 가락이 생긴다면 악의 수식이 된다.
악(樂)을 연주하려고 할 때에는 반드시 가장 먼저 북을 울려서 대중들을
일깨워야 한다. 그렇기 때문에 "먼저 북을 쳐서 경계를 시킨다."고 말했
다. 춤을 추려고 할 때에는 반드시 가장 먼저 세 걸음을 떼어서 춤사위
의 방향과 법식을 나타내야 한다. 그렇기 때문에 "세 걸음을 걸어서 방
식을 나타낸다."고 말했다. '재시(再始)'는 한 악절이 끝나서 재차 시작
한다는 뜻이다. '왕(往)'자는 "나아간다."는 뜻이다. '난(亂)'자는 마침을
뜻한다. 예를 들어 「관저(關雎)」편의 마지막 장1)이라고 말하는 것과 같
다. '귀(歸)'자는 춤이 끝나서 무용수들이 물러나 자신의 자리로 돌아간
다는 뜻이다. "재차 시작하여 나아감을 드러낸다."고 한 말은 재차 북을
울려서 나아가게 됨을 드러낸다는 뜻이다. "재차 끝내서 되돌아감을 삼
간다."는 말은 다시 징을 쳐서 물러나는 행동을 신중히 하도록 만든다는
뜻이다. 이 두 구문은 무용수들이 선회하며 나아가고 물러나는 등의 사
안을 뜻한다. '발(拔)'자는 "갑작스럽게 오고 갑작스럽게 떠난다."2)고 할

---

1) 『논어』「태백(泰伯)」: 子曰, "師摯之始, 關雎之亂, 洋洋乎, 盈耳哉!"
2) 『예기』「소의(少儀)」 028장 : 毋拔來, 毋報往.

때의 '발(拔)'자와 같으니, 무용수들의 모습이 비록 신속하고 빠른 것 같지만 지나치게 빠르지 않다는 뜻이다. 악의 도에 대해서 비록 그윽하고 은미하며 알기 어렵다고 하지만 사람들에게 숨기는 것이 없다. 이러한 까닭으로 군자가 음악을 자신의 것으로 삼는다면 조화롭고 평이하게 된다. 그렇기 때문에 홀로 그 뜻을 즐거워하는 것이다. "그 도를 싫증내지 않는다."는 말은 배우되 싫증을 내지 않는다는 뜻이다. 음악을 남을 위한 것으로 삼는다면 친애하게 되고 공공의 것으로 삼기 때문에 그 도를 갖춰서 실행한다. "그 욕망을 사사롭게 하지 않는다."는 말은 남을 가르침에 게을리 하지 않다는 뜻이다.[3] 정감은 악의 처음에 나타나므로 그 뜻이 확립되는 것을 보며, 변화는 악의 끝에서 완성되므로 덕의 존귀함을 안다. 군자는 음악을 듣고 선을 좋아하게 되며 양심을 느껴서 나타내게 한다. 소인은 음악을 듣고 과실을 알아서 사벽하고 더러운 잘못을 씻어내게 된다. '고왈(故曰)'로부터 그 이하의 말은 또한 옛 말을 인용하여 결론을 맺은 것이다. 이곳 문단에 대해서 여러 학자들은 모두 대무의 악을 논의한 것이라 여겨서, 이를 통해 주임금을 정벌했던 사안을 나타냈으며, 또한 재차 시작하는 것이 11년에 관병식을 하고, 13년에 주임금을 정벌한 것이라고 여겼으니, 매우 오래전부터 잘못 이해한 것이다.

陳氏曰: 此特通論樂與舞之理如此耳, 故曰生民之道, 樂爲大焉. 豈可以生民之道, 莫大於戰伐哉?

진호가 말하길, 문단은 단지 악과 춤의 이치가 이와 같다는 사실을 통괄적으로 논의할 것일 뿐이다. 그렇기 때문에 "백성들에 대한 도리 중 악이 매우 크다."고 말한 것이다. 따라서 어떻게 백성들에 대한 도리에 있어서 전쟁과 정벌보다 큰 것이 없을 수 있겠는가?

---

3) 『논어』「술이(述而)」: 子曰, "默而識之, <u>學而不厭, 誨人不倦</u>, 何有於我哉?"

近按: 此承上章言性, 又以心言, 而通論樂節與舞容之理也.

내가 살펴보니, 이것은 앞 문장에서 성을 말한 것을 이어서, 또 마음을 기준으로 언급하고, 악절과 무용수의 행동에 대한 이치를 통괄적으로 논의한 것이다.

右傳之第五節.

여기까지는 전(傳)의 제 5절이다.

전(傳) 6절

> 樂也者, 施[去聲]也. 禮也者, 報也. 樂, 樂其所自生; 禮, 反其所
> 自始. 樂章德, 禮報情, 反始也. 〈044〉

악은 베풂을['施'자는 거성으로 읽는다.] 위주로 한다. 예는 보답함을 위주로
한다. 악은 생겨나게 한 것을 즐거워하는 것이며, 예는 생겨나게 한 것
으로 되돌리는 것이다. 악은 덕을 드러내고, 예는 은정에 보답하니, 시
초로 되돌리는 것이다.

文蔚問: "如何是章德?" 朱子曰: "和順積諸中, 英華發於外, 便是章
著其內之德."

문울은 "무엇을 '장덕(章德)'이라고 합니까?"라고 물었고, 주자는 "조화
와 순종이 내부에 쌓여서 겉으로 영화로움이 드러나는 것이 바로 내부
의 덕을 드러내는 것이다."라고 했다.

馬氏曰: 樂由陽來, 陽散其文而以生育爲功, 故樂主於施. 禮由陰作,
陰斂其質而以反朴爲事, 故禮主於報. 舜生於紹堯而施及於天下,
故作大韶. 武王生於武功而施及於天下, 故作大武. 此樂其所自生
也. 萬物本乎天, 故先王以郊明天之道. 人本乎祖, 故王者禘其祖之
所自出. 此反其所自始也.

마씨가 말하길, 악은 양으로부터 도출되었고 양기는 문채를 펼쳐서 생
장시키고 생육함을 공덕으로 삼는다. 그렇기 때문에 악은 베풂을 위주
로 한다. 예는 음으로부터 만들어졌고 음기는 바탕을 거두어서 소박함
으로 되돌리는 것을 일로 삼는다. 그렇기 때문에 예는 보답함을 위주로

한다. 순임금은 요임금을 계승하는 것에서 출발하여 은덕을 베풀어 천하에 두루 미치게 했기 때문에, 대소(大韶)라는 악곡을 지었다. 무왕은 무공에서 출발하여 그 은덕이 천하에 두루 미치게 했기 때문에, 대무(大武)라는 악곡을 지었다. 이것이 생겨나게 된 것을 즐거워한다는 뜻이다. 만물은 하늘에 근본을 두고 있다. 그렇기 때문에 선왕은 교제사를 통해서 하늘의 도를 밝힌다. 사람은 조상에 근본을 두고 있다. 그렇기 때문에 천자는 시조를 파생시킨 대상에게 체제사를 지낸다. 이것이 시작된 것으로 되돌린다는 뜻이다.

應氏曰: 樂有發達動盪之和, 宣播而出於外, 一出而不可反, 故曰施. 禮有交際酬答之文, 反復而還於內, 故曰報. 韶·濩·夏·武, 皆章德而導和. 祭享朝聘, 皆報情而反始. 所謂反者, 有收斂之節也.

응씨가 말하길, 악에는 발산하여 통달하며 움직이고 융합하는 조화로움이 있어서 그것이 펼쳐져 외부로 나타나는데, 한 번 발산하면 되돌릴 수 없기 때문에 '시(施)'라고 말했다. 예에는 교제하며 묻고 답하는 형식이 있고 돌이켜 다시 안으로 되돌아가기 때문에 '보(報)'라고 말했다. 소(韶)·호(濩)·하(夏)·무(武) 등의 악곡은 모두 덕을 드러내고 조화로움을 인도한다. 제사·향연·조례·빙례는 모두 은정에 보답하고 시초로 되돌린다. 이른바 '반(反)'이라는 것에는 거둬들이는 절도가 있다.

淺見

近按: 此以上皆專論樂, 而此下又兼言禮也.

내가 살펴보니, 이곳 앞에서는 모두 전적으로 악에 대해서만 논의하였는데, 이곳으로부터 그 아래의 기록에서는 또한 예까지도 함께 언급하였다.

樂也者, 情之不可變者也. 禮也者, 理之不可易者也. 樂統同, 禮辨異. 禮樂之說, 管乎人情矣.〈046〉 [舊在"所以贈諸侯也"之下.]

악은 정감 중 변할 수 없는 것을 나타낸다. 예는 이치상 바뀔 수 없는 것을 나타낸다. 악은 같음을 통솔하고 예는 다름을 변별한다. 예악에 대한 해설은 사람의 정감을 통괄한다. [옛 판본에는 "제후에 대해서 선물로 하사한 것이다."[1]라고 한 문장 뒤에 수록되어 있었다.]

集說

劉氏曰: 人情感物無常, 固多變. 然旣發於聲音而爲樂, 則其哀樂一定而不可變矣. 事理隨時有異, 固多易也. 然旣著之節文而爲禮, 則其威儀一定而不可易矣. 惟其不可變, 故使人佚能思初, 安能惟始, 和順道德而純然罔閒, 所謂統同也. 惟其不可易, 故使人親疎有序, 貴賤有等, 謹審節文而截然不亂, 所謂辨異也. 此禮樂之說, 所以管摂乎人情也.

유씨가 말하길, 사람의 정감이 외부 대상을 느낄 때에는 항상됨이 없어서 진실로 변화가 많다. 그러나 이미 소리와 음을 통해 나타나서 악이 되었다면, 슬픔과 즐거움은 일정하여 변할 수 없다. 사물의 이치는 때에 따라 차이가 생겨서 진실로 바뀜이 많다. 그러나 이미 형식을 통해 드러나서 예가 되었다면, 위엄에 따른 격식은 일정하여 바뀔 수 없다. 오직 변할 수 없는 것이기 때문에 사람들로 하여금 편안하게 시초를 생각하도록 할 수 있고 도덕에 조화롭고 순종하게 해서 순일하여 틈이 없도록 하니, 이것이 "같음을 통솔한다."는 뜻이다. 오직 바뀔 수 없는 것이기 때문에 사람들로 하여금 친소관계에 질서가 생기게 하고 귀천에 등급이

---

1) 『예기』「악기」045장 : 所謂大輅者, 天子之車也. 龍旂九旒, 天子之旌也. 靑黑緣者, 天子之寶龜也. 從之以牛羊之群, 則所以贈諸侯也.

생기도록 하여 격식을 조심스레 살피고 확연하게 따라서 문란하게 하지 않으니, 이것이 "차이를 변별한다."는 뜻이다. 이러한 예악에 대한 해설은 사람의 정감을 관할하고 통괄하는 것이다.

窮本知變, 樂之情也. 著誠去[上聲]僞, 禮之經也. 禮樂偵[負]天地之情, 達神明之德, 降興上下之神, 而凝是精粗之體, 領父子君臣之節.〈047〉 [此下舊聯上文.]

근본을 지극히 하고 변화를 아는 것은 악의 정감에 해당한다. 진실됨을 드러내고 거짓됨을 제거하는['去'자는 상성으로 읽는다.] 것은 예의 기준에 해당한다. 예악은 천지의 정감에 따르고['偵'자의 음은 '負(부)'이다.] 신명의 덕을 두루 통하게 하며, 상하의 신들이 오게끔 하고, 정밀하고 거친 본체를 응축하며, 부자 및 군신관계의 법도를 다스린다. [이곳 구문으로부터 그 이하의 기록은 옛 판본에 앞 문장의 뒤에 수록되어 있었다.]

朱子曰: 偵, 依象也.

주자가 말하길, '부(偵)'자는 의거하고 나타낸다는 의미이다.

劉氏曰: 人情理同而氣異, 同則本一異則變多. 樂以統同, 故可使人窮其本之同, 而知其變之異. 人情理微而欲危, 微則誠隱, 危則僞生. 禮以辨異, 故可使人去其欲之僞, 而著其理之誠也. 窮本知變者, 感通之自然, 故曰情. 著誠去僞者, 修爲之當然, 故曰經.

유씨가 말하길, 사람의 정감과 이치는 동일하지만 기운이 다르니, 동일하다면 근본이 같고 다르다면 변화가 다양하다. 악은 같음을 통솔하기 때문에 사람들로 하여금 근본의 같음을 지극히 하고 변화의 차이를 알게끔 한다. 사람의 정감과 이치는 은미하지만 욕구는 위태로우니, 은미하다면 진실됨이 은은하게 드러나고 위태롭다면 거짓됨이 발생한다. 예는 차이를 변별하기 때문에 사람들로 하여금 욕구의 거짓됨을 제거하고 이치의 진실됨을 드러내게 한다. "근본을 다하고 변화를 안다."는 말은 느껴서 통하는 것의 자연스러움이기 때문에 '정(情)'이라고 말했다. "진실됨을 드러내고 거짓됨을 제거한다."는 말은 수양의 당연함에 해당하기 때문에 '경(經)'이라고 말했다.

陳氏曰: 禮樂之作, 道與器未始相離, 故曰凝是精粗之體也.

진호가 말하길, 예악의 작용에 있어서 도와 기는 처음부터 떨어진 적이 없다. 그렇기 때문에 "정밀하고 거친 본체를 응축한다."고 말했다.

淺見

近按: 此兩節又因在人者, 而推及天地神明之德, 末又歸之人道也.

내가 살펴보니, 이곳 두 문장은 또한 사람에 대한 것에 따라서 그것을 미루어 천지와 신명의 덕을 언급하고, 끝에서는 또한 사람의 도로 귀착시켰다.

是故大人擧禮樂, 則天地將爲昭焉. 天地訢[欣]合, 陰陽相得,
煦[吁句反]嫗[於句反]覆[方缶反]育萬物, 然後草木茂, 區[句]萌達,
羽翼奮, 角觡[格]生, 蟄蟲昭蘇, 羽者嫗伏[扶又反], 毛者孕鬻[育],
胎生者不殰[瀆], 而卵生者不殈[呼闃反], 則樂之道歸焉耳.〈048〉

이러한 까닭으로 대인이 예악을 제정하면, 천지의 화육하는 도리가 밝
게 드러난다. 천지가 교감하고['訢'자의 음은 '欣(흔)'이다.] 음양이 서로를
얻어서, 만물을 따뜻하게['煦'자는 '吁(우)'자와 '句(구)'자의 반절음이다.] 덮어
주고['覆'자는 '方(방)'자와 '缶(구)'자의 반절음이다.] 품어서['嫗'자는 '於(어)'자와
'句(구)'자의 반절음이다.] 길러주니, 그런 뒤에야 초목이 무성하게 자라나
고, 싹틀이['區'자의 음은 '句(구)'이다.] 돋아나며, 날개를 가진 짐승들이 날
개를 퍼덕이고, 뿔을['觡'자의 음은 '格(격)'이다.] 가진 짐승들이 생장하며,
칩거했던 곤충들이 다시 나타나고, 날개를 가진 짐승들은 새끼를 품고
['伏'자는 '扶(부)'자와 '又(우)'자의 반절음이다.] 털을 가진 짐승들은 잉태하고
자식을 기르며['鬻'자의 음은 '育(육)'이다.] 잉태하여 낳는 것들은 뱃속에서
죽지['殰'자의 음은 '瀆(독)'이다.] 않고, 알로 태어나는 것들은 알이 깨지지
['殈'자는 '呼(호)'자와 '闃(전)'자의 반절음이다.] 않으니, 악의 도로 귀결될 따
름이다.

大人擧禮樂, 言聖人在天子之位而制禮作樂也. 天地將爲昭焉, 言
將以禮樂而昭宣天地化育之道也. 訢, 與欣同. 訢合, 和氣之交感,
卽陰陽相得之妙也. 天以氣煦之, 地以形嫗之, 天煦覆而地嫗育, 是
煦嫗覆育萬物者也. 屈生曰句, 謂句曲而生者也. 角之無䚡者曰觡.
䚡, 謂角外皮之滑澤者. 蟄藏之蟲初出, 如暗而得明, 如死而更生,
故曰昭蘇也. 嫗伏, 體伏而生子也. 孕鬻, 妊孕而育子也. 殰, 未及生
而胎敗也. 殈, 裂也. 凡物皆得自生自育而無所害者, 是皆歸於聖人

禮樂參贊之道耳.

"대인이 예악을 거한다."는 말은 성인이 천자의 지위에 올라서 예악을 제정한다는 뜻이다. "천지가 장차 밝아진다."는 말은 예악으로써 천지의 화육하는 도를 드러낸다는 뜻이다. '흔(訢)'자는 흔(欣)자와 같다. '흔합 (訢合)'은 조화로운 기운이 교감하니 음양이 서로를 얻는 오묘함에 해당한다. 하늘은 기운을 통해 따뜻하게 해주고 땅은 형체를 통해 품어주니, 하늘이 따뜻하게 덮어주고 땅이 품어서 길러줌이 곧 "만물을 따뜻하게 해주고 품어주며 덮어주고 길러준다."는 뜻이다. 굽어서 자라나는 것을 '구(句)'라고 부르니 굽이굽이 자라나는 것을 뜻한다. 뿔 중 윤택이 나지 않는 것을 '격(觡)'이라고 부른다. '새(䚡)'는 뿔의 표피에 윤택이 나는 것을 뜻한다. 칩거했던 곤충이 처음 나타날 때에는 마치 어두웠다가 밝아지고 죽었다가 다시 살아나는 것과 같기 때문에 "밝아지고 되살아난다."고 말했다. '구복(嫗伏)'은 몸을 숙여 자식을 낳는다는 뜻이다. '잉육(孕 鬻)'은 잉태를 하고 자식을 기른다는 뜻이다. '독(殰)'자는 아직 태어나기도 전에 잉태의 상태에서 죽는 것을 뜻한다. '혁(殈)'자는 "알이 깨지다."는 뜻이다. 만물이 모두 스스로 생겨나고 스스로 자라나며 해로움이 없게 되는 것은 모두 성인이 예악을 통해 천지의 화육하는 작용에 참여하는 도로 귀결될 따름이다.

淺見

近按: 此又申言禮樂功用之大也.

내가 살펴보니, 이 또한 예악의 공용이 크다는 사실을 거듭 말한 것이다.

經文

樂者, 非謂黃鍾大呂弦歌干揚也, 樂之末節也, 故童者舞之.
鋪筵席, 陳尊俎, 列籩豆, 以升降爲禮者, 禮之末節也, 故有司
掌之. 樂師辨乎聲詩, 故北面而弦; 宗祝辨乎宗廟之禮, 故後
尸; 商祝辨乎喪禮, 故後主人. 是故德成而上, 藝成而下, 行成
而先, 事成而後. 是故先王有上有下, 有先有後, 然後可以有
制於天下也.〈049〉

악의 본질은 황종·대려와 같음 음들을 뜻하지 않고, 현악기를 연주하
거나 노래를 부르는 등의 기예를 뜻하지 않으며, 방패나 도끼 등의 기
물들을 뜻하는 것이 아니니, 이러한 것들은 악 중에서도 말단에 해당한
다. 그렇기 때문에 어린아이들도 그것을 익혀서 춤을 추는 것이다. 자
리를 깔고, 술동이나 도마를 진설하고, 변이나 두를 진열하며, 오르고
내리는 것을 예로 삼는 것들은 예 중에서도 말단에 해당한다. 그렇기
때문에 유사가 그 일을 담당하는 것이다. 악사는 소리와 시가를 변별하
는데, 이것들은 말단에 해당하기 때문에 북쪽을 바라보며 현악기로 연
주를 한다. 종축은 종묘에서 진행되는 의례를 변별하는데, 이것들은 말
단에 해당하기 때문에 시동 뒤에 위치한다. 상축은 상례를 변별하는데,
이것들은 말단에 해당하기 때문에 상주 뒤에 위치한다. 이러한 까닭으
로 덕을 이룬 자는 위에 위치하고 기예를 이룬 자는 아래에 위치하며,
행실을 이룬 자는 앞에 위치하고 실무를 이룬 자는 뒤에 위치한다. 그
러므로 선왕은 위와 아래, 앞과 뒤의 차례를 정한 뒤에야 천하에 예악
을 제정할 수 있다.

集說

禮樂之事, 有道有器. 前經皆言禮樂之道, 此以器言, 謂道之精者,
非習藝習事者所能知也. 干·揚, 皆舞者所執. 商祝, 習知殷禮者.
殷尙質, 喪禮以質爲主, 故兼用殷禮也. 北面, 位之卑也. 宗廟之敬

在尸, 喪禮之哀在主人, 在尸與主人之後, 其輕可知也. 德行在君尸主人, 童子有司習於藝, 宗祝商祝習於事, 故上下先後之序如此.

예악의 사안에는 도적인 측면이 있고 기적인 측면이 있는데, 앞의 경문에서는 모두 예악의 도를 언급했고 이곳 문장에서는 기를 기준으로 언급했으니, 정밀한 도는 기예를 익히고 실무를 익힌 자가 알 수 있는 대상이 아님을 뜻한다. 방패와 도끼는 모두 무용수들이 들게 되는 무용도구이다. '상축(商祝)'은 은나라 때의 예법을 익힌 자이다. 은나라 때에는 질박함을 숭상했고 상례에서는 질박함을 위주로 한다. 그렇기 때문에 은나라의 예법도 함께 사용한다. "북쪽을 바라본다."는 말은 지위가 낮다는 뜻이다. 종묘에서 공경함을 받는 대상은 시동이며 상례에서 슬픔을 나타내는 대상은 상주이니, 시동과 주인의 뒤에 있는 자는 그 비중이 상대적으로 가볍다는 사실을 알 수 있다. 덕행은 군주·시동·주인에게 달려 있고, 어린아이와 유사는 기예를 익히며 종축·상축은 실무를 익힌다. 그렇기 때문에 상하·선후의 순서가 이와 같다.

石梁王氏曰: 德成而上, 註云: "德, 三德也." 漢儒訓解, 每以三德爲德.

석량왕씨가 말하길, "덕이 완성되어 위에 있다."는 말에 대해서, 정현의 주에서는 "덕은 삼덕(三德)[1]을 뜻한다."라고 했다. 한나라 때 학자들은

---

1) 삼덕(三德)은 세 종류의 덕(德)을 가리키는데, 문헌에 따라 해당하는 덕성(德性)들에는 차이가 나타난다. 『서』「주서(周書)·홍범(洪範)」편에는 "三德, 一曰正直, 二曰剛克, 三曰柔克."이라는 기록이 있다. 즉 『서』에서는 '삼덕'을 정직(正直), 강극(剛克), 유극(柔克)으로 풀이하고 있다. 그리고 이 문장에 대한 공영달(孔穎達)의 소(疏)에서는 "此三德者, 人君之德, 張弛有三也. 一曰正直, 言能正人之曲使直, 二曰剛克, 言剛强而能立事, 三曰柔克, 言和柔而能治."라고 풀이한다. 즉 '정직'은 사람들의 바르지 못한 점을 바로잡아서, 정직하게 만드는 능력을 뜻한다. '강극'은 강건한 자세로 사업을 수립하고, 그런 일들을 추진할 수 있는 능력을 뜻한다. '유극'은 화락하고 유순한 태도로 다스릴 수 있는 능력을 뜻한다. 다음으로 『주례』「지관(地官)·사씨(師氏)」편에는 "以三德教國子, 一

풀이를 할 때 매번 삼덕을 덕이라고 여겼다.

近按: 此備擧禮樂本末·先後, 而總結之也.

내가 살펴보니, 이것은 예악의 본말과 선후를 갖춰어 제시하고, 총괄적으로 결론을 맺은 것이다.

右傳之第六節.

여기까지는 전(傳)의 제 6절이다.

曰至德, 以爲道本, 二曰敏德, 以爲行本, 三曰孝德, 以知逆惡."이라는 기록이 있다. 즉 『주례』에서는 '삼덕'을 지덕(至德), 민덕(敏德), 효덕(孝德)으로 풀이하고 있다. '지덕'은 도(道)의 근본이 되는 것이며, '민덕'은 행실의 근본이 되는 것이고, '효덕'은 나쁘고 흉악한 것들을 알아내는 능력을 뜻한다. 다음으로 『국어(國語)』「진어사(晉語四)」편에는 "晉公子善人也, 而衛親也, 君不禮焉, 棄三德矣."라는 기록이 있다. 이에 대한 위소(韋昭)의 주에서는 "三德, 謂禮賓, 親親, 善善也."라고 풀이한다. 즉 위소가 말하는 '삼덕'은 예빈(禮賓), 친친(親親), 선선(善善)이다. '예빈'은 빈객들에게 예법(禮法)에 따라 대접하는 것이며, '친친'은 부모를 친애하는 것이고, '선선'은 착한 사람을 착하게 대하는 것이다.

전(傳) 7절

經文

君子曰: "禮樂不可斯須去身." 致樂以治心, 則易直子[慈]諒[良]
之心油然生矣. 易直子諒之心生則樂, 樂則安, 安則久, 久則
天, 天則神. 天則不言而信, 神則不怒而威, 致樂以治心者也.
〈075〉[舊在賓牟賈問答之後, 今以其文義與此以上經傳諸章相類, 故移付
于此.]

군자는 "예악은 자신에게서 잠시도 떨어트려 놓을 수 없다."라고 했다.
악을 지극히 연구하여 마음을 다스린다면, 온화하고 곧으며 자애롭고
['子'자의 음은 '慈(자)'이다.] 참된 마음이['諒'자의 음은 '良(량)'이다.] 융성하게
생겨난다. 온화하고 곧으며 자애롭고 참된 마음이 생겨나면 즐겁게 되
고, 즐거우면 편안하게 되며, 편안하면 오래할 수 있고, 오래할 수 있으
면 하늘의 이치를 깨달으며, 하늘의 아치를 깨달으면 신묘하게 된다.
하늘의 이치를 깨닫게 되면 말을 하지 않아도 사람들이 믿고, 신묘하게
되면 화를 내지 않아도 저절로 위엄이 생기니, 이것이 바로 악을 지극
히 연구하여 마음을 다스린다는 것이다. [옛 판본에는 빈무고의 문답 내용
뒤에 수록되어 있었는데, 지금은 문장의 뜻과 상경의 전문에 해당하는 여러 장들과
서로 유사하기 때문에 이곳으로 옮겨서 덧붙인다.]

集說

致, 謂所窮其理也. 樂由中出, 故以治心言之. 子諒, 從朱子設讀爲
慈良. 樂之感化人心, 至於天而且神, 可以識窮本知變之妙矣.

'치(致)'는 그 이치를 궁구히 하는 것을 뜻한다. 악은 마음에서 도출되기
때문에, 마음을 다스린다고 말한 것이다. '자량(子諒)'은 주자의 주장에
따르면 '자량(慈良)'으로 해석한다. 악이 사람의 마음을 감화시켜서 하늘

에 이르고 또 신묘하게 되니, 근본을 궁구히 하고 변화를 아는 오묘함을 깨우칠 수 있다.

朱子曰: 易直子諒之心一句, 從來說得無理會, 却因見韓詩外傳, 子諒作慈良字, 則無可疑矣.

주자가 말하길, '이직자량지심(易直子諒之心)'이라는 한 구문은 기존의 해석에 따르면 이해를 할 수 없고, 『한시외전』[1]을 살펴보면, '자량(子諒)'을 '자량(慈良)'이라고 기록했으니, '자량(慈良)'으로 해석해야 함을 의심할 수 없다.

經文

致禮以治躬則莊敬, 莊敬則嚴威. 心中斯須不和不樂, 而鄙詐之心入之矣. 外貌斯須不莊不敬, 而易慢之心入之矣.〈076〉 [此下舊聯上文.]

예를 지극히 연구하여 몸을 다스린다면 장엄하고 공경스럽게 되고, 장엄하고 공경스럽게 되면 위엄을 갖추게 된다. 마음이 잠시라도 조화롭지 못하고 즐겁지 못하다면, 비루하고 거짓된 마음이 침입하게 된다. 모습이 잠시라도 장엄하고 못하고 공경스럽지 못하다면, 태만한 마음이 침입하게 된다. [이곳 구문으로부터 그 이하의 기록은 옛 판본에 앞 문장의 뒤에 수록되어 있었다.]

---

1) 『한시외전(韓詩外傳)』은 한(漢)나라 때 한영(韓嬰)이 지은 책이다. 이 책은 본래 내전(內傳) 4권과 외전(外傳) 6권으로 구성되어 있었는데, 내전은 산일되어 없어졌고, 외전만이 남아 있다. 남아 있는 부분을 『한시외전(韓詩外傳)』이라고 부른다.

禮自外作, 故以治躬言之. 此言著誠去僞之心, 不可少有間斷也.

예는 외부로부터 만들어지기 때문에 몸을 다스린다고 말했다. 이 내용은 진실됨을 드러내어 거짓됨을 제거하는 마음에 조금이라도 틈이 생겨서는 안 된다는 뜻이다.

淺見

近按: 此言禮樂所以治己治心之道, 亦學者所當體念者也. 此下數節文義皆精, 與篇首經文相類, 疑亦出於孔門, 而記者以類而付之也歟.

내가 살펴보니, 이것은 예악이 자신을 다스리고 마음을 다스리는 도가 되며 또한 학자가 마땅히 체득하고 유념해야 함을 말한 것이다. 이곳 문장 뒤의 여러 구절들의 문장 뜻은 모두 정미하여 편의 첫 부분 경문과 서로 유사하니, 아마도 이 또한 공자의 문하에서 나왔을 것인데, 『예기』를 기록한 자는 그 내용이 유사하다는 이유로 이곳에 덧붙여둔 것이다.

故樂也者, 動於內者也. 禮也者, 動於外者也. 樂極和, 禮極順,
內和而外順, 則民瞻其顏色而弗與爭也, 望其容貌而民不生
易慢焉. 故德輝動於內而民莫不承聽, 理發諸外而民莫不承
順. 故曰: "致禮樂之道, 擧而錯之天下無難矣." 〈077〉

그러므로 악이라는 것은 내적으로 움직이게 하는 것이다. 예라는 것은
외적으로 움직이게 하는 것이다. 악을 통해 조화로움을 지극히 하고,
예를 통해 순종함을 지극히 하여, 내적으로 조화롭고 외적으로 순종하
게 되면, 백성들이 그의 안색을 살펴서 서로 다투지 않게 되고, 그 모습
을 바라봐서 백성들에게 태만함이 생겨나지 않는다. 그렇기 때문에 덕
이 마음에서 빛나게 움직이면 백성들 중에는 그의 말을 받들어 따르지
않는 자가 없게 되고, 이치가 밖으로 발현되면 백성들 중에는 그를 받
들고 순종하지 않는 자가 없게 된다. 그래서 "예악의 도리를 지극히 하
여, 이것을 천하에 시행하는 데에는 어려움이 없다."고 했다.

動於內, 則能治心矣. 動於外, 則能治躬矣. 極和極順, 則無斯須之
不和不順矣. 所以感人動物, 其效如此. 德以輝言, 乃英華發外之驗.
理發諸外, 是動容周旋之中禮. 君子極致禮樂之道, 其於治天下乎
何有!

안에서 움직이게 한다면 마음을 다스릴 수 있다. 밖에서 움직이게 한다
면 몸을 다스릴 수 있다. 조화로움을 지극히 하고 순종함을 지극히 하
면, 잠시라도 조화롭지 않거나 순종하지 않는 때가 없게 된다. 예악은
사람과 사물을 감동시키는 것으로 그 효과가 이와 같다. 덕에 대해서
"빛나다."라고 말했으니, 영화로움이 밖으로 나타난 것을 증명한 것이
다. 이치가 밖으로 드러난 것은 행동거지가 예법에 맞다는 뜻이다. 군자
는 예악의 도를 지극히 하니, 천하를 다스리는데 있어서 어떤 어려움이

있겠는가?

近按: 此言禮樂治心之極致, 其效及於天下也.

내가 살펴보니, 이것은 예악이 마음을 다스리는 극치에 해당하며, 그 효
과가 천하에 이르게 됨을 말한 것이다.

樂也者, 動於內者也. 禮也者, 動於外者也. 故禮主其減, 樂主
其盈. 禮減而進, 以進爲文; 樂盈而反, 以反爲文. 禮減而不進
則銷, 樂盈而不反則放, 故禮有報[如字]而樂有反. 禮得其報則
樂, 樂得其反則安. 禮之報, 樂之反, 其義一也.〈078〉

악이라는 것은 내적으로 움직이게 하는 것이다. 예라는 것은 외적으로
움직이게 하는 것이다. 그러므로 예는 줄임을 위주로 하고 악은 채움을
위주로 한다. 예는 줄이되 나아가니 나아감을 형식으로 삼고, 악은 채
우되 되돌리니 되돌림을 형식으로 삼는다. 예가 줄이기만 하고 나아가
지 않는다면 사라지게 되고, 악이 채우기만 하고 되돌리지 않는다면 방
만하게 된다. 그렇기 때문에 예에는 보답함이['報'자는 글자대로 읽는다.] 있
고 악에는 되돌림이 있다. 예가 보답함을 얻는다면 즐겁게 되고, 악이
되돌림을 얻는다면 편안하게 된다. 예의 보답함과 악의 되돌림은 의미
가 동일하다.

集說

馬氏曰: 以體言之, 禮減樂盈; 以用言之, 禮進樂反. 樂動於內, 故其
體主盈, 蓋樂由中出, 而爲人心之所喜; 禮動於外, 故其體主減, 蓋
禮自外作, 而疑先王有以强世也. 禮主減, 故勉而作之, 而以進爲文;
樂主盈, 故反而抑之, 而以反爲文. 故七介以相見, 不然則已慤; 三
辭三讓而至, 不然則已蹙. 一獻之禮, 而賓主百拜, 日莫人倦而齊莊
正齊, 此皆勉而進之者也. 進旅退旅, 以示其和; 弦匏笙簧 會守拊
鼓, 以示其統. 治亂則以相, 訊疾則以雅, 作之以柷, 止之以敔, 此皆
反而抑之者也. 減而不進, 則幾於息矣, 故銷; 盈而不反, 則至於流
矣, 故放. 先王知其易偏, 故禮則有報, 樂則有反. 禮有報者, 資於樂
也. 樂有反者, 資於禮也.

마씨가 말하길, 본체로써 말을 하면 예는 줄이고 악은 채우며, 작용으로

써 말을 하면 예는 나아가고 악은 되돌아온다. 악은 내적으로 움직이게 하기 때문에 그 본체는 채움을 위주로 하니, 무릇 악은 마음으로부터 도출되어, 사람의 마음에 기뻐하는 대상이 된다. 예는 외적으로 움직이게 하기 때문에 그 본체는 줄임을 위주로 하니, 무릇 예는 외부로부터 작용해서, 아마도 선왕은 이를 통해 세상의 기초를 굳세게 다질 수 있었을 것이다. 예는 줄임을 위주로 하기 때문에 독려하고 진작시켜 나아감을 형식으로 삼고, 악은 채움을 위주로 하기 때문에 되돌리고 억눌러서 되돌림을 형식으로 삼는다. 그러므로 7명의 부관을 거느리고 서로 만나보는 것이니, 그렇게 하지 않는다면 너무 소박하게 되며, 세 차례 사양하고 양보하여 도달하게 되니, 그렇게 하지 않는다면 너무 재촉하게 된다. 한 차례 술을 바치는 의례에서라도 빈객과 주인은 수차례 절을 하고, 해가 저물어서 사람들이 피로해져도 장엄하고 단정한 자세를 취하니, 이러한 것들은 모두 독려하여 나아가게 하는 것들이다. 단체로 나아가고 물러나서 이를 통해 조화로움을 드러내고, 현·포·생·황 등의 악기들을 부와 고의 박자에 맞춰서 연주하여, 이를 통해 통솔됨을 드러낸다. 악절의 끝을 맞출 때에는 부(拊) 소리에 맞추고, 춤사위가 지나치게 빠르지 않도록 조절하는 것은 아 소리에 맞추며, 축을 통해 동시에 연주하고, 어를 통해 동시에 그치니, 이러한 것들은 모두 되돌려서 억누르는 것들이다. 줄이되 나아가지 않는다면 거의 그치게 된다. 그렇기 때문에 사라진다. 채우되 되돌리지 않으면 방탕한 곳으로 흐른다. 그렇기 때문에 방만해진다. 선왕은 쉽게 치우치게 될 것임을 알았기 때문에 예를 통해 보답함을 두었고 악을 통해 되돌림을 두었다. 예에 보답함이 있는 것은 악에 힘입는다. 악에 되돌림이 있는 것은 예에 힘입는다.

劉氏曰: 禮之儀動於外, 必謙卑退讓以自牧, 故主於減殺; 樂之德動于中, 必和順充積而後形, 故主於盈盛. 蓋樂由陽來, 故盈; 禮自陰作, 故減也. 然禮之體雖主於退讓, 而其用則貴乎行之以和, 故以進爲文也; 樂之體雖主於充盛, 而其用則貴乎抑之以節, 故以反爲文也. 禮若過於退讓而不進, 則威儀銷沮, 必有禮勝則離之失; 樂過於

盛滿而不反, 則意氣放肆, 必有樂勝則流之弊. 故禮必有和以爲減
之報. 報者, 相濟之意也. 樂必有節以爲盈之反. 反者, 知止之謂也.
禮減而得其和以相濟, 則從容欣愛而樂矣, 此樂以和禮也. 樂盈而
得其節以知止, 則優柔平中而安矣, 此禮以節樂也. 禮樂相須竝用,
而一歸於無過無不及之中, 而合其事理之宜, 故曰禮之報, 樂之反,
其義一也.

유씨가 말하길, 예에 따른 의례 절차는 외적으로 시행되니, 반드시 겸손
하게 낮추고 물러나 사양하여 스스로 다스려야 한다. 그렇기 때문에 줄
임을 위주로 한다. 악의 덕은 마음에서 움직이니, 반드시 온화하고 순종
하며 가득 채운 이후에야 형체를 드러낸다. 그렇기 때문에 채움을 위주
로 한다. 무릇 악은 양으로부터 도래하기 때문에 채운다. 예는 음으로부
터 만들어지기 때문에 줄인다. 그러나 예의 본체가 비록 물러나고 사양
하는 것을 위주로 하지만, 그 활용은 조화로움으로 시행하는 것을 존귀
하게 여긴다. 그렇기 때문에 나아감을 형식으로 삼는다. 악의 본체가 비
록 채움을 위주로 하지만, 그 활용은 절도로 억누르는 것을 존귀하게 여
긴다. 그렇기 때문에 되돌림을 형식으로 삼는다. 예가 만약 물러나고 사
양하는 것에 지나쳐서 나아가지 못한다면, 격식에 맞는 행동과 위엄이
사라지게 되어, 반드시 예가 지나쳐 사이가 멀어지는 잘못을 범하게 된
다. 악이 만약 채우는 것에 지나쳐서 되돌리지 못한다면, 뜻과 기운이
방만해져서, 반드시 악이 지나쳐서 방탕한 데로 흐르는 폐단이 발생한
다. 그렇기 때문에 예에서는 반드시 조화로움을 두어 이것을 줄임에 대
한 보답으로 삼는다. '보(報)'라는 것은 서로 구제한다는 뜻이다. 또 악
은 반드시 절도를 두어서 이것을 채움에 대한 되돌림으로 삼는다. '반
(反)'이라는 것은 그칠 줄 안다는 뜻이다. 예에 따라 줄이더라도 조화로
움을 얻어 이를 통해 서로 구제한다면, 차분하고 기뻐하며 좋아하고 즐
겁게 되니, 이것은 악을 통해 예를 조화롭게 하는 것이다. 악에 따라 채
우더라도 절도를 얻어 이를 통해 그칠 줄 안다면, 여유롭고 화평하며 알
맞아서 편안하게 되니, 이것은 예를 통해 악을 조절하는 것이다. 예악은
서로를 필요로 하며 함께 사용되고, 한결같이 지나치거나 모자람도 없

는 알맞음으로 귀결되어, 사리의 합당함에 맞기 때문에, "예의 보답함과 악의 되돌림은 그 의미가 동일하다."라고 했다.

淺見

近按: 此言禮樂相質爲用之義, 反復論辨至爲精切也.

내가 살펴보니, 이것은 예악이 서로의 바탕이 되어 작용이 되는 뜻을 언급한 것은데, 반복적으로 논변하여 지극히 정밀하고 간절함에 이르렀다.

右傳之第七節.

여기까지는 전(傳)의 제 7절이다.

전(傳) 8절

經文

夫樂者樂[洛]也, 人情之所不能免也. 樂必發於聲音, 形於動靜, 人之道也. 聲音動靜, 性術之變盡於此矣. 故人不耐[能]無樂, 樂不耐無形. 形而不爲道, 不耐無亂. 先王恥其亂, 故制雅頌之聲以道之, 使其聲足樂而不流, 使其文足論而不息, 使其曲直繁瘠廉肉[而救反]節奏, 足以感動人之善心而已矣, 不使放心邪氣得接焉. 是先王立樂之方也.〈079〉

무릇 악이라는 것은 즐거움이니['樂'자의 음은 '洛(락)'이다.] 사람의 정감상 없을 수 없는 것이다. 즐겁다면 반드시 소리와 음을 통해 나타나고, 움직이거나 가만히 있는 동작을 통해 나타나니, 이것이 사람의 도리이다. 소리와 음 및 움직이거나 가만히 있는 것은 성정의 변화가 여기에 모두 나타난 것이다. 그렇기 때문에 사람에게는 즐거운 마음이 없을['耐'자의 음은 '能(능)'이다.] 수 없고, 즐겁다면 형체로 나타나지 않을 수 없다. 형체로 나타나되 도리에 맞게끔 인도할 수 없다면, 혼란이 없을 수 없다. 선왕은 혼란하게 될 것을 염려했기 때문에, 아와 송 등의 음악을 제정하여 인도를 해서, 소리는 충분히 즐겁되 방탕하게 흐르지 않게끔 했고, 형식은 충분히 논의할 수 있되 그치지 않게끔 했으며, 아울러 소리에 있어서는 부드럽고 강직하며, 섞이고 순일하며, 맑고 탁하며['肉'자는 '而(이)'자와 '救(칙)'자의 반절음이다.] 절제하고 합주하도록 하여, 사람의 선한 마음을 감동시킬 수 있도록 했을 뿐이며, 방만한 마음과 사벽한 기운이 접촉하지 못하도록 했다. 이것이 바로 선왕이 악을 세운 방도이다.

集說

方氏曰: 聲足樂者, 樂其道; 文足論者, 論其理也. 道所以制用而有

節, 故雖樂而不至於流; 理所以明義而無窮, 故可論而不至於息. 曲
者, 聲之柔, 若絲是也. 直者, 聲之剛, 若金是也. 繁者, 聲之雜, 若笙
是也. 瘠者, 聲之純, 若磬是也. 廉者, 聲之淸, 若羽是也. 肉者, 聲之
濁, 若宮是也. 節者, 聲之制, 若徵是也. 奏者, 聲之作, 若合是也.

방씨가 말하길, "소리가 충분히 즐겁다."는 말은 그 도를 즐거워한다는
뜻이며, "형식이 충분히 논의할 수 있다."는 말은 그 이치를 논의한다는
뜻이다. 도는 쓰임을 제재하고 절도가 있게끔 하기 때문에 비록 즐겁더
라도 방탕한 데로 흐르지 않고, 이치는 의미를 밝힘에 끝이 없기 때문에
논의하되 그침에 이르지 않을 수 있다. '곡(曲)'은 소리 중에서도 부드러
운 것이니, 현악기와 같은 것이 여기에 해당한다. '직(直)'은 소리 중에
서도 강직한 것으로, 쇠로 만든 악기들이 여기에 해당한다. '번(繁)'은
소리 중에서도 소리가 섞인 것으로, 생과 같은 것이 여기에 해당한다.
'척(瘠)'은 소리 중에서도 순일한 것으로, 석경과 같은 것이 여기에 해당
한다. '염(廉)'은 소리 중에서도 맑은 것으로, 우음과 같은 것이 여기에
해당한다. '익(肉)'은 소리 중에서도 탁한 것으로, 궁음과 같은 것이 여
기에 해당한다. '절(節)'은 소리 중에서도 절제된 것으로, 치음과 같은
것이 여기에 해당한다. '주(奏)'는 소리 중에서도 진작시키는 것이니, 합
주하는 것들이 여기에 해당한다.

劉氏曰: 人情有所樂而發於詠歌, 詠歌之不足而不知手舞足蹈, 則性
情之變盡於此矣. 故人情不能無樂, 樂於中者不能不形於外而爲歌
舞. 形於歌舞而不爲文辭以道之於禮義, 則必流於荒亂矣. 先王恥
其然, 故制爲雅頌之聲詩以道迪之, 使其聲音足以爲娛樂, 而不至於
流放; 使其文理足以爲講明, 而不至於怠息; 使其樂律之淸濁高下,
或宛轉而曲, 或徑出而直, 或豊而繁, 或殺而瘠, 或稜隅而廉, 或圓
滑而肉, 或止而節, 或作而奏, 皆足以感發人之善心, 而不使放肆之
心, 邪僻之氣, 得接於吾身焉. 是乃先王立樂之方法也.

유씨가 말하길, 사람의 정감에 즐거워하는 점이 있으면 노래로 나타나

고, 노래로도 부족하면 자신도 모르게 손과 발이 제멋대로 움직이니, 성정의 변화는 이곳에서 모두 드러나게 된다. 그렇기 때문에 사람의 정감에는 즐거움이 없을 수 없고 마음에 있는 즐거움은 겉으로 형체를 드러내지 않을 수가 없어서 노래를 부르고 춤을 추게 된다. 노래와 춤으로 나타났지만 형식과 제도를 만들어서 예의로 인도하지 못한다면, 반드시 황망하고 문란한 지경으로 흐르게 된다. 성인은 그렇게 될 것을 염려했기 때문에, 아와 송 등의 음악 및 시를 제정하여 인도를 해서, 소리와 음이 충분히 즐거움이 될 수 있도록 하되 방만한 곳으로 흐르지 않도록 했고, 형식이 충분히 강론하여 밝힐 수 있도록 하되 태만하고 없어지는 지경에 이르지 않도록 했으며, 음률의 맑고 탁함 높고 낮음으로 하여금 어떤 경우에는 완곡하게 흘러 부드럽게 했고 어떤 경우에는 곧바로 나와서 곧게 했으며 어떤 경우에는 풍부하게 해서 섞이게 했고 어떤 경우에는 줄여서 순일하게 했으며 어떤 경우에는 모가 나게 해서 꺾이게 했고 어떤 경우에는 매끄럽게 해서 둥글게 했으며 어떤 경우에는 그쳐서 절도에 맞게끔 했고 어떤 경우에는 진작시켜 연주를 하도록 했으니, 이 모두는 사람의 선한 마음을 감동시키고 나타나게 하고, 방만한 마음과 사벽한 기운이 나 자신에게 접촉되지 않게끔 할 수 있다. 이것은 곧 선왕이 악을 제정한 방도이다.

淺見

近按: 此下又專言樂, 是以治己之道言也.

내가 살펴보니, 이곳 구문으로부터 그 이하의 기록에서는 또한 전적으로 악에 대해서만 언급했는데, 이것은 자신을 다스리는 도로 말한 것이다.

經文

是故樂在宗廟之中, 君臣上下同聽之, 則莫不和敬; 在族長鄉里之中, 長幼同聽之, 則莫不和順; 在閨門之內, 父子兄弟同聽之, 則莫不和親. 故樂者審一以定和, 比物以飾節, 節奏合以成文, 所以合和父子君臣附萬民也. 是先王立樂之方也.〈080〉

이러한 까닭으로 종묘 안에서 악을 연주하여, 군주와 신하 및 상하계층이 함께 듣게 된다면, 조화롭게 공경하지 않는 자가 없게 된다. 또 족장이나 향리 등의 마을 안에서 악을 연주하여, 어른과 젊은이들이 함께 듣게 된다면, 조화롭게 순종하지 않는 자가 없게 된다. 또 한 집안 안에서 악을 연주하여, 부모와 자식 및 형제들이 함께 듣게 된다면, 조화롭게 친애하지 않는 자가 없게 된다. 그러므로 악이라는 것은 모두가 가지고 있는 한결같은 마음을 자세히 살펴서, 조화롭도록 정하고, 사물에 견주어 절도를 꾸미며, 음의 가락을 합주하여 문채를 완성하니, 이러한 것들은 부자 및 군신관계를 화합시키고, 모든 백성들을 친애하는 방법이 된다. 이것이 바로 선왕이 음악을 세운 방도이다.

集說

應氏曰: 一者, 心也. 心一而所應者不一, 守一以凝定其和, 雜比以顯節其節, 及其成文, 可以合和至親至嚴之倫, 附親其至疎至衆者, 蓋樂發於吾心, 而感於人心, 無二理也.

응씨가 말하길, '일(一)'은 마음을 뜻한다. 마음은 모두가 동일하지만 호응하는 것은 동일하지 않으니, 한결같음을 지켜서 조화로움을 안정시키고, 섞고 견주어서 그 절도를 현저하게 꾸미니, 문채를 이룸에 이르게 되면, 지극히 친애해야 하고 지극히 엄존해야 하는 인륜의 도리를 화합시키고, 지극히 소원하고 지극히 많은 자들에 대해서 친근하게 대할 수 있으니, 무릇 악은 내 마음에서 나타나지만 사람의 마음을 감동시키니, 여기에는 별개의 이치가 없다.

劉氏曰: 作樂之道, 先審人聲之所形, 或風或雅或頌, 或喜或敬或愛, 各從一體, 以定其調度之和, 然後比之樂器之物, 以飾其節奏. 此一條, 言樂以和禮也.

유씨가 말하길, 악을 만든 도는 먼저 사람의 소리에 나타나는 것을 살피니, 어떤 것은 풍(風)이 되고 어떤 것은 아(雅)가 되며 어떤 것은 송(頌)이 되고, 어떤 것은 기쁨이 되며 어떤 것은 공경함이 되고 어떤 것은 친애함이 되니, 각각 하나의 본체를 따라서 정도에 맞는 조화로움을 결정한다. 그런 뒤에 악기라는 기물에 붙여서 이를 통해 음의 가락을 수식한다. 이 한 조목은 악을 통해서 예를 조화롭게 한다는 뜻을 나타내고 있다.

淺見

近按: 此言治人之道, 治己治人皆由於樂, 故皆以先王立樂結之也.

내가 살펴보니, 이것은 사람을 다스리는 도를 언급한 것인데, 자신을 다스리고 사람을 다스리는 것은 모두 악에서 비롯된다. 그렇기 때문에 선왕은 악 세우는 일로 결론을 맺은 것이다.

故聽其雅頌之聲, 志意得廣焉. 執其干戚, 習其俯仰詘伸, 容
貌得莊焉. 行其綴兆, 要其節奏, 行[杭]列得正焉, 進退得齊焉.
故樂者, 天地之命, 中和之紀, 人情之所不能免也.〈081〉

그러므로 아와 송의 소리를 들으면 뜻이 넓어진다. 무용도구인 방패와
도끼를 들고 숙이며 치켜들고 굽히며 펴는 동작을 익히면 그 모습이 장
중하게 된다. 무용수들의 대열 속에서 움직이고 음악의 가락에 맞추면,
대열이['行'자의 음은 '杭(항)'이다.] 올바르게 되고 나아가고 물러나는 동작
이 가지런하게 된다. 그렇기 때문에 악은 천지의 명령이며, 중화의 기
틀이 되어, 사람의 정감이 벗어날 수 없는 것이다.

天地之教命, 中和之統紀, 所以防範人心者在是. 曰莊, 曰正, 曰齊,
曰紀, 皆言禮之節樂.

천지의 가르침과 명령이 되고 중화의 기강과 기준이 되니, 사람의 마음
이 잘못되는 것을 막고 올바르게 하는 것이 여기에 달려있는 이유이다.
"장중하다."라 말하고, "올바르다."고 말하며, "가지런하다."라 말하고,
"기강이 된다."라 말한 것들은 모두 예가 악을 절제하는 것을 뜻한다.

夫樂者, 先王之所以飾喜也. 軍旅鈇鉞者, 先王之所以飾怒也.
故先王之喜怒, 皆得其儕[柴]焉. 喜則天下和之, 怒則暴亂者畏
之. 先王之道, 禮樂可謂盛矣.〈082〉

무릇 악이라는 것은 선왕이 공적인 기쁨을 꾸며서 나타낸 것이다. 군대

나 도끼들은 선왕이 공적인 성냄을 꾸며서 나타낸 것이다. 그러므로 선왕의 기쁨과 성냄은 모두 해당하는 부류를['儕'자의 음은 '柴(시)'이다.] 얻게 되었다. 따라서 선왕이 기뻐하게 되면 천하가 조화롭게 되었고, 성내게 되면 난폭하고 혼란을 일으키는 자가 두려워하였다. 선왕의 도 중에 예악은 성대하다고 평할 수 있다.

皆得其儕, 言各從其類, 喜非私喜, 怒非私怒也.

'개득기시(皆得其儕)'는 각각 그 부류에 따른다는 뜻이니, 기쁨은 사적인 기쁨을 뜻하는 것이 아니며, 성냄은 사적인 성냄을 뜻하는 것이 아니다.

近按: 此又申言治己治人之道, 末又兼禮樂而言, 以總結之也.

내가 살펴보니, 이 또한 자신을 다스리고 사람을 다스리는 도를 거듭 언급한 것이며, 끝에서는 또한 예악을 함께 언급하여, 총괄적으로 결론을 맺어다.

右傳之第八節.

여기까지는 전(傳)의 제 8절이다.

전(傳) 9절

經文

魏文侯問於子夏曰: "吾端冕而聽古樂, 則唯恐臥; 聽鄭·衛之音, 則不知倦. 敢問古樂之如彼何也? 新樂之如此也?"⟨050⟩¹⁾ [舊在"可以有制於天下也"之下.]

위문후가 자하에게 묻기를 "나는 단면²⁾을 하고 고대의 음악을 들으면, 졸리기만 하여 잠이 들까 염려되며, 반대로 정나라나 위나라의 음악같이 오늘날의 음악을 들으면, 신이 나서 피로한 줄도 모릅니다. 제가 감히 묻겠습니다. 고대의 음악은 왜 이처럼 저에게는 마음에 들지 않는 것이며, 오늘날의 음악은 왜 이처럼 마음에 드는 것입니까?"라고 했다. [옛 판본에는 "천하에 예악을 제정할 수 있다."³⁾라고 한 문장 뒤에 수록되어 있었다.]

---

1) 『예기』「악기」050장 : 魏文侯問於子夏曰, "吾端冕而聽古樂, 則唯恐臥; 聽鄭衛之音, 則不知倦. 敢問古樂之如彼何也? 新樂之如此何也?" 子夏對曰, "今夫古樂, 進旅退旅, 和正以廣, 弦匏笙簧, 會守拊鼓, 始奏以文, 復亂以武, 治亂以相, 訊疾以雅. 君子於是語, 於是道古, 修身及家, 平均天下, 此古樂之發也."

2) 단면(端冕)은 검은색의 옷과 면류관을 뜻한다. 즉 현면(玄冕)을 의미한다. '단(端)'자는 검은색의 옷을 뜻하는데, 면복(冕服)에 대해서, '단'자로 지칭하는 것은 면복 자체가 정폭(正幅)으로 제작되기 때문에, '단'자를 붙여서 부르는 것이다. 『예기』「악기(樂記)」편에서는 "吾端冕而聽古樂, 則唯恐臥; 聽鄭衛之音, 則不知倦."이라는 기록이 있는데, 이에 대한 정현의 주에서는 "端, 玄衣也."라고 풀이했고, 공영달(孔穎達)의 소(疏)에서는 "云'端, 玄衣也'者, 謂玄冕也. 凡冕服, 皆其制正幅, 袂二尺二寸, 袪尺二寸, 故稱端也."라고 풀이했다.

3) 『예기』「악기」049장 : 樂者, 非謂黃鍾大呂弦歌干揚也, 樂之末節也, 故童者舞之. 鋪筵席, 陳尊俎, 列籩豆, 以升降爲禮者, 禮之末節也, 故有司掌之. 樂師辨乎聲詩, 故北面而弦; 宗祝辨乎宗廟之禮, 故後尸; 商祝辨乎喪禮, 故後主人. 是故德成而上, 藝成而下, 行成而先, 事成而後. 是故先王有上有下, 有先有後, 然後可以有制於天下也.

近按: 此下引古人問樂之事以付之, 文侯人君, 故先之也.

내가 살펴보니, 이 구문으로부터 그 이하의 기록에서는 옛 사람들이 악에 대해 질문했던 사안을 인용하여 덧붙였는데, 문후는 군주이기 때문에 먼저 기록한 것이다.

經文

子夏對曰: "今夫古樂, 進旅退旅, 和正以廣, 弦匏笙簧, 會守拊鼓, 始奏以文, 復亂以武, 治亂以相[去聲], 訊疾以雅. 君子於是語, 於是道古, 脩身及家, 平均天下, 此古樂之發也."〈050〉4)

자하가 대답하길 "현재 고대의 음악에 대해 말씀을 드리자면, 무용수들은 한꺼번에 나아가고 물러나며, 조화롭게 바른 소리로써 울려 퍼지게 하며, 현·포·생·황 등의 악기들도 제멋대로 연주되는 것이 아니라, 반드시 대기하고 있다가 부와 고의 박자에 맞춰서 연주가 되니, 음악을 처음 연주할 때에는 북소리에 맞추고, 재차 한 악절을 끝낼 때에는 징소리에 맞추며, 악절의 끝을 맞출 때에는 부(拊)['相'자는 거성으로 읽는다.]소리에 맞추고, 춤사위가 지나치게 빠르지 않도록 조절하는 것은 아 소리에 맞춥니다. 따라서 군자는 이러한 고대의 음악을 통해서 설명을 하니, 이러한 음악을 통해서 고대 음악의 도리를 말하며, 자신을 수양하여 가정에 미치고, 천하를 균평하게 합니다. 이것이 바로 고대 음악의 도

---

4) 『예기』「악기」 050장 : 魏文侯問於子夏曰, "吾端冕而聽古樂, 則唯恐臥; 聽鄭衛之音, 則不知倦. 敢問古樂之如彼何也? 新樂之如此何也?" 子夏對曰, "今夫古樂, 進旅退旅, 和正以廣, 弦匏笙簧, 會守拊鼓, 始奏以文, 復亂以武, 治亂以相, 訊疾以雅. 君子於是語, 於是道古, 修身及家, 平均天下, 此古樂之發也."

리가 나타난 것입니다."라고 했다.

厭之, 故惟恐臥; 好之, 故不知倦. 如彼, 外之也; 如此, 內之也. 旅,
衆也. 或進或退, 衆皆齊一, 無參差也. 和正以廣, 無姦聲也. 弦匏笙
簧之器雖多, 必會合相守, 待擊拊鼓, 然後作也. 文, 謂鼓也. 武, 謂
金鐃也. 樂之始奏先擊鼓, 故云始奏以文. 亂者, 卒章之節. 欲退之
時, 擊金鐃而終, 故云復亂以武. 相, 卽拊也, 所以輔相於樂. 治亂而
使之理, 故云治亂以相也. 訊, 亦治也. 雅, 亦樂器也. 過而失節謂之
疾, 奏此雅器以治舞者之疾, 故云訊疾以雅也. 於此而語樂, 是道古
樂之正也. 知古樂而明修身之道, 則家齊國治而天下乎矣.

싫증을 내기 때문에 자게 될까 염려하며 좋아하기 때문에 피로한지도
모른다. '여피(如彼)'는 외면한다는 뜻이고 '여차(如此)'는 마음에 든다는
뜻이다. '여(旅)'자는 무리를 뜻한다. 어떤 경우에는 나아가고 또 어떤
경우에는 물러나는데, 무리들이 모두 일제히 시행하여 차이가 없게 된
다. "조화롭고 바르게 하여 넓힌다."는 말은 간사한 소리가 없다는 뜻이
다. 현(弦)·포(匏)·생(笙)·황(簧) 등의 악기들이 비록 많더라도, 반드
시 모여서 대기하며 부(拊)와 고(鼓)가 울릴 때까지 기다린 뒤에야 연주
해야 한다는 뜻이다. '문(文)'자는 북을 뜻한다. '무(武)'자는 쇠로 만든
징을 뜻한다. 음악을 처음 연주할 때에는 먼저 북을 울린다. 그렇기 때
문에 "처음 연주할 때에는 북으로써 한다."고 했다. '난(亂)'자는 악곡의
한 악절을 끝냈다는 뜻이다. 물러나고자 할 때에는 쇠로 된 징을 쳐서
마친다. 그렇기 때문에 "재차 마칠 때에는 징으로써 한다."고 했다. '상
(相)'자는 부를 뜻하니, 음악이 연주될 때 박자를 맞추도록 돕는 악기이
다. 마침을 다스려서 가지런하게 만들기 때문에 "마침을 다스리길 부
(拊)로써 한다."고 했다. '신(訊)'자 또한 "다스린다."는 뜻이다. '아(雅)'
는 또한 악기의 일종이다. 지나쳐서 절도를 잃는 것을 '질(疾)'이라고 부
르는데, 아(雅)라는 악기를 연주하여 무용수들이 지나치게 빠르게 되는

것을 바로잡는다. 그렇기 때문에 "빠름을 바로잡길 아로써 한다."고 했다. 여기에 대해서 음악을 말한 것은 고악의 올바름을 말했다는 뜻이다. 고악을 알고 수신의 도리를 나타낸다면, 집안이 다스려지고 나라가 다스려지며 천하가 평안하게 된다.

方氏曰: 鼓聲爲陽, 故謂之文; 鐃聲爲陰, 故謂之武. 平, 言無上下之偏; 均, 言無遠近之異.

방씨가 말하길, 북의 소리는 양에 해당한다. 그렇기 때문에 '문(文)'이라고 했다. 징의 소리는 음에 해당한다. 그렇기 때문에 '무(武)'라고 했다. '평(平)'자는 위아래의 치우침이 없다는 뜻이며, '균(均)'자는 멀고 가까운 차이가 없다는 뜻이다.

"今夫新樂, 進俯退俯, 姦聲以濫, 溺而不止, 及優侏儒, 獶[乃刀反] 雜子女, 不知父子. 樂終不可以語, 不可以道古. 此新樂之發也."〈051〉

계속하여 자하가 대답하며 "오늘날의 새로운 음악은 무용수들이 나아가고 물러나며 몸을 숙이고 꺾는 등의 행위가 뒤섞여 혼잡하고, 간사한 소리가 범람하며, 음탕한 음들이 지속되며 그치지 않고, 광대인 난쟁이 배우들은 남녀사이에 뒤섞여서 원숭이처럼['獶'자는 '乃(내)'자와 '刀(도)'자의 반절음이다.] 날뛰니, 부자관계의 도리를 알지 못하게 됩니다. 따라서 악이 끝나더라도 말할 것이 없고, 고대의 도리를 말할 수도 없습니다. 이것이 바로 신악의 폐해가 나타난 것입니다."라고 했다.

進俯退俯, 謂俯僂曲折, 行列雜亂也. 姦聲以濫, 卽前章所謂滌濫之音, 謂姦邪之聲, 侵濫不正也. 溺而不止, 卽前章所謂狄成之音, 謂其聲沉淫之久也. 及俳優雜戲, 侏儒短小之人, 如獼猴之狀, 間雜於男子婦人之中, 不復知有父子尊卑之等. 作樂雖終, 無可言者, 況可與之言古道乎? 獶, 與猱同.

'진부퇴부(進俯退俯)'는 머리를 숙이고 등을 굽히며 마디를 꺾을 때 대열이 뒤섞여 혼잡하다는 뜻이다. '간성이람(姦聲以濫)'은 곧 앞장에서 말한 범람하는 음들을 뜻하니, 간사한 소리가 범람하여 바르지 못하다는 의미이다. '닉이부지(溺而不止)'는 앞장에서 말한 한 곡조가 너무 길게 끝나는 음을 뜻하니, 소리가 스며들며 음탕한 것이 오래도록 지속된다는 의미이다. 배우들이 우스꽝스러운 놀이를 함에 있어서, 키가 작은 난쟁이들이 마치 원숭이처럼 날뛰며 남자 및 부인들 사이에 뒤섞여서 노니니, 재차 부자 및 존비관계에서의 등급을 알 수 없게 된다. 악을 연주하여 비록 끝내더라도 말할 만한 것이 없는데, 하물며 모여 있는 자들과 고대의 도리를 말할 수 있겠는가? '노(獶)'자는 원숭이를 뜻하는 노(猱)자와 같다.

"今君之所問者樂也, 所好者音也. 夫樂者, 與音相近而不同." 文侯曰: "敢問何如?" 子憂對曰: "夫古者天地順而四時當[去聲], 民有德而五穀昌, 疾疢[丑刃反]不作而無妖祥, 此之謂大當. 然後聖人作爲父子君臣以爲紀綱, 紀綱旣正, 天下大定, 天下大定, 然後正六律, 和五聲, 弦歌詩頌, 此之謂德音, 德音之謂樂. 詩云: '莫[默]其德音, 其德克明. 克明克類, 克長克君. 王[去聲]此大邦, 克順克俾[讀爲比, 皮又反]. 俾于文王, 其德靡悔, 旣受帝祉[恥], 施[異]于孫子.' 此之謂也."〈052〉

계속하여 자하가 대답하며 "현재 군주께서 물어보신 내용은 악에 대한 것인데, 좋아하신다고 한 것은 음에 해당합니다. 무릇 악이라는 것은 음과 유사하지만 엄밀하게 따지면 의미가 다릅니다."라고 했다. 위문후는 "감히 묻노니, 어떻게 다른 것입니까?"라고 했다. 자하는 대답하길 "무릇 고대에 천지는 순조롭고 사시는 때에 마땅하여['當'자는 거성으로 읽는다.] 백성들에게는 덕이 있었고 오곡도 잘 여물어서, 질병이['疢'자는 '丑(축)'자와 '刃(인)'자의 반절음이다.] 발생하지 않았고 재앙도 없었으니, 이것을 대당이라고 부릅니다. 그런 뒤에 성인은 부자 및 군신관계에서 지켜야 하는 예법을 제정하여 기강으로 삼았으니, 기강이 바르게 되자 천하가 크게 안정되었고, 천하가 크게 안정된 연후에 육률을 바로잡고, 오성을 조화롭게 했으며, 『시』의 송 등을 연주하고 노래로 불렀습니다. 이것을 덕음이라고 하며, 덕음을 바로 악이라고 부릅니다. 『시』에서는 '그 덕음을 고요히['莫'자의 음은 '默(묵)'이다.] 하니, 그 덕이 밝아졌도다. 밝히고 선악을 분류하니, 어른노릇을 하고 군주노릇을 하도다. 이 큰 나라에 왕노릇을['王'자는 거성으로 읽는다.] 하니, 따르고 친근하게['俾'자는 '比'자로 풀이하니, '皮(피)'자와 '又(우)'자의 반절음이다.] 하도다. 문왕과 견주니, 그 덕에 부끄러울 것이 없도다. 이미 상제의 복을['祉'자의 음은 '恥(치)'이다.] 받아, 자손에게 베풀도다['施'자의 음은 '異(이)'이다.]'라고 했는데, 바로 이러한 내용을 뜻합니다."라고 했다.

集說

四時當, 謂不失其序也. 妖祥, 祥亦妖也. 書言 "亳有祥". 大當, 大化之均調也. "作爲父子君臣以爲紀綱", 是一句讀, 言聖人立父子君臣之禮, 爲三綱六紀之目也. 綱, 維綱大繩. 紀, 附綱小繩. 綱目則附於紀也. 三綱, 謂君爲臣綱, 父爲子綱, 夫爲妻綱也. 六紀, 謂諸父有善, 諸舅有義, 族人有紋, 昆弟有親, 師長有尊, 朋友有舊也. 先序之以禮, 乃可和之以樂, 故然後有正六律以下之事. 周子曰: "古者聖王制禮法, 修敎化, 三綱正, 九疇紋, 百姓大和, 萬物咸若, 乃作樂以宣

八風之氣, 以平天下之情." 意蓋本此. 詩, 大雅·皇矣之篇. 莫, 靜
也. 德音, 名譽也. 俾, 當依詩作比. 子夏引詩以證德音之說.

"사계절이 마땅하다."는 말은 질서를 잃지 않았다는 뜻이다. '요상(妖祥)'
이라고 했는데, '상(祥)'자 또한 괴이를 뜻한다. 『서』에서는 "박 땅에 재
앙이 있다."5)고 했다. '대당(大當)'은 큰 조화의 균평함을 뜻한다. "부
자·군신의 법도를 제정하여 기강으로 삼다."는 말은 하나의 구문으로
해석하니, 성인이 부자·군신관계에서 지켜야 하는 예법을 제정하여,
삼강과 육기의 덕목으로 삼았다는 뜻이다. '강(綱)'자는 벼리인 큰 줄을
뜻한다. '기(紀)'자는 벼리에 붙는 작은 줄을 뜻한다. '강목(綱目)'은 기
(紀)에 붙는 것이다. '삼강(三綱)'은 군주는 신하의 기강이 되고, 부친은
자식의 기강이 되며, 남편은 아내의 기강이 된다는 뜻이다. '육기(六紀)'
는 백부나 숙부 등에게는 선함이 있고, 외삼촌들에게는 의로움이 있으
며, 족인들 사이에는 질서가 있고, 형제들 사이에는 친애함이 있으며,
사부와 연장자에게는 존귀함이 있고, 벗들에게는 오래됨이 있다는 뜻이
다. 먼저 예로써 질서를 잡으면 악으로써 조화롭게 할 수 있다. 그렇기
때문에 그런 뒤에는 "육률을 바르게 한다."는 등의 여러 사안들이 있는
것이다. 주자는 "고대에 성왕이 예법을 제정하고, 교화를 실천하여, 삼
강이 올바르게 되고, 구주(九疇)6)에 질서가 생겼으며, 백성들이 크게 조

---

5) 『서』「상서(商書)·함유일덕(咸有一德)」: 伊陟相大戊, 亳有祥桑穀共生于朝,
伊陟贊于巫咸, 作咸乂四篇.

6) 구주(九疇)는 천하를 다스리는 아홉 가지의 큰 규범을 뜻한다. '주(疇)'자는 부류
[類]를 뜻한다. 전설상으로는 천제가 우(禹)임금에게 「낙서(洛書)」를 내려주어
이러한 아홉 가지의 큰 규범을 실천하도록 했다고 전혀진다. 첫 번째는 오행(五
行)이고, 두 번째는 공경을 실천함에 오사(五事)를 실천하는 것이며, 세 번째는
농사에 팔정(八政)을 사용하는 것이고, 네 번째는 화합시킴에 오기(五紀)를 사용
하는 것이며, 다섯 번째는 세움에 있어 황극(皇極)을 사용하는 것이고, 여섯 번째
는 다스림에 삼덕(三德)을 사용하는 것이며, 일곱 번째는 밝힘에 계의(稽疑)를
사용하는 것이고, 여덟 번째는 상고를 할 때 서징(庶徵)을 사용하는 것이며, 아홉
번째는 향함에 오복(五福)을 사용하고, 위엄을 세움에 육극(六極)을 사용하는

화롭게 되고, 만물이 모두 자신의 본성을 따르게 되자 곧 악을 만들어서 팔풍(八風)의 기운을 드러내고, 이를 통해 천하의 정감을 균평하게 했다."라고 했다. 이 말의 뜻은 아마도 이 문장에 근본을 두고 있는 것 같다. 『시』는 「대아(大雅)·황의(皇矣)」편이다. '묵(莫)'자는 "고요하다[靜]."는 뜻이다. '덕음(德音)'은 명예를 뜻한다. '비(俾)'자는 마땅히 『시』의 기록에 따라 '비(比)'자가 되어야 한다. 자하는 『시』를 인용해서 덕음에 대한 주장을 증명하였다.

嚴氏曰: 王季雖無心於干譽, 然其德明而類, 長而君, 順而比, 自不可掩. 類者, 明之充, 君者, 長之推, 比者, 順之積. 克明, 謂知此理. 克類, 謂觸類而通, 一理混融, 徹上徹下也. 君又尊於長, 學記言能爲長, 然後能爲君, 是也. 以之君臨大邦, 則克順而能和其民, 克比而能親其民. 順, 言不擾, 比則驩然相愛矣. 比及文王, 其德無有可悔, 從容中道, 無毫髮之慊也. 言王季之德, 傳於文王而益盛, 故能受天之福, 而延于子孫也.

엄씨가 말하길, 왕계가 비록 백성들에 대해서 명예를 얻고자 했던 마음은 없었지만, 덕이 밝아지자 선악을 분류하고 어른노릇을 하고 군주노릇을 하며 따르고 친근하게 하여 스스로 가릴 수가 없었다. 선악을 분류함은 밝음이 쌓인 것이고, 군주노릇을 하는 것은 어른노릇을 하는 것이 연장된 것이며, 친근하게 대한 것은 따름이 쌓인 것이다. '극명(克明)'은 이러한 이치를 안다는 뜻이다. '극류(克類)'는 부류에 따라 통달하여 하나의 이치가 융합해 위와 아래를 꿰뚫는다는 뜻이다. 군주는 또한 연장자보다 존귀하니, 『예기』「학기(學記)」편에서 "수장이 될 수 있은 뒤에

것이다. 『서』「주서(周書)·홍범(洪範)」편에는 "初一曰五行, 次二曰敬用五事, 次三曰農用八政, 次四曰協用五紀, 次五曰建用皇極, 次六曰乂用三德, 次七曰明用稽疑, 次八曰念用庶徵, 次九曰嚮用五福威用六極."이라는 기록이 있고, 이에 대한 공안국(孔安國)의 전(傳)에서는 "天與禹, 洛出書, 神龜負文而出, 列於背, 有數至於九. 禹遂因而第之, 以成九類."라고 풀이했다.

야 군주가 될 수 있다."라고 한 말이 이러한 뜻을 나타낸다. 군주가 되어 큰 나라를 다스리면, 따르고 백성들을 조화롭게 할 수 있으며 친근하게 하고 백성들을 친애할 수 있다. '순(順)'은 어지럽게 만들지 않는다는 뜻이며, '비(比)'는 기뻐하며 서로 친애한다는 뜻이다. 문왕에 이르러서는 그 덕에 후회할 만한 것이 없었고 행동도 도에 맞아서 털끝만큼의 혐의도 없게 되었다. 이것은 왕계의 덕이 문왕에게 전수되어 더욱 성대해졌음을 뜻한다. 그렇기 때문에 하늘의 복을 받아서 자손들에게까지 끼치게 할 수 있었다.

經文

"今君之所好者, 其溺音乎!" 文侯曰: "敢問溺音何從出也?" 子夏對曰: "鄭音好濫淫志, 宋音燕女溺志, 衛音趨[促]數[速]煩志, 齊音敖[去聲]辟[匹力反]喬[驕]志. 此四者皆淫於色而害於德, 是以祭祀弗用也." 〈053〉

계속하여 자하가 대답하길 "현재 군주께서 좋아하는 것은 음란하고 사람을 빠져들게 하는 음일 것입니다!"라고 했다. 그러자 위문후는 "감히 묻노니, 음란하고 사람을 빠져들게 하는 음은 어디로부터 나온 것입니까?"라고 했다. 자하가 대답하길 "정나라의 음은 넘치기를 좋아하여 뜻을 음란하게 만듭니다. 송나라의 음은 여자들을 편안하게 만들며 그 뜻이 탐닉에 빠지도록 만듭니다. 위나라의 음은 급박하고['趨'자의 음은 '促(촉)'이다.] 너무 빨라서['數'자의 음은 '速(속)'이다.] 뜻을 번잡하게 만듭니다. 제나라의 음은 거만하고['敖'자는 거성으로 읽는다.] 편벽되어['辟'자는 '匹(필)'자와 '力(력)'자의 반절음이다.] 뜻을 교만하게['喬'자의 음은 '驕(교)'이다.] 만듭니다. 이 네 가지는 모두 색에 음란하게 빠져서 덕을 해치는 것이니, 이러한 이유로 제사에서 사용하지 않는 것입니다."라고 했다.

溺音, 淫溺之音也. 濫者, 泛濫之義, 謂泛及非己之色也. 燕者, 宴安
之義, 謂耽於娛樂而不反也. 趨數, 迫促而疾速也. 敖辟, 倨肆而偏
邪也. 四者皆以志言, 淫溺較深, 煩驕較淺, 然皆以害德, 故不可用
之宗廟.

'닉음(溺音)'은 음란하고 빠지게 만드는 음이다. '남(濫)'자는 넘친다는
뜻이니, 넘쳐서 자신의 여자가 아닌 여자들에게까지 마음이 미친다는
뜻이다. '연(燕)'자는 편안하게 한다는 뜻으로, 유희를 탐닉하여 되돌아
오지 않는다는 뜻이다. '촉속(趨數)'은 급박하고 너무 빠르다는 뜻이다.
'오벽(敖辟)'은 거만하고 편벽되다는 뜻이다. 이 네 가지는 모두 뜻을 기
준으로 말했으니, 음과 닉은 비교적 심한 것이고, 번과 교는 상대적으로
덜한 것이지만, 이 모두는 덕에 해를 끼치기 때문에 종묘의 제사에서 사
용할 수 없다.

"詩云: '肅雝和鳴, 先祖是聽.' 夫肅, 肅敬也. 雝, 雝和也. 夫敬
以和, 何事不行?"〈054〉

계속하여 자하가 대답하길 "시에서는 '엄숙하고 조화롭게 울리니, 선조
께서 이에 들으시다.'라고 했습니다. '숙(肅)'은 엄숙하고 공경스럽다는
뜻입니다. '옹(雝)'은 화락하고 조화롭다는 뜻입니다. 공경하여 조화롭
게 되는데, 어떤 일이 시행되지 않겠습니까?"라고 했다.

詩, 周頌 · 有瞽之篇. 因上文言溺音害德, 祭祀弗用, 故引之.

'시(詩)'는 『시』「주송(周頌) · 유고(有瞽)」편이다.[7] 앞 문장에서 "닉음이

덕을 해쳐서 제사에 사용하지 않는다."라고 말했기 때문에, 이 시를 인용한 것이다.

"爲人君者, 謹其所好惡而已矣. 君好之則臣爲之, 上行之則民
從之. 詩云: '誘民孔易', 此之謂也."〈055〉

계속하여 자하가 대답하길 "군주된 자는 좋아하고 싫어하는 것에 대해서 삼갈 따름입니다. 군주가 좋아하면 신하가 그것을 시행하고, 윗사람이 시행하면 백성들이 따릅니다. 『시』에서는 '백성들을 이끌기가 매우 쉽다.'라고 했는데, 바로 이러한 뜻을 말합니다."라고 했다.

德音之正, 溺音之邪, 皆易以感人, 故人君不可不謹所好惡也. 詩,
大雅·板之篇. 誘, 詩作牖.

덕음의 올바름과 닉음의 사벽함은 모두 사람들을 쉽게 감동시킨다. 그렇기 때문에 군주는 좋아하고 싫어하는 것에 대해서 삼가지 않을 수가 없다. '시(詩)'는 『시』「대아(大雅)·판(板)」편이다.[8] '유(誘)'자를 『시』에서는 '유(牖)'자로 기록했다.

---

7) 『시』「주송(周頌)·유고(有瞽)」: 有瞽有瞽, 在周之庭. 設業設虡, 崇牙樹羽, 應
田縣鼓, 鞉磬柷圉. 既備乃奏. 簫管備擧. 喤喤厥聲, 肅雝和鳴, 先祖是聽. 我客
戾止, 永觀厥成.

8) 『시』「대아(大雅)·판(板)」: 天之牖民, 如壎如篪, 如璋如圭, 如取如攜. 攜無
曰益, 牖民孔易. 民之多辟, 無自立辟.

"然後聖人作爲鞉·鼓·椌[腔]·楬[丘八反]·壎[喧]·箎[池]. 此六
者, 德音之音也. 然後鍾磬竽瑟以和之, 干戚旄狄以舞之. 此
所以祭先王之廟也, 所以獻酬酳酢也, 所以官序貴賤各得其
宜也, 所以示後世有尊卑長幼之序也." 〈056〉

계속하여 자하가 대답하길, "그런 뒤에 성인은 도·고·강['椌'자의 음은
'腔(강)'이다.]·갈['楬'자는 '丘(구)'자와 '八(팔)'자의 반절음이다.]·훈['壎'자의 음
은 '喧(훤)'이다.]·지['箎'자의 음은 '池(지)'이다.] 등의 악기를 만들었습니다.
이러한 여섯 가지 악기는 덕음을 내는 악기입니다. 그런 뒤에 종·경·
우·슬 등의 악기로 조화를 이루도록 했고, 방패와 도끼, 꼬리털과 깃털
등의 무용도구로 춤을 추도록 했습니다. 이것은 선왕의 종묘에서 제사
를 지냈던 것이며, 술을 따르고 권하며, 입가심하는 술을 따르고 돌리는
절차이고, 관직의 서열과 나이에 따른 서열에 각각 합당함을 얻게끔 하
는 것이며, 후세에 서열과 나이의 차례가 있음을 보여주는 것입니다."라
고 했다.

鞉, 如鼓而小, 持柄搖之, 旁耳自擊. 椌, 揭, 柷敔也. 壎, 六孔, 燒土
爲之. 箎, 大者長尺四寸, 小者尺二寸, 竹也. 六者皆質素之聲, 故云
德音. 旣用質素爲本, 然後用鍾磬竽瑟四者華美之音以贊其和. 干,
楯也. 戚, 斧也. 武舞所執. 旄, 旄牛尾也. 狄, 翟雉羽也. 文舞所執.
此則宗廟之樂也. 酳, 說見前篇. 有事於宗廟, 則有獻酬酳酢之禮也.
宗廟朝廷無非禮樂之用, 所以貴賤之官序, 長幼之尊卑, 自今日而垂
之後世也.

'도(鞉)'는 북과 같지만 크기가 보다 작은 것으로, 손잡이를 잡고서 흔들
면 측면에 있는 귀가 울림판을 쳐서 소리를 낸다. '강(椌)'과 '갈(楬)'은
축과 어이다. '훈(壎)'은 여섯 개의 구멍이 있으며, 흙을 구워서 만든다.

'지(篪)' 중에서 크기가 큰 것은 그 길이가 1척 4촌이며, 작은 것은 1척 2촌으로, 대나무로 만든 피리이다. 이 여섯 가지 악기들은 질박하고 소박한 소리를 내는 악기들이다. 그렇기 때문에 '덕음(德音)'이라고 말한 것이다. 이미 질박하고 소박한 것을 근본으로 삼았으니, 그런 뒤에 종과 경, 우와 슬 등의 아름다운 소리를 내는 네 악기를 사용하여 조화를 이루도록 도왔다. '간(干)'은 방패이다. '척(戚)'은 도끼이다. 이것들은 무무를 출 때 잡는 무용도구이다. '모(旄)'는 소의 꼬리털이다. '적(狄)'은 꿩의 깃털이다. 이것들은 문무를 출 때 잡는 무용도구이다. 이러한 것들은 종묘에서 사용하는 악기에 해당한다. '윤(酳)'에 대해서는 그 설명이 앞편에 나온다. 종묘에서 제사를 지내게 된다면, 술을 따르고 돌리며 입가심하는 술을 따르고 권하는 의례 절차가 있다. 종묘와 조정에서는 예악이 사용되지 않은 적이 없으니, 귀천의 관직 등급과 나이에 따른 서열의 차이는 현재로부터 후세에까지 전해지도록 하는 것이다.

經文

"鍾聲鏗, 鏗以立號, 號以立橫[古曠反], 橫以立武. 君子聽鍾聲, 則思武臣."〈057〉

계속하여 자하가 대답하길 "종의 소리는 쩌렁쩌렁 울리니, 쩌렁쩌렁 울려서 호령을 하고, 호령을 하여 융성한 기운을['橫'자는 '古(고)'자와 '曠(광)'자의 반절음이다.] 세우며, 융성한 기운을 통해 무를 세웁니다. 군자가 종의 소리를 듣게 되면, 무신을 생각합니다."라고 했다.

集說

鏗然有聲, 號令之象也, 號令欲其威嚴. 橫則盛氣之充滿也. 令嚴氣壯, 立武之道, 故君子聽之而思武臣.

쩌렁쩌렁 소리가 나는 것은 호령을 하는 모습이며, 호령을 함은 위엄을 갖추고자 함이다. '광(橫)'은 융성한 기운이 충만한 것이다. 호령이 위엄스럽고 기운이 장성함은 무를 세우는 도이다. 그렇기 때문에 군자가 그 소리를 듣고서 무신을 생각하게 된다.

"石聲磬[上聲], 磬以立辨, 辨以致死. 君子聽磬聲, 則思死封疆之臣."〈058〉

계속하여 자하가 대답하길 "석경의 소리는 쟁쟁 울리니['磬'자는 상성으로 읽는다.] 쟁쟁 울려서 변별함을 세우고, 변별함을 통해서 목숨을 걸게 됩니다. 군자가 석경의 소리를 들으면, 국가를 위해 목숨을 던졌던 신하를 생각합니다."라고 했다.

舊說, 磬, 讀爲罄, 上聲, 謂其聲音罄罄然, 所以爲辨別之意. 死生之際, 非明辨於義而剛介如石者, 不能決. 封疆之臣, 致守於彼此之限, 而能致死於患難之中, 故君子聞聲而知所思也.

옛 학설에서는 '경(磬)'자를 경(罄)자로 읽었으니, 상성으로 해석한 것으로, 그 소리가 쟁쟁 울려서 변별의 뜻이 된다고 했다. 생사의 갈림길에서는 의로움에 따라 밝게 변별함과 돌과 같은 굳센 기개가 아니라면 결단할 수 없다. '봉강지신(封疆之臣)'은 피차지간에 본분을 지키며, 환란 속에서 목숨을 던질 수 있는 자이다. 그렇기 때문에 소리를 듣고서 생각해야 할 대상을 알게 된다.

經文

經文

"絲聲哀, 哀以立廉, 廉以立志. 君子聽琴瑟之聲, 則思志義之臣."〈059〉

계속하여 자하가 대답하길 "현악기의 소리는 슬프니, 슬픔을 통해서 방정함을 세울 수 있고, 방정함을 통해서 뜻을 세웁니다. 군자가 현악기의 소리를 듣게 되면, 의로움을 뜻으로 삼은 신하를 생각합니다."라고 했다.

集說

人之處心, 雖當放逸之時, 而忽聞哀怨之聲, 亦必爲之惻然而收斂, 是哀能立廉也. 絲聲凄切, 有廉劌裁割之義. 人有廉隅, 則志不誘於欲. 士無故不去琴瑟, 有以也夫.

사람은 마음을 보존하고 있는데, 비록 제멋대로 행동하는 때라도, 갑작스럽게 슬프고 원통한 소리를 듣게 되면, 또한 반드시 그로 인해 측은하게 되어 자신을 가다듬으니, 이것이 슬픔이 품행의 방정함을 세울 수 있다는 뜻이다. 현악기의 소리는 처량하고 비통하여 날카롭게 가른다는 뜻이 있다. 사람이 방정함을 가지고 있다면, 뜻이 욕망에 미혹되지 않는다. 사가 특별한 일이 없으면 금슬을 치워두지 않는 것도 이러한 이유 때문일 것이다.

經文

"竹聲濫[上聲], 濫以立會, 會以聚衆. 君子聽竽笙簫管之聲, 則思畜[敕六反]聚之臣."〈060〉

계속하여 자하가 대답하길 "관악기의 소리는 끌어당기니['濫'자는 상성으로 읽는다.] 끌어 당겨서 사람들을 모으고, 모아서 대중을 이루게 합니다. 군자가 우ㆍ생ㆍ소ㆍ관 등의 관악기 소리를 듣게 된다면, 백성들을 포용해서['畜'자는 '敕(칙)'자와 '六(륙)'자의 반절음이다.] 모으는 신하를 생각합니다."라고 했다.

集說

舊說, 濫爲擥聚之義, 故可以會, 可以衆. 畜聚之臣, 謂節用愛人, 容民畜衆者, 非謂聚斂之臣也.

옛 학설에서는 '남(濫)'자를 당기고 모은다는 뜻으로 여겼다. 그렇기 때문에 이를 통해 모을 수 있는 것이며, 또 이를 통해 많게 할 수 있는 것이다. '축취지신(畜聚之臣)'은 재화를 아껴서 쓰고 남을 사랑하여, 백성들을 포용해 많이 모이도록 하는 자를 뜻하니, 세금을 걷는 신하를 뜻하는 말이 아니다.

劉氏曰: 竹聲汎濫, 汎則廣及於衆而衆必歸之, 故以立會聚. 而君子聞竹聲, 則思容民畜衆之臣也.

유씨가 말하길, 관악기의 소리는 넘치게 되니, 넘친다면 널리 퍼져 대중에게 미치고, 대중들은 반드시 돌아오게 된다. 그렇기 때문에 이를 통해서 모이도록 할 수 있다. 군자가 관악기의 소리를 듣게 된다면, 백성들을 포용하고 대중들을 모우는 신하를 생각하게 된다.

經文

"鼓鼙之聲讙, 讙以立動, 動以進衆. 君子聽鼓鼙之聲, 則思將帥之臣. 君子之聽音, 非聽其鏗鏘而已也, 彼亦有所合之也." 〈061〉

계속하여 자하가 대답하길 "북과 비의 소리는 시끄럽게 울리니, 시끄럽게 울려서 대중들을 움직이게 하고, 움직여서 군대를 나아가게끔 합니다. 군자가 북과 비의 소리를 듣게 되면, 장수가 되는 신하를 생각합니다. 군자가 소리를 듣는 것은 쩌렁쩌렁 울리는 소리를 들을 뿐만이 아니니, 악기의 소리에는 또한 마음에 합치되는 점이 있습니다."라고 했다.

集說

讙, 謂讙囂也. 其聲誼雜, 使人心意動作, 故能進發其衆. 前言武臣, 泛言之也. 此專指將帥而言, 蓋師以鼓進, 而進之權在主將也. 彼, 謂樂聲也. 合之, 契合於心也.

'환(讙)'자는 시끄럽고 야단스럽다는 뜻이다. 그 소리가 야단스럽고 뒤섞여 있어서, 사람들의 마음을 움직이도록 한다. 그렇기 때문에 무리들이 나아가도록 할 수 있다. 앞에서는 '무신(武臣)'이라고 했는데, 이것은 범범하게 말한 것이다. 이곳에서는 전적으로 장수만을 가리켜서 말한 것이니, 무릇 군대는 북소리를 통해 나아가는데, 나아가도록 하는 권한은 장수에게 있기 때문이다. '피(彼)'자는 악기의 소리를 뜻한다. '합지(合之)'는 마음에 맞아 떨어진다는 뜻이다.

應氏曰: 八音擧其五, 而不言匏土木者, 匏聲短滯, 土聲重濁, 木聲樸質, 而無輕淸悠颺之韻. 然木以擊鼓, 而匏亦在竽笙之中矣.

응씨가 말하길, 팔음 중에서 다섯 가지를 제시하고, 박·흙·나무로 만든 악기를 언급하지 않은 이유는 박으로 만든 악기의 소리는 짧고 느리며, 흙으로 만든 악기의 소리는 무겁고 탁하며, 나무로 만든 악기의 소리는 투박하고 질박해서, 가볍고 맑으며 아득하게 퍼지는 울림이 없기 때문이다. 그러나 나무로는 북을 치게 되고, 박 또한 우와 생 속에 포함되어 있다.

近按: 此以上詳論古今樂音之異, 與夫人君聽樂之道也.

내가 살펴보니, 여기까지는 고금의 악음에 나타난 차이점과 군주가 악을 듣는 도에 대해서 상세히 논의하였다.

右傳之第九節.

여기까지는 전(傳)의 제 9절이다.

전(傳) 10절

賓牟賈侍坐於孔子, 孔子與之言及樂, 曰: "夫武之備戒之已
久, 何也?" 對曰: "病不得其衆也."〈062〉

빈무고가 공자를 모시고 앉아 있을 때, 공자는 그와 더불어 말을 하다
가 그 주제가 악에까지 이르렀다. 그래서 공자는 "저 대무(大武)라는 악
무는 북을 쳐서 사람들에게 주의를 주는데, 그 뒤에도 한참을 기다린
뒤에 춤을 추기 시작하는 것은 어떤 이유 때문입니까?"라고 물었다. 그
러자 빈무고는 "무왕이 군사들의 마음을 얻지 못할 것을 염려했기 때문
에, 당시에 출정을 하며 북을 친 뒤, 오랜 시간이 지난 뒤에 군사를 움
직였던 것을 상징합니다."라고 대답했다.

集說

賓牟, 姓. 賈, 名. 孔子問大武之樂, 先擊鼓備戒已久, 乃始作舞, 何
也? 賈答言武王伐紂之時, 憂病不得士衆之心, 故先鳴鼓以戒衆, 久
乃出戰. 今欲象此, 故令舞者久而後出也.

'빈무(賓牟)'는 성에 해당한다. '고(賈)'는 이름에 해당한다. 공자는 대무
의 악곡에 대해 질문을 하며, 먼저 북을 쳐서 사람들에게 주의를 주길
오래도록 한 뒤에야 비로소 춤을 추기 시작하는 것은 어째서냐고 물어
본 것이다. 빈무고는 답변을 하며, 무왕이 주임금을 정벌할 때, 군사들
의 마음을 얻지 못할 것을 근심했기 때문에, 먼저 북을 울려서 군사들의
주의를 끌고, 오랜 시간이 지난 뒤에야 전쟁에 나아갔다. 현재도 이러한
모습을 상징하고자 했기 때문에, 무용수들로 하여금 오래도록 기다리게
한 뒤에야 춤을 추도록 했다고 대답했다.

近按: 此下問答專論大武之樂, 孔子問而賓牟賈答也. 蓋欲問之以
觀其志而正之也. 病不得其衆者, 愚恐武之遲久, 是必遵養時晦, 俟
天休命之意, 當是時八百諸侯不期而會, 寧有病不得衆以待其至者
乎? 苟以爲病, 則是武王有心於取天下也. 賓牟賈之答, 蓋失之矣.

내가 살펴보니, 이 구문으로부터 그 이하의 문답들은 전적으로 대무라
는 악곡만 논하고 있으며, 공자가 질문하고 빈무고가 답변하는 내용이
다. 아마도 질문을 통해 그 뜻을 살펴보고서 그것을 바로잡고자 한 것
같다. '병부득기중(病不得其衆)'은 내가 생각하기에 아마도 무왕이 오래
도록 기다린 것은 분명 때에 순응하여 힘을 길러 시기를 기다려 하늘의
아름다운 명령이 내리기를 기다리는 뜻으로, 바로 이 때에 팔백 명의 제
후들이 기약을 하지 않고도 모였으니, 어찌 대중들의 마음을 얻지 못할
까 염려하여 그들이 도달하기를 기다렸겠는가? 만약 이것을 근심으로
여겼다면, 무왕에게는 천하를 취하려는 마음이 있었던 것이 된다. 따라
서 빈무고의 답변은 아마도 잘못된 말인 것 같다.

"咏歎之, 淫液之, 何也?" 對曰: "恐不逮事也." 〈063〉

계속해서 공자가 질문하길 "대무(大武)의 악곡에 있어서, 소리를 길게 내서 노래하고, 물이 흐르듯 소리가 연속되어 끊이지 않는 것은 어째서 입니까?"라고 하자 빈무고가 대답하길 "제후들이 정벌에 참여하지 못할 것을 염려했기 때문입니다."라고 했다.

集說

此亦孔子問而賈答也. 咏歎, 長聲而歎也. 淫液, 聲音之連延, 流液 不絶之貌. 逮, 及也. 言武王恐諸侯後至者不及戰事, 故長歌以致其 望慕之情也.

이 또한 공자가 질문하고 빈무고가 답변한 내용이다. '영탄(咏歎)'은 소리를 길게 내서 노래한다는 뜻이다. '음액(淫液)'은 소리가 연속되어 늘어지는 것으로, 물이 흐르며 끊이지 않는 모습을 뜻한다. '체(逮)'자는 "~에 이르다."는 뜻이다. 즉 무왕은 제후들 중 뒤에 오는 자들이 전쟁에 참여하지 못할 것을 염려했기 때문에, 노래를 길게 늘어트려 불러서, 바라던 정감을 이루고자 한 것이다.

淺見

近按: 此答亦非. 咏歎淫液, 是言其從容不迫之意, 雖於征伐之中, 而唐虞揖讓氣象依然若存者也.

내가 살펴보니, 이 답변 또한 잘못되었다. 영탄과 음액은 차분하며 급박하게 하지 않았던 뜻을 말하는 것이니, 비록 정벌하는 중에 있었지만 당우가 읍양을 했던 기상이 의연하게 있었던 것이다.

“發揚蹈厲之已蚤, 何也?” 對曰: “及時事也.”〈064〉

계속해서 공자가 질문하길, “대무(大武)를 출 때, 손과 발을 내뻗고 땅을 디딜 때 너무 급하게 하는 것은 어째서입니까?”라고 하자 빈무고가 대답하길 “무왕이 때에 맞춰서 거사를 치렀던 일을 나타내기 때문입니다.”라고 했다.

集說

問初舞時, 卽手足發揚蹈地而猛厲, 何其太早乎? 賈言象武王及時伐紂之事, 故不可緩. 然下文孔子言是太公之志, 則此答非也.

묻기를 최초 춤을 출 때, 손과 발을 내뻗고 땅을 디딤에 사납고 거센데, 어째서 너무 급하게 하는 것이냐고 했다. 빈무고는 무왕이 때에 맞춰서 주임금을 정벌했던 일을 상징하기 때문에 느리게 할 수 없다고 대답했다. 그러나 아래문장에서 공자는 이것이 태공의 뜻을 나타낸다고 했으니, 이 대답은 잘못되었다.

經文

“武坐致右憲[軒]左, 何也?” 對曰: “非武坐也.”〈065〉

계속해서 공자가 질문하길 “대무(大武)를 출 때, 무용수들이 때때로 무릎을 꿇게 되는데, 우측 무릎을 대고 좌측 발을 세우는[‘憲’자의 음은 ‘軒(헌)’이다.] 것은 어째서입니까?”라고 하자 빈무고가 대답하길 “이것은 대무의 무릎 꿇는 법도가 아니니, 대무에는 무릎을 꿇는 법도 자체가 없습니다.”라고 했다.

坐, 跪也. 問舞武樂之人, 何故忽有時而跪, 以右膝至地, 而左足仰之, 何也? 憲, 讀爲軒輊之軒. 賈言非武人坐, 舞法無坐也. 然下文孔子言武亂皆坐, 是周召之法, 則武舞有坐, 此答亦非.

'좌(坐)'자는 "무릎을 꿇다."는 뜻이다. 공자는 대무의 악곡을 춤추는 자들은 어떤 이유에서 갑작스럽게 때때로 무릎을 꿇으며, 우측 무릎을 땅에 대고 좌측 발을 세우냐고 물었다. '헌(憲)'자는 앞이 높은 수레와 앞이 낮은 수레를 뜻할 때의 헌(軒)자로 해석한다. 빈무고는 대무를 추는 무용수들의 무릎 꿇는 법도가 아니라고 했으니, 춤을 추는 법도에서는 무릎을 꿇는 법도가 없다는 뜻이다. 그런데 아래문장에서 공자는 대무를 끝낼 때에는 모두 무릎을 꿇는다고 했고, 이것은 주공과 소공의 다스림을 뜻한다고 했으니, 대무의 춤에서는 무릎을 꿇는 법도가 있으므로, 이곳의 답변 또한 잘못되었다.

"聲淫及商, 何也?" 對曰: "非武音也." 子曰: "若非武音, 則何音也?" 對曰: "有司失其傳也. 若非有司失其傳, 則武王之志荒矣." 子曰: "唯. 丘之聞諸萇弘, 亦若吾子之言[句], 是也."〈066〉

계속해서 공자가 질문하길 "대무(大武)의 악곡에서 그 소리가 탐욕스러워서 상나라를 취하고자 함이 나타나는 것은 어째서입니까?"라고 하자 빈무고가 대답하길 "이것은 대무의 음악 소리가 아닙니다."라고 했다. 또 공자는 "만약 이것이 대무의 음악 소리가 아니라면, 어떤 악곡의 음입니까?"라고 물었고, 빈무고는 "음악을 담당했던 관리가 전수과정에서 잘못을 범한 것입니다. 만약 관리가 전수과정에서 잘못을 범한 것이 아니라면, 무왕의 뜻이 매우 잘못된 것이 됩니다."라고 대답했다. 그러자 공자는 "알았습니다. 내가 장홍에게서 들었던 내용도 또한 그대가 말한 것과 같으니['言'자에서 구문을 끊는다.] 그대의 말이 옳습니다."라고 했다.

淫, 貪欲之意也. 武樂之中有貪商之聲, 則是武王貪欲紂之天下, 故取之也. 賈言非武樂之聲也, 孔子又問旣非武樂之聲, 則是何樂聲乎? 賈又言此典樂之官失其相傳之說也, 若非失其所傳之眞, 而謂武王實有心於取商, 則是武王之志有荒繆矣, 豈精明神武, 應天順人之志哉? 孔子於是然其言, 而謂其言與萇弘相似也. 一說, 商聲爲殺伐之聲, 淫謂商聲之長也. 若是武樂之音則是武王有嗜殺之心矣, 故云志荒也.

'음(淫)'자는 탐욕스럽다는 뜻이다. 대무의 음악 중에는 은나라를 탐하는 소리가 포함되어 있으니, 이것은 무왕이 주임금이 차지했던 천하를 탐냈기 때문에 취한 것이 된다. 빈무고는 이것은 대무의 음악에 나타나는 소리가 아니라고 답했고, 공자는 이미 대무의 음악 소리가 아니라고 한다면, 이것은 어떤 음악의 소리냐고 재차 물었다. 빈무고는 또한 이것은 음악을 담당했던 관리가 서로 전수해준 말에서 실수를 범한 것이니, 만약 전수해준 말의 진실된 뜻을 잘못 전한 것이 아니라면, 무왕은 실제로 은나라를 취하고자 했던 마음이 있었던 것이니, 이것은 무왕의 뜻에 매우 잘못된 점이 있었음을 나타내는데, 어찌 정밀하고 신명스러우며 신묘하고 용맹함으로 천도와 인도에 순응하는 뜻이 되겠느냐고 말했다. 공자는 이 말에 대해서 그 말을 수긍하고, 그가 해준 말은 장홍과 대화를 나누며 들었던 내용과 같다고 했다. 일설에는 상성(商聲)은 죽이고 정벌하는 소리가 되며, 음(淫)은 상성이 길어지는 것을 뜻한다. 만약 대무의 음악 소리가 이와 같다면, 이것은 무왕에게 탐내고 살육을 하고자 했던 마음이 있는 것이기 때문에, "뜻이 잘못되었다."고 말했다고 한다.

賓牟賈起, 免席而請曰: "夫武之備戒之已久, 則旣聞命矣. 敢
問遲之, 遲而又久, 何也?" 子曰: "居. 吾語[去聲]汝. 夫樂者, 象
成者也. 摠干而山立, 武王之事也. 發揚蹈厲, 太公之志也. 武
亂皆坐, 周·召之治也."〈067〉

빈무고가 일어나 자리를 피하며 청해서 묻기를, "대무(大武)에 있어서
북을 울려 대중들을 경각시키고 오랜 시간 동안 대기하는 것에 대해서
는 이미 그 이유를 들어서 알게 되었습니다. 감히 묻겠습니다. 이처럼
오래도록 기다리는데, 무용수들이 대열에 서서 오랜 시간 기다리는 것
은 어째서입니까?"라고 했다. 그러자 공자는 "앉으십시오. 내가 당신께
설명을['語'자는 거성으로 읽는다.] 하겠습니다. 무릇 악이라는 것은 과업을
이룬 것을 나타내는 것입니다. 무용수들이 방패를 잡고서 산처럼 우뚝
서서 움직이지 않는 것은 무왕이 주임금을 정벌할 때, 제후들이 도착하
기를 기다리는 일을 나타냅니다. 또 무용수들이 손과 발을 힘차게 내뻗
고 내딛는 것은 태공의 매와 같은 용맹한 뜻을 나타냅니다. 또 대무의
마지막 장이 끝날 때, 무용수들이 모두 무릎을 꿇는 것은 문으로써 무
를 그치게 했던 주공과 소공의 다스림을 나타냅니다."라고 했다.

免席, 避席也. 備戒已久, 所謂遲也. 久立於綴, 是遲而又久也. 孔子
言作樂者倣象其成功, 故將舞之時, 舞人摠持干盾, 如山之立, 巖然
不動. 此象武王持盾以待諸侯之至, 故曰武王之事也. 所以發揚蹈
厲, 象太公威武鷹揚之志也. 亂, 樂之卒章也. 上章言復亂以武. 言
武舞將終而坐, 象周公·召公文德之治, 蓋以文而止武也.

'면석(免席)'은 자리를 피한다는 뜻이다. 북을 울려서 대중들을 경각시키
고 오래도록 있는 것이 바로 '지(遲)'이다. 오래도록 대열에 서 있는 것

이 "더디고 또 오래도록 있다."는 뜻이다. 공자는 악을 만드는 것은 공업을 이룬 것을 형상하기 위해서라고 했다. 그렇기 때문에 춤을 추려고 할 때, 무용수들은 방패를 쥐고서 산이 서 있는 것처럼 하여, 우뚝 서서 움직이지 않는다. 이것은 무왕이 방패를 들고서 제후들이 도달하기를 기다렸던 것을 상징한다. 그렇기 때문에 "무왕의 일입니다."라고 말했다. 팔다리를 내뻗고 내딛는 것은 태공이 위엄과 무용을 떨침이 매가 하늘을 비상하는 것과 같은 뜻을 상징한다. '난(亂)'은 악의 마지막 악장을 뜻한다. 앞에서는 이미 재차 끝내길 무로써 한다고 했다. 이것은 대무를 추며 끝내려고 할 때 무릎을 꿇으니, 주공과 소공의 문덕에 따른 다스림을 상징한다. 무릇 문으로써 무를 그치게 했기 때문이다.

淺見

近按: 自敢問以下, 賓牟賈問而孔子答也. 揔干而山立, 武王之事, 發揚蹈厲, 太公之志者, 是言武王遲久, 不忍遽於動兵, 太公奮揚以贊急於應天, 詩所謂上帝臨汝母貳爾心, 是也. 武亂皆坐, 周召之治, 言武陰屬右, 故致右所以偃武也, 文陽屬左, 故軒左所以修文也.

내가 살펴보니, '감문(敢問)'이라는 구문으로부터 그 이하는 빈무고가 질문하고 공자가 답변하는 내용이다. '총간이산립(揔干而山立)'은 무왕의 일이며, '발양도려(發揚蹈厲)'는 태공의 뜻이라고 했는데, 이것은 무왕이 더디게 했던 것은 차마 병사를 움직이는 일에 대해서 급작스럽게 하지 못했고, 태공이 위엄을 떨치고 드날려서 천명에 호응하길 급히하는 일을 도왔던 것을 뜻하니, 『시』에서 이른바 "상제께서 그대에게 임하셨으니, 그대의 마음에 의심을 품지 말아라."[1]라고 한 말에 해당한다. '무란개좌(武亂皆坐)'는 주공과 소공의 다스림이라고 했는데, 무는 음으로 우측에 속하기 때문에 우측 무릎을 대는 것은 무를 그치게 하기 위해서이

---

1) 『시』「대아(大雅)·대명(大明)」: 殷商之旅, 其會如林. 矢于牧野, 維予侯興. 上帝臨女, 無貳爾心.

며, 문은 양으로 좌측에 속하기 때문에 좌측 발을 세우는 것은 문을 닦기 위해서라는 뜻이다.

"且夫武始而北出, 再成而滅商, 三成而南, 四成而南國是疆,
五成而分周公左, 召公右, 六成復綴[拙]以崇天子."〈068〉

공자가 계속해서 말해주길 "또한 대무(大武)의 악곡을 연주함에 있어
서, 첫 번째 악곡을 연주하면 무용수들은 북쪽으로 옮겨가니, 이것은 무
왕이 북쪽으로 출병했던 일을 상징하고, 두 번째 악곡을 연주하면 무용
수들은 더욱 더 북쪽으로 옮겨가니, 이것은 무왕이 은나라를 멸망시켰
던 일을 상징하며, 세 번째 악곡을 연주하면 무용수들은 북쪽으로 이동
했다가 북쪽 자리의 끝에 이르러 다시 남쪽 자리로 옮겨가니, 이것은
무왕이 은나라를 정벌한 이후 남쪽으로 되돌아온 일을 상징하고, 네 번
째 악곡을 연주하면 무용수들은 북쪽에서 남쪽으로 이동하니, 이것은
남쪽의 나라들을 복속시켰던 일을 상징하며, 다섯 번째 악곡을 연주하
면 무용수들은 더욱 더 남쪽으로 이동하고 좌우로 대열을 나누니, 이것
은 주공과 소공이 천하를 좌우로 나눠서 다스렸던 일을 상징하고, 여섯
번째 악곡을 연주하면 무용수들은 남쪽 끝에 있는 자리로['綴'자의 음은
'拙(졸)'이다.] 되돌아가서 멈추어, 이를 통해 천자를 존숭하는 뜻을 나타
냅니다."라고 했다.

集說

成者, 曲之一終. 書云: "簫韶九成." 孔子又言武之舞也, 初自南第一
位而北至第二位, 故云始而北出也. 此是一成. 再成, 則舞者從第二
位至第三位, 象滅商也. 三成, 則舞者從第三位至第四位, 極於北而
反乎南, 象克殷而南還也. 四成, 則舞者從北頭第一位却至第二位,
象伐紂之後, 疆理南方之國也. 五成, 則舞者從第二位至第三位乃
分爲左右, 象周公居左, 召公居右也. 綴, 謂南頭之初位也. 六成, 則
舞者從第三位而復于南之初位, 樂至六成而復初位, 象武功成而歸
鎬京, 四海皆崇武王爲天子矣.

'성(成)'은 악곡이 한 차례 끝났다는 뜻이다. 『서』에서는 "소소(簫韶)¹⁾의 악곡은 아홉 차례 연주한다."²⁾라고 했다. 공자는 또한 대무의 춤에 대해 설명한 것인데, 첫 악곡에서는 남쪽의 첫 번째 자리에서 북쪽으로 이동하여 두 번째 자리로 옮겨가게 된다. 그렇기 때문에 "시작하며 북쪽으로 나온다."라고 했다. 이것은 첫 번째 악곡이 끝날 때까지의 춤을 뜻한다. 두 번째 악곡이 끝나게 되면, 무용수들은 그 동안 두 번째 자리로부터 세 번째 자리로 옮겨가니, 이것은 은나라를 멸망시켰던 일을 상징한다. 세 번째 악곡이 끝나게 되면, 무용수들은 그 동안 세 번째 자리에서 네 번째 자리로 옮겨가니, 북쪽 자리 중 끝까지 움직이게 되어 반대로 남쪽으로 돌아오게 되므로, 이것은 은나라를 이기고 남쪽으로 되돌아온 일을 상징한다. 네 번째 악곡이 끝나게 되면, 무용수들은 그 동안 북쪽의 끝에 있는 첫 번째 자리로부터 떠나서 두 번째 자리로 옮겨가니, 주임금을 정벌한 이후 남쪽의 나라들을 본국의 영토로 확장하여 다스렸던 일을 상징한다. 다섯 번째 악곡이 끝나게 되면, 무용수들은 그 동안 두 번째 자리로부터 세 번째 자리로 옮겨가고, 곧 좌우로 나뉘게 되니, 주공이 좌측 영토를 담당하고 소공이 우측 영토를 담당했던 일을 상징한다. '졸(綴)'자는 남쪽 끝에 있는 최초의 자리를 뜻한다. 여섯 번째 악곡이 끝나게 되면 무용수들은 그 동안 세 번째 자리로부터 다시 남쪽에 있는 최초의 자리로 돌아가니, 악은 여섯 번째 악곡을 끝내게 되면 다시 최초의 자리로 돌아가므로, 이것은 무왕이 공적을 이루고서 호경으로 되돌아와 천하의 사람들이 모두 무왕을 천자로 추숭했음을 상징한다.

---

1) 소소(簫韶)는 대소(大韶)라고도 부른다. '대소'는 순(舜)임금 때의 악무(樂舞)이다. 주(周)나라에 와서 육무(六舞) 중 하나로 정착하였다.
2) 『서』「우서(虞書)·익직(益稷)」: 夔曰, 戞擊鳴球, 搏拊琴瑟以詠, 祖考來格, 虞賓在位, 群后德讓, 下管鼗鼓, 合止柷敔, 笙鏞以間, 鳥獸蹌蹌, 簫韶九成, 鳳皇來儀.

陳氏曰: 樂終而德尊也.

진씨가 말하길, 악이 끝나고서 덕을 존숭하게 된 것이다.

經文

"夾振之而駟伐, 盛威於中國也."〈069〉

공자가 계속해서 말해주길 "대무(大武)를 출 때, 두 사람이 무용수를 양쪽에서 끼고 목탁을 두드리고, 무용수들이 창으로 네 차례 치고 때려서, 무왕의 군대가 중국에 위엄을 성대하게 떨쳤음을 나타냅니다."라고 했다.

集說

此又申言武始北出以下事. 二人夾舞者而振鐸以爲節, 則舞者以戈矛四次擊刺, 象伐紂也. 駟, 讀爲四. 伐, 如泰誓四伐五伐之伐. 此象武王之兵所以盛威於中國也. 一說, 引君執干戚就舞位, 讀天子連下句. 但舊註以崇訓充, 則未可通耳. 四伐, 或象四方征伐, 武勝殷而滅國者五十, 則亦有東征西討南征北伐之事矣.

이 내용은 또한 대무를 출 때 처음에는 북쪽으로 나온다는 것으로부터 그 이하의 일들에 대해서 거듭 설명한 것이다. 두 사람이 무용수를 양쪽에서 끼고 목탁을 울리며 절도를 맞추면, 무용수들은 창으로 네 차례 치고 찌르니, 주임금을 정벌했던 일들을 상징하기 때문이다. '사(駟)'자는 사(四)자로 풀이한다. '벌(伐)'자는 『서』「태서(泰誓)」편에서 "네 번 치고 찌르며, 다섯 번 치고 찌른다."[3]고 했을 때의 벌(伐)자와 같다. 이것은

---

3) 『서』「주서(周書)·목서(牧誓)」: 不愆于四伐五伐六伐七伐, 乃止齊焉. 勖哉, 夫子.

무왕의 군대가 중국에서 위엄을 융성하게 떨쳤음을 상징한다. 일설에는 군주가 직접 방패와 도끼를 들고 무용수들의 대열로 나아간다고 주장하여, 앞 문장에 나온 '천자(天子)'라는 두 글자를 이곳 구문과 연결해서 해석한다. 다만 옛 주석에서는 '숭(崇)'자를 충(充)자로 풀이했으니, 이러한 해석은 뜻이 소통되지 못할 따름이다. '사벌(四伐)'은 혹여 사방을 정벌했던 것을 상징할 수도 있으니, 무왕은 은나라를 정벌하고 멸망시킨 제후국이 오십 여개에 이르렀으니, 또한 동서남북으로 정벌했던 일이 있었던 것이다.

經文

"分[去聲]夾而進, 事蚤濟也. 久立於綴, 以待諸侯之至也."〈070〉

공자가 계속해서 말해주길 "목탁을 두드리는 자는 무용수들의 자리에서 ['分'자는 거성으로 읽는다.] 양 옆에서 끼고 나아가서, 무왕의 과업이 조기에 성취됨을 상징합니다. 무용수들이 대열의 자리에서 오래도록 서 있는 것은 이를 통해 무왕이 제후들이 모일 때까지 기다렸던 일을 상징합니다."라고 했다.

集說

分, 部分也. 舞者各有部分, 而振鐸者夾之而進也. 濟, 猶成也. 此於武王之事爲早成也. 舞者久立於行綴之位, 象武王待諸侯之集也.

'분(分)'은 무용수들이 차지하고 있는 일정 자리를 뜻한다. 무용수들은 각각 일정 자리를 차지하고 있고, 목탁을 두드리는 자가 양 옆에서 끼고 나아간다. '제(濟)'자는 "이루다."는 뜻이다. 즉 무왕의 정벌이 조기에 완성된 것이다. 무용수들이 대열의 자리에서 오래도록 서 있는 것은 무왕이 제후들이 모이기를 기다렸던 것을 상징한다.

近按: 此章言待諸侯之至者, 必是記者之誤, 不期而會者, 八百諸侯, 豈待而後至哉? 以書·武成考之, 則曰俟天休命, 是陳牧野, 不急往攻, 以待紂師之至, 而後戰, 故史臣以爲俟天休命, 以形容其一時雍容之氣象, 久立於綴, 當是此意. 上文賓牟賈之答, 旣失其意, 而此章記者之說亦誤也.

내가 살펴보니, 이 장에서는 제후들이 도달하기를 기다린다고 했는데, 이것은 분명 『예기』를 기록한 자의 잘못일 것이니, 기약하지 않고도 모인 자가 팔백 여 제후에 이르렀는데, 어떻게 기다린 이후에야 도달했겠는가? 『서』 「무성(武成)」편을 통해 고찰해보면, "하늘의 아름다운 명을 기다렸다."[4]라고 했는데, 이것은 목야에 진을 치고서 급작스럽게 가서 공격하지 않고 주왕의 군대가 도달할 때까지 기다린 뒤에 전쟁을 했던 것이다. 그렇기 때문에 사관은 하늘의 아름다운 명을 기다린다고 여겨서 일시의 화락하고 조용한 기상을 형용했던 것이니, '구립어졸(久立於綴)'이 바로 이러한 뜻에 해당한다. 앞 문장에서 빈무고의 답변에서는 이미 그 뜻을 놓치고 있는데, 이곳 문장에서 『예기』를 기록한 자의 설명 또한 잘못되었다.

---

4) 『서』 「주서(周書)·무성(武成)」 : 旣戊午, 師渡孟津, 癸亥, 陳于商郊, <u>俟天休命</u>.

"且女獨未聞牧野之語乎? 武王克殷反[及]商, 未及下車而封黃帝之後於薊[計], 封帝堯之後於祝, 封帝舜之後於陳, 下車而封夏后氏之後於杞, 投殷之後於宋, 封王子比干之墓, 釋箕子之囚, 使之行[去聲]商容而復其位. 庶民弛政, 庶士倍祿."〈071〉

공자가 계속해서 말해주길 "또한 그대는 아직 목야에서 일어난 일들을 들어보지 못했습니까? 무왕께서는 은나라 군대를 물리치고 그 수도에 이르러서['反'자의 음은 '及(급)'이다.] 아직 수레에서 내리기도 전에 황제의 후손을 계에['薊'자의 음은 '計(계)'이다.] 분봉하셨고, 요임금의 후손을 축에 분봉하셨으며, 순임금의 후손을 진에 분봉하셨습니다. 또 수레에서 내리셔서는 하후씨의 후손을 기에 분봉하셨고, 은나라의 후손을 송으로 옮기셨으며, 왕자인 비간의 묘에 봉분을 쌓으셨고, 감금된 기자를 석방하셔서, 그로 하여금 상용으로 가도록['行'자는 거성으로 읽는다.] 하여 그 지위를 회복시켜주셨습니다. 또 백성들에 대해서는 잔혹한 정치를 느슨히 풀어주시고, 말단 관리들에 대해서는 녹봉을 올려주셨습니다."라고 했다.

集說

反, 讀爲乃. 言牧野克殷師之後, 卽至紂都也. 殷後不曰封而曰投者, 擧而徙置之辭也. 然封微子於宋, 在成王時, 此特歷敍黃帝·堯·舜·禹·湯之次而言之耳. 其曰未及下車而封, 與下車而封, 先後之辭, 讀者不以辭害意可也. 行商容, 卽書所謂"式商容閭"也. 弛政, 解散紂之虐政也. 一說, 謂罷其征役也. 倍祿, 祿薄者倍增之也.

'반(反)'자는 "~에 이른다."는 뜻의 급(及)자로 풀이한다. 즉 목야의 땅에서 은나라 군대를 물리친 이후, 곧바로 주임금이 있는 수도에 도달했다는 뜻이다. 은나라 후예에 대해서는 '봉(封)'이라 말하지 않고 '투(投)'라고 말했으니, '투(投)'자는 어떤 것을 들어다가 다른 곳으로 옮겼을 때 쓰는 말이다. 그러나 송나라에 미자를 분봉했던 것은 성왕 때의 일이니, 이 문장은 단지 황제·요·순·우·탕의 순서에 따라 차례대로 열거했을 뿐이다. "아직 수레에서 내리기도 전에 분봉했다."라 했고, "수레에서 내려서 분봉했다."라 했는데, 이것은 선후를 나타내는 말이니, 독자들은 표현으로 인해 의미를 놓치지 않아야 한다. '행상용(行商容)'이라는 말은 『서』에서 "상용의 마을에 공경의 예를 표한다."[1]라고 한 말에 해당한다. '이정(弛政)'은 주임금이 시행했던 포악한 정치를 느슨하게 풀어준다는 뜻이다. 일설에는 과도한 세금과 요역을 타파한다는 뜻이라고 주장한다. '배록(倍祿)'은 녹봉이 적은 자들에 대해서 배로 늘려준다는 뜻이다.

浅見

近按: 武王伐紂之後, 初封紂子武庚, 以奉殷祀, 及武王崩, 武庚與三叔叛, 周公東征致辟而後, 成王乃封微子於宋. 此章以爲武王克殷下車之初, 卽封殷後於宋, 亦是記者之誤, 非孔子之言明矣.

내가 살펴보니, 무왕이 주임금을 정벌한 이후에 최초에 주임금의 아들인 무경을 분봉하여 은나라의 제사를 받들도록 했고, 무왕이 붕어하게 되자 무경은 삼숙과 반란을 일으켜서, 주공이 동쪽으로 정벌하여 주륙한 이후에 성왕이 곧 송나라에 미자를 분봉했다. 이 장에서는 무왕이 은나라를 정벌하고 수레에서 내린 초기에 곧바로 은나라의 후예를 송나라에 분봉했다고 했으니, 이 또한 『예기』를 기록한 자의 잘못으로, 공자의 말이 아님이 분명하다.

---

1) 『서』「주서(周書)·무성(武成)」: 釋箕子囚, 封比干墓, 式商容閭.

"濟河而西, 馬散之華山之陽而弗復乘, 牛散之桃林之野而弗
復服, 車甲釁[許靳反]而藏之府庫而弗復用, 倒載干戈, 包之以
虎皮, 將帥之士, 使爲諸侯, 名之曰建[上聲]櫜[高]. 然後天下知
武王之不復用兵也."〈072〉

공자가 계속해서 말해주길 "황하를 건너 서쪽으로 가서 전쟁에 사용한
말은 화산의 양지바른 곳에 풀어주어, 다시 수레에 멍에를 매지 않았고,
전쟁에 사용한 소는 도림의 들판에 풀어주어 다시 부리지 않았으며, 수
레와 갑옷은 피칠을['釁'자는 '許(허)'자와 '靳(근)'자의 반절음이다.] 하여 무기
고에 보관하고 재차 사용하지 않았고, 방패와 창은 거꾸로 싣고서 호랑
이 가죽으로 감쌌으며, 공로를 세운 장수는 제후로 분봉을 시켰으니, 병
장기를 감싸서 보관하는 것을 '건고'라['建'자는 상성으로 읽는다. '櫜'자의 음
은 '高(고)'이다.] 불렀습니다. 그런 뒤에야 천하 사람들이 무왕이 재차 전
쟁을 일으키지 않으리라는 것을 알았습니다."라고 했다.

釁, 與衅同, 以血塗之也. 凡兵器之載, 出則刃向前, 入則刃向後. 今
載還鎬京而刃向後, 有似於倒, 故云倒載也. 建, 讀爲鍵, 鎖也. 櫜,
韜兵器之具. 兵器皆以鍵櫜閉藏之, 示不用也. 封將帥爲諸侯, 賞其
功也. 今詳文理, 名之曰建櫜一句, 當在虎皮之下, 將帥之上.

'흔(釁)'자는 흔(衅)자와 동일하니, 피를 바른다는 뜻이다. 무릇 병장기
를 실을 때, 출정할 경우라면 칼날이 앞을 향하도록 하고, 본국으로 들
어오는 경우라면 칼날이 뒤를 향하도록 한다. 현재 병장기를 싣고 호경
으로 되돌아오며 칼날이 뒤를 향하도록 한 것은 거꾸로 한 것과 유사한
점이 있다. 그렇기 때문에 "거꾸로 실었다."고 했다. '건(建)'자는 건(鍵)
자로 풀이하니, 자물쇠를 뜻한다. '고(櫜)'는 병장기를 씌우는 기구이다.
병장기를 모두 건고로 감싸서 잠그고 보관하니, 사용하지 않음을 보이

기 위해서이다. 장수를 제후로 분봉하여 공로에 대해 상을 준 것이다. 현재 문맥의 흐름을 살펴보니, '명지왈건고(名之曰建櫜)'라는 한 구문은 마땅히 '호피(虎皮)' 뒤와 '장수(將帥)' 앞에 와야 한다.

淺見

近按: 此用武成之文而演之, 將帥之士使爲諸侯, 卽崇德報功列爵分土之謂. 然重民五教, 惇信明義等事, 最武王德業之大者, 今皆不及, 是演其粗而遺其精者也, 豈孔子之言哉?

내가 살펴보니, 이것은 『서』「무성(武成)」편의 글을 이용하여 자세히 설명한 것으로, 장수에 해당하는 자들을 제후로 분봉했다는 것은 "덕을 높이고 공에 보답하며 작위를 나열하고 토지를 나눠주었다."[1]는 것을 뜻한다. 그런데 "백성들의 다섯 가지 가르침을 중시하고 신의를 돈독히 하고 의리를 밝혔다."는 등의 사안들은 무왕의 덕업 중에서도 가장 중요한 것인데도 여기에서는 이 모두를 언급하지 않았으니, 이것은 거친 것만 자세히 설명하고 정밀한 것에 대해서는 빠뜨린 것이니, 어찌 공자의 말이라 하겠는가?

---

1) 『서』「주서(周書)·무성(武成)」: 列爵惟五, 分土惟三, 建官惟賢, 位事惟能. 重民五教, 惟食喪祭, 惇信明義, 崇德報功, 垂拱而天下治.

"散軍而郊射, 左射[石]貍首, 右射騶虞, 而貫革之射息也. 裨冕搢笏, 而虎賁之士說[脫]劍也. 祀乎明堂, 而民知孝. 朝覲, 然後諸侯知所以臣. 耕籍, 然後諸侯知所以敬. 五者天下之大敎也."〈073〉

공자가 계속해서 말해주길 "군대를 해산하고 교외의 학교에서 활쏘기를 익힘에, 동학(東學)에서 활쏘기를[`射`자의 음은 `石(석)`이다.] 할 때에는 이수의 시가에 절도를 맞추고, 서학(西學)에서 활쏘기를 할 때에는 추우의 시가에 절도를 맞춰서, 갑옷을 뚫는 군대에서의 활쏘기는 그치게 되었습니다. 또 비면을 착용하고 홀을 꼽아서, 용맹한 군사들은 허리에 차고 있던 칼을 풀어놓게[`說`자의 음은 `脫(탈)`이다.] 되었습니다. 명당에서 제사를 지내서, 백성들은 효를 알게 되었습니다. 조근의 의례를 시행하니, 그런 뒤에야 제후들은 자신들이 신하로서 시행해야 할 것들을 알게 되었습니다. 천자가 경작을 시행하니, 그런 뒤에야 제후들이 공경을 실천해야 할 것들을 알게 되었습니다. 이 다섯 가지는 천하의 큰 가르침입니다."라고 했다.

散軍, 放散軍伍也. 郊射, 習射於郊學之中也. 左, 東學也, 在東郊. 東學之射, 歌貍首之詩以爲節. 右, 西學, 在西郊. 西學之射, 則歌騶虞之詩以爲節也. 貫, 穿也. 革, 甲鎧也. 軍中不習禮, 其射但主於穿札, 今旣行禮射, 則此射止而不爲矣. 裨冕, 見曾子問. 搢, 插也. 說劍, 解去其佩劍也.

'산군(散軍)'은 군대를 해산했다는 뜻이다. '교사(郊射)'는 교외에 설치된 학교에서 활쏘기를 익혔다는 뜻이다. '좌(左)'자는 동학(東學)1)을 뜻하니, 동쪽 교외에 있었기 때문이다. 동학에서 활쏘기를 할 때에는 이수의 시가를 노래로 불러서 절도를 맞춘다. '우(右)'자는 서학(西學)[2]을 뜻하니, 서쪽 교외에 있었기 때문이다. 서학에서 활쏘기를 할 때라면, 추우의 시가를 노래로 불러서 절도를 맞춘다. '관(貫)'자는 "꿰뚫다."는 뜻이다. '혁(革)'자는 갑옷을 뜻한다. 군대에서는 예법에 따른 활쏘기를 익히지 않으니, 활을 쏠 때에는 단지 갑옷 꿰뚫는 것을 위주로 하며, 현재는 이미 예법에 따른 활쏘기를 시행하고 있으니, 군대의 활쏘기는 그치고 시행하지 않았다. '비면(裨冕)'에 대해서는 그 설명이 『예기』「증자문(曾子問)」편에 나온다. '진(搢)'자는 "꼽다."는 뜻이다. '탈검(說劍)'은 허리에 차고 있던 검을 풀어놓는다는 뜻이다.

淺見

近按: 朝覲然後諸侯知所以臣者, 是言天下大定之後, 制爲朝覲會同之禮也. 然其言亦似有病, 蓋以其在散軍郊射之後故也. 若諸侯初不臣周, 而及此始臣, 亦未見有不期而會之意. 觀者不以辭害意可也. 五者天下之大敎, 是或誤解武成五敎之意也歟.

내가 살펴보니, 조근을 한 뒤에야 제후들이 신하로서 해야 할 것들을 알게 되었다는 말은 천하가 크게 안정된 이후에 조근회동 등의 예법을 제정해서 시행했다는 뜻이다. 그러나 이 말에도 병폐가 있는 것 같으니, 그 내용이 군대를 해산하고 교외에서 활쏘기를 한다고 한 내용 뒤에 있기 때문이다. 만약 제후들이 처음부터 주나라에 대해 신하로 자처하지 않고, 이 시기가 되어서야 비로소 신하로 자처하게 되었다면 또한 기약하지도 않았는데 모인다는 뜻은 볼 수 없었을 것이다. 이 글을 살피는 자들은 표현으로 인해 본래의 뜻을 이해하는데 저해가 되지 말아야 한다. 다섯 가지는 천하의 큰 가르침이라고 했는데, 이것은 아마도 『서』「무성(武成)」편에서 다섯 가지 가르침[3]이라고 한 뜻을 잘못 풀이

---

1) 동학(東學)은 주나라 때 왕성의 동쪽에 설치된 대학(大學)을 뜻한다.
2) 서학(西學)은 주나라 때 왕성의 서쪽에 설치된 소학(小學)을 뜻한다.

한 것 같다.

---

3) 『서』「주서(周書)·무성(武成)」: 列爵惟五, 分土惟三, 建官惟賢, 位事惟能. 重民<u>五敎</u>, 惟食喪祭, 惇信明義, 崇德報功, 垂拱而天下治.

"食[嗣]三老五更[平聲]於大[泰]學, 天子袒而割牲, 執醬而饋, 執爵而酳, 冕而總干, 所以教諸侯之弟也. 若此, 則周道四達, 禮樂交通, 則夫武之遲久, 不亦宜乎?"〈074〉

공자가 계속해서 말해주길 "태학에서['大'자의 음은 '泰(태)'이다.] 삼로와 오경에게['更'자는 평성으로 읽는다.] 사례를['食'자의 음은 '嗣(사)'이다.] 대접함에, 천자는 직접 옷을 걷어 한쪽 어깨를 드러내고서 희생물을 자르며, 장을 들고서 그들에게 주며, 술잔을 잡고서 입가심하는 술을 따라주고, 면류관을 쓰고 방패를 들고서 춤을 추니, 이것은 제후들에게 공경함을 가르치는 방법입니다. 이처럼 하게 된다면, 주나라의 도가 사방에 두루 통하게 되고, 예악이 서로 통하게 되니, 대무(大武)의 악곡을 오래도록 시연함이 또한 마땅한 일이 아니겠습니까?"라고 했다.

冕而總干, 謂首戴冕而手執干盾也. 餘說各見前篇. 孔子語賓牟賈武樂之詳, 其言止此.

'면이총간(冕而總干)'은 머리에 면류관을 쓰고 손으로는 방패를 잡는다는 뜻이다. 나머지 설명에 대해서는 각각의 내용이 앞 편에 나온다. 공자는 빈무고에게 대무의 악곡에 대해서 상세하게 설명하였는데, 그 설명은 여기에서 끝난다.

近按: 周道四達, 禮樂交通者, 是聖人盛德至治之極致, 豈特武之遲久而已哉?

내가 살펴보니, '주도사달(周道四達)'과 '예악교통(禮樂交通)'은 성인의 융성한 덕과 지극한 정치의 극치를 말하는 것인데, 어찌 대무의 지구(遲

久)에 대한 것으로 그치겠는가?

右賓牟賈問答一章, 其論大武之樂, 言多近誣, 先儒之說, 姑順其辭
而釋之爾. 愚今敢以臆說而辨其非是, 狂僭之罪, 所不得辭, 然聖人
之世, 雖隔千載, 而其理之在天地而具人心者, 初無古今之異, 苟卽
吾心之理而求之, 則聖人之心, 庶可得矣. 此章之說, 雖出臆見, 然
皆本乎詩書之正文, 而不敢容私意以窺之, 則於武王 · 太公革命之
義, 成王 · 周公制作之心, 雖未必中, 亦或庶幾於萬一矣.

여기까지는 빈무고의 문답에 대한 하나의 장으로, 대무의 악곡에 대해
논의한 것들은 그 말들이 대부분 무람됨에 가까운데, 선유들의 설명은
잠시 그 말에 따라서 의미를 풀이한 것일 뿐이다. 내가 이제 감히 억설
로 그 시비를 변별하여 경솔하고 주제넘은 죄는 사양할 수 없겠으나 성
인이 다스렸던 세상이 비록 매우 먼 시간적 간격이 있더라도 그 이치가
천지에 있고 인심에 구비되어 있음은 애초에 고금의 차이가 없으니, 만
약 내 마음의 이치로 나아가 이를 구해본다면, 성인의 마음도 아마 터득
할 수 있을 것이다. 이 장에 대한 설명이 비록 억견에서 나왔다고 하지
만, 이 모두는 『시』나 『서』의 경문에 근본을 두고 있으며, 감히 삿된
의견을 수용하여 엿보지 않았다면, 무왕과 태공이 혁명했던 의리나 성
왕과 주공이 제작했던 마음에 대해서 비록 적중했다고는 기필할 수 없
지만, 또한 혹여 만의 하나라도 맞을 수 있을 것이다.

右傳之第十節.

여기까지는 전(傳)의 제 10절이다.

전(傳) 11절

子贛見師乙而問焉, 曰: "賜聞聲歌各有宜也. 如賜者宜何歌
也?" 師乙曰: "乙, 賤工也, 何足以問所宜? 請誦其所聞, 而吾子
自執焉. 寬而靜, 柔而正者, 宜歌頌. 廣大而靜, 疏達而信者,
宜歌大雅. 恭儉而好禮者, 宜歌小雅. 正直而靜, 廉而謙者, 宜
歌風. 肆直而慈愛者, 宜歌商. 溫良而能斷者, 宜歌齊. 夫歌者,
直己而陳德也, 動己而天地應焉, 四時和焉, 星辰理焉, 萬物
育焉." 〈083〉

자공이 악사인 을을 보고 묻기를 "저는 소리와 노래에 각각 합당한 부
류가 있다고 들었습니다. 저와 같은 자는 어떤 노래를 불러야 합니까?"
라고 했다. 그러자 악사 을은 "저는 미천한 악공에 지나지 않는데, 어떻
게 저에게 합당한 것들에 대해 물어보실 수 있겠습니까? 다만 청컨대
제가 들었던 내용을 조술하겠으니, 그대께서 직접 고르시기 바랍니다.
관대하고 정적이며 부드럽고 올바른 자는 마땅히 송에 해당하는 시가를
노래로 불러야 합니다. 광대하고 고요하며 두루 통하고 신의가 있는 자
는 마땅히 대아에 해당하는 시가를 노래로 불러야 합니다. 공손하고 예
법을 좋아하는 자는 마땅히 소아에 해당하는 시가를 노래로 불러야 합
니다. 정직하고 고요하며 검소하고 겸손한 자는 마땅히 풍에 해당하는
시가를 노래로 불러야 합니다. 너그러우면서도 강직하고 자애로운 자는
마땅히 상에 해당하는 시가를 노래로 불러야 합니다. 온순하고 어질며
결단을 할 수 있는 자는 마땅히 제에 해당하는 시가를 노래로 불러야
합니다. 무릇 시가라는 것은 자신을 바르게 하고 덕을 펼치는 것이며,
자신의 본성을 두루 퍼지게 하여 천지가 호응하도록 하며, 사계절이 조
화롭게 되고, 별들의 운행이 이치에 맞게 되며, 만물이 자라나게 되는

것을 나타냅니다."라고 했다.

子貢, 孔子弟子端木賜也. 樂師名乙. 各有宜言取詩之興趣以理其
情性, 使合於宜也. 有此德而宜此歌, 是正直己身而敷陳其德也, 故
曰直己而陳德. 動己, 法天之流行也. 動天地, 感鬼神, 莫近於詩, 故
有四者之應.

'자공(子貢)'은 공자의 제자인 단목사이다. 악사의 이름이 '을(乙)'이다.
"각각 합당한 것이 있다."는 말은 시가에 나타나는 흥과 멋에 따라 성정
을 다스려서, 합당함에 맞도록 한다는 뜻이다. 이러한 덕을 가지고 있으
면 마땅히 이러한 시가를 부르는 것이 자신을 정직하게 하여 그 덕을
넓게 펼치는 것이다. 그렇기 때문에 "자신을 바르게 하고 덕을 펼친다."
라고 했다. '동기(動己)'는 천성이 두루 흐르는 것을 뜻한다. 천지를 움
직이게 하고 귀신을 감동시키는 것은 시가보다 가까운 것이 없다. 그렇
기 때문에 이 네 가지의 호응이 포함되어 있다.

方氏曰: 肆, 寬大而舒緩也. 商音剛決, 故性之柔緩者宜歌之, 而變
其柔爲剛斷. 齊音柔緩, 故性剛決者宜歌之, 而終至於柔遜. 蓋各濟
其所偏, 而融會之於平和之地也.

방씨가 말하길, '사(肆)'자는 관대하면서도 여유롭다는 뜻이다. 상(商)음
은 굳세고 결단력이 있어서, 성품이 부드럽고 여유로운 자는 마땅히 이
것을 노래로 불러서, 부드러운 성질을 굳세고 결단력이 있게 변화시켜
야 한다. 제음은 부드럽고 여유롭기 때문에, 성품이 굳세고 과감한 자는
마땅히 이것을 노래로 불러서, 끝내 부드럽고 자신을 겸손하게 낮추는
경지에 도달해야 한다. 무릇 각각 한쪽으로 치우친 점을 바로잡아서 균
평하고 조화로운 경지로 융합시켜야 한다.

"故商者, 五帝之遺聲也, 商人識[志]之, 故謂之商. 齊者, 三代
之遺聲也, 齊人識之, 故謂之齊. 明乎商之音者, 臨事而屢斷;
明乎齊之音者, 見利而讓. 臨事而屢斷, 勇也. 見利而讓, 義也.
有勇有義, 非歌孰能保此?"〈084〉

계속하여 악사 을이 대답하길 "그러므로 상이라는 것은 오제 때 있었던
시가이며, 은나라의 후예들이 기록하였으므로['識'자의 음은 '志(지)'이다.]
'상(商)'이라고 부릅니다. 제라는 것은 삼대 때 있었던 시가이며, 제나라
사람들이 기록하였으므로 '제(齊)'라고 부릅니다. 상의 시가에 밝은 자
는 어떤 사안에 임하여 누차 결단을 하며, 제의 시가에 밝은 자는 이로
움을 보면 사양을 합니다. 일에 임하여 누차 결단을 하는 것은 용기에
해당합니다. 이로움을 보고 사양을 하는 것은 의로움에 해당합니다. 용
맹함이 있고 의로움이 있더라도, 해당하는 시가가 아니라면 그 누가 이
것들을 편안하게 여길 수 있겠습니까?"라고 했다.

집설

保, 猶安也. 言安於勇安於義而不移也.

'보(保)'자는 "편안하다."는 뜻이다. 즉 용맹함에 대해 편안하게 여기고
의로움에 대해 편안하게 여겨서, 다른 곳으로 옮겨가지 않는다는 뜻이
다.

疏曰: 宋是商後, 此商人謂宋人也.

소에서 말하길, 송나라는 은나라의 후예국이니, 여기에서 말한 '상인(商
人)'은 송나라 사람들을 뜻한다.

"故歌者, 上如抗, 下如隊[墜], 曲如折, 止如槁木, 倨中[去聲]矩, 句中鉤, 纍纍乎端如貫珠. 故歌之爲言也, 長言之也. 說[悅]之, 故言之; 言之不足, 故長言之; 長言之不足, 故嗟歎之; 嗟歎之不足, 故不知手之舞之足之蹈之也." 子貢問樂.〈085〉

계속하여 악사 을이 대답하길 "그러므로 시가라는 것을 부를 때, 높은 음은 마치 무언가를 들어 올리듯 위로 퍼지고, 낮은 음은 마치 무언가를 떨어트리듯['隊'자의 음은 '墜(추)'이다.] 밑에서 울리며, 꺾이는 음은 마치 무언가가 꺾어지듯 퍼지고, 그치는 것은 마치 고사한 나무처럼 멈추며, 조금 완곡한 것은 곱자가 휘어진 것 같고['中'자는 거성으로 읽는다.] 크게 완곡한 것은 갈고리가 휘어진 것 같으며, 끝없이 이어져 단정한 것은 마치 구슬을 꿰어놓은 것과 같습니다. 그래서 시가라는 말은 길게 말을 한다는 뜻입니다. 기뻐하기['說'자의 음은 '悅(열)'이다.] 때문에 말을 하게 되고, 말하는 것으로는 부족하기 때문에 길게 말하게 되며, 길게 말하는 것으로는 부족하기 때문에 탄식을 하게 되고, 탄식을 하는 것으로는 부족하기 때문에, 손을 너울거리고 발로 춤사위를 밟는데도 스스로 깨닫지 못하는 것입니다."라고 했다. 여기까지는 「자공문악」편이다.

上如抗, 下如隊, 言歌聲之高者如抗擧, 其下者如隊墮也. 槁木, 枯木也. 倨, 微曲也. 句, 甚曲也. 端, 正也. 長言之, 所謂歌求言也.

"위로 울리는 것이 마치 들어 올리는 것 같고, 아래로 울리는 것이 마치 밑으로 떨어트리는 것과 같다."는 말은 노랫소리 중 높은 음은 마치 높이 든 것과 같이 퍼지고, 낮은 음은 마치 추락하는 것과 같이 울린다는 뜻이다. '고목(槁木)'은 고사한 나무이다. '거(倨)'자는 약간 굽어진 것이다. '구(句)'자는 심하게 굽어진 것이다. '단(端)'자는 "올바르다."는 뜻이다. '장언지(長言之)'는 이른바 "노래는 말을 길게 읊조리는 것이다."[1]는 뜻이다.

朱子曰: 看樂記大段形容得樂之氣象, 當時許多多物度數, 人人曉得, 不須說出, 故止說樂之理如此其妙. 今許多度數都沒了, 只有許多樂之意思是好, 只是沒頓放處. 又曰: 今禮樂之書皆亡, 學者但言其義, 至於器數, 則不復曉, 蓋失其本矣.

주자가 말하길, 「악기」편을 살펴보면, 대체로 악의 기상에 대해서 형용하고 있는데, 당시에 수많은 명칭·사물·법칙 등에 대해서는 사람들이 모두 깨우치고 있었으므로, 별도로 설명할 필요가 없었다. 그렇기 때문에 단지 악의 이치가 이처럼 오묘하다고 설명한 것이다. 현재는 그 수많은 법칙들에 대한 내용이 모두 없어졌는데, 악의 뜻에 대한 많은 기록이 남아 있는 것은 그나마 다행이지만, 그것들을 실천할 방법이 없어졌다. 또 말하길, 현재 예악에 대한 기록들이 모두 없어져서, 학자들은 단지 그 의미만을 언급하고 구체적인 기물과 법칙에 대해서는 깨우칠 수 없으니, 근본을 잃어버린 것이다.

淺見

近按: "子貢問樂"四字, 古以爲結語, 今當爲衍文. 師乙之答其論雅頌者, 亦爲精密, 但摠言風而不別陳二南者, 爲可恨爾. 然所謂正直而靜者, 卽是二南之意也. 十三國獨言齊者, 鷄鳴女曰等篇, 庶幾有二南之遺風, 其視鄭·衛以下, 則有閒, 故特言之, 抑或師乙是齊人也歟.

내가 살펴보니, '자공문악(子貢問樂)'이라는 네 글자를 고대에는 결어로

---

1) 『서』「우서(虞書)·순전(舜典)」: 帝曰, 夔, 命汝典樂, 敎冑子, 直而溫, 寬而栗, 剛而無虐, 簡而無傲, 詩言志, 歌永言, 聲依永, 律和聲, 八音克諧, 無相奪倫, 神人以和.

여겼는데, 지금은 마땅히 연문으로 보아야 한다. 악사 을의 대답에서 아와 송에 대해 논한 것은 또한 정밀한 내용이 되는데, 다만 풍에 대해서는 총괄해서 말하고, 별도로 주남과 소남에 대해서는 진술하지 않았으니, 한탄할 만한 일이다. 그러나 이른바 '정직이정(正直而靜)'이라는 것은 주남과 소남의 뜻에 해당한다. 13개 제후국들 중에서 유독 제나라에 대해서만 언급한 것은 「계명(鷄鳴)」과 「여왈(女曰)」 등의 편은 주남과 소남의 유풍을 거의 간직하고 있으며, 정나라나 위나라 이하의 것들과 비교를 해보면 간극이 있기 때문에 특별히 언급한 것이고, 그것이 아니라면 혹은 악사 을이 제나라 사람이기 때문일 것이다.

右傳之第十一節.

여기까지는 전(傳)의 제 11절이다.

전문(傳文)

> 所謂大輅者, 天子之車也. 龍旂九旒, 天子之旌也. 青黑緣者, 天子之寶龜也. 從之以牛羊之群, 則所以贈諸侯也. 〈045〉

이른바 대로라는 것은 천자가 하사한 수레이다. 용기에 9개의 깃술을 단 것은 천자가 하사한 깃발이다. 청색과 흑색으로 가선에 장식을 한 것은 천자가 하사한 보귀이다. 소와 양의 무리를 뒤딸려 보낸다면, 이 것은 찾아온 제후에 대해서 선물로 하사한 것이다.

> 天子賜車, 則上公及同姓侯伯金輅, 異姓則象輅, 四衛則革路, 蕃國則木輅. 受於天子, 則捴謂之大輅也. 龍旂九旒, 亦上公, 侯·伯則七旒, 子·男則五旒也. 寶龜則以青黑爲之緣節. 牛羊非一, 故稱群. 此明報禮之事.

천자가 수레를 하사하게 되면, 상공 및 동성의 후작·백작들에게는 금로를 주고, 이성의 제후라면 상로를 주며, 사위(四衛)[1]에 속한 자들이라면 혁로를 주고, 번국(蕃國)[2]에 속한 자들이라면 목로를 준다. 천자에게

---

1) 사위(四衛)는 사방의 위복(衛服)에 속한 제후국을 뜻한다. 위복은 채복(采服)과 요복(要服: =蠻服) 사이에 있는 땅을 뜻한다. 천자의 수도 밖으로 사방 2000리(里)와 2500리 사이에 있었던 땅을 가리킨다. '위복'의 '위(衛)'자는 수호한다는 뜻으로, 천자를 위해서 외부의 침입을 막는다는 의미이다. 따라서 이 지역에 속한 제후국들을 '사위'라고 부르는 것이다.

2) 번국(蕃國)은 본래 주(周)나라 때의 구주(九州) 밖의 나라들을 지칭하는 말이다. 후대에는 오랑캐 나라들을 범칭하는 용어로도 사용되었다. 주나라 때에는 구복(九服)으로 천하의 땅을 구획하였는데, 구복 중 육복(六服)까지는 중원 지역으로

하사를 받게 된다면 이러한 수레들을 총괄적으로 '대로(大輅)'라고 부른다. 용기(龍旂)[3]에 9개의 깃술이 달린 것 또한 상공에게 주어지는 것이며, 후작·백작의 경우라면 7개의 깃술을 달고, 자작·남작의 경우라면 5개의 깃술을 단다. 보귀는 청색과 흑색으로 가선에 장식을 단 것이다. 소와 양은 한 마리가 아니기 때문에 '무리'라고 지칭한 것이다. 이 문장은 예에 따라 보답하는 사안을 나타내고 있다.

石梁王氏曰: 此八句專言禮, 與上下文不相承, 當是他篇之錯簡.

석량왕씨가 말하길, 이곳의 여덟 구문은 전적으로 예에 대해서만 논의하고 있어서 앞뒤의 문맥과 연결되지 않으니, 마땅히 다른 편의 내용이 이곳으로 잘못 착간된 것이다.

구분되며, 육복 이외의 세 개의 지역은 오랑캐 땅으로 분류하였다. 이 세 개의 지역은 이복(夷服)·진복(鎭服)·번복(藩服)이며, 이 지역에 세운 나라를 '번국'이라고 부른다. 『주례』「추관(秋官)·대행인(大行人)」편에는 "九州之外, 謂之蕃國."이라는 기록이 있는데, 이에 대한 손이양(孫詒讓)의 『정의(正義)』에서는 "職方氏九服, 蠻服以外, 有夷·鎭·藩三服. …… 是此蕃國卽職方外三服也."라고 풀이했다.

3) 용기(龍旂)는 기(旂)를 뜻한다. '기'에는 교룡(交龍)을 수놓았기 때문에, '기'를 또한 '용기'라고도 부르는 것이다. '기'는 본래 제후가 세우는 깃발을 뜻한다. 제후는 그 깃발에 두 마리의 용(龍)이 한 쌍을 이루고 있는 교룡(交龍)을 수놓는다. 이때 '머리를 하늘로 하고 있는 1마리 용[升龍]'은 승천하여 천자에게 조회를 하는 모습을 형상화한 것이고, '머리를 땅으로 하고 있는 다른 1마리 용[降龍]'은 천자의 명령을 받아서 복종하는 것을 형상화한 것이다. 천자의 깃발에는 해[日]·달[月]·별[星辰] 등을 수놓았는데, 제후는 천자와 동일하게 할 수 없기 때문에, 대신 승용(升龍)과 강용(降龍)을 수놓았던 것이다. 『주례』「춘관(春官)·사상(司常)」편에 기록된 '기'에 대해서, 정현의 주에서는 "諸侯畫交龍, 一象其升朝, 一象其下復也."라고 풀이했고, 가공언(賈公彦)의 소(疏)에서는 "至於天子旌旗有日月星辰, 故諸侯旌旗無日月星, 故龍有升降也. 象升朝天子, 象下復還國也."라고 풀이했다. 한편 깃발 자체를 뜻하는 용어로 사용되기도 했다.

近按: 此八句, 舊在"禮報情反始也"之下. 先儒以爲他篇之錯簡, 今
姑付于此篇之末.

내가 살펴보니, 이곳의 여덟 구문은 옛 판본에 "예는 은정에 보답하니,
시초로 되돌리는 것이다."⁴⁾라고 한 문장 뒤에 수록되어 있었다. 선대 학
자들은 다른 편의 내용이 착간된 것이라 여겼는데, 이제 잠시 이곳 편의
끝에 덧붙여둔다.

右蓋樂記之傳文.

여기까지는 아마도 「악기」편에 대한 전문에 해당하는 것 같다.

---

4) 『예기』「악기」 044장 : 樂也者, 施也. 禮也者, 報也. 樂, 樂其所自生; 禮, 反其
所自始. 樂章德, 禮報情, 反始也.

禮記淺見錄卷第十七

『예기천견록』 17권

「잡기상(雜記上)」

近按: 此篇記諸侯之喪禮, 而雜記大夫以下之事也.

내가 살펴보니, 이 편은 제후의 상례를 기록하고 있으며, 대부로부터 그 이하의 계층에 대한 사안도 뒤섞어 기록하고 있다.

「잡기상」편 문장 순서 비교

『예기집설』	『예기천견록』	
	구분	문장
001		001
002		002
003		003
004		004
005		005
006		061
007		006前
008	1절	006後
009		007
010		008
011		067
012		068
013		069
014		047
015		070
016		072
017		071
018		073
019		026
020		075
021		009
022		074
023		032
024		033
025		017
026	2절	014
027		015
028		016
029		021
030		010
031		011
032		012
033		013
034		039

『예기집설』	『예기천견록』	
	구분	문장
035		038
036		043
037		018
038		019
039		020
040		062
041		063
042		064
043		053
044		060
045		057
046	3절	058
047		065
048		059
049		048
050		054
051		066
052		076
053		055
054		056
055		025
056		022
057		023
058		024
059		028
060		027
061		044
062		045
063	4절	046
064		050
065		040
066		041
067		042
068		036
069		031

『예기집설』	『예기천견록』	
	구분	문장
070		037
071		029
072		030
073	4절	034
074		035
075		049
076		051
		052

제1절

經文

諸侯行而死於館, 則其復如於其國; 如於道, 則升其乘[去聲]車
之左轂, 以其綏[而追反]復.〈001〉

제후가 다른 나라로 여정을 떠났다가 그 나라의 숙소에 머물고 있는 상
태에서 죽었다면, 초혼을 할 때 본국에 있었을 때처럼 한다. 만약 도로
에서 죽게 된다면, 제후가 타고 있던 수레의['乘'자는 거성으로 읽는다.] 좌
측 바퀴 위에 올라가서, 깃술을 제거한 깃대 장식을['綏'자는 '而(이)'자와
'追(추)'자의 반절음이다.] 흔들며 초혼을 한다.

集說

館, 謂主國有司所授館舍也. 復, 招魂復魄也. 如於其國, 其禮如在
本國也. 道, 路也. 乘車, 其所自乘之車也. 在家則升屋之東榮, 車向
南, 則左在東也. 綏, 讀爲緌, 旌旗之旄也, 去其旒而用之耳. 凡五等
諸侯之復, 人數視命數. 今轂上挾, 止容一人.

'관(館)'은 방문을 받은 나라의 유사가 방문을 온 자에게 제공한 숙소이
다. '복(復)'은 혼을 부르고 백을 되돌린다는 뜻이다. '여어기국(如於其
國)'은 그 예법이 본국에 남아있을 경우와 같다는 뜻이다. '도(道)'는 도
로이다. '승거(乘車)'는 그가 직접 탔던 수레를 뜻한다. 집에 있었을 경
우라면 지붕의 동쪽 처마에 올라가서 초혼을 하는데, 수레는 남쪽을 향
하니 좌측은 동쪽이 된다. '수(綏)'자는 유(緌)자로 풀이하니, 깃발에 다
는 깃대 장식으로, 깃술을 제거하여 사용할 따름이다. 무릇 다섯 등급에
해당하는 제후들에 대해 초혼의식을 시행하면, 참여하는 인원의 수는
그가 받은 명의 등급에 견준다. 현재는 수레 바퀴통 위의 좁은 곳에서
하므로 단지 한 사람만 하게 된다.

其輤[千見反]有裧[尺占反]緇布裳帷, 素錦以爲屋而行.〈002〉

영구의 수레를 덮는 천에는['輤'자는 '千(천)'자와 '見(견)'자의 반절음이다.] 장식을 하니, 천의 네 방면에 첨을['裧'자는 '尺(척)'자와 '占(점)'자의 반절음이다.] 달아 늘어트리고, 검은색의 천으로 휘장처럼 관을 두르며, 흰색의 비단을 지붕처럼 만들어서 관을 덮고서야 행차를 한다.

輤, 載柩之車上覆飾也. 輤象宮室. 舊說, 輤用染赤色, 以蒨而名. 裧者, 輤之四旁所垂下者. 緇布裳帷者, 輤下棺外, 用緇色之布爲裳帷, 以圍繞棺也. 素錦以爲屋者, 用素錦爲小帳如屋, 以覆棺之上, 設此飾乃行也.

'천(輤)'은 영구를 실은 수레의 덮개를 장식한 것이다. 천은 궁궐을 상징한다. 옛 학설에서는 천은 적색으로 염색한 천을 사용하는데, 염료로 천(蒨)이라는 식물을 사용해서 이처럼 명칭을 정했다고 한다. '첨(裧)'이라는 것은 천의 네 면에 달려서 밑으로 늘어지는 것을 뜻한다. '치포상유(緇布裳帷)'는 천 밑의 관 겉에는 검은색의 포를 이용해서 장막을 만들어 관을 두르는 것을 뜻한다. '소면이위옥(素綿以爲屋)'이라는 말은 흰색의 비단을 이용해서 작은 장막을 만들어 지붕처럼 해서, 관의 위를 덮는 것이니, 이러한 장식을 설치한 뒤에 영구가 행차하게 된다.

至於廟門, 不毀墻, 遂入, 適所殯, 唯輤爲說[脫]於廟門外.〈003〉

빈궁의 문에 당도하면, 휘장을 걷지 않고 안으로 들어가서, 빈소가 차려진 곳으로 가는데, 천은 더 이상 필요하지 않으므로, 빈궁의 문 밖에서 벗겨둔다.['說'자의 음은 '脫(탈)'이다.]

集說

廟門, 殯宮之門也. 不毀墻, 謂不折去裳帷也. 所殯在兩楹間, 脫輤 於門外者, 旣入宮室, 則不必象宮之輤也, 故脫之.

'묘문(廟門)'은 빈궁의 문을 뜻한다. '불훼장(不毀牆)'은 장막을 제거하지 않는다는 뜻이다. 빈소를 차리는 곳은 양쪽 기둥 사이가 되며, 문밖에서 천을 벗긴다는 것은 궁실로 이미 들어왔다면, 궁실을 상징하는 천이 불필요하기 때문에 벗기는 것이다.

淺見

近按: 曾子問出疆君薨, 其入之禮云, 入自闕, 註謂毀殯宮門西邊墻 而入, 故此云不毀墻, 是不去裳帷, 非不毀宮墻也.

내가 살펴보니, 『예기』「증자문(曾子問)」편에서는 국경 밖으로 나갔다가 제후가 죽었을 경우, 그 시신을 가지고 본국으로 들어오는 예에 대해서 궐을 통해서 들어온다고 했고, 주에서는 빈소의 문 서쪽 담장을 헐어서 들어오는 것이라고 했다. 그렇기 때문에 이곳에서 '불훼장(不毀牆)'이라고 한 것이니, 이것은 장막을 제거하지 않는다는 뜻이며, 빈소의 담장을 헐지 않는다는 뜻이 아니다.

大夫士死於道, 則升其乘車之左轂以其綏復. 如於館死, 則其
復如於家. 大夫以布爲輤而行, 至於家而說輤, 載以輇[逋]車,
入自門, 至於阼階下而說車, 擧自阼階, 升適所殯.〈004〉

대부와 사의 경우 여정 중 길에서 죽게 되면, 그가 타고 있던 수레의
좌측 바퀴에 올라가서 수레를 탈 때 잡는 수라는 끈을 이용해 초혼을
한다. 만약 제공받은 숙소에서 죽게 된다면, 그때의 초혼은 그가 자신
의 집에서 죽었을 때처럼 한다. 대부의 경우에는 포를 이용해 천을 만
들어서 행차를 하며, 그의 집에 도착하면 천을 제거하고, 시신을 바퀴살
이 없는[輇'자의 음은 '逋(천)'이다.] 수레에 싣고, 문을 통해서 들어가며, 동
쪽 계단 밑에 도착하면 시신을 수레에서 꺼내고, 들어 올려서 동쪽 계
단을 통해 올라가 빈소가 차려진 곳으로 이동시킨다.

布輤, 以白布爲輤也. 輇, 讀爲輇, 音與船同. 說文: "有輻曰輪, 無輻
曰輇." 有輻者, 別用木以爲輻也. 無輻者, 合大木爲之也. 大夫初死,
及至家, 皆用輇車載之. 今至家而脫去輤, 則惟尸在輇車上耳, 故云
載以輇車. 凡死於外者, 尸入自門, 升自阼階, 柩則入自闕, 升自西
階. 周禮, 殯則於西階之上, 惟死於外者, 殯當兩楹之中, 蓋不忍遠
之也.

'포천(布輤)'은 백색의 포로 천을 만들었다는 뜻이다. '천(輇)'자는 전(輇)
자로 풀이하니, 그 음은 선(船)자와 동일하다. 『설문』에서는 "바퀴살이
있는 바퀴를 '윤(輪)'이라 부르며, 바퀴살이 없는 바퀴를 '전(輇)'이라 부
른다."라고 했다. 바퀴살이 있는 것은 별도로 나무를 이용해서 바퀴살을
만든다. 바퀴살이 없는 것은 큰 나무를 합해서 원형으로 바퀴를 만든다.
대부가 여정 중 이제 막 죽었을 때와 그의 집까지 갈 때에는 모두 바퀴
살이 없는 수레를 이용해서 시신을 싣는다. 현재 집에 도착하여 천을

제거했다면, 오직 시신만 바큇살이 없는 수레 위에 놓여 있을 뿐이다. 그렇기 때문에 "바퀴살이 없는 수레를 이용해서 싣는다."고 했다. 무릇 외지에서 죽은 경우, 시신이 들어올 때에는 문을 통해서 들어오며, 당으로 오를 때에는 동쪽 계단을 통해서 오르며, 영구의 경우에는 궐을 통해서 들어오고, 서쪽 계단을 통해서 오른다. 주나라의 예법에 따르면 빈소의 경우에는 서쪽 계단 위에 마련하는데, 오직 외지에서 죽은 자에 대해서만 빈소를 양쪽 기둥 사이에 만드니, 차마 멀리 떨어트려 놓을 수 없기 때문이다.

經文

士輤葦席以爲屋, 蒲席以爲裳帷.〈005〉

사의 천을 만들 때에는 위석을 덮개를 삼으며, 포석을 휘장으로 삼는다.

集說

士卑, 故質略如此.

사는 신분이 미천하기 때문에 이처럼 질박하고 소략하게 한다.

淺見

近按: 此以上言凡死於外者, 其禮有上下之不同也.

내가 살펴보니, 여기까지는 외지에서 죽었을 경우, 그 예법에 상하 계층에 따른 차이가 있었음을 말한 것이다.

爲君使[去聲]而死, 公館復, 私館不復. 公館者, 公官與公所爲也. 私館者, 自卿·大夫以下之家也.〈061〉[舊在"不襲婦服"之下.]

군주를 위해 사신으로['使'자는 거성으로 읽는다.] 다른 나라에 갔는데, 그곳에서 죽게 되면, 그 장소가 공관일 경우에는 초혼을 하지만, 사관일 경우에는 초혼을 하지 않는다. 공관이라는 것은 찾아간 나라의 제후가 궁실에 마련한 숙소와 군주가 궁실 밖에 별도로 마련한 숙소이다. 사관이라는 것은 경이나 대부로부터 그 이하의 계층이 소유한 집이다. [옛 판본에는 "남자에게는 부인의 옷을 습하지 않는다."1)라고 한 문장 뒤에 수록되어 있었다.]

集說

說見曾子問.

설명은 『예기』 「증자문(曾子問)」편에 나온다.

淺見

近按: 此章見曾子問, 而詳略不同, 上章言大夫·士死於道, 是兼私行者而言, 故此特擧爲使者而言也. 公館者, 曾子問云公館與公所爲曰公館也, 此云公宮與公所爲也. 此章蓋誤. 夫私館不復者, 以其館於人家嫌於主人之喪, 故不復也. 卿·大夫以下之家, 猶不可復, 況公宮乎?

내가 살펴보니, 이 장은 「증자문」편에 나오는데,2) 상세히 설명한 것과

---

1) 『예기』 「잡기상」 060장: 子羔之襲也, 繭衣裳與稅衣纁袡爲一, 素端一, 皮弁一, 爵弁一, 玄冕一. 曾子曰, "不襲婦服."

2) 『예기』 「증자문(曾子問)」 058장: 曾子問曰: "爲君使而卒於舍, 禮曰, 公館復, 私館不復, 凡所使之國, 有司所授舍, 則公館已, 何謂私館, 不復也." 孔子曰:

간략히 한 것에 차이가 있으니, 앞 장에서는 대부와 사가 도로에서 죽었다고 했는데, 이것은 개인적으로 행차하는 경우까지도 겸해서 말한 것이다. 그렇기 때문에 이곳에서는 특별히 사신이 된 경우를 제시해서 언급한 것이다. '공관(公館)'에 대해서, 「증자문」편에서는 공관(公館)과 공소위(公所爲)를 공관(公館)이라 부른다고 했는데, 이곳에서는 공궁(公宮)과 공소위(公所爲)라고 했다. 이 장이 아마도 잘못된 기록인 것 같다. 사관에서는 초혼을 하지 않는다고 했는데, 그 숙소가 일반 집에 마련되어 있어서, 그 집 주인의 상으로 오해할 것을 염려했기 때문에 초혼을 하지 않는 것이다. 경과 대부로부터 그 이하의 집에서도 오히려 초혼을 하지 않는데, 하물며 공궁에서 하겠는가?

"善乎, 問之也. 自卿大夫士之家曰私館, 公館與公所爲曰公館, 公館復, 此之謂也."

凡訃於其君, 曰: "君之臣某死." 父母妻長子, 曰: "君之臣某之
某死." 〈006〉1) [舊在"蒲席以爲裳帳"之下.]

무릇 자기 군주에게 부고를 알릴 때에는 "군주의 신하 아무개가 죽었습
니다."라고 말한다. 그의 부모·처·장자에 대해서 부고를 알릴 때에는
"군주의 신하 아무개의 아무개가 죽었습니다."라고 말한다. [옛 판본에는
"포석을 휘장으로 삼는다."2)라고 한 문장 뒤에 수록되어 있었다.]

淺見

近按: 此因上文大夫·士死於外之事, 以言其訃告之禮, 故曰訃於其
君也. 父母妻長子者, 亦謂大夫·士爲使在道, 而聞有是喪, 則亦必
告之, 待報而後反, 故幷言其訃禮.

내가 살펴보니, 이 문장은 앞 문장에서 대부와 사가 외지에서 죽은 사안
을 언급한 것에 따라서 부고를 알리는 예법을 언급한 것이다. 그렇기
때문에 자신의 군주에게 부고를 알린다고 말했다. 부모·처·장자라는
것 또한 대부와 사가 사신이 되어 도로에 있을 때 이러한 상이 발생했다
는 소식을 듣게 되면 또한 반드시 알리는 것으로, 보고한 말에 대한 명
령이 올 때까지 기다린 뒤에야 되돌아가게 된다. 그렇기 때문에 그들에
대한 부고를 알리는 예법도 함께 언급한 것이다.

---

1) 『예기』「잡기상」006장: 凡訃於其君曰, "君之臣某死." 父母妻長子曰, "君之臣
某之某死." 君訃於他國之君曰, "寡君不祿, 敢告於執事." 夫人曰, "寡小君不
祿." 太子之喪曰, "寡君之適子某死."
2) 『예기』「잡기상」005장: 士輤葦席以爲屋, 蒲席以爲裳帷.

君訃於他國之君曰: "寡君不祿, 敢告於執事." 夫人曰: "寡小君不祿." 太子之喪曰: "寡君之適[的]子某死."〈006〉[1]

자기 군주에 대해서 다른 나라의 군주에게 부고를 알릴 때에는 "저희 군주가 더 이상 녹봉을 받지 못하니, 감히 일을 맡아보는 자에게 아룁니다."라고 말한다. 군주의 부인에 대해서는 "저희 소군께서 더 이상 녹봉을 받지 못하니, 감히 일을 맡아보는 자에게 아룁니다."라고 말한다. 태자의 상에 대해서는 "저희 군주의 적자['適'자의 음은 '的(적)'이다.] 아무개가 죽었으니, 감히 일을 맡아보는 자에게 아룁니다."라고 말한다.

集說

君與夫人訃, 不曰薨而曰不祿, 告他國謙辭也. 敢告於執事者, 凶事不敢直指君身也.

군주와 그의 부인에 대해서 부고를 알릴 때에는 '훙(薨)'이라 말하지 않고, '불록(不祿)'이라 말하니, 다른 나라에 알릴 때에는 겸손한 말로 전하기 때문이다. "감히 일을 맡아보는 자에게 아룁니다."라고 말하는 것은 흉사에 대해서는 감히 직접적으로 군주 자신을 가리킬 수 없기 때문이다.

---

1) 『예기』「잡기상」006장 : 凡訃於其君曰, "君之臣某死." 父母妻長子曰, "君之臣某之某死." 君訃於他國之君曰, "寡君不祿, 敢告於執事." 夫人曰, "寡小君不祿." 太子之喪曰, "寡君之適子某死."

大夫訃於同國適[敵]者曰: "某不祿." 訃於士亦曰: "某不祿." 訃
於他國之君曰: "君之外臣寡大夫某死." 訃於適者曰: "吾子之
外私寡大夫某不祿, 使某實[至]." 訃於士亦曰: "吾子之外私寡
大夫某不祿, 使某實."〈007〉

대부가 죽었을 때, 그와 같은 나라에 거주하는 대부 중 신분이 대등한
['適'자의 음은 '敵(적)'이다.] 자에게 부고를 알릴 때에는 "아무개가 더 이상
녹봉을 받지 못합니다."라고 말한다. 사에게 부고를 알릴 때에도 "아무
개가 더 이상 녹봉을 받지 못합니다."라고 말한다. 다른 나라의 제후에
게 부고를 알릴 때에는 "군주의 외국 신하인 저희 대부 아무개가 죽었
습니다."라고 말한다. 다른 나라에 거주하는 신분이 대등한 자에게 부
고를 알릴 때에는 "그대의 외국 친우인 저희 대부 아무개가 더 이상 녹
봉을 받지 못하여, 아무개를 시켜 이곳에 오도록['實'자의 음은 '至(지)'이
다.] 했습니다."라고 말한다. 다른 나라의 사에게 부고를 알릴 때에도
"그대의 외국 친우인 저희 대부 아무개가 더 이상 녹봉을 받지 못하여,
아무개를 시켜 이곳에 오도록 했습니다."라고 말한다.

適者, 謂同國大夫位命相敵者. 外私, 在他國而私有恩好者也. 實,
讀爲至, 言爲訃而至此也.

'적자(適者)'는 같은 나라에 거주하는 대부 중 지위와 명의 등급이 죽은
자와 대등한 자를 뜻한다. '외사(外私)'는 다른 나라에 소속되어 있지만
사적으로 은정과 우호를 다졌던 자를 뜻한다. '실(實)'자를 지(至)자로
풀이하니, 부고를 위해 이곳에 왔다는 뜻이다.

士訃於同國大夫曰: "某死." 訃於士亦曰: "某死." 訃於他國之
君曰: "君之外臣某死." 訃於大夫曰: "吾子之外私某死." 訃於
士亦曰: "吾子之外私某死."〈008〉

사가 죽었을 때, 그와 같은 나라에 거주하는 대부에게 부고를 알릴 때
에는 "아무개가 죽었습니다."라고 말한다. 사에게 부고를 알릴 때에도
"아무개가 죽었습니다."라고 말한다. 다른 나라의 제후에게 부고를 알
릴 때에는 "군주의 외국 신하인 아무개가 죽었습니다."라고 말한다. 다
른 나라의 대부에게 부고를 알릴 때에는 "그대의 외국 친우 아무개가
죽었습니다."라고 말한다. 다른 나라의 사에게 부고를 알릴 때에도 "그
대의 외국 친우 아무개가 죽었습니다."라고 말한다.

集說

士卑, 故其辭降於大夫.

사는 신분이 미천하기 때문에, 전하는 말에 있어서도 대부보다 낮추게
된다.

淺見

近按: 推言君以下至於士, 訃禮之不同也.

내가 살펴보니, 군주로부터 그 이하의 계층으로 사에 이르기까지 부고
를 알리는 예법이 다르다는 것을 미루어 언급한 것이다.

弔者卽位于門西東面, 其介在其東南北面西上, 西於門. 主孤
西面. 相者受命曰: "孤某使某請事." 客曰: "寡君使某, 如何不
淑!" 相者入告. 出曰: "孤某須矣." 弔者入, 主人升堂西面. 弔
者升自西階, 東面致命曰: "寡君聞君之喪, 寡君使某, 如何不
淑!" 子拜稽顙, 弔者降反位. 〈067〉[舊在"廣尺長終幅"之下.]

이웃 제후국에 상이 발생하여 신하를 파견해 조문을 하는 경우, 조문으
로 찾아온 사신은 찾아간 제후국의 대문 서쪽으로 나아가 위치하며 동
쪽을 바라보고, 함께 따라온 부관들은 그의 동남쪽에 위치하여 북쪽을
바라보는데, 서열에 따라 서쪽 끝에서부터 위치하니, 문의 서쪽에 위치
한다. 조문을 받는 제후국의 세자는 서쪽을 바라본다. 의례를 돕는 자
가 세자의 명령을 받아서, "저희 상주이신 아무개께서 아무개인 저를 시
켜서 찾아오신 연유에 대해서 청해 물으라고 하셨습니다."라고 한다.
그러면 조문객으로 찾아간 사신은 "저희 군주께서 아무개인 저를 시켜
조문을 보내셨으니, 어찌하여 이처럼 불행한 일이 발생했습니까!"라고
말한다. 의례를 돕는 자가 안으로 들어가서 이 사실을 아뢴다. 그런 뒤
다시 밖으로 나와서 "저희 상주이신 아무개께서 기다리고 계십니다."라
고 말한다. 그러면 조문객으로 온 사신은 안으로 들어가고, 상주인 세
자는 당에 올라가서 서쪽을 바라본다. 이때 조문객으로 온 사신은 당에
오르며 서쪽 계단을 이용하고, 올라가서 동쪽을 바라보며 군주의 명령
을 전달하니, "저희 군주께서 군주의 상에 대한 소식을 들으셔서, 저희
군주께서 아무개인 저를 사신으로 보내셔서 조문을 하니, 어찌하여 이
처럼 불행한 일이 발생했습니까!"라고 말한다. 그러면 세자는 절을 하며
이마를 땅에 닿도록 하고, 조문객으로 온 사신은 다시 밑으로 내려가
대문 밖에 마련된 자신의 자리로 돌아간다. [옛 판본에는 "너비는 1척이고
길이는 종폭이다."[1]라고 한 문장 뒤에 수록되어 있었다.]

此言列國遣使弔喪之禮. 弔者, 君所遣來之使也. 介, 副也. 門西, 主
國大門之西也. 西上者, 介非一人, 其長者在西, 近正使也. 西於門,
不敢當門之中也. 主孤西面, 立於阼階之下也. 相者受命, 相禮者受
主人之命也. 如何不淑, 慰問之辭, 言何爲而權此凶禍也. 須, 待也.
凶禮不出迎, 故云須矣. 主人升堂, 由阼階而升也. 降反位, 降階而
出復門外之位也. 曲禮云: "升降不由阼階." 謂平常無弔賓時耳.

이 내용은 제후국에서 사신을 파견하여 상사에 조문하는 예법을 뜻한
다. '조자(弔者)'는 군주가 파견하여 찾아온 사신을 뜻한다. '개(介)'는 부
관을 뜻한다. '문서(門西)'는 찾아간 제후국의 대문 서쪽을 뜻한다. '서상
(西上)'이라는 말은 개는 한 사람이 아니며, 그 중 수장에 해당하는 자가
서쪽에 위치하여, 정식 사신과 가까이 위치한다는 뜻이다. "문의 서쪽에
위치한다."는 말은 감히 문의 중앙에 있을 수 없기 때문이다. "조문을
받는 나라의 고가 서쪽을 바라본다."는 말은 동쪽 계단 아래에 서 있다
는 뜻이다. '상자수명(相者受命)'은 의례 절차를 돕는 자가 주인의 명령
을 받았다는 뜻이다. '여하불숙(如何不淑)'은 위로하며 안부를 묻는 말이
니, 어찌하여 이와 같은 불행을 당했느냐는 뜻이다. '수(須)'자는 "기다
린다."는 뜻이다. 흉례를 치를 때에는 대문 밖으로 나와서 맞이하지 않
는다. 그렇기 때문에 기다린다고 했다. '주인승당(主人升堂)'은 동쪽 계
단을 통해 올라간다는 뜻이다. '강반위(降反位)'는 계단으로 내려와서 밖
으로 나가 다시 문밖의 자리로 돌아간다는 뜻이다. 『예기』「곡례(曲禮)」
편에서는 "오르거나 내려갈 때에는 부친이 사용하던 동쪽 계단을 이용
하지 않는다."고 했는데, 평상시 조문하는 빈객이 없는 경우를 뜻할 따
름이다.

石梁王氏曰: 此一段頗詳, 可補諸侯喪禮之缺.

---

1) 『예기』「잡기상」 066장 : 魯人之贈也, 三玄二纁, 廣尺, 長終幅.

석량왕씨가 말하길, 이곳 문단은 자못 상세하게 기술되어 있으니, 제후의 상례 절차 중 누락된 부분을 보충할 수 있다.

近按: 此下言諸侯遣使, 相弔含襚賵之禮. 自篇首至此節之初, 其間雖言大夫·士之訃, 然主諸侯而言, 其文節次相承, 故上言訃於他國之禮, 而此言他國來弔之事, 其序蓋當如此. 舊本析在首末, 而中間雜記他事, 文不成章, 而失其次, 今悉更定.

내가 살펴보니, 이곳 구문으로부터 그 이하의 문장에서는 제후가 사신을 파견하여 서로 조·함·수·봉하는 예법을 언급하고 있다. 「잡기상」편의 첫 부분부터 이곳 문단 첫 부분에 이르기까지 그 사이에 비록 대부와 사의 부고를 알리는 내용을 언급했지만, 제후를 위주로 언급한 것이며, 그 문단의 순서가 서로 연이어 있기 때문에 앞에서는 다른 나라에 부고를 알리는 예법을 언급하고, 이곳에서는 다른 나라에서 찾아와 조문하는 사안을 언급했으니, 그 순서는 아마도 이와 같아야 할 것이다. 옛 판본에서는 이러한 것들을 쪼개서 편의 첫 부분과 끝 부분에 배치하고, 중간에는 잡되게도 다른 사안들을 기록하여, 글이 문장을 성립하지 못했고 그 순서도 어긋나서, 이제 이를 살펴 다시 바로잡는다.

含[去聲]者執璧將命曰: "寡君使某含." 相者入告, 出曰: "孤某
須矣." 含者入, 升堂致命, 子拜稽顙. 含者坐委于殯東南, 有葦
席, 旣葬蒲席. 降, 出, 反位. 宰夫朝服卽喪屨, 升自西階, 西面
坐取璧, 降自西階, 以東.〈068〉 [舊聯上文. 下倣此.]

이웃 제후국에 상이 발생하여, 신하를 파견해 함을 하는 경우, 함옥을
['含'자는 거성으로 읽는다.] 가져간 자는 함옥을 들고 명령을 전달하며, "저
희 군주께서는 아무개인 저를 사신으로 보내셔서 함옥을 바치게 했습니
다."라고 한다. 의례를 돕는 자가 안으로 들어가서 그 사실을 아뢰고,
밖으로 나와서 "저희 상주이신 아무개께서 기다리고 계십니다."라고 말
한다. 함옥을 가진 자가 안으로 들어가 당에 올라가서 자기 군주의 명
령을 전달하면, 세자는 절을 하며 이마를 땅에 닿도록 한다. 함옥을 가
진 자는 빈소의 동남쪽에서 무릎을 꿇고 함옥을 내려놓는데, 이때에는
갈대로 엮은 자리가 깔려 있고, 만약 장례를 치른 뒤라면 부들로 짠 자
리가 깔려 있다. 함옥을 내려놓은 뒤 당하로 내려가서 문밖으로 나가
자신의 자리로 되돌아간다. 재부는 조복을 착용하지만 상구를 신고, 당
에 올라갈 때 서쪽 계단을 통해서 올라가며, 서쪽을 바라보고 무릎을
꿇고서 내려놓은 함옥을 들며, 당하로 내려갈 때 서쪽 계단을 통해서
내려가서, 동쪽으로 이동하여 안에 함옥을 보관한다. [옛 판본에는 앞 문장
의 뒤에 수록되어 있었다. 아래 문장들도 이와 같다.]

此言列國致含之禮. 含玉之形制如璧. 舊註云, 分寸大小未聞. 坐委,
跪而致之也. 未葬之前, 設葦席以承之, 旣葬, 則設蒲席承之. 隣國
有遠近, 故有葬後來致含者. 降出反位, 謂含者委璧訖, 降階而復門
外之位也. 上文弔者爲正使, 此含者乃其介耳. 凡初遭喪, 則主人不
親受, 使大夫受於殯宮. 此遭喪已久, 故嗣子親受之, 然後宰夫取而

藏之也. 朝服, 吉服也. 執玉不麻, 故著朝服. 以在喪不可純變吉, 故
仍其喪屨. 坐取璧, 亦跪而取之也. 以東, 藏於內也. 疏云: "宰, 謂上
卿. 夫宇衍."

이 내용은 제후국끼리 서로에게 함(含)¹⁾을 하는 예법을 뜻한다. 함옥
(含玉)²⁾의 형태와 제작 방법은 벽과 같다. 옛 주석에서는 치수와 크기
에 대해서는 들어보지 못했다고 했다. '좌위(坐委)'는 무릎을 꿇고 물건
을 전한다는 뜻이다. 아직 장례를 치르기 이전이라면 위석(葦席)을 깔아
두어서 받치게 하는데, 장례를 치른 뒤라면 포석(蒲席)을 깔아두어서 받
치게 한다. 이웃 제후국들 사이에는 거리에 차이가 있었기 때문에 장례
를 치른 뒤에 찾아와서 함옥을 바치는 경우가 있었다. "내려와서 밖으로
나가 자리로 되돌아간다."는 말은 함옥을 바치는 자가 무릎을 꿇고 함옥
바치는 일이 끝나면, 계단을 통해 내려와서 다시 문밖의 자리로 되돌아
간다는 뜻이다. 앞 문장에서 말한 조문하는 자는 정식 사신을 뜻하므로,
이곳에서 함옥을 바치는 자는 곧 그의 부관이 될 따름이다. 무릇 최초
상을 당하게 되면, 상주는 직접 함옥을 받지 않고, 대부를 시켜서 빈소
에서 그것을 받게 한다. 이곳의 내용은 상을 당한 뒤 이미 오랜 시간이
지났기 때문에, 제후의 지위를 계승하는 적장자가 직접 그것을 받고, 그
런 뒤에 재부가 그것을 가져가서 보관한다. '조복(朝服)'은 길한 때 착용
하는 복장이다. 옥을 든 자는 마로 된 복장을 착용하지 않기 때문에 조
복을 착용하는 것이다. 상을 치르는 도중이므로 길한 복장으로 완전히
바꿀 수 없기 때문에, 곧 상을 치를 때 신는 신발을 착용한다. '좌취벽

---

1) 함(含)은 부의를 보낸다는 뜻이며, 또한 부의로 보내는 특정 물건을 가리키기도
   하다. '함'은 시신과 함께 매장하게 될 주옥(珠玉)을 부의로 보내는 것이다. 『예기』
   「문왕세자(文王世子)」편에는 "族之相爲也, 宜弔不弔, 宜免不免, 有司罰之. 至
   于贈賻承含, 皆有正焉."이라는 기록이 있는데, 이에 대한 진호(陳澔)의 『집설
   (集說)』에서는 "含以珠玉."이라고 풀이했다.
2) 함옥(含玉)은 고대의 상례에서, 죽은 자의 입에 넣는 옥을 뜻한다. 『주례』「천관
   (天官)·대재(大宰)」편에는 "大喪, 贊贈玉·含玉."이라는 기록이 있고, 이에 대
   한 정현의 주에서는 "含玉, 死者口實. 天子以玉."이라고 풀이했다.

(坐取璧)' 또한 무릎을 꿇고서 물건을 가져간다는 뜻이다. "동쪽으로 간다."는 말은 안에 보관한다는 뜻이다. 소에서는 "'재(宰)'는 상경이다. '부(夫)'자는 연문으로 기록된 글자이다."라고 했다.

淺見

近按: 此言來含之禮.

내가 살펴보니, 이것은 찾아와서 함을 하는 예법을 언급한 것이다.

襚者曰: "寡君使某襚." 相者入告, 出曰: "孤某須矣." 襚者執冕
服, 左執領, 右執要[平聲], 入, 升堂致命曰: "寡君使某襚." 子拜
稽顙, 委衣于殯東. 襚者降, 受爵弁服於門內霤將命, 子拜稽顙
如初. 受皮弁服於中庭, 自西階受朝服, 自堂受玄端將命,
子拜稽顙皆如初. 襚者降, 出, 反位. 宰夫五人擧以東, 降自西
階, 其擧亦西面.〈069〉

이웃 제후국에 상이 발생하여, 신하를 파견해 수의(襚衣)를 전달하는
경우, 수의를 전달하는 자는 "저희 군주께서 아무개인 저를 사신으로 보
내셔서 수의를 바치게 했습니다."라고 한다. 의례를 돕는 자가 안으로
들어가서 그 사실을 아뢰고, 밖으로 나와서 "저희 상주이신 아무개께서
기다리고 계십니다."라고 말한다. 수의를 전달하는 자는 면복을 들고
가는데, 좌측 손으로 옷깃을 잡고 우측 손으로 허리부분을['要'자는 평성으
로 읽는다.] 잡으며, 그것을 들고 안으로 들어가 당에 올라가서 명령을 전
달하니, "저희 군주께서 아무개인 저로 하여금 수의를 바치게 했습니
다."라고 한다. 그러면 세자는 절을 하며 이마가 땅에 닿도록 하고, 빈
소의 동쪽에 의복을 진열해둔다. 수의를 전달하는 자가 내려가서 문안
의 처마에서 작변복을 받아가지고 와서 의복을 건네며 명령을 전달하
면, 세자는 절을 하며 이마를 땅에 닿도록 하니 처음 의복을 받았을 때
처럼 한다. 또 수의를 전달하는 자가 마당에서 피변복을 받아가지고 와
서 의복을 건네며 명령을 전달하고, 서쪽 계단으로부터 조복을 받아가
지고 와서 의복을 건네며 명령을 전달하며, 당으로부터 현단을 받아가
지고 와서 의복을 건네며 명령을 전달하면, 세자는 절을 하며 이마가
땅에 닿도록 하니, 이 모두에 대해서 의복을 처음 받았을 때처럼 한다.
그런 뒤 수의를 전달하는 자는 내려가서 밖으로 나가 자신의 자리로 되
돌아간다. 재부 5명은 각각 한 벌의 의복을 들고 동쪽으로 가니, 서쪽
계단을 통해서 내려가며, 그 의복을 들 때에도 또한 수의를 전달하는

자처럼 서쪽을 바라보게 된다.

此言列國致襚之禮. 衣服曰襚. 委于殯東, 卽委璧之席上也. 左執領,
則領向南. 此襚者旣致冕服訖, 復降而出, 取爵弁服以進, 至門之內
霤而將命, 子拜如初者, 如受冕服之禮也. 受訖, 襚者又出取皮弁服
及朝服及玄端服, 每服進受之禮皆如初, 但受之之所不同耳. 致五
服皆畢, 襚者乃降出反位, 而宰夫五人, 各擧一服以東, 而其擧之也,
亦如襚者之西面焉.

이것은 제후국들끼리 서로에게 수의를 보내는 예법을 뜻한다. 부의로
의복을 보내는 것을 '수(襚)'라고 부른다. "빈소의 동쪽에 내려둔다."는
말은 벽을 내려놓는 자리 위에 둔다는 뜻이다. "좌측 손으로 옷깃을 잡
는다."라고 했다면 옷깃은 남쪽을 향하게 된다. 수의를 전달하는 자가
이미 면복을 전달하고 그 일이 끝나면, 다시 내려와서 밖으로 나가며,
작변복을 가지고 나아가서 문의 안쪽에 있는 처마에 이르러 명령을 전
달하고, 자식은 절을 하며 처음 했을 때처럼 하니, 면복을 받았을 때의
예법처럼 하는 것이다. 전달하는 일이 끝나면, 수의를 전달하는 자는 재
차 밖으로 나가서 피변복 · 조복 · 현단복을 가져와서 매 복장마다 나아
가 전달하는 예법을 모두 처음에 했던 것처럼 하는데, 다만 그것을 받는
장소만 다를 뿐이다. 다섯 가지 복장을 전달하는 일이 모두 끝나면, 수의
를 전달하는 자는 곧 내려가서 밖으로 나가 자신의 자리로 나아가고, 재
부 5명은 각각 한 가지 복장을 들고서 동쪽으로 가는데, 그들이 복장을
들 때에도 또한 수의를 전달하는 자가 서쪽을 바라보았던 것처럼 한다.

近按: 此言來襚之禮, 每服受所不同, 然其進而將命, 皆於堂上, 舊
說恐誤.

내가 살펴보니, 이것은 찾아와서 수의를 전달하는 예법을 말한 것인데,

매 복장마다 전달하는 장소가 다르지만, 나아가서 명령을 전달할 때에는 모두 당상에서 하니, 옛 학설은 아마도 잘못된 것 같다.

諸侯相襚以後路與冕服, 先路與褒衣不以襚.〈047〉 [舊在"加灰錫
也"之下.]

제후가 서로에게 물건을 보낼 때에는 후로와 다음 등급의 면복을 사용
하며, 선로와 포의는 물건을 보내는 용도로 사용하지 않는다. [옛 판본에
는 "잿물에 담그는 공정을 가미하면, 석최가 된다."[1]라고 한 문장 뒤에 수록되어 있
었다.]

集說

後路, 貳車也. 貳車在後, 故曰後路. 冕服, 上冕之後次冕也. 上公以
鷩冕爲次, 侯·伯以毳冕爲次, 子·男以絺冕爲次. 先路, 正路也. 褒
衣者, 始命爲諸侯之衣, 及朝覲時天子所加賜之衣也. 相襚不可用
己之正車服者, 以彼不用之以爲正也.

'후로(後路)'는 이거를 뜻한다. 이거는 뒤에서 따라오기 때문에 '후로(後
路)'라고 부른다. '면복(冕服)'은 면복 중 가장 상등의 복장을 제외한 그
다음 등급의 면복을 뜻한다. 상공은 별면을 다음 등급의 면복으로 삼고,
후작·백작은 취면을 다음 등급의 면복으로 삼으며, 자작·남작은 치면
을 다음 등급의 면복으로 삼는다. '선로(先路)'는 해당 대상이 타게 되는
본래의 수레를 뜻한다. '포의(褒衣)'는 처음 명령을 받아 제후가 되었을
때 착용했던 옷이나 조근 등의 의례 때 천자가 하사해준 옷을 뜻한다.
서로 물건을 보낼 때 자신이 사용하는 정식 수레와 정식 복장을 이용하
지 않는 것은 상대방이 그것들을 자신의 정식 수레와 복장으로 삼을 수
없기 때문이다.

---

1) 『예기』「잡기상」 046장 : 朝服十五升, 去其半而緦加灰, 錫也.

近按: 此因襚者之禮, 而類次之.

내가 살펴보니, 이것은 수의를 보내는 예법으로 인해 비슷한 부류를 그
다음에 덧붙여둔 것이다.

上介賵[芳鳳反], 執圭將命曰: "寡君使某賵." 相者入告, 反命曰: "孤須矣." 陳乘[去聲]黃大路於中庭, 北輈, 執圭將命. 客使自下由路西, 子拜稽顙, 坐委于殯東南隅, 宰擧以東.〈070〉[舊在"其擧亦西面"之下.]

이웃 제후국에 상이 발생하여, 신하를 파견해 봉을 하는 경우, 상개가 봉을['賵'자는 '芳(방)'자와 '鳳(봉)'자의 반절음이다.] 하니, 그는 규를 잡고 명령을 전달하며, "저희 군주께서 아무개인 저를 사신으로 보내셔서 봉을 하도록 했습니다."라고 한다. 의례를 돕는 자가 안으로 들어가서 그 사실을 아뢰고, 다시 밖으로 나와서 명령을 전달하며, "저희 상주께서 기다리고 계십니다."라고 말한다. 마당에 네 필의['乘'자는 거성으로 읽는다.] 황색 말과 수레를 진열하며, 수레의 끌채가 북쪽을 향하도록 하고, 봉을 전달하는 자는 규를 들고 명령을 전달한다. 봉을 전달하는 자의 하위 관리들은 말을 이끌고서 수레의 서쪽에 놓아두고, 세자가 절을 하며 이마가 땅에 닿도록 하며, 빈소의 동남쪽 모퉁이에 놓아두게 하고, 재가 그것들을 끌고서 동쪽으로 간다. [옛 판본에는 "그 의복을 들 때에도 서쪽을 바라보게 된다."[1]라고 한 문장 뒤에 수록되어 있었다.]

此言列國致賵之禮. 車馬曰賵. 乘黃, 四黃馬也. 大路, 車也. 北輈, 車之輈轅北向也. 客使, 上介所役使之人也. 爲客所使, 故曰客使.

---

1) 『예기』「잡기상」069장 : 襚者曰, "寡君使某襚." 相者入告, 出曰, "孤某須矣." 襚者執冕服, 左執領, 右執要, 入, 升堂致命, 曰"寡君使某襚." 子拜稽顙, 委衣於殯東. 襚者降, 受爵弁服於門內霤將命, 子拜稽顙如初. 受皮弁服於中庭, 自西階受朝服, 自堂受玄端將命, 子拜稽顙皆如初. 襚者降, 出, 反位. 宰夫五人擧以東, 降自西階, 其擧亦西面.

自, 率也. 下, 謂馬也. 由, 在也. 路, 卽大路也. 陳車北轅畢, 賵者執
圭升堂致命, 而客之從者, 率馬設在車之西也, 車亦此從者設之. 子
拜之後, 賵客卽跪而置其圭於殯東南隅之席上, 而宰擧之以東而藏
於內也. 又按覲禮車在西, 統於賓也. 旣夕禮車以西爲上者, 爲死者
而設於鬼神之位也. 此賵禮車馬, 爲助主人送葬而設, 統於主人, 故
車在東也.

이 내용은 제후국들끼리 서로에게 봉을 보내는 예법을 뜻한다. 부의로
수레와 말을 보내는 것을 '봉(賵)'이라고 부른다. '승황(乘黃)'은 네 필의
황색 말을 뜻한다. '대로(大路)'는 수레를 뜻한다. '북주(北輈)'는 수레의
끌채가 북쪽을 향하도록 한다는 뜻이다. '객사(客使)'는 상개가 부리는
하위 관리들을 뜻한다. 빈객에게 부림을 당하기 때문에 '객사(客使)'라고
부른다. '자(自)'자는 "이끌다."는 뜻이다. '하(下)'자는 말을 뜻한다. '유
(由)'자는 "있다."는 뜻이다. '노(路)'자는 대로를 뜻한다. 수레를 진열하
며 끌채를 북쪽으로 두는 것이 끝나면 봉을 전달하는 자는 규를 들고
당에 올라가서 명령을 전달하고, 빈객을 따라온 자들은 말을 이끌고 수
레의 서쪽에 두니, 수레 또한 이러한 빈객의 종자들이 진열한다. 세자가
절을 한 이후 봉을 전달하는 빈객은 곧 무릎을 꿇고서 빈소의 동남쪽
모퉁이 자리 위에 규를 놓아두고, 재는 그것을 들고 동쪽으로 가서 안쪽
에 보관한다. 또 『의례』 「근례(覲禮)」편을 살펴보면, 수레가 서쪽에 있
으니 빈객에게 종속된다고 했다. 『의례』 「기석례(旣夕禮)」편에서는 수
레는 서쪽 방향을 상등의 자리로 여긴다고 했는데, 죽은 자를 위한 경우
귀신의 자리에 진열하게 된다. 이곳에서 봉의 예법을 시행하며 수레와
말을 전달하는 것은 상주가 장례를 전송하는 것을 돕기 위해 진열한 것
이니, 주인에게 종속된다. 그렇기 때문에 수레를 동쪽에 두는 것이다.

陸氏曰: 孤須矣, 從此盡篇末, 皆無某字, 有者非.

육씨가 말하길, '고수의(孤須矣)'라고 했는데, 이곳 구문부터 편의 끝까
지 모두 '모(某)'자를 기록하지 않았으니, '모(某)'자를 기록한 판본은 잘

못된 기록이다.

近按: 此言來贈之禮.

내가 살펴보니, 이것은 찾아와서 물건을 바치는 예법을 언급한 것이다.

經文

贈者出, 反位于門外.〈072〉 [舊在下章"降自西階"之下, 先儒謂當在此.]

봉을 전달하는 자가 의례 절차를 끝내고 밖으로 나가서, 문밖의 자리로 되돌아가 위치한다. [옛 판본에서는 아래 장의 "내려갈 때에도 서쪽 계단을 통해서 내려간다."[1]라고 한 구문 뒤에 수록되어 있었는데, 선대 학자들은 마땅히 이곳에 있어야 한다고 했다.]

經文

凡將命, 鄕[去聲]殯將命, 子拜稽顙, 西面而坐委之. 宰擧璧與圭, 宰夫擧襚, 升自西階, 西面坐取之, 降自西階.〈071〉 [舊在上文之上, "擧以東"之下.]

무릇 상사에서 물건을 전하며 명령을 전달하게 되면, 물건을 가져온 빈객은 빈소를 향한[鄕'자는 거성으로 읽는다.] 상태에서 명령을 전달하고, 상주는 절을 하며 머리를 땅에 대는데, 그 일이 끝나면 빈객은 서쪽을 바라보고서 무릎을 꿇고 물건을 내려놓는다. 빈객이 바친 물건에 있어서 재는 벽과 규를 들게 되고, 재부는 수의를 들게 되는데, 이들은 모두 서쪽 계단을 통해 올라와서 서쪽을 바라보고 무릎을 꿇고 물건을 들며, 내려갈 때에도 서쪽 계단을 통해서 내려간다. [옛 판본에는 앞 문장의 앞과 "끌고서 동쪽으로 간다."[2]라고 한 문장 뒤에 수록되어 있었다.]

---

1) 『예기』「잡기상」071장 : 凡將命, 鄕殯將命, 子拜稽顙, 西面而坐委之. 宰擧璧與圭, 宰夫擧襚, 升自西階, 西面坐取之, <u>降自西階</u>.
2) 『예기』「잡기상」070장 : 上介賵, 執圭將命曰, "寡君使某賵." 相者入告, 反命曰, "孤須矣." 陳乘黃大路於中庭, 北輈, 執圭將命. 客使自下由路西, 子拜稽

凡將命者, 捴言上文弔含襚贈將命之禮也. 鄕殯者, 立于殯之西南, 而面東北以向殯也. 將命之時, 子拜稽顙畢, 客卽西向跪而委其所執之物. 其含璧與圭, 則宰擧之, 襚衣, 則宰夫擧之. 而其擧也, 皆自西階升, 而西面以跪而取之, 乃自西階以降也.

'범장명(凡將命)'이라는 말은 앞에서 말한 조·함·수·봉을 하며 명령 전달하는 예법을 총괄적으로 말한 것이다. '향빈(鄕殯)'은 빈소의 서남쪽에 서서 동북쪽을 바라보아 빈소를 향한다는 뜻이다. 명령을 전달할 때, 상주는 절을 하며 이마를 땅에 대는데, 그 일이 끝나면 빈객은 서쪽으로 나아가 무릎을 꿇고 가져온 물건을 내려놓는다. 함을 하며 바친 벽이나 규는 재가 들고, 수의의 경우에는 재부가 든다. 그들이 물건을 들어 올릴 때에는 모두 서쪽 계단을 통해 올라가고, 서쪽을 바라보고서 무릎을 꿇고 그 물건을 들며, 곧 서쪽 계단을 통해서 내려간다.

上客臨[如字]曰: "寡君有宗廟之事, 不得承事, 使一介老某相[去聲]執綍[弗]." 相者反命曰: "孤須矣." 臨者入門右, 介者皆從之, 立于其左東上. 宗人納賓, 升受命于君. 降曰: "孤敢辭吾子之辱. 請吾子之復位." 客對曰: "寡君命某毋敢視賓客, 敢辭." 宗人反命曰: "孤敢固辭吾子之辱. 請吾子之復位." 客對曰: "寡君命某毋敢視賓客, 敢固辭." 宗人反命曰: "孤敢固辭吾子之辱. 請吾子之復位." 客對曰: "寡君命使[去聲]臣某毋敢視賓客, 是以固辭. 固辭不獲命, 敢不敬從." 客立于門西, 介立于門左東上. 孤降自阼階拜之, 升, 哭, 與客拾[其刧反]踊三. 客出, 送于門外拜稽顙.〈073〉 [舊在"反位于門外"之下.]

顙, 坐委於殯東南隅, 宰擧以東.

상등의 빈객이 곡에 임하며['臨'자는 글자대로 읽는다.] "저희 군주께서는 종묘의 일이 있으셔서 직접 그 일을 받들지 못하셔서, 일개 노신인 아무개인 저를 시켜서 상엿줄['紼'자의 음은 '弗(불)'이다.] 잡는 일을 돕도록['相'자는 거성으로 읽는다.] 하셨습니다."라고 말한다. 그러면 의례를 돕는 자가 안으로 들어가서 그 사실을 아뢰고, 다시 밖으로 나와서 명령을 전달하며, "저희 상주께서 기다리고 계십니다."라고 말한다. 조문객은 문으로 들어가서 우측으로 가고, 조문객을 따라온 개들은 모두 그를 따르게 되어, 그의 좌측에 서 있게 되는데, 서열에 따라 동쪽 끝에서부터 차례대로 정렬한다. 종인은 빈객을 안으로 들이고자 하여, 먼저 당으로 올라가 군주에게 조문객을 안으로 들이라는 명령을 받는다. 그런 뒤 당하로 내려와서 "저희 상주께서 감히 그대께서 욕되게 행동하심을 사양하고자 하십니다. 그대께 본래의 빈객 자리로 되돌아가기를 청합니다."라고 말한다. 조문객은 대답을 하며, "저희 군주께서는 아무개인 저에게 명령하시며 감히 빈객처럼 행동하지 말라고 하셨으니, 감히 상주의 청을 사양하고자 합니다."라고 말한다. 종인은 안으로 들어가서 그 사실을 아뢰고, 다시 밖으로 나와서 명령을 전달하며 "상주께서 감히 그대께서 욕되게 행동하심을 재차 사양하고자 하십니다. 그대께 본래의 빈객 자리로 되돌아가기를 청합니다."라고 말한다. 조문객은 대답을 하며, "저희 군주께서는 아무개인 저에게 명령하시며 감히 빈객처럼 행동하지 말라고 하셨으니, 감히 상주의 청을 재차 사양하고자 합니다."라고 말한다. 종인은 안으로 들어가서 그 사실을 아뢰고, 다시 밖으로 나와서 명령을 전달하며 "상주께서 감히 그대께서 욕되게 행동하심을 진실로 사양하고자 하십니다. 그대께 본래의 빈객 자리로 되돌아가기를 청합니다."라고 말한다. 조문객은 대답을 하며, "저희 군주께서는 사신['使'자는 거성으로 읽는다.] 아무개인 저에게 명령하시며 감히 빈객처럼 행동하지 말라고 하셔서, 이러한 이유로 감히 거듭 사양을 하고자 합니다. 거듭 사양을 했음에도 그대 군주께서 명령을 거두지 않으시니, 감히 공경스럽게 따르지 않을 수 있겠습니까."라고 말한다. 조문객이 문의 서쪽에서 있게 되면, 조문객을 따라온 개들은 문의 좌측에 서 있으며 서열에 따라 동쪽 끝에서부터 차례대로 정렬한다. 상주가 동쪽 계단을 통해 내려와서 조문객에게 절을 하고, 다시 올라가서 곡을 한 뒤에 조문객과 번갈아가며['拾'자는 '其(기)'자와 '劫(겁)'자의 반절음이다.] 세 차례 용을 한다. 조문객이 밖으로 나가면, 상주는 문밖으로 나가서 그를 전송하며, 절을 하며 이마를 땅에 댄다. [옛 판본에는 "문밖의 자리로 되돌아가 위치한다."³⁾라고 한 문장 뒤에 수록되어 있었다.]

集說

上客, 卽前章所云弔者, 蓋隣國來弔之正使也. 弔含襚賵皆畢, 自行臨哭之禮, 若聘禮之有私覿然, 蓋私禮爾. 主人入門而右, 客入門而左, 禮也. 今此客入門之右, 是不敢以賓禮自居也. 宗人, 掌禮之官. 欲納此弔賓, 先受納賓之命於主國嗣君, 然後降而請於客, 使之復門左之賓位也. 宗人以客答之辭入告於君, 而反命于客, 如是者三, 客乃自稱使臣而從其命, 於是立于門西之賓位. 主君自阼階降而拜之, 主客俱升堂哭而更踊者三, 所謂成踊也. 客出送而拜之, 謝其勞辱也.

'상객(上客)'은 앞 문장에서 말한 조문하는 자를 뜻하니, 무릇 이웃 나라에서 찾아와 조문을 온 정규 사신을 가리킨다. 조·함·수·봉의 절차가 모두 끝나서, 사신 스스로 곡에 임하는 예법을 시행한 것으로, 빙례를 하며 개인적으로 찾아뵐 때처럼 하니, 무릇 개인적인 의례일 따름이다. 주인은 문으로 들어가며 우측으로 가고, 빈객은 문으로 들어가며 좌측으로 가는 것이 정식 예법이다. 현재 이곳에서 말한 빈객은 문으로 들어가며 우측으로 갔으니, 이것은 감히 빈객의 예법으로 스스로 처신하지 않았기 때문이다. '종인(宗人)'은 의례 진행을 담당하는 관리이다. 이러한 조문객을 안으로 들이고자 하여, 먼저 빈객을 들이라는 명령을

---

3) 『예기』「잡기상」 072장 : 贈者出, 反位于門外.

조문을 받는 나라의 상주에게서 받고, 그런 뒤에 내려가서 빈객에게 청하여, 그로 하여금 문의 좌측인 빈객의 자리로 돌아가도록 한 것이다. 종인이 빈객의 대답을 가지고 들어가서 군주에게 아뢰고, 다시 돌아와서 빈객에게 군주의 명령을 전달하는데, 이처럼 하길 세 차례 하면, 빈객은 스스로 '사신(使臣)'이라 지칭하고 그 명령에 따르니, 이 시기에 문의 서쪽에 있는 빈객의 자리에 서게 된다. 조문을 받는 나라의 군주는 동쪽 계단을 통해 내려가서 그에게 절을 하고, 상주와 빈객 모두 당에 올라가서 곡을 하며 번갈아 용을 하길 세 차례 하니, 이것을 '성용(成踊)'이라고 부른다. 빈객이 밖으로 나가면 전송을 하며 절을 하니, 그가 수고롭게 찾아온 노고에 대해 감사를 표하는 것이다.

淺見

近按: 篇首言始死之復, 次言訃告之禮, 皆兼君 · 大夫以下而言. 此言弔含襚賵之事, 全主國君而言. 然其文意相類, 節次相接, 至此而成一章, 先後之序悉爲詳備, 不容以他事雜於其間也, 故今合而爲一.

내가 살펴보니, 편의 첫 부분에서는 이제 막 죽었을 때 초혼을 하는 예법을 말했고, 그 다음으로는 부고를 알리는 예법을 말했는데, 모두 군주와 대부로부터 그 이하의 계층까지도 함께 언급했다. 이곳에서는 조 · 함 · 수 · 봉의 사안을 언급하며 전적으로 제후를 위주로 언급을 했다. 그런데 문장의 뜻이 서로 비슷하고, 절차가 서로 연접해 있어서 이 구문에 이르러서는 하나의 장을 이루고, 선후의 순서가 모두 상세히 갖춰져 있고, 그 사이에 다른 사안이 뒤섞이는 것을 용납치 않는다. 그렇기 때문에 이제 이를 합쳐 하나의 절로 삼는다.

右第一節.

여기까지는 제 1절이다.

제 2 절

經文

君薨, 太子號稱子, 待猶君也.〈026〉[舊在"公子附於公子"之下.]

제후가 죽게 되면, 그의 적장자에 대해서는 '자(子)'라고 지칭하고, 그를 대우할 때에는 정식 군주에 대한 경우처럼 한다. [옛 판본에는 "공자는 공자에게 합사를 한다."[1]라고 한 문장 뒤에 수록되어 있었다.]

集說

君在稱世子, 君薨則稱子, 踰年乃得稱君也. 僖九年傳云: "凡在喪, 王曰小童, 公侯曰子." 待猶君者, 謂與諸侯竝列, 供待之禮, 猶如正君也.

제후가 생존해 있을 때 그의 적장자에 대해서는 '세자(世子)'라 지칭하며, 제후가 죽으면 '자(子)'라고 지칭하고, 그 해를 넘기면 곧 '군(君)'이라 지칭할 수 있다. 희공(僖公) 9년에 대한 『좌전』의 기록에서는 "무릇 상중에 있게 되면 천자의 적장자에 대해서는 '소동(小童)'이라 부르고, 공작·후작의 적장자에 대해서는 '자(子)'라고 부른다."[2]라고 했다. '대유군(待猶君)'이라는 말은 제후와 병렬이 되어, 그를 대우하는 예법을 정식 군주에 대한 경우처럼 한다는 뜻이다.

淺見

近按: 此篇雜記喪禮, 本無敍次, 今當自貴者始, 故先此也.

---

1) 『예기』「잡기상」025장 : 公子附於公子.
2) 『춘추좌씨전』「희공(僖公) 9년」: 九年春, 宋桓公卒. 未葬而襄公會諸侯, 故曰 "子". 凡在喪, 王曰"小童", 公侯曰"子".

내가 살펴보니, 이 편은 상례에 대한 것을 뒤섞어 기록하고 있어서, 본래부터 순서가 없는데, 지금은 마땅히 존귀한 자에 대한 경우로부터 시작해야 한다. 그렇기 때문에 이것을 먼저 기록한다.

外宗房中南面, 小臣鋪席, 商祝鋪絞[爻]給[其鴆反]衾, 士盥于盤
北, 擧遷尸于斂上. 卒斂宰告, 子馮[憑]之踊, 夫人東面坐馮之
興踊.〈075〉 [舊在"不敢受弔"之下.]

외종(外宗)¹⁾은 방안에서 남쪽을 바라보며, 소신은 자리를 깔고, 상축은
시신을 묶는 끈인 효['絞'자의 음은 '爻(효)'이다.]·홑이불인 금['給'자는 '其
(기)'자와 '鴆(짐)'자의 반절음이다.]·이불인 금 등을 펼치며, 사는 대야의 북
쪽에서 손을 씻고, 염을 하는 곳 위로 시신을 들어서 옮긴다. 염하는
일이 끝나서 재가 그 사실을 아뢰면, 자식은 시신에 매달리고['馮'자의 음
은 '憑(빙)'이다.] 용을 하며, 부인은 동쪽을 바라보고 앉아 있다가 시신에
매달리고 일어나서 용을 한다. [옛 판본에는 "감히 다른 나라에서 찾아온 빈객
의 조문을 받지 않는다."²⁾라고 한 문장 뒤에 수록되어 있었다.]

集說

此是喪大記君大斂章文, 重出在此, 說見本章.

이 문장에 나타난 상황은 『예기』 「상대기(喪大記)」편에서 군주에 대해
대렴을 하는 문장에 해당하는데, 이곳에 중복해서 나타난 것이니, 「상대
기」편에 해당 설명이 나온다.

淺見

近按: 此乃君薨之始事, 故當在此.

내가 살펴보니, 이 문장은 군주가 죽었을 때 처음에 하는 일들에 해당한
다. 그렇기 때문에 마땅히 이곳에 있어야 한다.

----

1) 외종(外宗)은 고모 및 자매 등의 딸자식을 뜻한다.
2) 『예기』 「잡기상」 074장 : 其國有君喪, 不敢受弔.

大夫次於公館以終喪, 士練而歸, 士次於公館. 大夫居廬, 士
居堊室.〈009〉[舊在"外私某死"之下.]

제후가 죽었을 때, 대부는 공관에 머물며 군주의 상을 끝내고, 읍재인
사는 연제를 끝내면 되돌아가며, 조정에 속한 사는 공관에 머물며 군주
의 상을 끝낸다. 임시숙소에 머물 때 대부는 여에 머물고, 사는 악실에
머문다. [옛 판본에는 "외국 친우 아무개가 죽었습니다."[1]라고 한 문장 뒤에 수록
되어 있었다.]

集說

此言君喪, 則大夫居喪之次, 在公館之中, 終喪乃得還家. 若邑宰之
士, 至小祥得還其所治之邑. 其朝廷之士, 亦留次公館以待終喪. 廬,
在中門外東壁, 倚木爲之, 故云倚廬. 堊室, 在中門外屋下, 壘墼爲
之, 不塗墍.

이 내용은 군주의 상이 발생하면, 대부는 상중에 머무는 임시 숙소에 머
물게 되니, 공관(公館)[2]에 있게 되며, 상을 끝내면 집으로 돌아갈 수 있
다는 뜻이다. 만약 읍재(邑宰)[3]인 사라면, 소상을 끝내면 자신이 다스리

---

1) 『예기』「잡기상」 008장 : 士訃於同國大夫曰, "某死." 訃於士亦曰, "某死." 訃於
他國之君曰, "君之外臣某死." 訃於大夫曰, "吾子之外私某死." 訃於士亦曰,
"吾子之外私某死."

2) 공관(公館)은 군주가 빈객(賓客)들을 머물게 하기 위해 만든 숙소이다. 군주의
신하들이 가지고 있는 건물은 사관(私館)에 해당하는데, 빈객이 사관에 머물 때,
군주가 명령을 내리게 되면, 그 장소는 '공관'이 되어, 빈객이 필요로 하는 것들을
지급하게 된다. 또한 '공관'은 궁중에 있는 건물을 가리키기도 하며, 궁실의 건물
과 떨어져 있는 별도의 건물을 뜻하기도 한다.

3) 읍재(邑宰)는 읍(邑)을 다스리는 수장을 뜻하니, 후대의 현령(縣令)에 해당한다.
'재(宰)'자는 총괄하는 자를 가리키므로, '읍재'라고 부른다.

는 읍으로 되돌아갈 수 있다. 조정에 속한 사는 또한 공관에 머물며 상이 끝날 때까지 대기한다. '여(廬)'는 중문 밖 동쪽 벽에 있는 것으로 나무를 기대어 만들기 때문에, '의려(倚廬)'라고 부른다. '악실(堊室)'[4]은 중문 밖 지붕 밑에 있으며, 아직 굽지 않은 흙벽돌을 쌓아 만들게 되며, 일반 건물처럼 벽에 칠을 하여 꾸미지 않는다.

劉氏曰: 鄭云居堊室, 亦謂邑宰也, 朝士亦居廬. 蓋斬衰之喪居廬, 旣練居堊室, 朝士大夫皆斬衰, 未練時皆當居廬也.

유씨가 말하길, 정현은 악실에 머무는 자 또한 읍재를 뜻한다고 했고, 조정에 속한 사는 또한 여에 머문다고 했다. 무릇 참최복(斬衰服)[5]으로 치르는 상에서는 여에 머물고, 연제가 끝나면 악실에 머물게 되는데, 조정에 속한 사와 대부는 모두 참최복을 착용하며, 아직 연제를 끝내지 않았을 때에는 모두 마땅히 여에 머문다.

淺見

近按: 舊說此言臣服君喪之禮, 然上接士死訃於他國之下, 文意不屬, 今付于君薨之後, 則其爲君喪之意不釋而明矣.

내가 살펴보니, 옛 학설에서는 이곳의 내용은 신하가 군주의 상에 복상하는 예법을 언급했다고 설명한다. 그런데 이 문장은 위로 사가 죽어서 다른 나라에 부고를 알린다고 한 내용 뒤에 연접해 있고 문장의 뜻이 연결되지 않아서, 이제 군주가 죽었다고 한 조목 뒤에 덧붙이니, 군주의 상을 치른다는 뜻을 풀이하지 않아도 자명해진다.

---

4) 악실(堊室)은 상중(喪中)에 임시로 거처하던 가옥으로, 네 벽면에 흰색의 회칠을 하였다.
5) 참최복(斬衰服)은 상복(喪服) 중 하나로, 오복(五服)에 속한다. 상복 중에서도 가장 수위가 높은 상복이다. 거친 삼베를 사용해서 만들며, 자른 부위를 꿰매지 않기 때문에 참최(斬衰)라고 부른다. 이 복장을 입게 되는 기간은 일반적으로 3년에 해당하며, 죽은 부모를 위해 입거나, 처 또는 첩이 죽은 남편을 위해 입는다.

其國有君喪, 不敢受弔.〈074〉[舊在"送于門外拜稽顙"之下.]

자신의 나라에 군주의 상이 발생했고, 자신에게도 상이 발생한 상황이라면, 자신의 상에서는 감히 다른 나라에서 찾아온 빈객의 조문을 받지 않는다. [옛 판본에는 "문밖으로 나가서 그를 전송하며, 절을 하며 이마를 땅에 댄다."[1]라고 한 문장 뒤에 수록되어 있었다.]

集說

言卿·大夫以下有君喪, 而又有親喪, 則不敢受他國賓客之弔, 尊君故也.

경과 대부로부터 그 이하의 계층에 있어서 군주의 상이 발생하고 또 자신의 집에 상이 발생한 상황이라면, 자신의 상에서 감히 다른 나라에서 찾아온 빈객의 조문을 받지 않으니, 군주를 존귀하게 높이기 때문이다.

淺見

近按: 舊說云卿·大夫以下有君喪, 又有親喪, 不敢受私喪之弔, 故當在此.

내가 살펴보니, 옛 학설에서는 경과 대부로부터 그 이하의 계층에게 군

---

1) 『예기』「잡기상」073장 : 上客臨曰, "寡君有宗廟之事, 不得承事, 使一介老某相執綍." 相者反命曰, "孤須矣." 臨者入門右, 介者皆從之, 立于其左東上. 宗人納賓, 升受命于君. 降曰, "孤敢辭吾子之辱. 請吾子之復位." 客對曰, "寡君命某毋敢視賓客, 敢辭." 宗人反命曰, "孤敢固辭吾子之辱. 請吾子之復位." 客對曰, "寡君命某毋敢視賓客, 敢固辭." 宗人反命曰, "孤敢固辭吾子之辱. 請吾子之復位." 客對曰, "寡君命使臣某毋敢視賓客, 是以敢固辭. 固辭不獲命, 敢不敬從." 客立于門西, 介立于門左東上. 孤降自阼階拜之, 升, 哭, 與客拾踊三. 客出, 送于門外拜稽顙.

주의 상이 발생했고, 또 자신의 집에 상이 발생한 경우에는 감히 개인의 상에서 조문을 받지 않는다고 했다. 그렇기 때문에 마땅히 이곳에 기록되어야 한다.

君不撫僕妾.〈032〉

부군은 미천한 첩이 죽었을 때, 그녀의 시신을 어루만지지 않는다.

集說

死而君不撫其尸者, 略於賤也.

그녀가 죽었는데도 부군이 그녀의 시신을 어루만지지 않는 것은 미천한
자에게는 예법을 간략히 적용하기 때문이다.

經文

女君死, 則妾爲[去聲]女君之黨服. 攝女君, 則不爲先女君之黨
服.〈033〉[舊在"不於正室"之下.]

여군이 이미 죽었더라도, 첩은 여군의 친족을 위해서['爲'자는 거성으로 읽
는다.] 상복을 착용한다. 그러나 첩이 여군의 지위를 대신하게 되면, 지
위가 보다 존귀해진 것이므로, 이전 여군의 친족을 위해서 상복을 착용
하지 않는다. [옛 판본에는 "정실에서 치르지 않는다."[1]라고 한 문장 뒤에 수록되
어 있었다.]

集說

女君死而妾猶服其黨, 是徒從之札也. 妾攝女君則不服, 以攝位稍

---

1) 『예기』「잡기상」 031장 : 主妾之喪, 則自祔, 至於練祥, 皆使其子主之, 其殯祭,
   不於正室.

尊也.

여군이 죽었더라도 첩은 여전히 여군의 친족을 위해서 상복을 착용하니, 이것은 도종(徒從)2)의 예법에 해당한다. 첩이 여군의 지위를 대신하게 된다면, 이전 여군의 친족을 위해서 상복을 착용하지 않으니, 여군의 지위를 대신하여 보다 존귀해졌기 때문이다.

淺見

近按: 此因上言君喪, 而幷付女君僕妾之事.

내가 살펴보니, 이 문장은 앞에서 군주의 상을 언급한 것으로 인하여, 아울러 여군과 미천한 첩에 대한 사안까지도 함께 덧붙인 것이다.

此以上言諸侯之喪禮.

여기까지는 제후의 상례를 언급하고 있다.

---

2) 도종(徒從)은 고대에 상복(喪服)을 착용했던 방식 중 하나이다. '도(徒)'자는 "공허하다[空]."는 뜻이다. 상대방과 친속 관계가 아닌데도, 공허하게 그 자를 따라서 상대방에 대한 상복을 착용하는 것이다.

大夫之喪, 大宗人相[去聲], 小宗人命龜, 卜人作龜.〈017〉 [舊在"包
奠而讀書"之下.]

대부의 상에 발생하면, 대종백이 파견되어 의례 절차를 돕고['相'자는 거
성으로 읽는다.] 소종백이 파견되어 거북점을 칠 때, 거북껍질에게 그 사
안을 알리는 일을 하며, 복인은 거북껍질을 그슬려서 점을 친다. [옛 판
본에는 "희생물의 고기를 포장해둔 것을 견거에 싣고, 사(史)가 영구의 동쪽에 서서
부의를 보내온 사람과 그 물건을 기록한 문서를 읽는다."[1]라고 한 문장 뒤에 수록되
어 있었다.]

集說

大宗人, 小宗人, 卽大宗伯·小宗伯也. 相, 佐助禮儀也. 命龜, 告龜
以所卜之事也. 作龜, 鑽灼之也.

'대종인(大宗人)'과 '소종인(小宗人)'은 곧 대종백과 소종백(小宗伯)[2]을
뜻한다. '상(相)'자는 의례의 진행을 돕는다는 뜻이다. '명귀(命龜)'는 거
북껍질에게 거북점을 쳐야 하는 사안에 대해 알린다는 뜻이다. '작귀(作
龜)'는 불쏘시개로 그슬린다는 뜻이다.

劉氏曰: 大宗人, 或是都宗人. 小宗人, 或是家宗人. 掌都家之禮者.

유씨가 말하길, '대종인(大宗人)'은 아마도 도종인(都宗人)[3]이며, '소종

---

1) 『예기』「잡기상」016장 : 大夫之喪既薦馬, 薦馬者哭踊, 出乃包奠而讀書.

2) 소종백(小宗伯)은 대종백(大宗伯)을 보좌하는 관리이다. 『주례』의 체제에 따르
면 중대부(中大夫) 2명이 담당을 했다. 수행하는 일은 대체로 대종백과 동일하며,
대종백을 보좌하여 세부적인 절차들을 수행한다.

3) 도종인(都宗人)은 도(都)에서 시행되는 제사 등을 담당하는 관리이다. 『주례』의
체제에 따르면 상사(喪事) 2명이 담당을 했고, 그 휘하에는 중사(中士) 4명이
배속되어 있었으며, 실무를 맡아보는 자로는 부(府) 2명, 사(史) 4명, 서(胥) 4명,

인(小宗人)'은 아마도 가종인(家宗人)[4]이니, 채지로 있는 지역에서 시행되는 예법을 담당하는 자이다.

經文

大夫卜宅與葬日, 有司麻衣布衰[催]布帶因喪屨緇布冠不蕤[而追反], 占者皮弁.⟨014⟩

대부가 죽었을 때, 그에 대한 장지와 장례 치를 날짜에 대해 거북점을 치게 되면, 관련 일을 담당하는 유사는 백색의 포로 된 심의를 착용하고, 그 앞에 포로 만든 상복을['衰'자의 음은 '催(최)'이다.] 달며, 포로 만든 허리띠를 두르고, 상복을 착용할 때 신는 신발을 착용하며, 치포관을 착용하되 갓끈 장식은['蕤'자는 '而(이)'자와 '追(추)'자의 반절음이다.] 달지 않으며, 거북점을 치는 자는 피변을 착용한다.

集說

卜宅, 卜葬地也. 有司, 治卜事之人也. 麻衣, 白布深衣也. 布衰者, 以三升半布爲衰, 長六寸, 廣四寸, 就綴於深衣前當胷之上. 布帶, 以布爲帶也. 因喪屨, 因喪服之繩屨也. 蕤, 與緌同. 古者緇布冠無緌, 後代加蕤, 故此明言之也. 有司爲卜, 故用半吉半凶之服. 占者, 卜龜之人也. 尊於有司, 故皮弁, 其服彌吉也. 皮弁者, 於天子則爲

도(徒) 40명이 배속되어 있었다.

4) 가종인(家宗人)은 가(家)에서 시행되는 제사 등을 담당하는 관리이다. 『주례』의 체제에 따르면 상사(喪事) 2명이 담당을 했고, 그 휘하에는 중사(中士) 4명이 배속되어 있었으며, 실무를 맡아보는 자로는 부(府) 2명, 사(史) 4명, 서(胥) 4명, 도(徒) 40명이 배속되어 있었다.

視朝之服, 諸侯・大夫・士, 則爲視朔之服也.

'복택(卜宅)'은 장지로 쓸 장소에 대해 거북점을 친다는 뜻이다. '유사(有司)'는 거북점과 관련된 일을 담당하는 관리이다. '마의(麻衣)'은 백색의 포로 만든 심의다. '포최(布衰)'는 3.5승의 포로 상복을 만드는데, 그 길이는 6촌이며 폭은 4촌으로 해서, 심의의 앞쪽 가슴 위쪽에 연결한 것이다. '포대(布帶)'는 포로 허리띠를 만든 것을 뜻한다. '인상구(因喪屨)'는 상복을 착용할 때 승구를 신는 것에 따른다는 뜻이다. '유(葵)'자는 유(綾)자와 동일하다. 고대에 착용한 치포관에는 갓끈인 유가 없었는데, 후대에는 갓끈 장식을 달았기 때문에 이곳에서 명시를 한 것이다. 유사는 거북점 때문에, 절반은 길복에 해당하고 절반은 흉복에 해당하는 복장을 착용한다. '점자(占者)'는 거북점을 치는 자를 뜻한다. 유사보다 존귀하기 때문에 피변을 착용하니, 그 복장은 보다 길한 쪽에 가깝다. '피변(皮弁)'이라는 것은 천자에게 있어서는 조정에 참관할 때의 복장이 되고, 제후・대부・사에게 있어서는 시삭(視朔)[5]을 할 때의 복장이 된다.

經文

如筮, 則史練冠長衣以筮, 占者朝服. 〈015〉 [以上舊在"爲之置後" 之下.]

만약 시초점을 치게 된다면, 시초점을 치는 자는 연관과 장의를 착용하

---

5) 시삭(視朔)은 천자 및 제후가 매월 초하루에, 종묘(宗廟)에 고하여 해당 월의 달력을 받고, 그곳에서 해당 월에 시행해야 할 정무를 처리하였던 것을 뜻한다. 『춘추좌씨전』 「희공(僖公) 5년」 편에는 "公旣視朔, 遂登觀臺以望, 而書, 禮也." 라는 기록이 있고, 이에 대한 공영달(孔穎達)의 소(疏)에서는 "視朔者, 公旣告廟 受朔, 卽聽視此朔之政, 是其親告朔也."라고 풀이했다.

고 시초점을 치며, 점괘를 해석하는 자는 조복을 착용한다. [여기까지는 옛 판본에 "죽은 자를 위해 후계자를 세운다."⁶⁾라고 한 문장 뒤에 수록되어 있었다.]

集說

筮史, 筮人也. 練冠, 縞冠也. 長衣, 與深衣制同, 而以素爲純緣. 占者, 審卦爻吉凶之人也. 朝服卑於皮弁服, 以筮輕於卜也.

'서사(筮史)'는 시초점을 치는 자이다. '연관(練冠)'은 호관이다. '장의(長衣)'는 심의와 제작방법이 동일하지만, 흰색으로 가선을 댄다. '점자(占者)'는 괘와 효를 살펴 길흉을 따지는 사람이다. 조복은 피변복보다 상대적으로 낮으니, 시초점이 거북점보다 덜 중시되기 때문이다.

淺見

近按: 此言大夫喪葬卜筮之事.

내가 살펴보니, 이것은 대부의 상에서 장례를 치르며 거북점과 시초점을 치는 사안을 언급한 것이다.

---

6) 『예기』「잡기상」 013장 : 士之子爲大夫, 則其父母弗能主也, 使其子主之, 無子, 則爲之置後.

大夫之喪旣薦馬, 薦馬者哭踊, 出乃包奠而讀書.〈016〉 [舊聯上
文.]

대부의 상을 치를 때, 영구가 장지로 떠나게 되면 수레에 멍에를 맬 말
을 끌고 오는데, 그 일이 끝나면 자식은 그 모습을 보고 애통한 마음이
들어 곡을 하고 발을 구르며, 밖으로 나서게 되면 희생물의 고기를 포
장해둔 것을 견거(遣車)에 싣고, 사(史)가 영구의 동쪽에 서서 부의를
보내온 사람과 그 물건을 기록한 문서를 읽는다. [옛 판본에는 앞 문장의
뒤에 수록되어 있었다.]

集說

薦, 進也. 駕車之馬, 每車二匹. 按旣夕禮, 柩初出至祖廟, 設遷祖之
奠訖乃薦馬, 至日側祖奠之時又薦馬, 明日設遣奠時又薦馬. 此言
旣薦馬, 謂遣奠時也. 馬至則車將行, 故孝子感之而哭踊. 包奠者,
取遣奠牲之下體包裹而置於遣車以送死者. 馬至在包奠之前, 而云
出乃包奠者, 明包奠爲出之節也. 讀書者, 旣夕云: "書賵於方." 方,
版也, 謂書賵奠賻贈之人名與其物於版, 柩將行, 主人之史於柩東,
西面而讀之, 此明大夫之禮與士同.

'천(薦)'자는 "나아간다."는 뜻이다. 수레에 멍에를 매는 말은 수레마다
2필이 들어간다. 『의례』「기석례(旣夕禮)」편을 살펴보면, 영구는 최초
조묘로부터 나오는데, 조묘에서 옮기며 바치는 전제의 진설이 끝나면,
곧 말을 끌고 오며, 해가 기울게 되어 조전을 할 때에도 또한 말을 끌고
오고, 다음날 견전을 진설할 때에도 또한 말을 끌고 온다. 이곳에서 "이
미 말을 끌고 왔다."라고 한 말은 견전을 치르는 때를 가리킨다. 말이
도착하면 수레는 움직이려고 하기 때문에, 자식은 그에 슬픔을 느껴 곡
을 하며 발을 구르게 된다. '포전(包奠)'은 견전을 하며 사용한 희생물의
하체를 가져다가 포장을 하여 견거에 싣고 죽은 자를 전송하는 것이다.

말이 도착하는 시기는 포전을 하기 이전이 되는데, "밖으로 나오면 포전을 한다."라고 말한 것은 포전이라는 것이 출발의 기준이 됨을 나타내기 위해서이다. '독서(讀書)'에 대해서 「기석례」편에서는 "방에 부의로 온 것들을 기록한다."[1]라고 했다. '방(方)'은 문서를 뜻하니, 부의를 보내온 사람의 이름과 그 물건을 문서에 기록하고, 영구가 떠나려고 할 때 주인에게 소속된 사가 영구의 동쪽에 서서, 서쪽으로 바라보고 그 문서를 읽는다는 뜻이니, 이것은 대부의 예법이 사의 예법과 동일하다는 점을 나타낸다.

淺見

近按: 此言葬日遣奠之禮.

내가 살펴보니, 이것은 장례를 치르는 날 견전을 치르는 예법을 언급한 것이다.

---

1) 『의례』「기석례(旣夕禮)」: <u>書賵於方</u>, 若九, 若七, 若五.

大夫不揄[搖]絞[爻]屬[燭]於池下.〈021〉[舊在"復西上"之下.]

대부는 꿩을['揄'자의 음은 '搖(요)'이다.] 그린 효를['絞'자의 음은 '爻(효)'이다.] 지 아래에 결속하지['屬'자의 음은 '燭(촉)'이다.] 않는다. [옛 판본에는 "초혼을 할 때에는 서쪽을 상등으로 삼는다."[1]라고 한 문장 뒤에 수록되어 있었다.]

集說

此言大夫喪車之飾. 揄, 翟雉也. 絞, 靑黃之繒也. 池, 織竹爲之, 形如籠, 衣以靑布. 若諸侯以上則畫揄翟於絞而屬於池之下, 大夫降於人君, 故不揄絞屬於池下也.

이 내용은 대부의 상거(喪車)[2]에 하는 장식을 뜻한다. '요(揄)'는 꿩을 뜻한다. '효(絞)'는 청색과 황색의 비단이다. '지(池)'는 대나무를 짜서 만드는데, 그 모습이 대바구니와 비슷하며, 청색의 포를 입힌다. 만약 제후 이상의 경우라면, 효에 꿩을 그려서 지 아래에 결속하는데, 대부는 군주보다 낮추기 때문에 꿩을 그린 효를 지 아래에 결속하지 않는다.

淺見

近按: 此言葬車之飾.

내가 살펴보니, 이것은 장례를 치를 때 사용하는 수레의 장식을 언급한 것이다.

---

1) 『예기』「잡기상」 020장 : 內子以鞠衣褒衣素沙. 下大夫以襢衣. 其餘如士. 復西上.
2) 상거(喪車)는 악거(惡車)라고도 부른다. 장례(葬禮)를 치를 때 사용되는 수레이다. 다만 시신의 관을 싣는 용도로 사용되는 것이 아니라, 그의 자식이 타게 되는 수레이다. 『예기』「잡기상(雜記上)」편에는 "端衰·喪車皆無等."이라는 기록이 있는데, 이에 대한 공영달(孔穎達)의 소(疏)에서는 "喪車者, 孝子所乘惡車也."라고 풀이했다.

大夫爲[去聲]其父母兄弟之未爲大夫者之喪服, 如士服.〈010〉[舊在"居堊室"之下.]

대부는 자신의 부모 및 형제를 위해['爲'자는 거성으로 읽는다.] 상복을 착용할 때, 그들이 만약 아직 대부의 신분이 되지 못한 상태에서 죽었다면, 그들을 위한 상복은 사가 착용하는 상복과 동일하게 한다. [옛 판본에는 "악실에 머문다."[1]라고 한 문장 뒤에 수록되어 있었다.]

集說

石梁王氏曰: 父母喪, 自天子達, 周人重爵, 施於尊親, 乃異其服, 非也. 周公制禮時, 恐其弊未至此.

석량왕씨가 말하길, 부모의 상에 대해서는 천자로부터 그 이하의 계층에 이르기까지 모두 동일하게 따르는데, 주나라 때에는 작위를 중시하여, 작위가 높은 자가 존귀하고 친근한 자에 대해 규정을 적용할 때에는 곧 그 복장을 달리한다고 했는데, 이 말은 잘못된 주장이다. 주공이 예법을 제정했을 당시에 아마도 그 폐단이 이러한 지경에는 이르지 않았을 것이다.

淺見

近按: 父母之喪, 無貴賤一也. 此章之說, 王氏非之, 是矣.

내가 살펴보니, 부모의 상에는 귀천에 따른 차등이 없이 동일하다. 이 장에서 설명한 것을 왕씨가 비판했던 것은 옳다.

---

1) 『예기』「잡기상」 009장 : 大夫次於公館以終喪, 士練而歸, 士次於公館. 大夫居廬, 士居堊室.

士爲[去聲]其父母兄弟之爲大夫者之喪服, 如士服, 大夫之適
[的]子, 服大夫之服.〈011〉

사는 자신의 부모 및 형제를 위해[爲'자는 거성으로 읽는다.] 상복을 착용할
때, 그들이 만약 대부의 신분이 된 이후에 죽었다면, 그들을 위한 상복
은 사가 착용하는 상복과 동일하게 한다. 대부의 적자는[適'자의 음은 '的
(적)'이다.] 대부가 착용하는 상복을 입을 수 있다.

集說

大夫適子雖未爲士, 亦得服大夫之服, 則爲士而服大夫服可知矣.
今此所言士, 是大夫之庶子爲士者也. 庶子卑, 故不敢服尊者之服,
所以止如士服也. 孟子言齊疏之服自天于達, 而此經之文若此, 蓋
大夫喪禮亡, 不得聞其說之詳矣.

대부의 적자가 비록 아직 사의 신분이 되지 않았더라도, 대부가 착용하
는 상복을 입을 수 있으니, 사가 된 경우에도 대부의 복장을 착용할 수
있음을 알 수 있다. 현재 이곳에서 언급한 사는 대부의 서자 중 사가
된 자를 뜻한다. 서자는 신분이 낮기 때문에 존귀한 자가 착용하는 상복
을 감히 입을 수 없기 때문에, 단지 사의 복장과 동일하게 따를 뿐이다.
맹자는 상복을 착용하는 것은 천자로부터 그 이하의 계급이 모두 동일
하게 따른다고 했지만,[1] 이곳 경문에 이처럼 기록되어 있으니, 대부의
상례제도가 망실되어 그 자세한 설명에 대해서는 밝힐 수가 없다.

---

1) 『맹자』「등문공상(滕文公上)」: 三年之喪, 齊疏之服, 飦粥之食, 自天子達於庶
人, 三代共之.

近按: 此雖言士, 然爲其父母兄弟之爲大夫者, 則是亦大夫之喪也.
大夫 · 士親喪之服, 有同異者, 所未敢知. 設或有之, 葬用死者之爵,
祭用生者之禮. 服亦生者之事, 大夫適子, 雖未爲大夫, 而服大夫之
服者, 恐未然也.

내가 살펴보니, 이곳에서는 비록 사에 대해서 언급했지만, 부모와 형제
중 대부가 된 자를 위해 상을 치르게 된다면, 이 또한 대부의 상이 된다.
대부와 사가 부모의 상사를 치를 때 착용하는 복장에 있어서 차이점이
있다는 것에 대해서는 감히 알 수 없는 점이 있다. 설령 그러한 차이가
있더라도, 장례를 치를 때에는 죽은 자의 작위에 따르고, 제사를 지낼
때에는 살아있는 자의 예법에 따른다. 복장 또한 살아있는 자에게 해당
하는 사안으로, 대부의 적자가 비록 아직 대부에 오르지 않았는데도 대
부의 복장을 착용하는 것에 있어서는 아마도 그렇지 않았을 것이다.

大夫之庶子爲大夫, 則爲[去聲]其父母服大夫服. 其位與未爲
大夫者齒.〈012〉

대부의 서자가 대부가 된다면, 그의 부모를 위해['爲'자는 거성으로 읽는다.]
상을 치를 때, 대부가 착용하는 상복을 입고서 치를 수 있다. 그러나
그의 자리는 아직 대부가 되지 못한 적자들과 함께 나이에 따라 서열을
정해 위치한다.

大夫庶子若爲大夫, 可以大夫之喪服喪其親. 然其行位之處, 則與
適子之未爲大夫者相齒列.

대부의 서자가 만약 대부가 된다면, 대부가 착용하는 상복을 입고서 그
의 부모에 대한 상을 치를 수 있다. 그러나 그가 서게 되는 위치는 적자
들 중 아직 대부가 되지 못한 자들과 서로 나이에 따라 서열을 정해서
선다.

疏曰: 此庶子雖爲大夫, 其年雖長於適子, 猶在適子下, 使適子爲主
也.

소에서 말하길, 여기에서 말한 서자는 비록 대부가 되었고, 그의 나이가
비록 적자보다 많더라도, 여전히 적자보다 낮은 자리에 있게 되니, 적자
로 하여금 상을 주관하도록 하기 때문이다.

近按: 此言庶子雖爲大夫, 不得主喪也.

내가 살펴보니, 이것은 서자가 비록 대부의 신분이 되었더라도 상을 주
관할 수 없다는 것을 말한다.

士之子爲大夫, 則其父母弗能主也, 使其子主之, 無子, 則爲
[去聲]之置後.〈013〉

사의 자식이 대부가 되었다면, 그가 죽었을 때 그의 부모는 자식의 상
을 주관할 수 없으며, 죽은 자의 자식을 시켜서 주관하게 하되, 자식이
없는 경우라면, 죽은 자를 위해['爲'자는 거성으로 읽는다.] 후계자를 세운
다.

集說

石梁王氏曰: 此最無義理. 充其說, 則是子爵高, 父母遂不能子之,
舜可臣瞽瞍, 皆齊東野人語也.

석량왕씨가 말하길, 이 내용은 너무 터무니없다. 그 주장을 확장한다면
자식의 작위가 높아져서 부모가 결국 그를 자식으로 대할 수가 없게 되
고, 순임금도 자신의 부친인 고수를 신하로 삼을 수 있게 되므로, 이것
은 제나라 동쪽 야만인들의 말에 해당한다.

淺見

近按: 此章王氏亦非之, 是也. 上章旣言雖爲大夫不敢不與兄弟相
齒, 況於父母以其貴而尊之歟? 大抵服如士服以下, 近誣.

내가 살펴보니, 이 장에 대해서 왕씨는 또한 그 내용을 비판했는데, 그
말이 옳다. 앞 장에서 이미 비록 대부가 되었더라도 감히 형제들과 나이
에 따라 서열을 정하지 않을 수 없다고 했으니, 하물며 부모에 대해 자
신의 신분이 존귀해져서 높이는 경우라면 어떠하겠는가? 대체로 복장이
사의 복장과 같다고 한 말로부터 그 이하의 기록들은 무람됨에 가깝다.

經文

大夫有私喪之葛, 則於其兄弟之輕喪, 則弁絰.〈039〉 [舊在下節之下.]

대부에게 처나 자식의 상이 발생하여, 졸곡을 치른 뒤 갈로 만든 질을 두르고 있는데, 시마복처럼 관계가 소원한 형제의 상을 접하게 된다면, 변질을 착용한다. [옛 판본에는 아래 절의 뒤에 수록되어 있었다.]

集說

私喪, 妻子之喪也. 卒哭以葛代麻. 於此時而遭兄弟之喪, 雖緦麻之輕, 亦用弔服, 弁絰而往, 不以私喪之未臨兄弟也. 大夫降旁親, 於緦麻兄弟無服.

'사상(私喪)'은 처나 자식의 상을 뜻한다. 졸곡을 하여 갈로 만든 질로 마로 만든 질을 대체하는데, 이 시기에 형제의 상을 접하게 되면, 비록 시마복처럼 수위가 가벼운 관계에 있을지라도 또한 조문할 때의 복장을 착용하고, 변질(弁絰)[1]을 두르고서 찾아가니, 자신의 개인적인 상에서 거의 끝에 이른 복장으로 형제의 상에 임할 수 없기 때문이다. 대부는 방계 친족에 대해서 낮추게 되어, 본래 시마복을 착용하는 형제에 대해서는 상복관계가 없어진다.

疏曰: 若已成服則錫衰, 未成服則身素裳而首弁絰也.

소에서 말하길, 만약 이미 성복을 했다면, 석최(錫衰)[2]을 착용하고, 아직 성복을 하지 않았다면 몸에는 흰색의 복장을 착용하고, 머리에는 변질(弁絰)을 착용한다.

---

1) 변질(弁絰)은 흰 색으로 된 작변(爵弁)에 환질(環絰)을 두른 것이다.
2) 석최(錫衰)는 가는 베로 만든 옷으로, 일종의 상복(喪服)에 해당한다. 천자의 경우, 삼공(三公)이나 육경(六卿)의 상(喪)에 착용했던 복장이다.

経文

大夫之哭大夫弁絰. 大夫與[去聲]殯亦弁絰.〈038〉[舊在"爲位而哭拜踊"之下.]

대부가 다른 대부의 상에 찾아가 곡을 하게 되면 석최를 입고 변질을 착용한다. 대부가 다른 대부의 빈소 만드는 일에 참여하게[與'자는 거성으로 읽는다.] 되면 또한 변질을 착용하지만, 몸에는 피변복을 입는다. [옛 판본에는 "자리를 마련하여 곡을 하고 빈객에게 절을 하고 발을 구른다."3)라고 한 문장 뒤에 수록되어 있었다.]

集說

大夫之喪旣成服, 而大夫往弔, 則身著錫衰, 首加弁絰. 弁絰者, 如爵弁而素, 加以環絰也. 若與其殯事, 是未成服之時也. 首亦弁絰, 但身不錫衰耳. 不錫衰, 則皮弁服也.

대부의 상이 발생하여 이미 성복을 했는데, 다른 대부가 찾아와서 조문을 한다면, 찾아온 자는 몸에 석최를 걸치고, 머리에는 변질을 두른다. '변질(弁絰)'이라는 것은 작변과 같지만 흰색으로 만든 변에 환질을 두른 것이다. 만약 빈소를 만드는 일에 참여한다면, 이 시기는 아직 성복을 하지 않았을 때이다. 머리에도 또한 변질을 착용하지만, 몸에는 석최를 걸치지 않을 따름이다. 석최를 걸치지 않았다면, 피변복을 착용한다.

淺見

近按: 以上皆言大夫之喪禮.

내가 살펴보니, 여기까지는 모두 대부의 상례를 언급한 것이다.

---

3) 『예기』「잡기상」 037장 : 凡喪服未畢, 有弔者, 則爲位而哭拜踊.

違諸侯之大夫不反服. 違大夫之諸侯不反服.〈043〉 [舊在"其贈也拜"之下.]

제후의 신하였지만, 그를 떠나서 다른 나라의 대부에게 찾아가 그를 섬기게 된다면, 본국의 제후가 죽었을 때, 본국으로 돌아가 제후에 대한 상복을 착용하지 않는다. 또 대부를 섬겼었지만, 그를 떠나 제후를 섬기는 신하가 되었다면, 이러한 경우에도 이전의 대부가 죽었을 때 그에게 돌아가서 상복을 착용하지 않는다. [옛 판본에는 "물건을 보내온 자에 대해 감사를 표하는 절에서만 한다."[1]라고 한 문장 뒤에 수록되어 있었다.]

違, 去也. 己本是國君之臣, 今去國君而往爲他國大夫之臣, 是自尊適卑, 若舊君死, 己不反服. 以仕於卑臣, 不可反服於前之尊君也. 本是大夫之臣, 今去而仕爲諸侯之臣, 是自卑適尊. 若反服卑君, 則爲新君之恥矣, 故亦不反服. 若新君與舊君等, 乃爲舊君服也.

'위(違)'자는 "떠나다."는 뜻이다. 자신이 본래 자기 나라 군주의 신하였는데, 현재는 본국의 군주를 떠나 다른 나라의 대부에게 가서 그의 신하가 되었으니, 이것은 존귀한 자로부터 상대적으로 미천한 자에게 간 것으로, 만약 본국의 제후가 죽었다면, 본인은 본국으로 돌아가서 제후에 대한 상복을 착용하지 않으니, 미천한 신하를 섬기므로, 이전에 섬겼던 존귀한 군주에 대해서 돌아가 상복을 착용할 수 없기 때문이다. 본래는 대부의 신하였는데, 현재 그를 떠나 제후의 신하가 되었다면, 이것은 미천한 자로부터 존귀한 자에게 간 것이다. 만약 제후보다 미천한 주군을 위해 돌아가서 상복을 착용한다면, 새로 섬긴 제후에 대해서는 치욕이 된다. 그렇기 때문에 이러한 경우에도 돌아가서 상복을 착용하지 않는

1) 『예기』「잡기상」 042장 : 母在, 不稽顙. 稽顙者, 其贈也拜.

다. 만약 새로 섬긴 주군과 이전에 섬겼던 주군의 등급이 같다면, 옛 주군을 위해서 상복을 착용한다.

淺見

近按: 此兼諸侯·大夫而言, 故當在此以爲總結也.

내가 살펴보니, 이것은 제후와 대부에 대한 것을 겸해서 말한 것이다. 그렇기 때문에 마땅히 이곳에 두어서 총괄적인 결론으로 삼아야 한다.

右第二節.

여기까지는 제 2절이다.

제 3 절

經文

復, 諸侯以褒衣冕服爵弁服.〈018〉

초혼에 있어서, 제후는 포의·면복·작변복 등을 사용한다.

集說

復及褒衣, 竝說見前章. 冕服者, 上公自袞冕而下, 備五冕之服;
侯·伯自鷩冕而下, 其服四; 子·男自毳冕而下, 其服三. 諸侯之復
也, 兼用褒衣及冕服爵弁之服也.

'복(復)'과 '포의(褒衣)'는 모두 그 설명이 앞 장에 나온다. '면복(冕服)'의
경우 상공은 곤면으로부터 그 이하의 복장을 착용하여, 오면의 복장을
모두 갖추고, 후작·백작은 별면으로부터 그 이하의 복장을 착용하여,
네 개의 복장을 갖추며, 자작·남작은 취면으로부터 그 이하의 복장을
착용하여, 세 개의 복장을 갖춘다. 제후의 초혼에서는 포의 및 면복·작
변의 복장을 모두 사용하게 된다.

經文

夫人稅[象]衣揄[搖]狄, 狄稅素沙.〈019〉

제후의 부인에 대해 초혼을 할 때에는 단의와['稅'자의 음은 '象(단)'이다.]
요적을['揄'자의 음은 '搖(요)'이다.] 사용하며, 유적과 단의는 흰색의 안감을
댄다.

集說

此言夫人始死所用以復之衣也. 稅衣, 色黑而緣以纁. 揄, 與搖同.
揄狄色靑, 江淮而南, 靑質而五色皆備成章曰搖狄. 狄, 當爲翟, 雉
名也. 此服蓋畫搖翟之形以爲文章, 因名也. 狄稅素沙, 言自揄翟至
稅衣, 皆用素沙爲裏, 卽今之白絹也.

이 내용은 제후의 부인이 이제 막 죽었을 때, 초혼을 하며 사용하는 복
장을 뜻한다. '단의(稅衣)'는 색이 검고 가선은 분홍색으로 댄 옷이다.
'유(揄)'자는 요(搖)자와 동일하니, '요적(揄狄)'은 그 색이 청색이며, 강
수와 회수 이남에서는 청색 바탕에 다섯 가지 색깔을 모두 갖춰 무늬를
꾸민 옷을 '요적(搖狄)'이라고 부른다. '적(狄)'자는 마땅히 적(翟)자가 되
니, 꿩을 뜻하는 명칭이다. 이 복장에는 아마도 움직이는 꿩의 형상을
그려서 무늬로 삼았기 때문에, 그에 따라 이러한 명칭을 정한 것 같다.
'적단소사(狄稅素沙)'라는 말은 요적으로부터 단의에 이르기까지는 모두
흰색의 천을 사용하여 안감을 만든다는 뜻이니, 이것은 곧 현재의 백색
비단에 해당한다.

按內司服, 六服者, 褘衣·揄狄·闕狄·鞠衣·展衣·褖衣也.

『주례』「내사복(內司服)」편을 살펴보면, '육복(六服)'이라는 것은 위의
(褘衣)·요적(揄狄)·궐적(闕狄)·국의(鞠衣)·전의(展衣)·단의(褖衣)
이다.[1]

儀禮註云: 王之服九, 而祭服六; 后之服六, 而祭服三. 王之服, 衣裳
之色異; 后之服, 連衣裳而其色同. 以婦人之德, 本末純一故也. 王
之服禪而無裏, 后之服裏而不禪, 以陽成於奇, 陰成於偶故也.

『의례』의 주에서 말하길, 천자의 복장은 아홉 가지이고, 제사의 복장은

1) 『주례』「천관(天官)·내사복(內司服)」: 內司服; 掌王后之六服, 褘衣, 揄狄, 闕
狄, 鞠衣, 展衣, 緣衣, 素沙.

여섯 가지이다. 왕후(王后)[2]의 복장은 여섯 가지이고, 제사의 복장은 세 가지이다. 천자의 복장은 상의와 하의의 색깔이 다르지만, 왕후의 복장은 상의와 하의가 연결되어 있어서 그 색깔이 동일하다. 부인의 덕성은 근본과 말단이 순일하기 때문이다. 천자의 복장은 홑겹으로 만들어서 안감이 없지만, 왕후의 복장에는 안감을 대어 홑겹으로 만들지 않으니, 양은 홀수에서 완성되고 음은 짝수에서 완성되기 때문이다.

經文

內子以鞠衣褒衣素沙. 下大夫以禮[之彦反]衣. 其餘如士. 復西上.〈020〉[舊在"卜人作龜"之下.]

경의 정처에 대해 초혼을 할 때에는 하사받은 국의를 사용하는데, 이 옷에는 백색의 비단으로 안감을 댄다. 하대부의 처에 대해서는 전의를 ['禮'자의 음은 '之(지)'자와 '彦(언)'자의 반절음이다.] 사용한다. 나머지 복장은 사의 처에 대한 복장인 단의(褖衣)를 함께 사용한다. 초혼을 할 때에는 서쪽을 상등으로 삼는다. [옛 판본에는 "복인은 거북껍질을 그슬려서 점을 친다."[3]라고 한 문장 뒤에 수록되어 있었다.]

集說

內子, 卿之嫡妻也. 其復用鞠衣. 此衣蓋始命爲內子時所襃賜者, 故云鞠衣襃衣也. 亦以素沙爲裏. 下大夫, 謂下大夫之妻也. 禮, 周禮

---

2) 왕후(王后)는 천자의 본부인을 뜻한다. 후대에는 황후(皇后)라고 부르기도 하였다. 고대에는 천자(天子)를 왕(王)이라고 불렀기 때문에, 천자의 부인을 '왕후'라고 부른 것이다.

3) 『예기』「잡기상」017장 : 大夫之喪, 大宗人相, 小宗人命龜, 卜人作龜.

作展. 其餘如士者, 謂士妻之復用褖衣, 內子與下大夫之妻復亦兼用褖衣也. 復西上者, 復之人數多寡各如其命數, 若上公九命, 則復者九人, 以下三命, 則用三人. 北面則西在左, 左爲陽, 冀其復生, 故尙左也, 尊者立於左.

'내자(內子)'는 경의 정처이다. 그녀에 대한 초혼 복장은 국의를 사용한다. 이 복장은 아마도 처음 명을 받아 내자가 되었을 때 그녀의 덕을 기리며 하사한 복장이기 때문에, '국의인 포의'라고 말한 것 같다. 이 복장 또한 흰색의 비단으로 안감을 댄다. 이곳의 '하대부(下大夫)'는 하대부의 처를 뜻한다. '전(襢)'자를 『주례』에서는 전(展)자로 기록했다.[4] '기여여사(其餘如士)'라고 했는데, 사의 처에 대해서 초혼을 할 때에는 단의를 사용하고, 내자와 하대부의 처에 대해 초혼을 할 때에도 단의를 함께 사용할 수 있다는 뜻이다. '복서상(復西上)'이라는 말은 초혼을 할 때 참여하는 사람의 수는 각각 죽은 자가 받은 명의 등급에 따르게 되니, 상공의 경우 9명의 등급이므로 초혼을 하는 자도 9명이고, 그 이하로 3명의 등급에 이르면 3명을 사용한다. 그런데 이들이 북쪽을 바라보게 되면, 서쪽은 좌측이 되고 좌측은 양에 해당하니, 다시 살아나기를 기대하기 때문에 좌측을 숭상하여, 존귀한 자가 좌측에 위치한다.

淺見

近按: 此下, 皆兼擧上下而歷言之者也.

내가 살펴보니, 이 구문으로부터 그 이하의 기록들은 상하 계층을 함께 열거하여 차례대로 언급하고 있다.

---

4) 『주례』「천관(天官)・내사복(內司服)」: 內司服; 掌王后之六服, 褘衣, 揄狄, 闕狄, 鞠衣, 展衣, 緣衣, 素沙.

公七踊, 大夫五踊, 婦人居間; 士三踊, 婦人皆居間.〈062〉[舊在
"卿大夫以下之家也"之下.]

제후의 상에서 용을 하게 되면 7차례 하고, 대부의 상에서 용을 하게
되면 5차례 하는데, 부인이 용을 할 때에는 먼저 용을 하는 상주와 뒤에
용을 하는 빈객 중간에 한다. 또 사의 상에서 용을 하게 되면 3차례 하
는데, 부인은 모두 상주와 빈객 중간에 용을 한다. [옛 판본에는 "경이나
대부로부터 그 이하의 계층이 소유한 집이다."[1]라고 한 문장 뒤에 수록되어 있었
다.]

集說

國君五日而殯, 自死至大斂凡七次踊者. 始死, 一也. 明日襲, 二也.
襲之明日之朝, 三也. 又明日之朝, 四也. 其日旣小斂, 五也. 小斂明
日之朝, 六也. 明日大斂時, 七也. 大夫三日而殯, 凡五次踊者. 始
死, 一也. 明日襲之朝, 二也. 明日之朝及小斂, 四也. 小斂之明日大
斂, 五也. 士二日而殯, 凡三次踊者. 始死, 一也. 小斂時, 二也. 大
斂時, 三也. 凡踊, 男子先踊, 踊畢而婦人乃踊, 婦人踊畢, 賓乃踊,
是婦人居主人與賓之中間, 故云居間也. 然記者固云動尸擧柩, 哭
踊無數, 而此乃有三五七之限者, 此以禮經之常節言, 彼以哀心之泛
感言也. 又所謂無數者, 不以每踊三跳九跳爲三踊之限也.

제후는 죽은 이후 5일째에 빈소를 마련하니, 죽었을 때로부터 대렴을
할 때까지 모두 7차례 용을 한다. 이제 막 죽었을 때 하는 것이 첫 번째
용이다. 그 다음날 습을 하며 하는 것이 두 번째 용이다. 습을 한 다음
날 아침에 하는 것이 세 번째 용이다. 또 그 다음날 아침에 하는 것이

---

1) 『예기』「잡기상」 061장：爲君使而死, 公館復, 私舘不復. 公館者, 公宮與公所
爲也. 私館者, 自卿大夫以下之家也.

네 번째 용이다. 그날 소렴을 마친 뒤에 하는 것이 다섯 번째 용이다. 소렴을 한 다음날 아침에 하는 것이 여섯 번째 용이다. 다음날 대렴을 할 때 하는 것이 일곱 번째 용이다. 대부는 죽은 이후 3일째에 빈소를 마련하니, 모두 5차례 용을 한다. 이제 막 죽었을 때 하는 것이 첫 번째 용이다. 다음날 습을 하는 아침에 하는 것이 두 번째 용이다. 그 다음날 아침과 소렴을 할 때 하는 것이 세 번째와 네 번째 용이다. 소렴을 한 다음날 대렴을 할 때 하는 것이 다섯 번째 용이다. 사는 죽은 이후 2일째에 빈소를 마련하니, 모두 3차례 용을 한다. 이제 막 죽었을 때 하는 것이 첫 번째 용이다. 소렴을 할 때 하는 것이 두 번째 용이다. 대렴을 할 때 하는 것이 세 번째 용이다. 무릇 용에 있어서 남자가 먼저 용을 하고, 용하는 것이 끝나면 부인이 곧 용을 하며, 부인이 용하는 것을 끝내면 빈객이 용을 하니, 이것은 부인이 하는 용이 주인과 빈객이 하는 용 중간에 있다는 것을 나타낸다. 그렇기 때문에 "사이에 있다."라고 말한 것이다. 그런데 『예기』「문상(問喪)」편에서는 진실로 "시신을 운반하고 영구를 움직일 때 하는 곡과 용에는 정해진 수치가 없다."고 했는데, 이곳에서는 3·5·7 등의 제한이 있다고 했다. 그 이유는 이곳 내용은 『예경』에 기록된 항상된 규정을 기준으로 말한 것이며, 「문상」편은 범범히 느끼게 되는 애통한 마음에 기준을 두어 말했기 때문이다. 또 이른바 "정해진 수치가 없다."는 말은 매번 용을 할 때 세 차례 발을 구르게 되어, 아홉 차례 발을 구르는 것으로 세 차례 용을 하는 제한으로 삼지 않는다는 뜻이다.

經文

公襲卷[衮]衣一, 玄端一, 朝服一, 素積一, 纁裳一, 爵弁二, 玄冕一, 襃衣一, 朱綠帶, 申加大帶於上.〈063〉

공작에 대해 습을 할 때에는 곤의가['卷'자의 음은 '衮(곤)'이다.] 한 벌이고,

현단이 한 벌이며, 조복이 한 벌이고, 소적이 한 벌이며, 훈상이 한 벌이고, 작변이 두 벌이며, 현면이 한 벌이고, 포의가 한 벌인데, 옷을 입힌 뒤에는 주색과 녹색으로 채색한 띠를 채우고, 그 위에 대대를 거듭 채운다.

集說

卑者以卑服親身, 如子羔之襲, 是也. 公貴者, 故上服親身, 襃衣最外, 尊顯之也. 襃衣, 上公之服也. 玄端, 玄衣朱裳, 齊服也. 天子以爲燕服, 士以爲祭服, 大夫・士以爲私朝之服. 朝服, 緇衣素裳, 公日視朝之服也. 素積, 皮弁之服, 諸侯視朝之服也. 纁裳, 冕服之裳也. 爵弁二者, 玄衣・纁裳二通也. 以其爲始命所受之服, 故特用二通, 示重本也. 玄冕, 見上章. 襃衣者, 君所加賜之衣, 最在上, 榮君賜也. 諸侯襲尸用小帶以爲結束, 此帶則素爲之而飾以朱綠之采也. 申, 重也. 已用革帶, 又重加大帶, 象生時所服大帶也. 此帶卽上章所云, 率帶, 諸侯・大夫皆五采, 士二采者, 是也.

미천한 자는 등급이 낮은 복장을 몸에 직접 입히는 옷으로 삼으니, 자고의 습이 이러한 경우이다. 공작은 존귀한 자이기 때문에 상등의 복장을 몸에 직접 입히는 옷으로 삼는데, 천자로부터 하사를 받은 포의를 가장 겉에 입히는 것은 존귀하게 높여서 드러내기 위해서이다. '포의(襃衣)'는 상공이 입을 수 있는 복장이다. '현단(玄端)'은 현색의 상의와 주색의 하의로 된 옷이니, 재계를 할 때 착용하는 복장이다. 천자는 이 옷을 연복(燕服)[2]으로 삼고, 사는 제사 때의 복장으로 삼으며, 대부와 사는 또한 이것을 사조에서 착용하는 복장으로 삼는다. '조복(朝服)'은 치의와 흰색의 하의로 된 옷이니, 공작이 날마다 조정에 참관할 때 착용하는 복장이다. '소적(素積)'은 피변복으로, 제후가 조정에 참관할 때 착용하는 복장

---

2) 연복(燕服)은 평상시 한가하게 거처할 때 착용하는 복장을 뜻한다. 또한 연회를 할 때 착용하는 복장을 뜻하기도 한다.

이다. '훈상(纁裳)'은 면복에 착용하는 하의를 뜻한다. "작변이 두 벌이다."라는 말은 현색의 상의와 진홍색의 하의가 모두 두 벌이라는 뜻이다. 이 복장은 처음 명의 등급을 받을 때 착용했던 복장이기 때문에, 특별이 두 벌을 사용하여 근본을 중시하는 뜻을 나타낸다. '현면(玄冕)'에 대한 설명은 앞에 나온다. '포의(褒衣)'는 군주가 특별히 하사를 해준 옷이니, 가장 끝에 입혀서, 군주의 하사를 영예로움으로 삼는다. 제후가 시신에 대해 습을 할 때에는 소대를 사용해서 결속을 하는데, 이때의 띠는 흰색의 천으로 만들고, 주색과 녹색의 채색으로 장식을 한다. '신(申)'자는 거듭이라는 뜻이다. 이미 혁대를 사용했는데 재차 대대를 사용했으니, 이것은 생전에 차게 되는 대대를 상징한다. 이러한 띠는 앞에서 "율대의 경우, 제후와 대부는 모두 다섯 가지 채색을 넣어서 장식을 하고, 사는 두 가지 채색을 넣어서 장식을 한다."라고 한 말에 해당한다.

小斂環経, 公・大夫・士一也.〈064〉[舊聯上文.]

소렴을 치를 때 환질을 두르는 것은 제후・대부・사가 모두 동일하다. [옛 판본에는 앞 문장의 뒤에 수록되어 있었다.]

集說

疏曰: 環経, 一股而纏也. 親始死, 孝子去冠, 至小斂不可無飾, 士素委貌, 大夫以上素弁, 而貴賤悉得加於環経, 故云公・大夫・士一也.

소에서 말하길, '환질(環経)'은 한 가닥의 끈을 엮어서 만들게 된다. 부모가 이제 막 돌아가셨을 때, 자식은 관을 제거하지만, 소렴을 치르게 되면 장식이 없을 수 없으니, 사는 흰색의 위모(委貌)[3]를 착용하고, 대부로부터 그 이상의 계급은 흰색의 변을 착용하는데, 신분의 차이와 상관없이 모두 그 위에 환질을 두를 수 있다. 그렇기 때문에 "제후·대부·사가 동일하다."고 했다.

經文

率[律]帶, 諸侯大夫皆五采, 士二采.〈053〉 [舊在"刊其柄與末"之下.]

시신에게 옷을 입힌 뒤 결속하는 율대의['率'자의 음은 '律(률)'이다.] 경우, 제후와 대부는 모두 다섯 가지 채색을 넣어서 장식을 하고, 사는 두 가지 채색을 넣어서 장식을 한다. [옛 판본에는 "자루와 끝은 깎아내서 만든다."[4] 라고 한 문장 뒤에 수록되어 있었다.]

集說

率, 與縴同, 死者著衣畢而加此帶. 謂之縴者, 但襵帛邊而熨殺之, 不用箴線也, 以五采飾之. 士喪禮緇帶. 此二采, 天子之士也.

'율(率)'자는 동아줄을 뜻하는 율(縴)자와 같으니, 죽은 자에 대해 의복을 모두 입힌 뒤에는 이러한 띠를 이용해서 묶게 되므로, 이것을 '율(縴)'이라고 부르는데, 비단의 가장자리를 접고 붙여서 줄이게 되며, 바느질을 하지 않고, 다섯 가지 채색으로 장식을 한다. 『의례』「사상례(士喪禮)」편에서는 치대를 사용한다고 했다. 따라서 이곳에서 두 가지 채색을 한다고 한 것은 천자에게 소속된 사 계층을 뜻한다.

---

3) 위모(委貌)는 검은색의 명주로 짠 관(冠)이다. '위(委)'자는 안정시킨다는 뜻으로, 이 관을 착용하여 용모를 안정시키기 때문에 '위모'라고 부른다.

4) 『예기』「잡기상」 052장 : 暢臼以椈, 杵以梧. 枇以桑, 長三尺, 或曰五尺. 畢用桑, 長三尺, 刊其柄與末.

子羔之襲也, 繭衣裳與稅[象]衣纁袡[而占反]爲一, 素端一, 皮弁
一, 爵弁一, 玄冕一. 曾子曰: "不襲婦服."〈060〉[舊在"反而後奠"
之下.]

공자의 제자 자고가 죽었을 때 그에 대한 습을 했는데, 상의와 하의가
연결된 솜옷을 입히고, 그 겉옷으로 단의에[稅'자의 음은 '象(단)'이다.] 진
홍색의 가선을['袡'자는 '而(이)'자와 '占(점)'자의 반절음이다.] 댄 옷을 입혀서,
이것을 한 벌로 삼았고, 상하의를 모두 흰색으로 만든 소단 한 벌을 입
혔으니, 이것이 두 번째로 껴입히는 옷이며, 포로 된 상의와 흰색의 옷
감으로 만든 하의로 된 피변복 한 벌을 입혔으니, 이것이 세 번째로 껴
입히는 옷이고, 현색의 상의와 진홍색의 하의로 된 작변복 한 벌을 입
혔으니, 이것이 네 번째로 껴입히는 옷이며, 현색의 상의와 진홍색의 하
의에 보(黼) 무늬를 새기는 현면복 한 벌을 입혔으니, 이것이 다섯 번째
로 껴입히는 옷이었다. 증자는 그것을 살펴보고, 부인이 입는 진홍색의
가선을 댄 옷이 포함되어서, "남자에게는 부인의 옷을 습하지 않는다."
라고 비판했다. [옛 판본에는 "되돌아온 이후에는 전제사를 진설하여 그 사실을
아뢴다."[5]라고 한 문장 뒤에 수록되어 있었다.]

集說

子羔, 孔子弟子高柴也. 襲, 以衣斂尸也. 繭衣裳, 謂衣裳相連而綿
爲之著也. 稅衣, 黑色. 纁, 絳色帛. 袡, 裳下緣也. 繭衣襲故用褖衣
爲表, 合爲一稱, 故云繭衣裳與稅衣纁袡爲一. 素端一, 第二稱也.
賀氏云: "衣裳竝用素爲之." 皮弁一, 第三稱也. 皮弁之服, 布衣而素
裳. 爵弁一, 第四稱也. 其服玄衣而纁裳. 玄冕一, 第五稱也. 其服亦

---

5) 『예기』「잡기상」059장 : 君若載而后弔之, 則主人東面而拜, 門右北面而踊, 出
待反而后奠.

玄衣纁裳, 衣無文而裳刺黼, 大夫之上服也. 婦服, 指纁袸而言. 曾
子非之, 以其不合於禮也.

'자고(子羔)'는 공자의 제자인 고시이다. '습(襲)'은 옷으로 시신을 감싼
다는 뜻이다. '견의상(繭衣裳)'은 상의와 하의가 서로 연결되어 있는데,
솜을 그 속에 넣은 것을 뜻한다. '단의(稅衣)'는 흑색으로 된 옷이다. '훈
(纁)'은 진홍색의 비단이다. '염(袸)'은 하의 밑단에 댄 가선이다. 솜옷으
로 습을 했기 때문에 단의를 겉옷으로 삼고, 둘을 합쳐 1칭(稱)[6]으로 삼
은 것이다. 그렇기 때문에 "상의와 하의가 연결된 솜옷과 단의에 진홍색
으로 가선을 댄 옷을 한 벌로 삼다."라고 한 것이다. "소단이 한 벌이
다."는 말은 두 번째로 껴입히는 옷을 뜻한다. 하씨는 "상의와 하의를
모두 흰색의 옷감으로 만들기 때문이다."라고 했다. "피변이 한 벌이다."
는 말은 세 번째로 껴입히는 옷을 뜻한다. 피변복은 포로 상의를 만들고
흰색의 옷감으로 하의를 만든다. "작변이 한 벌이다."는 말은 네 번째로
껴입히는 옷을 뜻한다. 그 복장은 현색의 상의에 진홍색의 하의가 된다.
"현면이 한 벌이다."는 말은 다섯 번째로 껴입히는 옷을 뜻한다. 그 복
장 또한 현색의 상의와 진홍색의 하의가 되는데, 상의에는 무늬가 없지
만 하의에는 보(黼) 무늬를 새기며, 대부가 착용하는 상등의 복장이다.
'부복(婦服)'은 진홍색으로 가선을 댄 것을 가리켜서 한 말이다. 중자가
비판을 했던 것은 그것이 예법에 맞지 않았기 때문이다.

浅見

近按: 此因上文襲斂之禮, 而幷及其失禮之事也.

----

6) 칭(稱)은 수량을 나타내는 양사(量詞)이다. 즉 짝을 지어 갖추는 일련의 의복을
헤아리는 단위이다. 예를 들어 포(袍)라는 옷에는 반드시 겉에 걸치는 옷이 있어
야 하며, 홑옷으로 입어서는 안 되고, 상의에는 반드시 그에 맞는 하의가 있어야
하는데, 이처럼 포(袍)에 겉옷을 갖추고, 상의에 맞게 하의까지 갖추는 것을 1칭
(稱)이라고 부른다. 『예기』「상대기(喪大記)」편에는 "袍必有表不襌, 衣必有裳,
謂之一稱."이라는 기록이 있다.

내가 살펴보니, 이것은 앞 문장에서 습과 염을 하는 예법을 언급한 것에
따라서 아울러 실례를 범한 사안까지도 언급한 것이다.

經文

小斂·大斂·啓, 皆辯[偏]拜.〈057〉

소렴과 대렴 및 계빈을 할 때, 군주를 제외한 다른 빈객들이 찾아왔다면, 일이 끝날 때까지 기다린 뒤에, 밖으로 나와서 모든 빈객들에게 두루['辯'자의 음은 '偏(편)'이다.] 절을 한다.

集說

禮, 當大斂小斂及啓攢之時, 君來弔, 則輟事而出拜之. 若他賓客至, 則不輟事, 待事畢乃卽堂下之位而徧拜之, 故特擧此三節言之. 若士於大夫, 當事而大夫至, 則亦出拜之也.

예법에 따르면 대렴과 소렴 및 가매장했던 관을 열 때, 군주가 찾아와서 조문을 하게 된다면, 하던 일을 멈추고 밖으로 나와서 절을 한다. 만약 다른 빈객이 찾아온 경우라면, 하던 일을 멈추지 않고, 일이 끝날 때까지 기다린 뒤에야 당하의 자리로 나아가서 두루 절을 한다. 그렇기 때문에 특별히 이 세 가지 절차를 제시하여 언급했다. 만약 사가 대부를 대하는 경우, 해당하는 절차를 시행하고 있는데 대부가 도착을 했다면, 이러한 경우에도 밖으로 나와서 절을 한다.

經文

朝夕哭不帷, 無柩者不帷.〈058〉 [舊在"從其父之爵位"之下.]

아침저녁으로 곡을 할 때에는 영구를 가리는 휘장을 치지 않고, 장례를 치러서 영구가 없는 경우에는 당에 휘장을 치지 않는다. [옛 판본에는 "남편의 작위에 따른다."[1]라고 한 문장 뒤에 수록되어 있었다.]

朝夕之間, 孝子欲見殯, 故哭則褰擧其帷, 哭畢仍垂下之. 無柩, 謂
葬後也. 神主祔廟之後還在室, 無事於堂, 故不復施帷.

아침과 저녁 사이에 자식이 빈소의 영구를 보고자 하기 때문에, 곡을 하
게 되면 그 앞을 가리고 있는 휘장을 걷어 올리고, 곡이 끝나면 다시
휘장을 친다. 영구가 없다는 말은 장례를 치른 이후를 뜻한다. 신주를
묘에 합사한 이후에는 다시 실로 되돌려 놓으므로, 당에서 진행할 일이
없다. 그렇기 때문에 다시 휘장을 치지 않는다.

公視大斂, 公升, 商祝鋪[平聲]**席乃斂.**〈065〉 [舊在"公·大夫·士一
也"之下.]

군주가 신하의 상에 임하여 대렴 때 참관해서, 당 위로 오르게 되면, 대
렴의 일을 담당하고 있는 상축은 자리를 깔고['鋪'자는 평성으로 읽는다.] 대
렴의 절차를 시행한다. [옛 판본에는 "제후·대부·사가 모두 동일하다."[2]라고
한 문장 뒤에 수록되어 있었다.]

君臨臣喪而視其大斂. 商祝, 習知殷禮者, 專主斂事. 主人雖先已鋪
席布絞紟等物, 聞君將至, 悉徹去之, 待君至升堂, 商祝乃始鋪席爲
斂事, 蓋榮君之至而擧其禮也.

---

1) 『예기』「잡기상」 056장 : 凡婦人, 從其夫之爵位.
2) 『예기』「잡기상」 064장 : 小斂環絰, <u>公大夫士一也</u>.

군주가 신하의 상에 임하여, 대렴 때 참관을 한 것이다. '상축(商祝)'은 은나라 때의 예법을 익힌 자이며, 염에 대한 일을 주관한다. 상주가 비록 먼저 자리를 깔고 시신을 묶는 끈인 효나 홑이불인 금 등을 펼쳐두었더라도, 군주가 장차 도착하게 된다는 소식을 듣게 되면, 이 모두를 치워두고, 군주가 당에 오를 때까지 기다리며, 그런 뒤에 상축은 곧 처음으로 자리를 펴고 염의 일을 진행하니, 군주가 당도한 것을 영예롭게 여겨서 해당 의례를 거행하기 때문이다.

經文

君若載而后弔之, 則主人東面而拜, 門右北面而踊, 出待反而后奠.〈059〉[舊在"無柩者不帷"之下.]

군주가 찾아와서 신하의 상에 조문을 하는데, 만약 그 시점이 관을 이미 영구에 실어둔 때라고 한다면, 상주는 수레의 서쪽에서 동쪽을 바라보며 군주에게 절을 하고, 묘문 안의 우측에서 북쪽을 바라보며 발을 구르고, 군주의 조문이 끝나면 문밖으로 나가 기다려서 군주를 전송하고, 다시 되돌아온 이후에는 전제사를 진설하여 그 사실을 아뢴다. [옛 판본에는 "영구가 없는 경우에는 당에 휘장을 치지 않는다."[3]라고 한 문장 뒤에 수록되어 있었다.]

集說

此謂君來弔臣之喪, 而柩已朝廟畢, 載在柩車, 君旣弔, 位在車之東, 則主人在車西東面而拜. 門右, 祖廟門之西偏. 自內出則右在西, 孝子旣拜君從位而立, 故於門內西偏北面而哭踊爲禮也. 踊畢先出門

---

3) 『예기』「잡기상」 058장 : 朝夕哭不帷, <u>無柩者不帷</u>.

以待拜送, 不敢必君之久留也. 君命之反還喪所, 卽設奠以告死者, 使知君之來弔也. 一說, 此謂在廟載柩車之時. 奠, 謂反設祖奠.

이것은 군주가 찾아와서 신하의 상에 조문을 하였는데, 그 시기가 관을 이미 옮겨 조묘를 마쳐서, 영구에 실어둔 상태이며, 군주가 조문을 끝내게 되면 그 위치는 수레의 동쪽이 되니, 상주는 수레의 서쪽에서 동쪽을 바라보며 절을 한다는 뜻이다. 문의 우측은 조묘의 문 서쪽을 뜻한다. 안으로부터 밖으로 나가게 되면 우측은 서쪽이 되는데, 자식이 이미 군주에게 절을 하여 그 자리에 따라 서 있었기 때문에, 문안의 서쪽에서 북쪽을 바라보고 곡과 용을 하여, 예법에 따르는 것이다. 용이 끝나면 먼저 문밖으로 나가서 대기하며 절을 하고 전송하니, 감히 군주를 오래도록 머물게 할 수 없기 때문이다. 군주가 명령을 하여 상을 치르는 장소로 되돌아가게 되면, 곧바로 전제사를 진설하여 죽은 자에게 그 사실을 아뢰니, 군주가 찾아와서 조문을 했다는 사실을 알게끔 하는 것이다. 일설에는 이 내용은 묘 안에서 관을 영구에 실어둔 때에 해당한다. '전(奠)'은 되돌아가 조전을 진설한다는 뜻이라고 했다.

經文

遣[去聲]車視牢具, 疏布輤, 四面有章[去聲], 置于四隅. 載粻[張], 有子曰: "非禮也. 喪奠脯醢而已."〈048〉 [舊在"褻衣不以襚"之下.]

견거의['遣'자는 거성으로 읽는다.] 수량은 사용되는 희생물의 수에 견주며, 거친 포를 사용하여 덮개를 만들고, 네 방면에는 가림막이['章'자는 거성으로 읽는다.] 있으며, 외관(外棺)의 네 모퉁이에 둔다. 곡식을['粻'자의 음은 '張(장)'이다.] 싣는 것에 대해, 유자는 "비례에 해당한다. 상을 치르며 견전을 치를 때에는 포와 육장을 사용할 따름이다."라고 했다. [옛 판본에는 "포의는 물건을 보내는 용도로 사용하지 않는다."[4]라고 한 문장 뒤에 수록되어 있었다.]

遣車, 說見檀弓. 視牢具者, 天子太牢包九介, 則遣車九乘; 諸侯太牢包七介, 則七乘; 大夫亦太牢包五介, 則五乘; 天子之上士三命少牢包三介, 則三乘也. 諸侯之士無遣車. 遣車之上以麤布爲輤. 輤, 蓋也, 四面有物以障蔽之. 章, 與障同. 四隅, 槨之四角也. 粻, 米粮也, 遣奠之饌無黍稷. 故有子以載粻爲非禮, 牲體則脯醢之義也.

'견거(遣車)'에 대해서는 그 설명이 『예기』「단궁(檀弓)」편에 나온다. "희생물을 갖춘 것에 견준다."는 말은 천자는 태뢰를 사용하여 고기를 9개로 포장하니 견거는 9대를 사용하며, 제후는 태뢰를 사용하여 고기를 7개로 포장하니 견거는 7대를 사용하고, 대부 또한 태뢰를 사용하여 고기를 5개로 포장하니 견거는 5대를 사용하며, 천자에게 소속된 상사는 3명의 등급으로 소뢰를 사용하여 고기를 3개로 포장하니 견거는 3대를 사용한다. 제후에게 소속된 사는 견거를 사용하지 않는다. 견거 위에는 거친 포로 천을 만든다. '천(輤)'은 덮개를 뜻하며, 네 방면에 다른 것을 덧대어 가림막으로 가린다. '장(章)'자는 가림막을 뜻하는 장(障)자와 같다. '사우(四隅)'는 외관의 네 모퉁이를 뜻한다. '장(粻)'자는 곡식을 뜻한다. 견전에 바치는 음식 중에는 서직이 없다. 그렇기 때문에 유자는 곡식을 싣는 것을 비례라고 여겼으니, 희생물의 몸체를 싣게 되면 포와 육장을 사용하는 뜻에 해당한다.

醴者, 稻醴也. 甕甒[武]筲[思交反]衡[抗]實見[諫]間[平聲], 而后折入.〈054〉[舊在"士二釆"之下.]

---

4)『예기』「잡기상」047장 : 諸侯相襚以後路與冕服, 先路與襃衣不以襚.

단술은 쌀로 빚은 단술로 준비한다. 식초나 장을 담는 옹, 단술을 담는 무['甒'자의 음은 '武(무)'이다.] 서직을 담는 소['筲'자는 '思(사)'자와 '交(교)'자의 반절음이다.] 이것들을 받치는 틀인 항은['衡'자의 음은 '抗(항)'이다.] 관 밖에 씌운 간과['見'자의 음은 '諫(간)'이다.] 외관 사이에['間'자는 평성으로 읽는다.] 채우고, 그런 뒤에 항석(抗席)을 받치는 절을 외관 위에 올린다. [옛 판본에는 "사는 두 가지 채색을 넣어서 장식을 한다."5)라고 한 문장 뒤에 수록되어 있었다.]

集說

此言葬時所藏之物. 稻醴, 以稻米爲醴也. 甕甒, 皆瓦器, 甕盛醯醢, 甒盛醴酒. 筲, 竹器, 以盛黍稷. 衡, 讀爲桁, 以木爲之, 所以皮擧甕甒之屬也. 見, 棺衣也. 言此甕甒筲衡實於見之外槨之內. 而后折入者, 折形如床而無足, 木爲之, 直者三, 橫者五, 窆事畢, 而后加之壙上, 以承抗席也.

이 내용은 장례를 치를 때 함께 부장하는 사물을 뜻한다. '도례(稻醴)'는 쌀로 만든 단술이다. '옹(甕)'과 '무(甒)'는 모두 옹기로 만든 그릇으로, 옹으로는 식초나 육장을 담고 무로는 단술을 담는다. '소(筲)'는 대나무로 만든 그릇으로, 이것으로 서직을 담는다. '형(衡)'자는 항(桁)자로 풀이하니, 나무로 만들게 되며, 옹이나 무 등을 받쳐주는 도구이다. '간(見)'은 관에 입히는 천이다. 즉 이러한 옹·무·소·항은 관에 씌운 천 겉과 외관 안에 채운다는 뜻이다. "그 이후에 절을 들인다."고 했는데, '절(折)'은 그 모습이 평상과 같지만 다리가 없는 것이며, 나무로 만들고, 세로로 된 것이 3개이고 가로로 된 것이 5개이며, 하관하는 일이 끝나면, 그 이후에 구덩이 위에 얹고, 이것을 통해 항석을 받치게 한다.

---

5) 『예기』「잡기상」 053장 : 率帶, 諸侯大夫皆五采, 士二采.

魯人之贈也, 三玄二纁, 廣[去聲]尺, 長[去聲]終幅.〈066〉 [舊在"鋪席
乃斂"之下.]

현재 노나라 사람들이 증을 보낼 때에는 3단의 현색 비단과 2단의 분홍
색 비단을 사용하는데, 그 너비는['廣'자는 거성으로 읽는다.] 1척이고 길이
는['長'자는 거성으로 읽는다.] 1폭으로, 예법에 맞지 않는다. [옛 판본에는 "자
리를 깔고 대렴의 절차를 시행한다."[6]라고 한 문장 뒤에 수록되어 있었다.]

集說

贈, 以物送別死者於槨中也. 旣夕禮曰: "贈用制幣玄纁束", 一丈八
尺爲制. 今魯人雖用玄與纁, 而短挾如此, 則非禮矣, 故記者譏之.
幅之度二尺二寸.

'증(贈)'은 물건을 보내 외관 안에 넣어 죽은 자를 전송하는 것이다. 『의
례』「기석례(旣夕禮)」편에서는 "증으로 제폐인 현색과 분홍색 1속을 사
용한다."[7]라고 했는데, 1장 8척의 길이로 제작한 것이다. 현재 노나라
사람들은 비록 현색과 분홍색의 비단을 사용하지만, 그 길이와 폭이 이
처럼 짧고 좁으니, 비례가 된다. 그렇기 때문에 『예기』를 기록한 자가
기롱을 한 것이다. 1폭의 치수는 2척 2촌이다.

淺見

近按: 遣車以下, 是言以物送死之禮得失之事也.

내가 살펴보니, 견거로부터 그 이하의 내용은 사물로 죽은 자를 전송하
는 예법에 있어서 득실의 사안을 언급한 것이다.

---

6) 『예기』「잡기상」065장 : 公視大斂, 公升, 商祝鋪席乃斂.
7) 『의례』「기석례(旣夕禮)」: 主人哭, 踊無筭, 襲, 贈用制幣玄纁束, 拜稽顙, 踊如
初.

士喪有與天子同者三: 其終夜燎, 及乘人, 專道而行.〈076〉 [舊在 "馮之興踊"之下.]

사의 상에는 천자의 상과 동일한 점이 세 가지 있다. 첫 번째는 영구를 옮기는 날 밤부터 아침까지 불을 피우는 것이며, 두 번째는 사람들로 하여금 영구를 끄는 줄을 잡도록 하는 것이고, 세 번째는 영구를 움직일 때 그 길을 전적으로 사용하며 이동하는 것이다. [옛 판본에는 "시신에 매달리고 일어나서 용을 한다."[1]라고 한 문장 뒤에 수록되어 있었다.]

集說

終夜燎, 謂遷柩之夜, 須光明達旦也. 乘人, 使人執引也. 專道, 柩行於路, 人皆避之也.

'종야료(終夜燎)'는 영구를 옮기는 날 밤에 불을 피워 빛을 내도록 해서 아침까지 태우는 것이다. '승인(乘人)'은 사람들로 하여금 영구를 끄는 줄을 잡도록 하는 것이다. '전도(專道)'는 도로에서 영구를 이동시킴에 사람들이 모두 그 자리를 피해준다는 뜻이다.

淺見

近按: 此言葬時啓殯之後, 及柩行於道之禮.

내가 살펴보니, 이것은 장례를 치를 때 계빈을 한 이후 영구가 도로에서 움직일 때의 예법을 언급하고 있다.

---

1) 『예기』「잡기상」075장 : 外宗房中南面, 小臣鋪席, 商祝鋪絞紟衾, 士盥於盤北, 擧遷尸於斂上. 卒斂宰告, 子馮之踊, 夫人東面坐馮之興踊.

重[平聲]既虞而埋之.〈055〉

중은['重'자는 평성으로 읽는다.] 우제를 끝내고 매장한다.

集說

重, 說見檀弓. 虞祭畢, 埋於祖廟門外之東.

'중(重)'[1])에 대한 설명은 『예기』「단궁」편에 나온다. 우제가 끝나면 조묘의 문밖 동쪽에 매장한다.

經文

凡婦人, 從其夫之爵位.〈056〉 [舊在"而后折入"之下.]

무릇 부인들의 상사를 치를 때, 그 수위는 남편의 작위에 따른다. [옛 판본에는 "그런 뒤에 항석을 받치는 절을 외관 위에 올린다."[2])라고 한 문장 뒤에 수록되어 있었다.]

集說

治婦人喪事, 皆以夫爵位尊卑爲等降, 無異禮也.

부인의 상사를 치를 때에는 모두 남편의 작위 서열에 따라 등급별로 낮

---

1) 중(重)은 나무에 구멍을 뚫어서 만든 것으로, 신주(神主)를 만들기 전에, 구멍이 뚫린 나무를 세워서 이것을 신주 대신으로 삼아 제사를 지냈다. 『예기』「단궁하(檀弓下)」편에는 "重, 主道也."라는 기록이 있고, 이에 대한 정현의 주에서는 "始死未作主, 以重主其神也."라고 풀이했다.

2) 『예기』「잡기상」054장 : 醴者, 稻醴也. 甕甒筲衡實見閒, 而后折入.

추니, 별도의 예가 없다.

近按: 自復諸侯以下至此, 是由始死之復, 次踊, 次襲, 次斂, 次啓, 以至旣葬而虞, 其禮有上下同異之制, 或歷陳之, 或通言之. 婦人之禮, 則皆從其夫爵位之高下也, 故末兼及之.

내가 살펴보니, '복제후(復諸侯)'라는 구문으로부터 그 이하로 이곳에 이르기까지는 어떤 자가 이제 막 죽었을 때 초혼을 한 것으로부터 말미암아 그 다음으로 용을 하고, 그 다음으로 습을 하며, 그 다음으로 염을 하고, 그 다음으로 계빈을 하여, 장례를 마치고 우제를 치르는 것에 이르렀는데, 그 예법에 있어서 상하 계층에 따른 차이나는 제도가 있는데, 어떤 경우에는 차례대로 진술하고 또 어떤 경우에는 통괄하여 언급했다. 부인의 예법인 경우에는 모두 그 남편의 작위 고하에 따르기 때문에, 끝에서 함께 언급한 것이다.

公子附於公子.〈025〉 [舊在"附於王母則不配"之下.]

손자가 공자의 신분이고 조부가 군주의 신분이라면, 군주의 형제 중 공자의 신분이었던 자에게 합사를 한다. [옛 판본에는 "조모에게 합사하는 경우라면, 조부는 함께 배향하지 않는다."[1]라고 한 문장 뒤에 수록되어 있었다.]

疏曰: 若公子之祖爲君, 公子不敢祔之, 祔於祖之兄弟爲公子者, 不敢戚君故也.

소에서 말하길, 만약 공자의 조부가 제후이면, 공자가 죽었을 때 감히 합사를 하지 못하고, 군주인 조부의 형제들 중 공자의 신분인 자에게 합사를 하니, 감히 군주를 친족으로 대할 수 없기 때문이다.

近按: 此言虞後附祭之禮, 亦自貴者始, 故先此也.

내가 살펴보니, 이것은 우제를 치른 이후 부제를 치를 때의 예법을 언급한 것인데, 이 또한 존귀한 자로부터 시작하기 때문에 이 문장을 앞에 기록해두었다.

---

1) 『예기』「잡기상」 024장 : 男子附於王父則配, 女子附於王母則不配.

大夫附於士. 士不附於大夫, 附於大夫之昆弟. 無昆弟, 則從 其昭穆, 雖王父母在亦然.〈022〉 [舊在"屬於池下"之下.]

손자가 대부가 된 뒤에 죽었더라도 사였던 조부의 묘에 합사를 한다. 손자가 사가 된 뒤에 죽었다면 대부였던 조부의 묘에 합사를 할 수 없 고, 대부였던 조부의 형제들 중 사의 신분을 가진 자의 묘에 합사를 한 다. 사였던 조부의 형제가 없다면, 소목의 순서에 따라 고조부 및 그 항렬에서 사였던 자의 묘에 합사하니, 비록 조부모가 생존해 계신 때라 도 또한 고조부 및 그 항렬에서 합사할 곳을 찾는다. [옛 판본에는 "지 아 래에 결속한다."[1]라고 한 문장 뒤에 수록되어 있었다.]

集說

附, 讀爲祔. 祖爲士, 孫爲大夫而死, 可以祔祭於祖之爲士者, 故曰 大夫祔於士. 若祖爲大夫, 孫爲士而死, 不可祔祭於祖之爲大夫者, 惟得祔祭於大夫之兄弟爲士者, 故曰士不祔於大夫, 祔於大夫之昆 弟. 若祖之兄弟無爲士者, 則從其昭穆, 謂祔於高祖之爲士者. 若高 祖亦是大夫, 則祔於高祖昆弟之爲士者也. 雖王父母在亦然者, 謂 孫死應合祔於祖, 今祖尙存無可祔, 亦是祔於高祖也. 小記云: "中一 以上而祔", 與此義同.

'부(附)'자는 합사를 뜻하는 부(祔)자로 해석한다. 조부가 사의 신분이었 고 손자가 대부가 된 뒤에 죽었다면, 사였던 조부의 묘에 부제를 지낼 수 있기 때문에 "손자인 대부를 사인 조부에게 합사한다."라고 말했다. 만약 조부가 대부였고 손자가 사가 된 뒤에 죽었다면, 대부였던 조부의 묘에 부제를 지낼 수 없고, 오직 대부인 조부의 형제들 중 사의 신분이

---

1) 『예기』「잡기상」021장 : 大夫不揄絞屬於池下.

었던 자의 묘에서 부제를 지낼 수 있기 때문에, "손자인 사는 대부인 조부에게 합사할 수 없고, 대부인 조부의 형제들 중 사였던 자의 묘에 합사한다."라고 말했다. 만약 조부의 형제들 중 사의 신분이었던 자가 없다면 소목의 차례에 따르니, 사였던 고조부에게 합사한다는 뜻이다. 만약 고조부 또한 대부의 신분이었다면, 고조부의 형제들 중 사였던 자의 묘에 합사를 한다. "비록 왕조부와 왕조모가 생존해 계시더라도 또한 이처럼 한다."라고 했는데, 손자가 죽게 되면 마땅히 조부의 묘에 합사를 해야 하는데, 현재 조부가 여전히 생존해 있는 경우라면 합사를 할 수 없으니, 이러한 경우에도 고조부의 묘에 합사를 한다는 뜻이다. 『예기』「상복소기(喪服小記)」편에서 "한 대를 걸러서 그 이상의 대상에게 합사를 한다."라고 한 말도 이곳의 의미와 동일하다.

淺見

近按: 此言大夫士祔禮之不同.

내가 살펴보니, 이것은 대부와 사가 부제를 치르는 예법에 차이점이 있음을 언급한 것이다.

婦附於其夫之所附之妃, 無妃, 則亦從其昭穆之妃. 妾附於妾
祖姑, 無妾祖姑, 則亦從其昭穆之妾.〈023〉 [舊聯上文, 下放此.]

부인의 경우 그 남편이 합사하게 될 대상의 아내에게 합사를 하고, 그
아내가 없는 경우라면, 또한 소목의 항렬에 따라 한 세대를 걸러 그 이
상의 선조 아내에게 합사한다. 첩의 경우 조부의 첩에 합사를 하고, 조
부의 첩이 없는 경우라면, 또한 소목의 항렬에 따라 한 세대를 걸러 그
이상의 선조 첩에게 합사한다. [옛 판본에는 앞 문장의 뒤에 수록되어 있었으
며, 이후의 기록도 이와 같다.]

集說

夫所祔之妃, 夫之祖母也. 昭穆之妃, 亦謂間一代而祔高祖之妃也.
妾亦然.

남편이 합사를 하게 될 대상의 비는 남편의 조모를 뜻한다. 소목의 비
또한 한 세대를 건너서 고조의 비에게 합사를 한다는 뜻이다. 첩에 대해
서도 또한 이처럼 한다.

淺見

近按: 此言嫡妾祔禮之不同.

내가 살펴보니, 이것은 정부인과 첩의 부제 예법에 차이점이 있음을 언
급한 것이다.

男子祔於王父則配, 女子祔於王母則不配.〈024〉

남자가 죽어서 조부에게 합사를 하는 경우라면, 조모까지도 함께 배향하고, 여자가 죽어서 조모에게 합사하는 경우라면, 조부는 함께 배향하지 않는다.

集說

男子死而祔祖者, 其祝辭云: "以某妃配某氏", 是幷祭王母也. 未嫁之女, 及嫁未三月而死, 歸葬女氏之黨者, 其祔於祖母者, 惟得祭祖母, 不祭王父也, 故云祔於王母則不配. 蓋不言"以某妃配某氏"耳. 有事於尊者可以及卑, 有事於卑者不敢援尊也.

남자가 죽어서 그의 조부에게 합사를 지내는 경우, 그 축사에서는 "아무개 비를 아무개 씨에게 배향합니다."라고 말하니, 이것은 조모까지도 함께 제사를 지낸다는 사실을 나타낸다. 아직 시집을 가지 않은 여자 및 시집을 왔지만 아직 3개월이 지나지 않았는데 죽어서, 여자 집안으로 돌려보내어 장례를 치르는 경우, 조모에게 합사를 하는데, 이러한 경우에는 오직 조모만 제사지낼 수 있고, 조부는 제사지낼 수 없다. 그렇기 때문에 "조모에게 합사를 하는 경우라면 배향을 하지 않는다."라고 한 것이다. 아마도 이러한 경우에서는 "아무개 비를 아무개 씨에게 배향합니다."라고 말하지 않았을 따름이다. 존귀한 자에게 어떤 일이 발생한 경우에는 미천한 자에게까지 해당 사안이 미칠 수 있지만, 미천한 자에게 어떤 일이 발생한 경우에는 감히 존귀한 자까지 끌어들일 수 없다.

淺見

近按: 此言男女祔禮之不同, 此女子未嫁而死, 祔於本宗者也.

내가 살펴보니, 이것은 남녀의 부제 예법에 차이점이 있음을 언급한 것인데, 여기에서 말한 여자는 아직 시집을 가지 않은 상태에서 죽어서 본가에 부제를 치르는 경우에 해당한다.

經文

有父母之喪尙功衰, 而附兄弟之殤則練冠附[句], 於殤稱"陽童
某甫", 不名, 神也.〈028〉 [舊在"杖屨不易"之下.]

부모의 상이 발생하여 여전히 공최를 착용하고 있는데, 소공복을 착용
하는 형제들 중 요절한 자가 발생하여, 그에 대한 부제를 치르게 되면
연관을 착용하고 부제를 치르고['附'자에서 구문을 끊는다.] 요절한 자에 대
해서는 '양동인 아무개 보'라고 부르니, 이름으로 부르지 않은 것은 신
령으로 대하기 때문이다. [옛 판본에는 "지팡이와 신발만은 바꾸지 않는다."[1]라
고 한 문장 뒤에 수록되어 있었다.]

集說

三年喪練後之衰, 升數與大功同, 故云功衰也. 此言居父母之喪, 猶
尙身著功衰, 而小功兄弟之殤, 又當祔祭, 則仍用練冠而行禮, 不改
服也. 祝辭稱陽童者, 庶子之殤, 祭於室之白處, 故曰陽童. 宗子爲
殤, 則祭於室之奧, 故稱陰童. 童者, 未成人之稱也. 今按己是曾祖
之適, 與小功兄弟同曾祖, 其死者及其父皆庶人, 不得立祖廟, 故曾
祖之適孫爲之立壇而祔之. 若己是祖之適孫, 則大功兄弟之殤, 得
祔祖廟, 其小功兄弟之殤, 則祖之兄弟之後也. 今以練冠而祔, 謂小
功及緦麻之殤耳. 若正服大功, 則變練冠矣. 某甫者, 爲之立字而稱
之, 蓋尊而神之, 則不可以名呼之也.

삼년상을 치르며 연제를 지낸 이후의 상복은 그 승의 수가 대공복을 만
드는 상복의 승과 같다. 그렇기 때문에 그 상복을 '공최(功衰)'[2]라고 부

---

1) 『예기』「잡기상」 027장 : 有三年之練冠, 則以大功之麻易之, 唯杖屨不易.

2) 공최(功衰)는 상복(喪服)의 한 종류이다. 참최복(斬衰服)과 자최복(齊衰服)을
입고 치르는 상(喪)에서, 소상(小祥)을 지낸 이후에 착용하는 상복이다. 상복 재
질의 거친 정도가 대공복(大功服)과 같기 때문에, '공최'라고 부르게 되었다.

른다. 이 내용은 부모의 상을 치르고 있으며 여전히 자신의 몸에 공최를 걸치고 있는데, 소공복에 해당하는 형제 중 요절한 자가 발생했고, 또 마땅히 부제를 치러야 한다면, 곧 연관을 착용하고서 해당 의례를 시행하며, 복장을 바꾸지 않는다는 뜻이다. 축사에서 있어서 '양동(陽童)'이라고 지칭하는 것은 서자 중 요절한 자에 대해서는 묘실 중에서도 밝은 곳에서 제사를 지내기 때문에, '양동(陽童)'이라고 부른다. 종자가 요절을 했다면, 묘실의 그윽한 장소에서 제사를 지내기 때문에, '음동(陰童)'이라고 부른다. '동(童)'은 아직 성인이 되지 못해서 붙이는 칭호이다. 현재의 상황을 살펴보면, 본인은 증조부의 적자이며, 소공복을 착용하게 되는 형제와는 증조부가 같은 친족인데, 죽은 형제와 그의 부친은 모두 서인의 신분이 되어, 조부의 묘를 세울 수 없다. 그렇기 때문에 증조부의 적손은 그를 위해 제단을 쌓고 그를 합사하게 된다. 만약 본인이 조부의 적손이라면, 대공복을 착용하게 되는 형제 중 요절한 자에 대해서는 조부의 묘에 합사를 할 수 있는데, 소공복을 착용하게 되는 형제 중 요절한 자에 대해서라면, 조부의 형제에서 파생된 후손이 된다. 현재 연관을 착용하고 합사를 한다고 한 것은 소공복 및 시마복을 착용하는 자들 중 요절한 자에 대한 내용일 따름이다. 만약 정복(正服)[3]으로 대공복을 착용하는 경우라면, 연관을 바꾸게 된다. '아무개 보'라는 말은 그를 위해 자(字)를 붙여서 부르는 것이니, 존귀하게 대하며 신령으로 대한다면, 이름으로 그를 부를 수 없기 때문이다.

近按: 此言附殤之禮. 然自此以上, 言由始死之復, 而踊襲斂啓, 至于遣葬虞附之事, 送終之禮備矣. 自此以下, 又言喪服輕重之異, 此

---

3) 정복(正服)은 본래의 상례(喪禮) 규정에 따른 정식 복장을 뜻한다. 친족 관계에서는 각 등급에 따른 상례 절차가 규정되어 있으므로, '정복'이라는 것은 규정에 따른 상복(喪服)을 착용하는 것뿐만 아니라, 상(喪)을 치르는 기간과 각종 부수적 기물(器物)들에 대해서도 규정대로 따르는 것을 뜻한다.

章則先言父母之喪, 是服之最重. 旣結上節, 而又起下節之意也.

내가 살펴보니, 이것은 요절한 자의 부제를 치르는 예법을 언급한 것이다. 그런데 이 구문 이전에는 어떤 자가 이제 막 죽었을 때 초혼을 하는 것으로 말미암아서 욕·습·염·계빈과 견거를 사용하고 장례를 치르며 우제를 치르고 부제를 치르는 사안에 이르기까지 언급하여 죽은 자를 전송하는 예법이 갖춰져 있다. 그런데 이 구문으로부터 그 이하의 내용에서는 또한 상복의 수위에 따른 차이를 언급하고 있고, 이 장에서는 우선 부모의 상을 언급했는데, 이것은 상복 중에서도 가장 수위가 무거운 것이다. 이것은 이미 앞 절에 대한 결론을 맺고서 다시 아래 절의 뜻을 일으키기 위해서이다.

右第三節.

여기까지는 제 3절이다.

제 4 절

經文

有三年之練冠, 則以大功之麻易之, 唯杖屨不易.〈027〉 [舊在"待
猶君也"之下.]

삼년상을 치르고 있을 때 소상을 치렀는데, 갑작스럽게 대공복에 해당
하는 상이 발생한다면, 대공복에 착용하는 마로 만든 질로 소상 때 착
용했던 갈로 만든 질을 바꾸지만, 지팡이와 신발만은 바꾸지 않는다.
[옛 판본에는 "그를 대우할 때에는 정식 군주에 대한 경우처럼 한다."[1]라고 한 문장
뒤에 수록되어 있었다.]

集說

大功之服, 爲殤者凡九條, 其長殤皆九月, 中殤皆七月, 皆降服也.
又有降服者六條, 正服者五條, 正服不降者三條, 義服者二條, 皆九
月. 詳見儀禮. 此章言居三年之喪, 至練時首絰已除, 故云有三年之
練冠也. 當此時忽遭大功之喪, 若是降服, 則其衰七升, 與降服齊衰
葬後之服同, 故以此大功之麻絰, 易去練服之葛絰也. 惟杖屨不易
者, 言大功無杖無可改易, 而三年之練, 與大功初喪, 同是繩屨耳.

대공복의 규정에 있어서 요절한 자를 위해 착용하는 경우에는 모두 9가
지 조목이 있는데, 장상의 경우에는 모두 9개월 동안 복상하고, 중상의
경우에는 모두 7개월 동안 복상하니, 이 모두는 강복에 해당한다. 또 강
복을 하는 경우에는 6가지 조목이 있고, 정복을 하는 경우에는 5가지
조목이 있으며, 정복을 하면서 낮추지 않는 경우에는 3가지 조목이 있
고, 의복(義服)[2]을 하는 경우에는 2가지 조목이 있는데, 이 모두에 대해

----

1) 『예기』「잡기상」 026장 : 君薨, 大子號稱子, <u>待猶君也</u>.

서는 9개월 동안 복상한다. 자세한 설명은 『의례』에 나온다. 이곳 문단은 삼년상을 치르고 있으면서 연제를 지내는 시기가 되면 머리에 쓰고 있던 수질은 이미 제거하게 되므로, "삼년상에서 연관을 쓰고 있다."라고 말한 것이다. 그리고 이러한 시기에 갑작스럽게 대공복에 해당하는 상이 발생하여, 강복을 하는 경우와 같다면, 상복은 7승으로 만들어서, 강복을 하며 자최복을 입고 치르는 상에서 장례를 치른 이후에 착용하는 복장과 동일하게 한다. 그렇기 때문에 대공복의 마로 만든 질로 소상의 복장에 착용했던 갈로 만든 질을 바꾸는 것이다. '유장구불역(惟杖屨不易)'이라는 말은 대공복에는 지팡이가 없어서 복장을 바꾸는 경우가 없으며, 삼년상의 연제 때 착용하는 복장과 대공복의 초상 때 착용하는 복장에 있어서는 동일하게 승구를 신을 따름이라는 뜻이다.

經文

喪冠條屬[燭], 以別吉凶. 三年之練冠亦條屬, 右縫. 小功以下左.〈044〉 [舊在"不反服"之下.]

상을 치를 때 쓰는 관에는 한 가닥의 노끈을 연결하여['屬'자의 음은 '燭(촉)'이다.] 관의 테두리인 무(武)와 갓끈인 영(纓)으로 삼아, 이를 통해 길흉을 구별한다. 삼년상에서 소상을 치를 때 쓰는 관에도 한 가닥의 노끈을 연결해서 이처럼 하는데, 주름을 접어 꿰맨 것은 우측을 향하도록 한다. 소공복으로부터 그 이하의 상복에서는 주름을 접어 꿰맨 것이 좌측을 향하도록 한다. [옛 판본에는 "돌아가서 상복을 착용하지 않는다."³⁾라고 한 문장 뒤에 수록되어 있었다.]

---

2) 의복(義服)은 본래 친속관계가 성립되지 않아서, 상복(喪服)을 착용해야만 하는 관계가 아닌데도, 도리에 따라 상복을 착용하는 것을 말한다.
3) 『예기』「잡기상」 043장 : 違諸侯之大夫不反服, 違大夫之諸侯不反服.

喪冠以一條繩屈而屬於冠, 以爲冠之武, 而垂下爲纓, 故云喪冠條屬. 屬, 猶着也, 言着於冠也. 是纓與武其此一繩, 若吉冠則纓與武各一物. 玉藻云"縞冠玄武"之類, 是也. 吉凶之制不同, 故云別吉凶也. 三年練冠, 小功之冠也. 其條屬亦然. 吉冠則襵縫向左, 左爲陽, 吉也. 凶冠則襵縫向右, 右爲陰, 凶也. 小功緦麻之服輕, 故襵縫向左而同於吉.

상관(喪冠)[4]에서는 한 가닥의 노끈을 말아서 관에 연결해서, 이것으로 관의 테두리인 무로 삼고, 아래로 내려서 갓끈인 영으로 삼는다. 그렇기 때문에 "상관에는 노끈 한 가닥을 연결한다."라고 한 것이다. '촉(屬)'자 는 "붙인다."는 뜻이니, 관에 연결한다는 의미이다. 여기에서 말한 '영 (纓)'과 '무(武)'는 모두 한 가닥의 노끈으로 만드는 것이니, 만약 길관인 경우라면, 영과 무는 각각 별개의 부분이 된다. 『예기』 「옥조(玉藻)」편 에서 "호관에 현무를 단다."고 한 것 등이 바로 이것을 가리킨다. 길과 흉의 제도는 다르기 때문에 "길과 흉을 구별한다."라고 말했다. 삼년상 에서 착용하는 연관은 소상 때 착용하는 관을 뜻한다. 그 관에 노끈을 연결하는 것 또한 이처럼 한다. 길관의 경우라면 주름을 접어 꿰맬 때 그 방향이 좌측을 향하도록 하니, 좌측은 양에 해당하여 길사가 되기 때 문이다. 흉관의 경우라면 주름을 접어 꿰맬 때 그 방향이 우측을 향하도 록 하니, 우측은 음에 해당하여 흉사가 되기 때문이다. 소공복과 시마복 은 수위가 낮은 상복이기 때문에 주름을 접어 꿰맨 것이 좌측을 향하도 록 하여 길관과 동일하게 한다.

---

4) 상관(喪冠)은 상복(喪服)을 착용할 때 쓰는 관(冠)이다. 상복은 수위에 따라 일 반적으로 오복(五服)으로 나뉘게 되는데, '상관' 또한 각 상복의 종류에 따라 달 라진다.

近按: 此承上文, 以明練冠之制也.

내가 살펴보니, 이것은 앞 문장의 뜻을 이어서 연관의 제도를 나타낸 것
이다.

緦冠繰[早]纓, 大功以上散帶.〈045〉

시마복의 관에 다는 갓끈은 잿물에 담갔던 것으로['繰'자의 음은 '早(조)'이다.] 하고, 대공복으로부터 그 이상의 상복을 착용할 때에는 마로 만든 대의 끝을 흩트려 늘어트린다.

緦服之縷, 其麤細與朝服十五升之布同, 而縷數則半之. 治其縷, 不治其布, 冠與衰同是此布也, 但爲纓之布則加以灰澡治之耳, 故曰緦冠繰纓. 繰, 讀爲澡. 大功以上服重, 初死麻帶散垂, 至成服乃絞. 小功以下, 初死卽絞也.

시마복을 제작할 때 사용하는 명주는 거칠고 조밀한 정도가 조복을 만들 때 사용하는 15승의 포와 동일하지만, 명주의 가닥수는 절반이 된다. 명주는 다듬지만 포는 다듬지 않는데, 관과 상복은 모두 이러한 포를 사용하게 된다. 다만 갓끈에 사용하는 포를 만들 때에는 포를 잿물에 씻어서 가공하는 공정이 추가될 따름이다. 그렇기 때문에 "시마복의 관에는 잿물에 씻은 갓끈을 사용한다."라고 말한 것이다. '조(繰)'자는 조(澡)자로 풀이한다. 대공복으로부터 그 이상의 상복은 수위가 높고, 어떤 자가 이제 막 죽었을 때에는 마로 만든 대를 차고 그 끝을 흩트려 늘어트리며, 성복을 하게 된 뒤에야 매듭을 짓는다. 소공복으로부터 그 이하의 상복을 착용할 때에는 어떤 자가 이제 막 죽었을 때부터 곧바로 매듭을 짓는다.

朝服十五升, 去[上聲]其半而緦加灰[句], 錫也.〈046〉 [舊聯上文.]

조복은 15승의 포로 만드는데, 그 중 절반을 제거한['去'자는 상성으로 읽는다.] 포로는 시마복을 만들고, 또 여기에 잿물에 담그는 공정을 가미하면['灰'자에서 구문을 끊는다.] 석최가 된다. [옛 판본에는 앞 문장의 뒤에 수록되어 있었다.]

集說

朝服精細, 全用十五升布爲之, 去其半, 則七升半布也. 用爲緦服. 緦云者, 以其縷之細如絲也. 若以此布而加灰以澡治之, 則謂之錫, 所謂弔服之錫衰也. 錫者, 滑易之貌. 緦服不加灰治也. 朝服一千二百縷終幅, 緦之縷細與朝服同, 但其布終幅止六百縷而疎. 故儀禮云: "有事其縷無事其布曰緦."

조복을 만들 때의 천은 정밀하고 가늘어서 모두 15승의 포를 사용해서 만드는데, 그 절반을 덜어내게 되면 7.5승의 포가 된다. 이것을 사용해서 시마복을 만든다. '시(緦)'라고 부르는 것은 그 실의 가늘기가 명주실과 같기 때문이다. 만약 이러한 포를 사용해서 만들고 다시 잿물에 담갔다가 가공하게 되면 그것을 '석(錫)'이라 부르니, 조복으로 사용되는 '석최(錫衰)'에 해당한다. '석(錫)'자는 매끄러운 모양을 뜻한다. 시마복은 잿물에 담그는 공정을 가미하지 않는다. 조복은 1,200가닥의 실로 종폭이 되도록 하는데, 시마복의 실 가늘기는 조복의 경우와 동일하지만, 포의 종폭은 단지 600가닥에 그쳐서 성글다. 그렇기 때문에 『의례』에서는 "실에 가공을 하지만 그것으로 만든 포에 가공을 함이 없다면 '시(緦)'라고 부른다."[1]라고 한 것이다.

---

1) 『의례』「상복(喪服)」: 緦麻三月者, 傳曰, 緦者, 十五升抽其半, <u>有事其縷, 無事其布曰緦</u>.

近按: 此因練冠以言緦冠, 而又明其緦制也.

내가 살펴보니, 이것은 연관으로 인해서 시마복의 관을 언급하고, 또 시마복의 제도도 나타낸 것이다.

大白冠, 緇布之冠, 皆不蕤. 委武玄縞而后蕤.〈050〉[舊在"喪車皆無等"之下.]

대백관과 치포관에는 모두 갓끈 장식을 달지 않는다. 관의 테두리가 달린 현관과 호관인 뒤에야 갓끈 장식을 단다. [옛 판본에는 "상거는 모두 귀천에 따른 차등이 없다."[1]라고 한 문장 뒤에 수록되어 있었다.]

集說

大白冠, 太古之白布冠也. 緇布冠, 黑布冠也. 此二冠無飾, 故皆不蕤. 然玉藻云: "緇布冠繢緌, 是諸侯之冠", 則此不蕤者, 謂大夫·士也. 委武, 皆冠之下卷, 秦人呼卷爲委, 齊人呼卷爲武. 玄, 玄冠也. 縞, 縞冠也. 玄縞二冠旣別有冠卷, 則必有蕤, 故云委武玄縞而后蕤也.

'대백관(大白冠)'은 태고 때 사용하던 백색의 포로 만든 관이다. '치포관(緇布冠)'은 흑색의 포로 만든 관이다. 이 두 관에는 장식이 없기 때문에 모두 갓끈 장식을 달지 않는다. 그런데 『예기』 「옥조(玉藻)」편에서는 "치포관에 궤유를 한 것은 제후가 쓰는 관이다."라고 했으니, 여기에서 갓끈 장식을 달지 않는다고 한 것은 대부와 사의 경우를 뜻한다. '위(委)'와 '무(武)'는 모두 관에 달린 아래 테두리를 뜻하는데, 진나라 사람들은 테두리를 '위(委)'라고 불렀고, 제나라 사람들은 테두리를 '무(武)'라고 불렀다. '현(玄)'은 현관을 뜻한다. '호(縞)'는 호관을 뜻한다. 현관과 호관은 이미 별도로 관의 테두리가 달린 것이니, 반드시 갓끈의 장식이 포함된다. 그렇기 때문에 "테두리가 달린 현관과 호관인 뒤에라야 갓끈 장식을 단다."라고 말한 것이다.

---

1) 『예기』 「잡기상」 049장 : 祭稱"孝子"·"孝孫", 喪稱"哀子"·"哀孫". 端衰喪車皆無等.

近按: 以上皆言喪冠之制.

내가 살펴보니, 여기까지는 모두 상관의 제도를 언급하였다.

爲長子杖, 則其子不以杖卽位.〈040〉

부친이 그의 장자를 위해서 상을 치르며 지팡이를 잡게 되면, 장자의
자식은 지팡이를 가지고 자신의 자리에 나아갈 수 없다.

其子, 長子之子也. 祖不厭孫, 此長子之子亦得杖, 但與祖同處, 不
得以杖獨居己位耳.

'기자(其子)'는 장자의 아들을 뜻한다. 조부는 손자에 대해서 염강(厭
降)[1]을 하지 않으니, 장자의 자식 또한 지팡이를 잡지만, 조부와 동일한
장소에 있을 때에는 지팡이를 가지고 자신의 자리에 있을 수 없을 따름
이다.

爲妻, 父母在, 不杖, 不稽顙.〈041〉

처를 위해 장례를 주관할 경우, 부모가 모두 생존해 계시다면, 지팡이를
잡지 않고, 빈객에게 절을 할 때에도 이마가 땅에 닿도록 절을 하지 않
는다.

---

1) 염강(厭降)은 상례(喪禮)에 있어서, 돌아가신 모친을 위해 자식은 본래 삼년상
(三年喪)을 치러야 하지만, 부친이 생존해 계신 경우라면, 수위를 낮춰서 기년상
(期年喪)으로 치르는데, 이처럼 낮춰서 치르는 것을 '염강'이라고 부른다.

此謂適子妻死, 而父母俱存, 故其禮如此. 然大夫主適婦之喪, 故其
夫不杖, 若父沒母存, 母不主喪, 則子可以杖, 但不稽顙耳. 此幷言
之, 讀者不以辭害意可也.

이 내용은 적장자의 처가 죽었는데, 부모가 모두 생존해 계실 때 그 예
법이 이와 같다는 뜻이다. 그러나 대부는 적부의 상을 주관하기 때문에,
그녀의 남편은 지팡이를 잡을 수 없는데, 만약 부친이 돌아가시고 모친
만 생존해 계신 경우, 모친이 상을 주관하지 않는다면, 자식은 지팡이를
잡을 수 있지만, 이마를 땅에 닿도록 절을 할 수 없을 따름이다. 이곳에
서는 두 사안을 한꺼번에 말했으니, 독자는 표면적으로 기록된 말에 따
라 의미를 해석하는데 구애되지 않아야 옳다.

母在, 不稽顙. 稽顙者, 其贈也拜.〈042〉 [舊在"輕喪則弁經"之下.]

적장자가 자신의 처를 위해 상을 치를 때, 부친은 이미 돌아가신 상태
이고, 모친만 생존해 계시다면, 빈객에게 절을 할 때 이마를 땅에 닿도
록 하지 않는다. 이마를 땅에 닿도록 절을 하는 경우는 물건을 보내온
자에 대해 감사를 표하는 절에서만 한다. [옛 판본에는 "수위가 낮은 상이라
면 변질을 착용한다."[2]라고 한 문장 뒤에 수록되어 있었다.]

贈, 謂人以物來贈己助喪事也. 母在, 雖不稽顙, 惟拜謝此贈物之人,

---

2) 『예기』「잡기상」039장 : 大夫有私喪之葛, 則於其兄弟之輕喪, 則弁經.

則可以稽顙, 故云稽顙者其贈也拜. 一說, 贈, 謂以物送別死者, 卽
旣夕禮所云"贈用制幣"也.

'증(贈)'은 다른 사람이 어떤 사물을 가지고 찾아와서 자신에게 증여하
여 상사의 일을 돕도록 한 것을 뜻한다. 모친이 생존해 계실 때 비록
이마를 땅에 닿도록 절을 하지 않지만, 오직 이러한 물건을 보내온 자
에 대해서 감사를 표하며 절을 하게 되면, 이마를 땅에 닿도록 절을 할
수 있다. 그렇기 때문에 "이마를 땅에 닿도록 절을 하는 것은 물건을
보내온 경우에 절을 하는 것이다."라고 말한 것이다. 일설에는 '증(贈)'
은 별도로 죽은 자를 위해서 보내온 물건이니, 곧 『의례』「기석례(旣夕
禮)」편에서 "증에는 제폐를 사용한다."[3]고 한 기록이 이것을 뜻한다고
주장한다.

凡主兄弟之喪, 雖疏亦虞之.〈036〉 [舊在"遂之於墓"之下.]

무릇 형제의 상을 주관하게 되면, 비록 관계가 소원한 자일지라도 또한
우제와 부제를 치러준다. [옛 판본에는 "묘소까지 찾아간다."[4]라고 한 문장 뒤
에 수록되어 있었다.]

小功緦麻, 疏服之兄弟也. 彼無親者主之, 而己主其喪, 則當爲之畢
虞祔之祭也.

---

3) 『의례』「기석례(旣夕禮)」: 主人哭, 踊無算, 襲, <u>贈用制幣</u>玄纁束, 拜稽顙, 踊如
初.
4) 『예기』「잡기상」035장 : 適兄弟之送葬者弗及, 遇主人於道, 則<u>遂之於墓</u>.

소공복이나 시마복은 사이가 소원한 친족을 위해 착용하는 상복이다. 상대에게 상을 주관할 친족이 없어서, 본인이 그 상을 주관하게 된다면, 마땅히 죽은 자를 위해서 우제와 부제의 제사를 마쳐야 한다.

經文

主妾之喪則自祔, 至於練祥皆使其子主之, 其殯祭不於正室.〈(031)〉
[舊在"帶絰之日數"之下.]

정처의 지위를 대신했던 첩이 죽으면 부군은 그녀의 상을 주관하니, 이러한 경우라면 부군이 직접 부제를 지내지만, 소상이나 대상의 경우라면 모두 그녀의 자식으로 하여금 그 상을 주관하도록 하고, 또 그녀는 정처보다 낮으므로, 그녀에 대해 빈소를 차리거나 그곳에서 제사를 지낼 때에는 모두 정실에서 치르지 않는다. [옛 판본에는 "요질을 차고 그 끝을 흩트려 늘어트리는 기간을 채우고서야 성복을 한다."[5]라고 한 문장 뒤에 수록되어 있었다.]

集說

女君死而妾攝女君, 此妾死則君主其喪, 其祔祭亦君自主, 若練與大祥之祭, 則其子主之. 殯祭不於正室者, 雖嘗攝女君, 猶降於正嫡, 故殯與祭不得在正室也. 不攝女君之妾, 君則不主其喪.

여군이 죽어서 첩이 여군의 지위를 대신 하였을 때, 이러한 첩이 죽게 되면 부군이 직접 그 상을 주관하며, 그녀에 대한 부제에서도 부군이 직접 주관하는데, 만약 소상이나 대상의 제사라면, 그녀의 자식이 주관한

---

5) 『예기』「잡기상」 030장 : 未服麻而奔喪, 及主人之未成絰也, 疏者與主人皆成之, 親者終其麻帶絰之日數.

다. "빈소를 차리거나 그곳에서 제사를 지낼 때에는 정실에서 하지 않는다."는 말은 비록 그녀가 여군의 지위를 대신하였더라도, 여전히 정처보다는 낮추기 때문에, 빈소를 차리거나 그곳에서 제사를 지내게 되면 정실에서 지낼 수 없다. 여군의 지위를 대신했던 첩이 아니라면, 부군은 그녀의 상을 주관하지 않는다.

淺見

近按: 舊註以自祔爲句, 至於練祥以下, 別爲一句. 愚恐是上下幷爲一句也. 蓋主妾之喪者, 至葬卒哭而已, 自祔以後, 皆使其子主之也歟.

내가 살펴보니, 옛 주에서는 '자부(自祔)'를 구문으로 여겼고, '지어련상(至於練祥)'으로부터 그 이하의 기록은 별도로 하나의 구문이 된다고 했다. 내가 생각하기에 이것은 상하 기록을 모두 합쳐 하나의 구문으로 보아야 할 것 같다. 첩의 상을 주관하는 자는 장례를 치르고 졸곡을 하게 되면 그치고, 부제로부터 그 이후는 모두 그녀의 자식으로 하여금 그 상을 주관하게 했을 것이다.

凡喪服未畢, 有弔者, 則爲位而哭拜踊.〈037〉 [舊在"雖疏亦虞之"
之下.]

무릇 친족을 위해 상복을 착용하고 있는데, 아직 그 기간이 완전히 끝
나지 않았고, 새로 찾아와 조문을 하는 자가 있다면, 자리를 마련하여
곡을 하고 빈객에게 절을 하고 발을 구른다. [옛 판본에는 "관계가 소원한
자일지라도 또한 우제와 부제를 치러준다."[1]라고 한 문장 뒤에 수록되어 있었다.]

集說

疏曰: 不以殺禮而待新弔之賓也. 言凡者, 五服悉然.

소에서 말하길, 예법을 줄여서 새로 조문을 온 빈객을 대하지 않기 때문
이다. 무릇 '범(凡)'이라고 한 말은 오복의 관계에 속한 자들에 대해 모
두 이처럼 한다는 뜻이다.

淺見

近按: 以上言同居之喪.

내가 살펴보니, 여기까지는 함께 거주하고 있는 사람의 상에 대해 언급
하였다.

---

1) 『예기』「잡기상」 036장 : 凡主兄弟之喪, 雖疏亦虞之.

凡異居始聞兄弟之喪, 唯以哭對可也. 其始麻散帶経.〈029〉 [舊在"不名神也"之下.]

무릇 다른 지역에 거주하고 있는데 처음 형제의 상 소식을 듣게 된다면, 오직 곡을 하며 부고를 알려온 자를 대해야 옳다. 대공복 이상의 관계에 있는 형제를 위해 처음 마로 만든 요질을 착용할 때에는 끝을 매듭짓지 않고 흩트려 놓는다. [옛 판본에는 "이름으로 부르지 않은 것은 신령으로 대하기 때문이다."[1]라고 한 문장 뒤에 수록되어 있었다.]

集說

兄弟異居而赴至, 唯以哭對其來赴之人, 以哀傷之情重, 不暇他言也. 其帶経之麻始皆散垂, 謂大功以上之兄弟, 至三日而後絞之也. 小功以下不散垂.

형제가 다른 지역에 거주하여 부고를 알려온 경우, 오직 곡만 하며 부고를 알리기 위해 찾아온 자를 응대하니, 애통한 마음이 무거워서 다른 말을 할 겨를이 없기 때문이다. 마로 만든 요질을 찰 때 처음에는 모두 끝을 흩트려 놓으니, 즉 대공복으로부터 그 이상의 관계에 있는 형제에 있어서는 3일이 지난 뒤에야 매듭을 짓는다는 뜻이다. 소공복으로부터 그 이하의 관계에 있는 친족에 대해서는 끝을 흩트려 놓지 않는다.

淺見

近按: 此下, 皆言聞喪之禮.

내가 살펴보니, 이 구문으로부터 그 이하의 기록에서는 모두 상의 소식을 들었을 때의 예법을 언급하였다.

---

1) 『예기』「잡기상」028장 : 有父母之喪尙功衰, 而附兄弟之殤則練冠附, 於殤稱 "陽童某甫", <u>不名神也</u>.

未服麻而奔喪, 及主人之未成絰也, 疏者與主人皆成之, 親者
終其麻帶絰之日數.〈030〉 [舊聯上文.]

다른 지역에 거주하지만 그 거리가 매우 가까워서, 상의 소식을 접하고
아직 마로 된 질을 두르지 않은 상태에서 곧바로 분상을 하는 경우, 상
가에 도착한 시기가 주인이 아직 소렴을 하지 않아서 질을 두르지 않은
시기라면, 관계가 소원한 자는 주인과 함께 성복을 하고, 관계가 친밀한
자는 본인이 마로 된 요질을 차고 그 끝을 흩트려 늘어뜨리는 기간을
채우고서야 성복을 한다. [옛 판본에는 앞 문장의 뒤에 수록되어 있었다.]

集說

若聞訃未及服麻而卽奔喪者, 以道路既近, 聞死卽來, 此時主人未行
小斂, 故未成絰. 小功以下謂之疏. 疏者値主人成服之節, 則與主人
皆成之. 大功以上謂之親, 親者奔喪而至之時, 雖値主人成服, 己必
自終竟其散麻帶絰之日數, 而後成服也.

만약 부고를 듣고서 아직 마로 된 질을 차기 이전에 곧바로 분상을 한
자라면, 거리가 가까워서 그가 죽었다는 소식을 접하고 곧바로 찾아온
것인데, 이 시기에 상주가 아직 소렴을 시행하지 않았기 때문에, 아직
질을 두르고 있지 않은 것이다. 소공복으로부터 그 이하의 관계에 있는
친족을 '소(疏)'라고 부른 것이니, 관계가 소원한 자는 상주가 성복을 하
는 절차에 따르므로, 주인과 함께 모두 질을 두르게 된다. 대공복으로부
터 그 이상의 관계에 있는 친족을 '친(親)'이라고 부른 것이니, 관계가
친밀한 자는 분상을 하여 상가에 도착했을 때, 비록 주인이 성복하는 시
기에 따라야 하지만, 본인은 반드시 마로 된 요질을 차고 그 끝을 흩트
려 늘어뜨려 놓는 기간을 채운 뒤에야 성복을 한다.

近按: 及, 非及與之意, 言奔喪而及其主人未経之時也.

내가 살펴보니, '급(及)'자는 "~와"라는 뜻이 아니니, 분상을 하여 그 주인이 아직 질을 두르지 않은 시기에 도달했다는 의미이다.

經文

> 聞兄弟之喪, 大功以上[上聲], 見喪者之鄕而哭.〈034〉 [舊在"女君
> 之黨服"之下.]

분상의 예법에 있어서, 형제에 대한 상의 소식을 들었는데, 그 자가 강
복을 한 대공복으로부터 그 이상의['上'자는 상성으로 읽는다.] 관계에 있는
자라면, 상을 당한 자의 고향을 향하여 곡을 한다. [옛 판본에는 "여군의
친족을 위해서 상복을 착용한다."[1]라고 한 문장 뒤에 수록되어 있었다.]

集說

> 奔喪禮云: "齊衰望鄕而哭, 大功望門而哭", 此言大功以上, 謂降服
> 大功者也. 凡喪服, 降服重於正服.

『예기』「분상(奔喪)」의 예법에서는 "자최복을 입는 관계라면 그의 고향
을 바라보고 곡을 하며, 대공복을 입는 관계라면 그 집의 문을 바라보며
곡을 한다."고 했는데, 이곳에서는 대공복으로부터 그 이상의 관계라고
했으니, 본래의 상복보다 수위를 낮춰서 대공복을 착용한 경우이다. 무
릇 상복에 있어서 강복을 한 경우는 정복보다 수위가 높다.

經文

> 適[如字]兄弟之送葬者弗及, 遇主人於道, 則遂之於墓.〈035〉 [舊
> 聯上文.]

분상의 예법에 있어서, 형제의 장례에 참여하기 위해 길을 떠났지만['適'

---

1) 『예기』「잡기상」 033장 : 女君死, 則妾爲女君之黨服, 攝女君, 則不爲先女君之
黨服.

자는 글자대로 읽는다.] 영구를 전송할 때 당도하지 못하고, 장례를 마치고 되돌아오는 상주를 길에서 만나게 된다면, 그는 직접 묘소까지 찾아간 뒤에 되돌아온다. [옛 판본에는 앞 문장의 뒤에 수록되어 있었다.]

集說

適, 往也. 往送兄弟之葬而不及, 當送之時, 乃遇主人葬畢而反, 則 此送者不可隨主人反哭, 必自至墓所而後反也.

'적(適)'자는 "가다."는 뜻이다. 형제의 장례에 찾아가서 영구를 전송하려고 했지만 전송을 해야 할 시기에 당도하지 못하고, 상주가 장례를 마치고 되돌아오는 행렬을 만나게 된다면, 이러한 경우 장례를 전송하기 위해 떠났던 자는 주인을 따라가서 반곡을 하지 못하니, 반드시 직접 묘소가 있는 곳에 도착한 뒤에 되돌아온다.

淺見

近按: 以上皆言喪禮輕重之制.

내가 살펴보니, 여기까지는 모두 상례의 경중에 따른 제도를 언급한 것이다.

祭稱"孝子"・"孝孫", 喪稱"哀子"・"哀孫". 端衰喪車皆無等.〈049〉
[舊在"脯醢而已"之下.]

길제를 지낼 때의 축문에서는 제주를 '효자(孝子)' 또는 '효손(孝孫)'으로 지칭하고, 흉제를 지낼 때의 축문에서는 상주를 '애자(哀子)' 또는 '애손(哀孫)'으로 지칭한다. 단최와 상거는 모두 귀천에 따른 차등이 없다. [옛 판본에는 "포와 육장을 사용할 따름이다."[1]라고 한 문장 뒤에 수록되어 있었다.]

集說

祭, 吉祭也. 卒哭以後爲吉祭, 故祝辭稱"孝子"或稱"孝孫". 自虞以前爲凶祭, 故稱哀. 端, 正也. 端衰, 喪服上衣也. 吉時玄端服, 身與袂同以二尺二寸爲正, 喪衣亦如之, 而綴六寸之衰於胷前, 故曰端衰也. 喪車, 孝子所乘惡車也. 此二者, 皆無貴賤之差等.

'제(祭)'자는 길제를 뜻한다. 졸곡을 한 이후로부터 지내는 제사는 길제로 여긴다. 그렇기 때문에 축사에서는 '효자(孝子)' 또는 '효손(孝孫)'이라고 지칭한다. 우제로부터 그 이전은 흉제로 여긴다. 그렇기 때문에 '애(哀)'라고 지칭한다. '단(端)'자는 정폭을 뜻한다. '단최(端衰)'는 상복의 상의를 뜻한다. 길한 때의 현단복은 몸통 부위와 소매 부분을 모두 2척 2촌으로 하는 것을 정폭으로 삼는데, 상복의 상의 또한 이처럼 만들고, 6촌으로 만든 상복 부분을 가슴 앞에 단다. 그렇기 때문에 '단최(端衰)'라고 부른다. '상거(喪車)'는 자식이 타게 되는 악거(惡車)[2]를 뜻한

---

1) 『예기』「잡기상」048장 : 遣車視牢具, 疏布輤, 四面有章, 置於四隅. 載粻, 有子曰, "非禮也, 喪奠脯醢而已."
2) 악거(惡車)는 악거(堊車)를 뜻한다. 상중(喪中)에 있는 자가 타게 되는 백색으로 된 수레이다. '악(堊)'자는 흰색으로 칠한다는 뜻이다.

다. 이 두 가지는 모두 귀천에 따른 차등이 없다.

近按: 此兼言喪祭之禮, 喪旣終而祭必始, 故言喪禮, 必及祭禮也.

내가 살펴보니, 이것은 상례와 제례를 겸해서 말한 것인데, 상례가 끝나게 되면 제례가 반드시 시작된다. 그렇기 때문에 상례를 말하고서 기어코 제례까지도 언급한 것이다.

大夫冕而祭於公, 弁而祭於己. 士弁而祭於公, 冠而祭於己.
士弁而親迎[去聲], 然則士弁而祭於己可也.〈051〉

대부는 치면을 착용하고서 군주의 제사를 돕고, 작변을 착용하고서 자
신의 묘에서 제사를 지낸다. 사는 작변을 착용하고서 군주의 제사를 돕
고, 현관을 착용하고서 자신의 묘에서 제사를 지낸다. 사는 작변을 착
용하고서 친영을['迎'자는 거성으로 읽는다.] 하므로, 그렇다면 이 시기에 사
가 작변을 착용하고서 자신의 묘에서 제사를 지내는 것도 괜찮다.

冕, 絺冕也. 祭於公, 助君之祭也. 弁, 爵弁也. 祭於己, 自祭其廟也.
冠, 玄冠也. 助祭爲尊, 自祭爲卑, 故冠服有異也. 儀禮 · 少牢: "上大
夫自祭用玄冠", 此云弁而祭於己者, 此大夫指孤而言也. 記者以士
之親迎用弁, 以爲可以弁而祭於己, 然親迎之弁, 暫焉攝用耳, 祭有
常禮, 不可紊也.

'면(冕)'은 치면을 뜻한다. '제어공(祭於公)'은 군주의 제사를 돕는다는
뜻이다. '변(弁)'은 작변을 뜻한다. '제어기(祭於己)'는 자신의 묘에서 직
접 제사를 지낸다는 뜻이다. '관(冠)'은 현관을 뜻한다. 군주의 제사를
돕는 것은 존귀한 일이고, 직접 자신의 묘에서 제사를 지내는 것은 상대
적으로 미천한 일이다. 그렇기 때문에 관과 복장에도 차이가 생긴다.
『의례』「소뢰궤식례(少牢饋食禮)」편에서는 "상대부는 직접 제사를 지낼
때 현관을 사용한다."라고 했고, 이곳에서는 작변을 착용하고 자신의 묘
에서 제사를 지낸다고 했으니, 여기에서 말한 '대부(大夫)'는 고(孤)1)를

---
1) 고(孤)는 고대의 작위이다. 천자에게 소속된 '고'는 삼공(三公) 밑의 서열에 해당
하며, 육경(六卿)보다 높았다. 고대에는 소사(少師) · 소부(少傅) · 소보(少保)를
삼고(三孤)라고 불렀다.

가리켜서 한 말이다. 『예기』를 기록한 자는 사가 친영을 하며 작변을 착용하니, 이를 통해 작변을 착용하고서 자신의 묘에서 제사를 지낼 수도 있다고 여겼다. 그러나 친영을 하며 착용했던 작변을 사용하는 것은 잠시 다른 것을 대신해서 사용할 따름이며, 제사에서는 항상된 예법이 있으니, 문란하게 만들 수 없다.

經文

暢白以掬[菊], 杵以梧, 枇[匕]以桑, 長[去聲]三尺, 或曰五尺. 畢用桑, 長三尺, 刊其柄與末.〈052〉[舊在"玄縞而后葵"之下.]

울창주를 만들 때, 울금초를 찧는 절구는 측백나무로['掬'자의 음은 '菊(국)'이다.] 만들며, 공이는 오동나무로 만든다. 주인이 희생물의 몸체를 들어 올릴 때 사용하는 비는['枇'자의 음은 '匕(비)'이다.] 뽕나무로 만드는데, 그 길이는['長'자는 거성으로 읽는다.] 3척이며, 혹은 5척으로 만들었다고도 한다. 주인이 비를 사용할 때 실무를 맡아보는 자는 필을 이용해서 그 일을 돕는데, 필은 뽕나무로 만들고, 그 길이는 3척이며, 자루와 끝은 깎아내서 만든다. [옛 판본에는 "현관과 호관인 뒤에야 갓끈 장식을 단다."2)라고 한 문장 뒤에 수록되어 있었다.]

集說

暢, 鬱鬯也. 掬, 柏也. 擣鬱鬯者, 以柏木爲臼, 梧木爲杵. 柏香芳而梧潔白, 故用之. 牲體在鑊, 用枇升之以入鼎, 又以批自鼎載之入俎, 主人擧肉之時, 執事者則以畢助之擧. 此二器, 吉祭以棘木爲之, 喪祭則用桑木. 畢之柄與末加刊削, 枇亦必然也.

---

2) 『예기』「잡기상」050장 : 大白冠, 緇布之冠, 皆不蕤. 委武玄縞而后蕤.

'창(鬯)'은 울창주를 뜻한다. '국(椈)'은 측백나무를 뜻한다. 울창주의 재료가 되는 울금초를 찧을 때에는 측백나무로 절구를 만들고, 오동나무로 공이를 만든다. 측백나무는 향긋한 냄새가 나고 오동나무는 희고 깨끗하기 때문에 사용한다. 희생물의 몸체가 가마솥에 있을 때에는 비를 이용해 건져서 솥에 담고, 또 비를 이용해서 정으로부터 도마에 올리며, 주인이 고기를 들어 올릴 때, 일을 맡아보는 자는 필을 이용해서 들어 올리는 일을 돕는다. 이 두 기물은 길제에서는 가시나무를 이용해서 만드는데, 상제인 경우라면 뽕나무를 이용해서 만든다. 필의 자루와 끝은 깎아내는 공정을 더하니, 비 또한 반드시 이처럼 만든다.

淺見

近按: 此言祭禮冠冕不同之事, 與其用器之制.

내가 살펴보니, 이것은 제례에서 관과 면에 차이나는 사안 및 사용되는 기물의 제도를 언급한 것이다.

右第四節.

여기까지는 제 4절이다.

禮記淺見錄卷第十八

『예기천견록』 18권

「잡기하(雜記下)」

淺見

近按: 此篇視上篇, 尤甚雜亂.

내가 살펴보니, 이 편은 상편에 비하면 더욱 복잡하게 뒤섞여 있다.

「잡기하」편 문장 순서 비교

『예기집설』	『예기천견록』	
	구분	문장
001		001
002		002
003		003
004		004
005		005
006	1절	006
007		007
008		008
009		009
010		010
011		012
012		013
013		014
014		015
015		016
016		017
017		018
018		051
019		060
020		061
021		025
022	무분류	030
023		063
024		029
025		028
026		031
027		032
028		027
029		047
030		043
031		045
032		046
033		034
034		044

『예기집설』	『예기천견록』	
	구분	문장
035		049
036		033
037		035
038		036
039		037
040		039
041		038
042		040
043		041
044		042
045		054
046		055
047		056
048		059
049		020
050	무분류	022
051		023
052		024
053		048
054		050
055		057
056		058
057		062
058		019
059		021
060		072
061		064
062		068
063		065
064		066
065		067
066		026
067		011
068		082
069		075

『예기집설』	『예기천견록』	
	구분	문장
070		071
071		080
072		078
073		076
074		077
075		074
076		069
077		070
078		087
079		088
080		089
081		085
082		096
083	무분류	093
084		079
085		090
086		091
087		094
088		095
089		083
090		052
091		053
092		081
093		092
094		086
095		073
096		084

제 1 절

有父之喪, 如未沒喪而母死, 其除父之喪也, 服其除服, 卒事, 反喪服.〈001〉

부친의 상을 치르고 있는데, 그 시기가 소상을 치렀지만 아직 대상을 치르지 않은 시기이다. 그런데 이때 모친이 돌아가시게 되면, 부친에 대해 제상을 할 때에는 제상 때의 복장을 착용하고, 그 일이 끝나면 다시 모친에 대한 상복을 착용한다.

集說

沒, 猶終也, 除也. 父喪在小祥後大祥前, 是未沒父喪也. 又遭母喪, 則當除父喪之時, 自服除喪之服, 以行大祥之禮. 此禮事畢, 卽服喪 母之服. 若母喪未葬, 而値父之二祥, 則不得服祥服者, 以祥祭爲吉, 未葬爲凶, 不思於凶時行吉禮也.

'몰(沒)'자는 "마치다."는 뜻이며, "제거한다."는 뜻이다. 부친의 상을 치르며 소상을 한 이후로부터 대상을 치르기 이전에 있는 경우가 바로 아직 부친의 상을 끝내지 못한 것이다. 또 모친의 상을 당하게 된다면 부친의 상에 대해서 상복을 제거할 때, 스스로 제상(除喪)[1]할 때의 복장을 착용하여, 대상의 의례를 시행한다. 이러한 예법과 그 사안이 끝나게 되

---

1) 제상(除喪)은 상(喪)을 끝낸다는 뜻이다. 상을 치르는 일정한 기간을 끝내게 되면, 상중에 입고 있었던 상복(喪服)을 벗고, 평소에 입던 길복(吉服)으로 복장을 바꾸게 된다. 따라서 상복을 제거한다는 뜻에서, 상을 끝내는 것을 '제상'이라고 부르는 것이다. 또한 '제상'은 상복의 수위가 변화되는 것을 가리키는 용어로도 사용된다. 상복은 일정한 기간마다 그 수위가 낮아지게 되는데, 그 수위를 덜어낸 다는 뜻에서 이러한 일련의 변화를 '제상'이라고 부르는 것이다.

면, 모친의 상을 치르며 착용하는 복장을 입는다. 만약 모친의 상에 대해서 아직 장례를 치르지 않았는데, 부친에 대해 소상과 대상을 치러야 할 시기에 해당한다면, 소상이나 대상 때의 복장을 착용할 수 없으니, 그 이유는 소상과 대상의 제사는 길사에 해당하지만, 아직 장례를 치르지 않은 상황은 흉사에 해당하여, 차마 흉한 시기에 길례를 시행할 수 없기 때문이다.

淺見

近按: 上篇首言諸侯之喪, 以貴者始, 此篇首言父母之喪, 以重者始也.

내가 살펴보니, 「잡기상」편에서는 제후의 상을 언급하며 신분이 존귀한 자에 대한 경우로 시작을 했는데, 이 편에서는 첫 부분에서 부모의 상을 언급했으니, 중요한 대상에 대한 경우로 시작한 것이다.

雖諸父昆弟之喪, 如當父母之喪, 其除諸父昆弟之喪也, 皆服
其除喪之服, 卒事, 反喪服.〈002〉

비록 백부나 숙부 및 형제들의 상을 치르고 있더라도, 부모의 상을 당
하게 된다면, 백부나 숙부 및 형제들에 대해 상복을 제거하게 되면, 모
두 제상 때의 복장을 착용하고, 그 사안이 끝나면 다시 부모에 대한 상
복을 착용한다.

集說

諸父昆弟之喪, 自始死至除服, 皆在父母服內, 輕重雖殊, 而除喪之
服不廢者, 篤親愛之義也. 若遭君喪, 則不得自除私服, 曾子問言之
矣.

백부나 숙부 및 형제들의 상에 있어서, 그 자들이 이제 막 죽었을 때부
터 제복(除服)[1]을 할 때까지는 모두 부모에 대해 복상하는 기간에 포함
되는데, 경중에 따른 차이가 비록 있더라도, 제상 때의 복장은 폐지할
수 없으니, 친애의 뜻을 돈독하게 하기 위해서이다. 만약 군주의 상을
당하게 된다면, 본인은 개인적인 상복을 착용할 수 없으므로, 그 상복을
제거할 수 없으니, 『예기』「증자문(曾子問)」편에서 그 내용을 언급했다.

淺見

近按: 此言或有諸父昆弟之喪, 雖竝於父母之喪, 亦不廢其喪之除

---

1) 제복(除服)은 소상(小祥)과 대상(大祥)을 지낼 때 입는 상복(喪服)을 뜻한다. 또
는 상복을 벗는다는 뜻이다. 소상과 대상을 치르면서 상복의 수위가 낮아지게
되며, 대상까지 지내게 되면 실제적으로 복상(服喪) 기간이 끝나게 된다. 따라서
'제복'은 상복을 벗는다는 뜻이 되며, 소상과 대상을 지내면서 입게 되는 변화된
상복을 지칭하기도 하는 것이다.

服, 旣卒除服之事, 然後反服父母之喪服, 不以重而廢輕, 各盡其終始之義也.

내가 살펴보니, 이것은 간혹 제부 및 곤제의 상이 발생했는데, 비록 그 일들이 부모의 상을 치르는 도중에 병행되더라도 그 상의 제복에 대해서는 폐지할 수 없으니, 제복하는 일을 끝낸 뒤에야 다시 부모의 상을 치를 때 착용하는 상복을 입는데, 수위가 높은 것으로 인해 수위가 낮은 것을 폐지하지 않고 각각 그 시종의 뜻을 다하는 것이다.

如三年之喪, 則旣穎[犬迥反], 其練祥皆行.〈003〉

만약 삼년상이 겹치게 된다면, 갈로 만든 질로['穎'자는 '犬(견)'자와 '迥(형)'
자의 반절음이다.] 허리에 차고 있던 마로 만든 질을 바꾸게 되면 이전에
발생한 상에 대해서 소상과 대상의 제사를 모두 시행한다.

前喪後喪, 俱是三年之服, 其後喪旣受葛之後, 得爲前喪行練祥之禮
也. 旣穎者, 旣虞受服之時, 以葛絰易要之麻絰也. 穎, 草名. 無葛之
鄕以穎代.

앞서 발생한 상과 뒤에 발생한 상이 모두 삼년복을 착용해야 하는 상인
데, 뒤에 발생한 상에 있어서 이미 갈로 만든 상복을 받은 이후라면, 이
전 상에 대해서 연상의 의례를 시행할 수 있다. '기경(旣穎)'이라는 것은
이미 우제를 치르고서 새로운 상복을 받았을 때, 갈로 만든 질로 허리에
차고 있던 마로 만든 질을 바꾼다는 뜻이다. '경(穎)'은 풀이름이다. 갈
이 생산되지 않는 지역에서는 경으로 대체하게 된다.

近按: 舊說前後二喪俱是三年, 則後喪旣穎之後, 可行前喪練祥之祭
也. 旣穎者, 旣虞受服之時, 以葛絰易要之麻絰, 無葛之鄕以穎代之,
穎, 卽▼(田/麻)麻也. 音與絅同, 見中庸卒章輯釋.

내가 살펴보니, 옛 학설에서는 전후로 발생한 두 상이 모두 삼년상에 해
당한다면, 뒤에 발생한 상에서 기경(旣穎)을 한 이후에는 앞에 발생한
상의 연상 제사를 지낼 수 있다고 했다. '기경(旣穎)'이라는 것은 우제를
마치고 새로운 상복을 받을 때, 갈로 만든 질로 허리에 차고 있던 마로
만든 질을 바꾸는 것인데, 갈이 없는 지역에서는 경으로 대신하니, '경

(穎)'은 곧 수컷 대마에 해당한다. 그 음은 '絅(경)'과 같으니, 『중용』마지막 장에 대한 『집석』에 나온다.

王父死, 未練祥而孫又死, 猶是附於王父也.〈004〉

조부가 돌아가셨고, 아직 소상과 대상의 제사를 치르지 않았는데, 손자
가 죽게 된다면, 이러한 경우에도 손자는 조부에게 부제를 치른다.

集說

孫之祔祖, 禮所必然, 故祖死雖未練祥, 而孫又死, 亦必祔於祖.

손자는 조부에게 부제를 치르니, 예법에 있어서 반드시 이처럼 하게 된
다. 그렇기 때문에 조부가 돌아가셨는데, 아직 소상과 대상을 치르지 않
은 상태에서 손자가 죽게 되면, 이러한 경우에도 반드시 조부에게 부제
를 치른다.

經文

有殯聞外喪, 哭之他室. 入奠, 卒奠出, 改服卽位, 如始卽位之
禮.〈005〉

부모에 대한 빈소가 차려진 상태인데, 멀리 떨어져 살고 있는 형제의
상 소식을 접하게 되면, 다른 실로 가서 곡을 한다. 다음날 아침에는
부모에 대한 상복을 착용하고 빈소로 들어가서 전제사를 지내며, 전제
사가 끝나면 밖으로 나와서, 형제에 대한 상복으로 갈아입은 뒤, 어제
형제를 위해 곡을 했던 장소로 나아가고, 처음 그 자리로 나아갔을 때
의 예법처럼 시행한다.

集說

有殯, 謂父母喪未葬也. 外喪, 兄弟之喪在遠者也. 哭不於殯宮而於

他室, 明非哭殯也. 入奠者, 哭之明日之朝, 著己本喪之服, 入奠殯宮, 奠畢而出, 乃脫己本喪服, 著新死者未成服之服, 而卽昨日他室所哭之位. 如始卽位之禮者, 謂今日之卽哭位, 如昨日始聞喪而卽位之禮也.

"빈소가 있다."는 말은 부모의 상에 대해서 아직 장례를 치르지 못한 상황을 뜻한다. '외상(外喪)'1)은 멀리 떨어져 있는 형제의 상을 뜻한다. 그들에 대한 곡은 빈소에서 할 수 없으므로 다른 실에서 하니, 빈소에서 부모를 위해 곡하는 것이 아님을 나타내기 위해서이다. '입전(入奠)'은 형제를 위해 곡을 한 다음날 아침에 자신이 치르고 있는 본래의 상에 대한 상복을 착용하고, 빈소에 들어가서 전제를 치르며, 전제사가 끝나면 밖으로 나오고, 곧 자신이 본래 착용하고 있던 상복을 벗고, 이제 막 죽은 자에 대해 아직 성복을 하지 않았을 때의 복장을 착용하며, 어제 다른 실에서 곡을 했던 자리로 나아간다는 뜻이다. "처음 자리로 나아갔을 때의 예법처럼 한다."는 말은 오늘 곡하는 자리로 나아갔을 때, 어제 처음 상에 대한 소식을 접하고 자리로 나아가서 곡을 했던 예법처럼 한다는 뜻이다.

淺見

近按: 以上, 皆言竝喪之禮.

내가 살펴보니, 여기까지는 모두 상이 나란히 발생했을 때의 예법을 언급한 것이다.

---

1) 외상(外喪)은 대문(大門) 밖에서 발생한 상(喪)을 뜻한다. 즉 자신과 같은 집에서 살고 있지 않은 친인척에 대한 상(喪)을 뜻한다.

大夫士將與[去聲]祭於公, 旣視濯而父母死, 則猶是與祭也. 次
於異宮, 旣祭, 釋服出公門外, 哭而歸, 其他如奔喪之禮. 如未
視濯, 則使人告, 告者反而后哭.〈006〉

대부와 사가 군주의 제사에 참여하게['與'자는 거성으로 읽는다.] 되어, 제사
에 사용되는 기물들의 세척상태를 감독하고 살펴보았는데, 부모가 돌아
가셨다면, 그대로 남아서 군주의 제사에 참여한다. 그러나 이러한 경우
에는 다른 장소에 머물게 되고, 제사가 끝나면 그 복장을 벗고서 공문
(公門)1) 밖으로 나가고, 그곳에서 곡을 한 뒤 자신의 집으로 되돌아가
는데, 다른 사안들은 부모에 대해 분상을 할 때의 예법처럼 한다. 만약
아직 기물들의 세척상태를 감독하지 않은 상황이라면, 다른 사람을 시
켜서 자신의 부모가 돌아가신 사정을 아뢰게 하고, 아뢰러 갔던 자가
되돌아온 이후에 자신의 부모에 대해서 곡을 한다.

視濯, 監視器用之條濯也. 猶是與祭者, 猶是在吉禮之中, 不得不與
祭, 但居次於異宮耳, 以吉凶不可同處也. 如未視濯而父母死, 則使
人告於君, 俟告者反而后哭父母也.

'시탁(視濯)'은 제사에 사용되는 기물들의 세척상태를 확인하고 감독한
다는 뜻이다. '유시여제(猶是與祭)'라는 말은 길제를 치르는 도중과 같다
는 뜻으로, 제사에 참여하지 않을 수 없지만, 다른 장소에 머물 따름이
니, 길례와 흉례에서는 거처하는 곳을 동일하게 할 수 없기 때문이다.
만약 아직 세척상태를 확인하지 않았는데 부모가 돌아가신 경우라면,

---

1) 공문(公門)은 군주가 사는 궁(宮)의 대문(大門)을 뜻한다. '공(公)'자는 군주를
뜻하는 글자이다.

다른 사람을 시켜 그 사실을 군주에게 아뢰고, 아뢰러 갔던 자가 되돌아오기를 기다린 이후 부모에 대해 곡을 한다.

淺見

近按: 此言在祭而聞喪之禮.

내가 살펴보니, 이것은 제사를 치르는 도중에 상의 소식을 접했을 때의 예법을 언급한 것이다.

如諸父昆弟姑姊妹之喪, 則旣宿則與祭, 卒事出公門, 釋服而后歸. 其他如奔喪之禮. 如同宮, 則次于異宮.〈007〉

만약 백부나 숙부 및 형제와 고모, 자매 등의 상이 발생했는데, 그 시기가 이미 숙계를 한 상황이라면, 군주의 제사에 참여하며, 제사가 끝난 뒤 공문 밖으로 나와서, 제복을 벗은 후 되돌아간다. 다른 사안은 분상의 예법처럼 따른다. 만약 죽은 자가 자신과 같은 집에 살고 있는 자라면, 다른 숙소에 머물게 된다.

集說

旣宿謂祭前三日. 將致祭之時, 旣受宿戒, 必與公家之祭, 以期以下之喪服輕故也. 如同宮則次於異宮者, 謂此死者是已同宮之人, 則旣宿之後, 出次異宮, 亦以吉凶不可同處也.

'기숙(旣宿)'은 제사 3일전을 뜻한다. 장차 제사를 치르려고 할 때 이미 숙계(宿戒)[1]를 받았다면, 반드시 군주의 제사에 참여하니, 기년복으로부터 그 이하의 상복은 수위가 낮기 때문이다. "만약 같은 집에 살고 있는 자의 상이 발생했다면, 다른 숙소에 머문다."고 했는데, 이때 죽은 자가 자신과 같은 집에 살고 있는 사람이라면, 이미 숙계를 한 뒤라도 밖으로 나와서 다른 숙소에 머물게 된다는 뜻이니, 이 또한 길례와 흉례를 같은 장소에서 치를 수 없기 때문이다.

鄭氏曰: 古者昆弟異居同財, 有東宮, 有西宮, 有南宮, 有北宮.

정현이 말하길, 고대에 형제들은 다른 건물에 살며 재산을 함께 공유하

---

1) 숙계(宿戒)는 제사에 참여하기 전 재계를 하는 것을 뜻한다. 고대에는 제사를 시행할 때, 1차적으로 10일 전에 재계를 하고, 2차적으로 3일 전에 재계를 하는데, 2차적으로 실시하는 재계를 '숙계'라고 부른다.

였으니, 집에는 동궁(東宮)이 있었고, 서궁(西宮)이 있었으며, 남궁(南宮)이 있었고, 북궁(北宮)이 있었다.

近按: 此因重喪, 而幷及輕喪.

내가 살펴보니, 이것은 수위가 높은 상에 대한 언급으로 인해서 아울러 수위가 낮은 상에 대한 경우까지도 언급한 것이다.

曾子問曰: “卿·大夫將爲尸於公, 受宿矣, 而有齊衰內喪, 則
如之何?” 孔子曰: “出舍乎公宮以待事, 禮也.” 孔子曰: “尸弁冕
而出, 卿·大夫·士皆下之. 尸必式, 必有前驅.”〈008〉

증자가 “경과 대부가 장차 제후가 지내는 제사에서 시동의 임무를 맡게
되어, 군주의 명령을 받아 집안에 머물며 재계를 하고 있는데, 갑작스럽
게 자최복을 입어야 하는 내상이 발생하게 된다면, 어떻게 해야 합니
까?”라고 물었다. 그러자 공자는 “집을 나와서 공관에 머물며, 군주의
제사가 다 끝나기를 기다렸다가 그 이후에 집으로 돌아가서 상을 치르
는 것이 올바른 예법이다.”라고 대답했다. 공자는 증자에게 계속하여
알려주기를 “시동으로 선택된 자가 변관이나 면관 같은 예모를 쓰고 길
을 나서게 되었는데, 경·대부·사가 만약 시동을 보게 된다면, 모두 수
레에서 내려 예의를 표한다. 시동은 자신의 수레에 있는 가로대를 잡고
서 답례를 표한다. 그리고 이처럼 시동이 된 자가 길을 나설 때에는 반
드시 시동의 수레 앞에서 행인들이 길을 피해주도록 알리는 사람이 따
라가게 된다.”라고 했다.

集說

說見曾子問篇.

설명은 『예기』「증자문(曾子問)」편에 보인다.

淺見

近按: 此見曾子問, 記者又以類而引之. 弁冕以下, 又以尸而贅付也.

내가 살펴보니, 이 내용은 「증자문」편에 보이는데, 『예기』를 기록한 자
는 또한 같은 부류이기 때문에 인용한 것이다. ‘변면(弁冕)’으로부터 그 이
하의 기록은 또한 시동으로 인해 군더더기로 덧붙인 내용이다.

父母之喪, 將祭而昆弟死, 旣殯而祭. 如同宮, 則雖臣妾葬而
後祭.〈009〉

부모의 상을 치르며 소상이나 대상의 제사를 지내려고 하는데, 다른 집
에 사는 형제가 죽었다면, 그에 대해 빈소를 마련한 뒤에 제사를 지낸
다. 만약 같은 집에 살고 있는 자라면, 비록 신첩처럼 미천한 자일지라
도 그에 대한 장례를 마친 뒤에 제사를 지낸다.

集說

將祭, 將行小祥或大祥之祭也. 適有兄弟之喪, 則待殯訖乃祭. 然此
死者乃是異宮之兄弟耳, 若是同宮, 則雖臣妾之卑賤, 亦必待葬後乃
祭, 以吉凶不可相干也. 故喪服傳云: "有死於宮中者, 則爲之三月不
擧祭."

'장제(將祭)'는 장차 소상이나 대상의 제사를 지내려고 한다는 뜻이다.
때마침 형제의 상이 발생한다면, 빈소를 마련하는 일이 끝나기를 기다
린 뒤에 제사를 지낸다. 그러나 여기에서 죽었다고 말하는 자는 다른
집에 거주하는 형제일 따름이니, 만약 같은 집에 살고 있는 자라면, 비
록 신첩처럼 미천한 자일지라도 반드시 장례를 끝낼 때까지 기다린 뒤
에 제사를 지내니, 길례와 흉례는 서로 간여할 수 없기 때문이다. 그렇
기 때문에 『의례』「상복(喪服)」편의 전문에서는 "집안에 죽은 자가 발생
한 경우라면 그를 위해 3개월 동안 제사를 시행하지 않는다."[1]라고 말
한 것이다.

---

1) 『의례』「상복(喪服)」: 然則何以服緦也? 有死於宮中者, 則爲之三月不擧祭, 因
是以服緦也.

近按: 上言公祭聞喪之事, 此言私祭遭喪之事也.

내가 살펴보니, 앞에서는 군주의 제사를 지내고 있는데 상의 소식을 들은 사안을 언급한 것이고, 이곳에서는 개인적인 제사를 지내려고 하는데 상을 당한 사안을 언급한 것이다.

祭, 主人之升降散等, 執事者亦散等. 雖虞附亦然.〈010〉 [以上竝
從舊文之次.]

형제의 상이 발생했을 때, 부모에 대한 소상 및 대상을 지내게 되면, 상
주는 당에 오르고 내리며 계단을 한 칸씩 밟고, 한 칸마다 양발을 모으
지 않으며, 일을 맡아보는 자 또한 이처럼 계단을 오르고 내린다. 비록
형제에 대한 우제와 부제를 치르고 난 뒤 부모에 대한 제사를 지내게
된 때라도 이처럼 계단을 오르고 내린다. [여기까지는 모두 옛 판본의 순서
에 따른다.]

集說

散, 栗也. 等, 階也. 吉祭則涉級聚足, 喪祭則栗階, 二祥之祭, 吉禮
宜涉級聚足, 而栗階者, 以有兄弟之喪, 故略威儀也. 燕禮云: "栗階
不過二等." 蓋始升猶聚足, 連步至二等, 則左右足各一發而升堂也.
雖虞附亦然者, 謂主人至昆弟虞附時而行父母祥祭, 則與執事者亦
皆散等也.

'산(散)'자는 율(栗)자의 뜻이다. '등(等)'자는 계(階)자의 뜻이다. 길제의
경우라면 계단에 오를 때 한 칸을 오르게 되면 양발을 모으게 되는데,
상제를 치르게 되면 율계(栗階)[1]를 한다. 소상과 대상 때의 제사는 길
례에 따라 마땅히 계단을 오르며 한 칸마다 양발을 모아야 하는데도 율
계를 하는 것은 형제의 상이 발생했기 때문에, 예법에 따른 행동거지를

---

1) 율계(栗階)는 계단을 오르는 방법 중 하나이다. 두 발을 모으지 않고, 좌우의
   발을 교차하며 한 칸씩 성큼 성큼 올라가는 것이다. 『의례』「연례(燕禮)」편에
   는 "凡公所辭皆栗階. 凡栗階, 不過二等"이라는 기록이 있는데, 이에 대해 정
   현의 주에서는 "其始升, 猶聚足連步; 越二等, 左右足各一發而升堂."이라고
   풀이했다.

간략히 하는 것이다. 『의례』「연례(燕禮)」편에서는 "율계에서는 계단의 두 칸을 오르지 않는다."[2]라고 했다. 무릇 처음 계단에 오를 때에는 여전히 발을 모으지만, 연속하여 두 번째 칸에 오르게 되면 좌측과 우측발이 각각 한 칸씩을 밟으며 당에 오르게 된다. "비록 우제와 부제의 경우라도 이처럼 한다."는 말은 상주가 곤제의 우제와 부제를 치른 뒤에 부모에 대한 소상 및 대상의 제사를 지내게 된다면, 일을 맡아보는 자와 함께 모두들 율계를 한다는 뜻이다.

淺見

近按: 散等者, 陳氏引燕禮栗階不過二等之言, 以爲始升猶聚足, 連步至二等, 則左右足各一發而升堂也. 愚謂不過二等者, 是謂雖不聚足, 亦必每一級加一足, 不可超過二級而上也. 如於第一級加左足, 則第二級加右足, 以此而上, 不可躡等, 至第三級而後加右足也.

내가 살펴보니, '산등(散等)'에 대해서 진호는 「연례」편에서 "율계에서는 계단의 두 칸을 오르지 않는다."고 한 말을 인용하여, 처음 오를 때에는 여전히 발을 모으지만, 연속하여 두 번째 칸에 오르게 되면 좌측과 우측 발이 각각 한 칸씩 밟으며 당에 오르는 것이라고 여겼다. 내가 생각하기에 '불과이등(不過二等)'이라는 것은 비록 발을 모으지 않지만 또한 반드시 매 한 칸마다 한 발을 밟는다는 것으로, 두 칸씩 뛰어넘어서 위로 올라갈 수 없다는 뜻이다. 예를 들어 첫 번째 칸을 좌측 발로 밟게 되면 두 번째 칸은 우측 발로 밟게 되는데, 이와 같이 올라 칸을 뛰어넘지 않고, 세 번째 칸에 이르른 뒤에야 우측 발로 밟게 된다.

---

2) 『의례』「연례(燕禮)」: 凡公所辭皆栗階. 凡栗階不過二等. 凡公所酬, 旣拜, 請旅侍臣. 凡薦與羞者, 小膳宰也, 有內羞.

凡侍祭喪者, 告賓祭薦而不食.〈012〉 [舊在"飮之可也"之下.]

무릇 소상이나 대상의 제사를 돕는 자들은 빈객에게 육포나 젓갈로 제
사를 지내라고 아뢸 따름이며, 빈객은 제사를 마치고 그것들을 먹지 않
는다. [옛 판본에는 "술을 마셔도 괜찮다."[1]라고 한 문장 뒤에 수록되어 있었다.]

集說

侍祭喪, 謂相喪祭禮之人也. 薦, 謂脯醢也. 相禮者但告賓祭此脯醢
而已, 賓不食之也. 若吉祭, 賓祭畢則食之. 此亦謂練祥之祭, 主人
獻賓賓受獻, 主人設薦時也. 虞祔無獻賓之禮.

'시제상(侍祭喪)'은 상제의 의례를 돕는 사람들을 뜻한다. '천(薦)'은 육
포나 젓갈 등을 뜻한다. 의례를 돕는 자는 단지 빈객에게 이러한 육포와
젓갈 등으로 제사를 지내라는 말만 아뢸 따름이며, 빈객은 그것들을 먹
지 않는다. 만약 길제의 경우에는 빈객이 제사를 끝내게 되면 그것들을
먹게 된다. 따라서 이곳에서 말한 내용 또한 소상과 대상 때의 제사를
뜻하니, 상주가 빈객에게 술을 따라서 바쳐 빈객이 따라준 술잔을 받고,
주인이 육포나 젓갈 등을 진설한 시기에 해당한다. 우제와 부제에는 빈
객에게 술을 따라주는 예법 자체가 없다.

淺見

近按: 右自篇首至此, 當爲一節. 蓋竝有喪與當祭而遭喪之事, 皆是
不意非常之變·事之急遽而難處者也, 故詳記而備陳之.

내가 살펴보니, 편의 첫 부분부터 여기까지는 마땅히 하나의 절이 된다.

---

1)『예기』「잡기하」011장 : 自諸侯達諸士, 小祥之祭, 主人之酢也嚌之, 衆賓兄弟
則皆啐之. 大祥主人啐之, 衆賓兄弟皆飮之可也.

나란히 상이 발생하거나 제사를 지내야 하는데 상을 당한 사안들은 모두 의도치 않고 일상적이지 않은 변고이며 사안이 급작스럽고 대처하기 어려운 것들이다. 그렇기 때문에 상세히 기록하여 각각의 경우를 갖춰서 진술한 것이다.

무분류

子貢問喪. 子曰: "敬爲上, 哀次之, 瘠爲下. 顔色稱[去聲]其情,
戚容稱其服." 〈013〉 [舊在"薦而不食"之下.]

자공이 부모상을 치르는 일에 대해 물어보았다. 그러자 공자는 "공경함
에 따르는 것이 상등이고, 슬픔에 따르는 것이 그 다음이며, 몸을 해치
는 것이 하등이다. 안색은 해당하는 정감에 알맞게['稱'자는 거성으로 읽는
다.] 해야 하고, 수척해진 모습은 해당하는 상복에 알맞게 해야 한다."라
고 했다. [옛 판본에는 "제사를 마치고 그것들을 먹지 않는다."[1]라고 한 문장 뒤에
수록되어 있었다.]

集說

問喪, 問居父母之喪也. 附於身, 附於棺者, 皆欲其必誠必信, 故曰
敬爲上. 子游言喪致乎哀而止, 先儒謂而止二字, 微有過於高遠而
簡略細微之弊. 此言哀次之可見矣. 毁瘠不形, 不勝喪, 乃比於不慈
不孝, 故曰瘠爲下也. 齊斬之服固有重輕, 稱其情, 稱其服, 則中於
禮矣.

'문상(問喪)'은 부모의 상을 치르는 일에 대해 물어보았다는 뜻이다. 시
신의 몸에 직접 닿고 관에 직접 닿는 것들에 대해서는 모두 성심과 신의
를 다하고자 하기 때문에 "공경이 상등이 된다."라고 말한 것이다. 자유
는 "상을 치를 때에는 슬픔을 지극히 할 따름이다."[2]라고 했는데, 선대
학자들은 '이지(而止)'라는 두 글자에 대해서, 너무 고원하여 간략하고

---

1) 『예기』「잡기하」012장 : 凡侍祭喪者, 告賓祭<u>薦而不食</u>.
2) 『논어』「자장(子張)」 : 子游曰, "喪致乎哀而止."

자질구레한 폐단이 있는 것 같다고 했다. 이곳에서 "슬픔이 그 다음이다."라고 한 말을 통해서 확인할 수 있다. 몸이 수척해지고 훼손되어 더이상 지탱할 수 없어 상을 치를 수 없게 되면, 자애롭지 못하고 효도를 하지 못한 것과 비견되기 때문에, "몸을 해치는 것이 하등이 된다."라고 말한 것이다. 자최복과 참최복에는 진실로 경중의 차이가 있으니, 해당하는 정감에 알맞게 하고 해당하는 상복을 착용한다면, 예법에 알맞게 된다.

淺見

近按: 上文, 皆言居喪非常之禮, 此下乃言其常禮也.

내가 살펴보니, 앞 문장에서는 모두 상을 치를 때의 일상적이지 않은 예법을 언급했는데, 이곳 구문으로부터 그 이하의 내용에서는 일상적인 예법을 언급하였다.

"請問兄弟之喪." 子曰: "兄弟之喪, 則存乎書策矣." 〈014〉

자공이 계속하여 "청컨대 형제의 상을 치르는 것에 대해서 묻고자 합니다."라고 했다. 그러자 공자는 "형제의 상을 치르는 것에 대해서는 『예경』에 수록되어 있으니, 그에 따라서 시행할 따름이다."라고 했다.

集說

存乎書策者, 言依禮經所載而行之, 非若父母之喪, 哀容體狀之不可名言, 而經不能備言也.

"서책에 있다."는 말은 『예경』에 수록된 내용에 따라서 시행한다는 뜻이니, 부모의 상에 대해서 애통함과 용모 및 행동거지 등을 구체적으로 명명하여 말하지 못해서, 『예경』에 제대로 기술하지 못함과는 같지 않다는 의미이다.

淺見

近按: 此因父母之喪, 而并問之也.

내가 살펴보니, 이것은 부모의 상으로 인해서 함께 질문한 것이다.

君子不奪人之喪, 亦不可奪喪也.⟨015⟩

군자는 남의 상에 대해서 그 정감을 빼앗을 수 없고, 또한 다른 일로 하여금 상을 치르지 못하도록 할 수 없다.

集說

君子不奪廢他人居喪之情, 而君子居喪之情, 亦不可爲他事所奪廢, 要使各得盡其禮耳.

군자는 다른 사람이 상을 치를 때의 정감을 빼앗을 수 없고, 군자는 상을 치를 때의 정감 또한 다른 일 때문에 없앨 수가 없으니, 요컨대 그들로 하여금 해당하는 예법을 다하도록 할 따름이다.

疏曰: 不奪人喪, 恕也. 不奪己喪, 孝也.

소에서 말하길, "남의 상을 빼앗지 않는다."는 말은 '서(恕)'에 해당한다. "자신의 상을 없애지 않는다."는 말은 '효(孝)'에 해당한다.

淺見

近按: 此主親喪而言也.

내가 살펴보니, 이것은 부모의 상을 위주로 말한 것이다.

孔子曰: "少連·大連善居喪, 三日不怠, 三月不解[懈], 期悲哀, 三年憂, 東夷之子也."〈016〉 [竝聯上文.]

공자가 말하길, "소련과 대련은 상을 잘 치렀으니, 3일 동안은 나타해지지 않았고, 3개월 동안은 게을러지지['解'자의 음은 '懈(해)'이다.] 않았으며, 1년 동안은 비통하고 애통한 마음이 나타났고, 3년 동안은 근심하여 초췌해졌으니, 역시 동이의 자손이라 할만하다."라고 했다. [모두 앞 문장의 뒤에 수록되어 있었다.]

集說

少連, 見論語. 三日, 親始死時也. 不怠, 謂哀痛之切, 雖不食而能自力以致其禮也. 三月, 親喪在殯時也. 解, 與懈同, 倦也. 或讀如本字, 謂寢不脫絰帶也. 憂, 謂憂戚憔悴.

'소련(少連)'에 대해서는 『논어』에 나온다.[1] 삼일은 부모가 이제 막 돌아가셨을 때를 뜻한다. "태만하지 않았다."는 말은 애통한 마음이 간절하여, 비록 음식을 먹지 않았더라도 스스로 힘을 다해 예법대로 치를 수 있다는 뜻이다. 삼개월은 부모의 시신이 빈소에 있는 때를 뜻한다. '해(解)'자는 해(懈)자와 같으니, "게으르다."는 뜻이다. 혹은 글자 그대로 읽어서 침소에서 질과 대를 벗지 않는 뜻이라고도 한다. '우(憂)'는 근심하여 초췌해진다는 뜻이다.

---

1) 『논어』「미자(微子)」: 逸民, 伯夷, 叔齊·虞仲·夷逸·朱張·柳下惠·少連. 子曰, "不降其志, 不辱其身, 伯夷·叔齊與!" 謂柳下惠少連, 降志辱身矣, 言中倫, 行中慮, 其斯而已矣. 謂虞仲夷逸, 隱居放言, 身中清, 廢中權. 我則異於是, 無可無不可.

近按: 此擧居喪終始得禮之事以言之也. 言東夷之子者, 善其生於
邊地, 而得天性之厚也.

내가 살펴보니, 이것은 상을 치를 때 시종일관 예법에 맞는 사안을 들어
말해준 것이다. 동이의 자손이라고 말한 것은 변방 지역에서 태어났지
만 천성의 후덕함을 얻었다는 것을 좋게 여긴 것이다.

經文

三年之喪, 言而不語, 對而不問. 廬堊室之中, 不與人坐焉. 在堊室之中, 非時見[現]乎母也不入門.〈017〉

삼년상을 치를 때에는 자기 스스로 자신이 처리해야 할 일을 말하지만, 남과 함께 논의하지는 않고, 대답은 하지만 스스로 묻지는 않는다. 의려와 악실에 있을 때에는 남과 함께 앉지 않는다. 악실에 있을 때에는 때에 따라 모친을 뵙는['見'자의 음은 '現(현)'이다.] 일이 아니라면, 중문으로 들어가지 않는다.

集說

言, 自言己事也. 語, 爲人論說也. 倚廬及堊室, 說見前篇. 時見乎母, 謂有事行禮之時而入見母也. 非此則不入中門.

'언(言)'은 자신이 처리해야 할 일을 스스로 말한다는 뜻이다. '어(語)'는 남과 논의를 한다는 뜻이다. 의려(倚廬)와 악실(堊室)에 대한 설명은 앞에 나온다. "때때로 모친을 뵙니다."는 말은 어떤 사안에 따라 관련 의례를 시행할 때 들어가서 모친을 뵙는다는 뜻이다. 이러한 경우가 아니라면 중문으로 들어가지 않는다.

經文

疏[平聲]衰皆居堊室不廬, 廬嚴者也.〈018〉

자최복을['疏'자는 평성으로 읽는다.] 입고 치르는 상에서는 모든 경우 악실에 머물며 의려에 머물지 않는다. 의려라는 곳은 매우 엄숙한 장소이기 때문이다.

「잡기하(雜記下)」 349

疏衰, 齊衰也. 齊衰有三年者, 有期者, 有三月者. 凡喪次, 斬衰居倚
廬, 齊衰居堊室. 大功有帷帳, 小功緦麻有牀第. 廬嚴者, 謂倚廬乃
哀敬嚴肅之所, 服輕者不得居.

'소최(疏衰)'는 자최복이다. 자최복을 입는 경우에는 삼년상을 치를 때가
있고, 기년상을 치를 때가 있으며, 삼개월상을 치를 때가 있다. 무릇 상
을 치르며 머무는 임시 숙소에 있어서, 참최복을 착용했을 때에는 의려
에 머물고, 자최복을 착용했을 때에는 악실에 머문다. 대공복을 착용했
을 때에는 휘장과 장막을 치며, 소공복과 시마복을 착용했을 때에는 평
상과 대자리가 있게 된다. '여엄자(廬嚴者)'는 의려는 애통함과 공경함을
나타내어 엄숙해야 할 장소이니, 수위가 낮은 상복을 착용한 경우에는
거처할 수 없다는 뜻이다.

近按: 此記者言居廬之禮, 非必孔子之言也.

내가 살펴보니, 이것은 『예기』를 기록한 자가 의려에 거처하는 예법을
언급한 것이니, 공자의 말이 아니다.

曾申問於曾子曰: "哭父母有常聲乎?" 曰: "中路嬰兒失其母焉, 何常聲之有?"〈051〉[舊在"旣殯而從政"之下.]

증신이 아버지 증자에게 질문하길 "부모의 상에 곡을 할 때에도 규칙적인 소리가 있습니까?"라고 했다. 그러자 증자는 "길에서 어미를 잃은 아이가 울부짖는데, 어떤 규칙적인 소리가 있겠는가?"라고 대답했다. [옛 판본에는 "빈소를 차린 뒤에 부역에 참여한다."[1]라고 한 문장 뒤에 수록되어 있었다.]

集說

哀痛之極, 無復音節, 所謂哭不偯也.

애통함이 극심하여 재차 절도에 따라 음을 맞출 수 없으니, 이른바 "곡을 할 때에는 격식에 맞춰 울지 않는다."는 뜻이다.

淺見

近按: 曾申, 曾子之子. 此問似難發於其父也.

내가 살펴보니, '증신(曾申)'은 증자의 아들이다. 이 질문은 아마도 자신의 부친에게 하기 어려울 것이다.

---

1) 『예기』「잡기하」 050장 : 三年之喪, 祥而從政. 期之喪, 卒哭而從政. 九月之喪, 旣葬而從政. 小功緦之喪, 旣殯而從政.

國禁哭則止, 朝夕之奠, 卽位自因也.〈060〉

나라에 큰 제사가 있어서 나라 안에 곡하는 것을 금지하면, 상을 당한 자는 곡을 멈추지만, 아침과 저녁에 올리는 전제사라면, 자신의 자리로 나아가서 해당 의례를 시행한다.

集說

國有大祭祀, 則喪者不敢哭. 然朝奠夕奠之時, 自卽其阼階下之位, 而因仍禮節之故事以行也.

나라에 큰 제사가 있으면 상을 치르는 자는 감히 곡을 할 수 없다. 그러나 아침에 올리는 전제사와 저녁에 올리는 전제사 때에는 스스로 동쪽 계단 밑의 자리로 나아가서, 예절에 따른 옛 일대로 그 의례를 시행한다.

經文

童子哭不偯, 不踊, 不杖, 不菲[扶味反], 不廬.〈061〉 [舊在"麻不加於采"之下.]

어린아이는 곡을 할 때 격식에 맞춰 울지 않고, 용을 하지 않으며, 지팡이를 짚지 않고, 짚신을[菲'자는 '扶(부)'자와 '味(미)'자의 반절음이다.] 신지 않으며, 상중의 임시숙소에 머물지 않는다. [옛 판본에는 "질은 채색된 옷에 차지 않는다."[1]라고 한 문장 뒤에 수록되어 있었다.]

---

1) 『예기』「잡기하」 059장 : 麻者不紳, 執玉不麻, <u>麻不加於采</u>.

偯, 委曲之聲也. 菲, 草屨也. 廬, 倚廬也. 童子爲父後者則杖.

'의(偯)'자는 격식에 맞춰 우는 소리를 뜻한다. '비(菲)'는 풀로 엮은 신발이다. '여(廬)'는 의려이다. 어린아이 중 부친의 후계자가 된 자는 지팡이를 짚는다.

近按: 此亦記者之辭, 今因上章哭父母, 而類付之也.

내가 살펴보니, 이 또한 『예기』를 기록한 자가 한 말인데, 지금 앞 장에서 부모에게 곡한다고 한 사안에 따라서 비슷한 부류이므로 이곳에 덧붙인다.

當袒, 大夫至, 雖當踊, 絶踊而拜之, 反, 改成踊, 乃襲. 於士, 旣事成踊襲, 而后拜之, 不改成踊.〈025〉 [舊在"必縞然後反服"之下.]

사에게 상이 발생하여 단을 해야 하는 때인데, 대부가 조문을 하기 위해 찾아왔다면, 비록 그 시기가 용을 하고 있던 때라 하더라도, 용을 멈추고 밖으로 나가서 대부에게 절을 하며, 그 일이 끝나면 다시 되돌아와서 용의 절차를 마치며, 그런 뒤에 습을 한다. 만약 사가 찾아온 경우라면, 해당하는 일들을 마치고 용의 절차를 끝낸 뒤에 습을 하고, 그런 뒤에 밖으로 나가서 절을 하니, 다시 고쳐서 용을 마무리 짓지 않는다. [옛 판본에는 "반드시 호관을 착용하고, 그런 뒤에 원래의 복장으로 갈아입는다."[1] 라고 한 문장 뒤에 수록되어 있었다.]

集說

疏曰: 此明士有喪, 大夫及士來弔之禮. 士有喪當袒之時, 而大夫來弔, 蓋斂竟時也, 雖當主人踊時, 必絶止其踊而出拜此大夫. 反, 還也. 改, 更也. 拜竟而反還先位, 更爲踊而始成踊, 尊大夫之來, 新其事也. 乃襲者, 踊畢乃襲初袒之衣也. 於士旣事成踊襲者, 旣, 猶畢也, 若當主人有大小斂諸事而士來弔, 則主人畢事而成踊, 踊畢而襲, 襲畢乃拜之, 拜之而止, 不更爲之成踊也.

소에서 말하길, 이 내용은 사에게 상이 발생했을 때, 대부 및 사가 찾아와서 조문을 할 때의 예법을 나타내고 있다. 사가 상을 치르며 마땅히 단을 해야 하는 때, 대부가 찾아와서 조문을 한 것이니, 무릇 염을 끝냈을 때에는 비록 주인이 용을 해야 하는 때라 하더라도, 반드시 용하던 것을 멈추고 밖으로 나와서 찾아온 대부에게 절을 해야 한다. '반(反)'자는 "되돌아간다."는 뜻이다. '개(改)'자는 다시라는 뜻이다. 절을 끝내고

---

1) 『예기』「잡기하」024장 : 子游曰, "旣祥, 雖不當縞者, <u>必縞然後反服</u>."

서 앞서 위치하던 자리로 되돌아가고 다시 용을 하여, 비로소 용의 절차를 마치니, 대부가 찾아온 사실을 존귀하게 여겨서, 그 일을 새롭게 만들기 때문이다. '내습(乃襲)'은 용을 끝내면 최초 단을 했던 옷을 습한다는 뜻이다. "사에 대해서는 그 일을 마치며 용을 끝내고서 습을 한다."라고 했는데, '기(旣)'자는 "마치다."는 뜻으로, 만약 주인에게 대렴과 소렴 등의 여러 사안이 있을 때, 사가 찾아와서 조문을 한다면, 주인은 그일을 끝내고 용의 절차를 마치며, 용을 끝내고서 습을 하고, 습하는 일이 끝나면 그에게 절을 하며, 절을 하고서 그치니, 다시금 그를 위해 용의 절차를 마무리 짓지 않는다.

淺見

近按: 上文諸章汎言喪禮之大節, 此下乃擧一事而言者也.

내가 살펴보니, 앞 문장의 여러 장들에서는 상례의 큰 절차들을 범범하게 언급했는데, 이곳 구문으로부터 그 이하의 내용에서는 한 가지 사안을 들어 언급한 것이다.

冒者何也? 所以掩形也. 自襲以至小斂, 不設冒則形, 是以襲
而后設冒也.〈030〉[舊在"公羊賈爲之也"之下.]

'모(冒)'라는 것은 무엇인가? 시신의 몸을 감싸는 것이다. 습을 한 뒤로
부터 소렴에 이르기까지, 모를 사용하지 않는다면 시신이 노출되니, 이
러한 까닭으로 습을 하며 모를 사용한다. [옛 판본에는 "공양고가 이처럼 했
다."1)라고 한 문장 뒤에 수록되어 있었다.]

集說

冒, 說見王制. 襲, 沐洛後以衣衣尸也. 則形者, 言尸雖已著衣, 若不
設冒, 則尸象形見, 爲人所惡, 是以襲而設冒也. 后字衍.

'모(冒)'는 그 설명이 『예기』「왕제(王制)」편에 나온다. '습(襲)'은 시신을
목욕시킨 이후 옷을 이용해서 시신의 몸에 옷을 입히는 것이다. '즉형
(則形)'은 시신에게 비록 이미 옷을 입혔더라도, 만약 모를 사용하지 않
는다면, 시신의 형체가 노출되어, 사람들이 꺼리게 된다는 뜻이다. 이러
한 까닭으로 습을 하며 모를 사용하는 것이다. '후(后)'자는 연문으로 들
어간 글자이다.

淺見

近按: 上章祖踊, 此章襲冒, 皆喪事之一節也. 襲而后設冒者, 旣襲
而又設冒也. 陳氏謂后字衍, 愚恐未然.

내가 살펴보니, 앞 장에서는 단과 용에 대해 언급했고, 이곳 장에서는
습과 모에 대해 언급했는데, 이 모두는 상사의 한 절차이다. 습을 한 이
후에 모를 설치한다는 것은 습을 마치고도 재차 모를 입힌다는 뜻이다.

---

1) 『예기』「잡기하」 029장 : 鑿巾以飯, <u>公羊賈爲之也</u>.

진씨는 '후(后)'자에 대해 연문으로 들어간 글자라고 했는데, 내가 생각
하기에 그렇지 않은 것 같다.

泄柳之母死, 相者由左; 泄柳死, 其徒由右相. 由右相, 泄柳之
徒爲之也.〈063〉 [舊在“由文矣哉”之下.]

설류의 모친이 돌아가셨을 때, 의례의 진행을 돕는 자는 좌측에 위치해
서 도왔다. 그런데 설류가 죽었을 때, 그의 무리들은 우측에 위치하여
일을 도왔다. 우측에서 일을 돕는 비례는 설류의 무리들이 처음으로 시
행했다. [옛 판본에는 “예법의 형식을 제대로 지킬 수 있을 것이다.”[1]라고 한 문장
뒤에 수록되어 있었다.]

集說

悼公弔有若之喪, 而子游擯由左, 則由右相者非禮也. 此記失禮所
自始.

도공이 유약의 상에 조문을 했을 때, 자유는 좌측에서 도왔으니, 우측에
서 돕는 것은 비례이다. 이 내용은 실례가 유래한 시초를 기록한 것이다.

淺見

近按: 此下, 又記失禮之事也.

내가 살펴보니, 이 구문으로부터 그 이하의 내용들은 또한 실례를 범한
사안들을 기록한 것이다.

---

1) 『예기』「잡기하」062장 : 孔子曰, “伯母叔母疏衰, 踊不絶地. 姑姊妹之大功, 踊
絶於地. 如知此者, 由文矣哉! 由文矣哉!”

鑿巾以飯[上聲], **公羊賈爲之也.**〈029〉 [舊在"有爵而後杖也"之下.]

수건을 시신의 얼굴에 덮고, 입 부분만 뚫어서 그곳으로 함(含)을 하는데['飯'자는 상성으로 읽는다.] 공양고는 사의 신분이었음에도, 상위 계층의 예법에 따라 이처럼 행했다. [옛 판본에는 "작위를 가진 자만이 지팡이를 사용하게 되었다."[1]라고 한 문장 뒤에 수록되어 있었다.]

飯, 含也. 大夫以上貴, 使賓爲其親含, 恐尸爲賓所憎穢, 故以巾覆尸面, 而當口處鑿穿之令含玉得以入口. 士賤不得使賓, 子自含, 無憎穢之心, 故不以巾覆面. 公羊賈, 士也. 而鑿以飯, 是憎穢其親矣. 此記士失禮之所由也.

'반(飯)'은 함을 뜻한다. 대부로부터 그 이상의 계급은 존귀하므로, 빈객으로 하여금 시신의 입에 함옥 등을 넣도록 하는데, 아마도 시신이 빈객에게 꺼림을 당하게 될 것을 염려했기 때문에, 수건으로 시신의 얼굴을 덮고, 입 부분을 뚫어서 그곳으로 함옥 등을 넣어 입에 들어가도록 했던 것이다. 사는 미천하여 빈객으로 하여금 함을 하도록 할 수 없어서, 자식이 직접 함을 하는데, 시신을 꺼리는 마음이 없기 때문에, 수건으로 얼굴을 가리지 않는다. 공양고는 사 계급이다. 그런데도 구멍을 뚫은 수건을 시신의 얼굴에 덮고서 함을 했던 것은 그 부친을 꺼려했기 때문이다. 이것은 사가 예법을 실추시킨 유래를 기록한 것이다.

---

1) 『예기』 「잡기하」 028장 : 古者貴賤皆杖. 叔孫武叔朝見輪人以其杖關轂而輠輪者, 於是<u>有爵而後杖也</u>.

經文

古者貴賤皆杖. 叔孫武叔朝見輪人以其杖關轂而輠[胡罪反]輪者, 於是有爵而後杖也.〈028〉 [舊在"伯子某"之下.]

고대에는 신분에 상관없이 모두 상례를 치르며 지팡이를 사용했다. 그런데 어느 날 숙손무숙이 조회에 참여했다가 수레바퀴를 만드는 사람이 상례 때 사용하는 지팡이를 이용해서 바퀴통에 꼽고 바퀴를 회전시키는 ['輠'자는 '胡(호)'자와 '罪(죄)'자의 반절음이다.] 모습을 보았다. 그 일로 인해 서인들이 상례를 치르며 지팡이를 사용하지 못하도록 했으니, 이 시기부터 작위를 가진 자만이 지팡이를 사용하게 되었다. [옛 판본에는 "아무개가 동생 아무개의 장례에 대해서 거북점을 칩니다."[2]라고 한 문장 뒤에 수록되어 있었다.]

集說

輪人, 作車輪之人也. 關, 穿也. 輠, 廻也. 謂以其衰服之杖穿於車轂中而廻轉其輪, 鄙褻甚矣, 自後無爵者不得杖. 此記庶人廢禮之由也.

'윤인(輪人)'은 수레바퀴를 만드는 자이다. '관(關)'자는 "꿰뚫다."는 뜻이다. '회(輠)'자는 "돌리다."는 뜻이다. 즉 상복에 사용하는 지팡이로 수레의 바퀴통에 꼽고서 바퀴를 회전시켰다는 뜻으로, 너무 소홀하게 대한 것이니, 그 이후로 작위가 없는 자는 상복의 지팡이를 사용할 수 없었다. 이것은 서인에게 있어서 관련 예법을 폐지하게 된 이유를 기록한 것이다.

---

2) 『예기』「잡기하」 027장 : 祝稱卜葬虞, 子孫曰"哀", 夫曰"乃", 兄弟曰"某卜葬其兄", 弟曰"伯子某".

近按: 此三者, 皆明失禮之始也.

내가 살펴보니, 이 세 가지 것들은 모두 실례의 시초를 나타낸 것이다.

或問於曾子曰: "夫旣遣[去聲]而包其餘, 猶旣食而裹其餘與[平聲]? 君子旣食則裹其餘乎?" 曾子曰: "吾子不見大饗乎? 夫大饗旣饗, 卷[上聲]三牲之俎歸于賓館, 父母而賓客之, 所以爲哀也. 子不見大饗乎?"〈031〉

어떤 자가 증자에게 질문하며 "무릇 견전을['遣'자는 거성으로 읽는다.] 끝내고서 남은 고기를 포장하여 견거에 싣는 것은 식사를 마치고 남은 음식을 포장하는 것과 같은 것입니까?['與'자는 평성으로 읽는다.] 군자도 식사를 끝내면 남은 음식을 포장해서 가지고 갑니까?"라고 했다. 증자는 "그대는 대향(大饗)1)의 예법을 보지 못했습니까? 무릇 대향을 할 때에도 연회가 끝나면 도마에 올렸던 세 희생물의 고기 중 남은 것을 포장하여['卷'자는 상성으로 읽는다.] 빈객이 머무는 숙소로 보내줍니다. 부모는 그 집의 주인인데도 부모가 돌아가시면 자식은 부모를 빈객에 대한 예법으로 대하니, 슬픔을 지극히 나타내기 위해서입니다. 그대는 대향의 예법을 보지 못했습니까?"라고 대답했다.

集說

設遣奠訖, 卽以牲體之餘, 包裹而置之遣車以納于壙中. 或人疑此禮, 謂如君子食於他人家, 食畢而又包其餘以歸, 豈不傷廉乎? 曾子告以大享之禮畢, 卷俎內三牲之肉送歸賓之館中, 猶此意耳. 父母家之主, 今死將葬, 而孝子以賓客之禮待之, 此所以悲哀之至也. 重言以喩之.

----

1) 대향(大饗)은 큰 연회를 뜻한다. 본래는 천자가 조회로 찾아온 제후들에게 베풀었던 성대한 연회를 가리킨다. 『예기』「중니연거(仲尼燕居)」편에는 "大饗有四焉."이라는 기록이 있고, 이에 대한 정현의 주에서는 "大饗, 謂饗諸侯來朝者也."라고 풀이했다.

견전을 진설하고 그 일이 끝나면, 희생물의 몸체 중 남은 것들은 포장하여 견거에 실어, 무덤에 들이게 된다. 어떤 자가 이러한 예법에 의문이 들었던 것이니, 마치 군자가 다른 집에서 식사를 하고, 식사가 끝나면 또한 남은 음식을 포장해서 가져가는 것과 같은데, 어떻게 염치에 해를 끼치지 않는 것이냐고 물어본 것이다. 증자는 대답을 해주며 대향의 의례가 끝나면 도마에 올렸던 세 희생물의 고기를 포장하여 빈객이 머무는 숙소로 보내주는 것이 바로 이러한 뜻과 같을 뿐이라고 했다. 부모는 그 집안의 주인인데, 현재 그들이 죽어서 장례를 치르려고 하여, 자식이 빈객의 예법으로 그들을 대우하는 것은 비통함과 애통함을 지극히 나타내기 위한 것이다. 이러한 사실을 거듭 말해서 깨우쳐준 것이다.

經文

非爲[去聲]人喪, 問與[平聲]? 賜與?⟨032⟩ [舊在"后設冒也"之下.]

남의 상을 위해서['爲'자는 거성으로 읽는다.] 상황을 물어보며 주는 것인가?['與'자는 평성으로 읽는다.] 아니면 존귀한 자가 베풀어주는 것인가? [옛 판본에는 "후에 모를 사용한다."[2]라고 한 문장 뒤에 수록되어 있었다.]

集說

此上有闕文, 言非爲其有喪而問遣之歟, 賜予之歟? 問, 敵者之禮. 賜, 尊上之命.

이 문장 앞에는 빠진 문장이 있으니, "상이 발생했기 때문에 상황을 물어보며 주는 것인가? 아니면 베풀어 주는 것인가?"라는 뜻이다. '문(問)'

---

2) 『예기』「잡기하」 030장 : 冒者何也? 所以掩形也. 自襲以至小斂, 不設冒則形, 是以襲而后設冒也.

은 신분이 서로 대등할 때의 예법이다. '사(賜)'는 존귀한 자가 내리는 명령이다.

淺見

近按: 舊說非爲人喪之上有闕文. 愚謂曾子因言他人有喪, 亦必適者則問遺之, 尊者則賜予之, 況於親喪而無贈遺之物歟? 是引他人之喪以明之, 故曰非爲他人之喪, 而有問與賜之禮歟? 其禮亦猶是也. 似不必有缺文矣.

내가 살펴보니, 옛 학설에서는 '비위인상(非爲人喪)'이라는 말 앞에 빠진 문장이 있다고 했다. 내가 생각하기에 증자는 앞의 일로 인하여 타인에게 상이 발생했을 때에도 반드시 신분이 대등한 경우라면 묻고 보내주고 존귀한 자라면 베풀어주는 일이 있는데, 하물며 부모의 상에서도 보내는 물건이 없을 수 있겠냐고 말한 것이다. 이것은 타인의 상에 대한 내용을 인용하여 밝힌 것이다. 그렇기 때문에 "다른 사람의 상을 위해서도 묻거나 베푸는 예법이 있지 않느냐?"라고 말한 것이니, 그 예법이 또한 이와 같다는 의미이다. 따라서 빠진 문장이 있는 것으로 볼 필요는 없을 것 같다.

祝稱卜葬虞, 子孫曰"哀", 夫曰"乃", 兄弟曰"某卜葬其兄[句]",
弟曰"伯子某."〈027〉 [舊在"成事附皆少牢"之下.]

장례를 치르는 날짜에 대해 거북점을 칠 때에는 축사에서 다음과 같이
지칭한다. 자식이 부친을 위해 거북점을 치거나 손자가 조부를 위해 거
북점을 치는 경우라면, '애(哀)'라 말하여, "애자(哀子)인 아무개가 부친
아무개 보(甫)의 장례에 대해서 거북점을 칩니다."라고 말하거나 "애손
(哀孫)인 아무개가 조부 아무개 보의 장례에 대해서 거북점을 칩니다."
라고 말한다. 남편이 아내를 위해 거북점을 치는 경우라면, '내(乃)'라고
말하여, "내(乃)인 아무개가 처 아무개 씨(氏)의 장례에 대해서 거북점
을 칩니다."라고 말한다. 형을 위해 동생이 거북점을 치는 경우라면,
"아무개가 형 아무개의 장례에 대해서 거북점을 칩니다."라고 말한다.
['兄'자에서 구문을 끊는다.] 형이 동생을 위해 거북점을 치는 경우라면, "아
무개가 동생 아무개의 장례에 대해서 거북점을 칩니다."라고 말한다.
[옛 판본에는 "길사를 완성하는 때와 부제를 치를 때에는 소뢰를 사용한다."[1]라고
한 문장 뒤에 수록되어 있었다.]

集說

初虞, 卽葬之日, 故幷言葬虞. 子卜葬父, 則祝辭云: "哀子某卜葬其
父某甫", 孫則云: "哀孫某卜葬其祖某甫", 夫則云: "乃某卜葬其妻某
氏." 乃者, 助語之辭, 妻卑故爾. 若弟爲兄, 則云: "某卜葬兄伯子
某." 兄爲弟, 則云: "某卜葬其弟某."

초우(初虞)[2]는 장례를 치르는 날에 해당한다. 그렇기 때문에 '장우(葬

---

1) 『예기』 「잡기하」 026장 : 上大夫之虞也少牢, 卒哭成事附皆太牢. 下大夫之虞
也犆牲, 卒哭成事附皆少牢.
2) 초우(初虞)는 장례(葬禮)를 치른 뒤에 빈소에서 거행하는 첫 번째 우제(虞祭)를

虞)'라고 함께 말한 것이다. 자식이 부친의 장례를 치르는 날짜에 대해 거북점을 치게 되면, 축사에서는 "애자인 아무개가 부친 아무개 보의 장례에 대해서 거북점을 칩니다."라고 말한다. 손자의 경우라면, "애손인 아무개가 조부 아무개 보의 장례에 대해서 거북점을 칩니다."라고 말한다. 남편의 경우라면, "내인 아무개가 처 아무개 씨의 장례에 대해서 거북점을 칩니다."라고 말한다. '내(乃)'라는 말은 어조사인데, 처는 미천하기 때문에 이처럼 말한다. 만약 동생이 형을 위해 거북점을 치는 경우라면, "아무개가 형인 맏아들 아무개의 장례에 대해서 거북점을 칩니다."라고 말한다. 형이 동생을 위해 거북점을 치는 경우라면, "아무개가 동생 아무개의 장례에 대해서 거북점을 칩니다."라고 말한다.

淺見

近按: 伯子某者, 陳註謂弟爲兄則曰: "某卜葬其兄伯子某." 愚謂上文旣曰某卜葬其兄者, 是弟爲兄也. 又其上曰哀·曰乃之類, 皆是卜者自稱之辭, 則此曰伯子某者, 亦是兄之自稱也. 言兄於葬弟, 則曰: "伯子某卜葬其弟"也. 但上文子孫曰, 夫曰, 兄弟曰, 是指卜葬者言, 此弟曰者, 是指所葬者言, 爲異耳. 然上旣以兄弟總之, 而先言弟葬其兄之事, 故其下變文, 以言葬弟之事也.

내가 살펴보니, '백자모(伯子某)'에 대해서 진호의 주에서는 동생이 형을 위해 거북점을 칠 때에는 "아무개가 형인 맏아들 아무개의 장례에 대해서 거북점을 칩니다."라고 말한다고 했다. 내가 생각하기에 앞 문장에서는 이미 "아무개가 형 아무개의 장례에 대해서 거북점을 칩니다."라고 했는데, 이것은 동생이 형을 위해 거북점을 치는 것에 해당한다. 또 그 앞에서 '애(哀)'라 부르고 '내(乃)'라 부른다고 한 부류들은 모두 거북점을 치는 자가 스스로를 지칭하는 말이 되니, 여기에서 '백자모(伯子某)'라고 한 것 또한 형이 스스로를 지칭하는 말에 해당한다. 즉 형이 동생

뜻한다.

의 장례에 대해 거북점을 치는 경우에는 "맏아들 아무개가 동생의 장례에 대해서 거북점을 칩니다."라고 말한다는 뜻이다. 다만 앞 문장에서는 '자손왈(子孫曰)'·'부왈(夫曰)'·'형제왈(兄弟曰)'이라고 했는데, 이것들은 장례에 대해 거북점을 치는 자를 가리켜 말한 것이고, 이곳에서 '제왈(弟曰)'이라고 한 것은 장례를 치르게 되는 자를 가리켜 말한 것이 차이점일 따름이다. 그런데 앞에서 이미 '형제(兄弟)'라는 말로 총괄을 했고, 먼저 동생이 그의 형에 대해 장례를 치르는 사안을 언급했기 때문에, 그 뒤에서는 문장을 바꿔서 동생의 장례를 치르는 사안을 언급한 것이다.

非從柩與反哭, 無免[問]於堩[亘].〈047〉 [舊在"謂之無子"之下.]

장지가 가까울 때, 영구를 따라서 장례 행렬을 전송하거나 반곡을 하는 경우가 아니라면, 도로에서['堩'자의 음은 '亘(궁)'이다.] 문을['免'자의 음은 '問(문)'이다.] 착용하는 경우가 없다. [옛 판본에는 "자식을 없게 만드는 자라고 평가한다."1)라고 한 문장 뒤에 수록되어 있었다.]

集說

堩, 道路也. 道路不可無飾, 故從柩送葬與葬畢反哭, 皆著免而行於道路, 非此二者則否也. 然此亦謂葬之近者. 小記云: "遠葬者比反哭皆冠, 及郊而后免也."

'궁(堩)'자는 도로를 뜻한다. 도로에서는 꾸미지 않을 수 없다. 그렇기 때문에 영구를 따라서 장례 행렬을 전송하거나 장례를 끝내고 반곡을 하는 경우에는 모두 문을 착용하고 도로에서 이동하는데, 이 두 가지 경우가 아니라면 이처럼 하지 않는다. 그러나 이 내용은 또한 장지가 가까운 경우를 뜻한다. 『예기』 「상복소기(喪服小記)」편에서는 "장지가 멀리 떨어진 경우, 장례를 치를 때에는 반곡을 할 때까지 모두 관을 쓰고, 장례를 치르고 교외에 도달한 이후에는 문을 한다."고 했다.

淺見

近按: 自問喪至此, 旣葬反哭之事, 人子喪親之常禮, 始末略備矣.

내가 살펴보니, 문상(問喪)으로부터 이곳에 이르기까지는 장례를 마치고 반곡을 하는 사안에 해당하는데, 자식이 부모의 상례를 치르는 일반적인 예법에 있어서 처음부터 끝까지 대략적으로 갖춰져 있다.

---

1) 『예기』 「잡기하」 046장 : 孔子曰, "身有瘍則浴, 首有創則沐, 病則飮酒食肉. 毀瘠爲病, 君子弗爲也. 毀而死, 君子<u>謂之無子</u>."

喪食雖惡必充飢. 飢而廢事, 非禮也. 飽而忘哀, 亦非禮也. 視
不明, 聽不聰, 行不正, 不知哀, 君子病之. 故有疾, 飮酒食肉,
五十不致毀, 六十不毀, 七十飮酒食肉, 皆爲[去聲]疑死.〈043〉
[舊在"四十者待盈坎"之下.]

상중에 먹게 되는 음식은 비록 조악한 것이라도 반드시 굶주림을 채워
야 한다. 굶주려 상사를 제대로 처리하지 못하는 것은 비례이다. 배불
리 먹어서 슬픔을 잊는 것 또한 비례이다. 보아도 뚜렷이 보지 못하고,
들어도 제대로 듣지 못하며, 걸어도 바르게 걷지 못하고, 슬픔을 잊게
되는 것을 군자는 근심하였다. 그렇기 때문에 상중에 병이 든 자는 술
도 마시고 고기도 먹으며, 50세가 된 자는 몸을 지나치게 상하게 해서
는 안 되고, 60세가 된 자는 몸을 상하게 해서는 안 되며, 70세가 된
자는 술도 마시고 고기도 먹으니, 이 모두는 그가 죽게 될까를 염려해
서['爲'자는 거성으로 읽는다.] 만든 규정이다. [옛 판본에는 "40세인 자들은 무덤
에 흙 채우는 일이 끝날 때까지 기다린 뒤에야 물러간다."[1]라고 한 문장 뒤에 수록
되어 있었다.]

疑死, 恐其死也.

'의사(疑死)'는 죽게 될까를 염려한다는 뜻이다.

近按: 此下又言居喪遇疾之事, 乃非常禮而從權制者也.

---

1) 『예기』 「잡기하」 042장 : 弔非從主人也, 四十者執紼. 鄕人五十者從反哭, 四十
者待盈坎.

내가 살펴보니, 이 구문으로부터 그 아래의 기록에서는 또한 상을 치르며 병에 걸렸을 때의 사안을 언급하고 있으니, 일상적인 예법이 아니며 권도에 따라 제정한 것들이다.

功衰, 食菜果, 飮水漿, 無鹽酪[洛]. 不能食食[嗣], 鹽酪可也.〈045〉
[舊在"非其黨不食也"之下.]

공최를 착용했다면 채소와 과일을 먹고, 물과 음료를 마시되, 소금이나
낙[酪'자의 음은 '洛(락)'이다.] 등의 재료는 첨가하지 않는다. 만약 밥을[食'
자의 음은 '嗣(사)'이다.] 제대로 먹을 수 없는 상태라면, 소금이나 낙 등을
첨가해도 괜찮다. [옛 판본에는 "자신의 친족이 아니라면 음식을 먹지 않는다."[1]
라고 한 문장 뒤에 수록되어 있었다.]

集說

功衰, 斬衰齊衰之末服也. 酪, 說文, 乳漿也.

'공최(功衰)'는 참최복과 자최복의 상에서 말미에 착용하는 복장이다.
'낙(酪)'에 대해서 『설문』에서는 우유 등을 걸쭉하게 만든 것이라고 했
다.

淺見

近按: 功衰, 親喪練後之衰也. 旣服功衰, 始食菜果, 而有疾者, 可食
鹽酪也. 若夫水漿, 則不入口者, 三日而已. 豈至功衰而后始飮乎?
此乃記者之失.

내가 살펴보니, '공최(功衰)'는 부모의 상에서 연제를 치른 이후에 착용
하는 상복이다. 이미 공최를 착용하였고 비로소 채소와 과일을 먹게 되
었는데 병에 걸린 자가 있다면 소금과 낙을 먹을 수 있다. 물이나 음료
와 같은 경우 입으로 넘기지 않는 것을 3일 동안 시행할 따름이다. 어찌

1) 『예기』「잡기하」 044장 : 有服, 人召之食不往. 大功以下旣葬適人, 人食之, 其
黨也食之, 非其黨弗食也.

「잡기하(雜記下)」 371

공최를 착용하는 시기에 이르러서야 처음으로 물이나 음료를 마실 수 있겠는가? 따라서 이것은 『예기』를 기록한 자의 잘못이다.

經文

孔子曰: "身有瘍[羊]則浴, 首有創[平聲]則沐, 病則飮酒食肉. 毁瘠爲病, 君子不爲也. 毁而死, 君子謂之無子."〈046〉 [舊聯上文.]

공자는 "몸에 종기가['瘍'자의 음은 '羊(양)'이다.] 생기면 목욕을 하고, 머리에 부스럼이['創'자는 평성으로 읽는다.] 생기면 머리를 감으며, 몸이 쇠약해져서 병이 생기면 술도 마시고 고기도 먹는다. 몸이 수척해지고 상해서 병이 생기는 것을 군자는 하지 않는다. 몸이 매우 수척해져서 죽게 되는 것을 군자는 자식을 없게 만드는 자라고 평가한다."라고 말했다. [옛 판본에는 앞 문장의 뒤에 수록되어 있었다.]

集說

曲禮曰: "不勝喪, 比於不慈不孝", 是有子與無子同也.

『예기』「곡례(曲禮)」편에서는 "상사를 끝까지 치르지 못하는 것은 곧 자애롭지 못하고 효성스럽지 못한 것에 해당한다."고 했으니, 이것은 자식이 있는 자라도 그가 죽게 되면 자식이 없는 경우와 같게 됨을 뜻한다.

淺見

近按: 此上三節, 言居喪哀毁之節·疾病飮食之禮, 而以孔子之言明之也.

내가 살펴보니, 여기까지의 3개 절은 상을 치르며 애통해하여 수척해지는 규범과 병에 걸려 음식을 먹는 예법을 언급하고, 공자의 말로 그 내용을 드러낸 것이다.

三年之喪, 如或遺[去聲]之酒肉, 則受之必三辭. 主人衰絰而受之, 如君命則不敢辭, 受而薦之. 喪者不遺人, 人遺之, 雖酒肉受也. 從父昆弟以下旣卒哭, 遺人可也.〈034〉 [舊在"以吉拜"之下.]

삼년상을 치르고 있는데 만약 어떤 자가 술과 고기를 보내준다면['遺'자는 거성으로 읽는다.] 받기는 하지만 반드시 세 차례 사양한다. 물건을 받을 때 상주는 상복을 착용하고서 그것을 받는다. 만약 군주가 하사를 해준 것이라면 감히 사양하지 않으며, 그것을 받아서 부모 앞에 바친다. 상을 치르는 자는 남에게 물건을 보내주지 않는다. 남이 물건을 보내오면 비록 술과 고기라 하더라도 그것을 받는다. 종부의 곤제로부터 그 이하의 자에 대해서 상을 치르고 있는데, 졸곡을 마쳤다면, 남에게 물건을 보내주어도 괜찮다. [옛 판본에는 "길배에 따라 절을 한다."[1]라고 한 문장 뒤에 수록되어 있었다.]

喪大記云: "旣葬, 君食之則食之, 大夫父之友, 食之則食之", 此云衰絰而受, 雖受而不食也. 薦之者, 尊君之賜. 喪者不遺人, 以哀戚中不當行禮於人也. 卒哭可以遺人, 服輕哀殺故也.

『예기』「상대기(喪大記)」편에서는 "장례를 마쳤을 때, 군주가 음식을 보내오면 먹고, 대부 및 부친의 친구가 음식을 보내오면 먹는다."라 했고, 이곳에서는 상복을 착용하고서 받는다고 했으니, 비록 받기는 하지만 먹지는 않는 것이다. "그것을 바친다."는 말은 군주의 하사에 대해서 존귀하게 여기기 때문이다. 상을 치르는 자는 남에게 물건을 보내주지 않으니, 애통하고 슬픈 마음이 들게 되므로, 남에 대해서 해당 의례를 시

---

1) 『예기』「잡기하」 033장 : 三年之喪以其喪拜, 非三年之喪以吉拜.

행해서는 안 되기 때문이다. 졸곡을 끝내고서는 남에게 물건을 보내줄
수 있으니, 상복의 수위가 낮고 애통함도 줄어들었기 때문이다.

石梁王氏曰: 居喪有酒肉之遺, 必疾者也.

석량왕씨가 말하길, 상을 치르는 도중에 남이 술과 고기를 보내오는 경
우가 생긴 것은 분명 쇠약해진 자를 위해서이다.

淺見

近按: 此言居喪有疾人遺酒肉之禮. 蓋雖有疾不可自食, 故人必遺
之, 非有疾者, 不然也.

내가 살펴보니, 이것은 상을 치르고 있을 때 병에 걸린 자가 있어 술과
고기를 보내는 예법을 언급한 것이다. 아마도 병에 걸렸더라도 제 스스
로 먹을 수는 없다. 그렇기 때문에 남이 반드시 그것들을 보내주는 것이
니, 병에 걸린 자가 있지 않다면 이처럼 하지 않는다.

經文

有服, 人召之食不往. 大功以下旣葬適人, 人食[嗣]之, 其黨也
食之, 非其黨弗食也.〈044〉 [舊在"皆爲疑死"之下.]

자신이 상복을 착용하고 있다면, 남이 식사에 초대하더라도 가지 않는
다. 만약 대공복으로부터 그 이하의 상복을 착용하고 있고, 이미 장례
를 치른 상태라면, 상대의 초대에 응하여 찾아가는데, 남이 식사를['食'자
의 음은 '嗣(사)'이다.] 대접할 때, 그가 자신의 친족이라면 그 음식을 먹지
만, 자신의 친족이 아니라면 음식을 먹지 않는다. [옛 판본에는 "이 모두는
그가 죽게 될까를 염려해서 만든 규정이다."¹⁾라고 한 문장 뒤에 수록되어 있었다.]

集說

黨, 謂族人與親戚也.

'당(黨)'은 족인과 친척을 뜻한다.

經文

疏衰之喪旣葬, 人請見之則見, 不請見人. 小功請見人可也.
大功不以勤摯, 唯父母之喪, 不辟[避]涕泣而見人.〈049〉 [舊在"無
沐浴"之下.]

자최복의 상을 치를 때 이미 장례를 끝냈는데, 남이 만나보기를 청하게
되면 만나보지만, 본인은 남에 대해서 만나보기를 청하지 않는다. 소공

---

1) 『예기』「잡기하」 043장 : 喪食雖惡必充飢. 飢而廢事, 非禮也. 飽而忘哀, 亦非
禮也. 視不明, 聽不聰, 行不正, 不知哀, 君子病之. 故有疾, 飲酒食肉, 五十不
致毀, 六十不毀, 七十飲酒食肉, <u>皆爲疑死</u>.

복의 상에서는 남에 대해 만나보기를 청해도 괜찮다. 대공복의 상에서는 폐물을 가져가서 만나보지 않고, 오직 부모의 상에서만 눈물을 훔치지 않고['辟'자의 음은 '避(피)'이다.] 남을 만나본다. [옛 판본에는 "목욕을 하거나 머리를 감는 일이 없다."2)라고 한 문장 뒤에 수록되어 있었다.]

集說

疏衰, 齊衰也. 摯與贄同.

'소최(疏衰)'는 자최복을 뜻한다. '지(摯)'자는 폐물을 뜻하는 지(贄)자와 같다.

經文

三年之喪以其喪拜, 非三年之喪以吉拜.〈033〉 [舊在"問歟賜歟" 之下.]

삼년상에서는 상배에 따라 절을 하고, 삼년상이 아닌 경우라면 길배에 따라 절을 한다. [옛 판본에는 "문한 것인가? 사한 것인가?"3)라고 한 문장 뒤에 수록되어 있었다.]

集說

拜問, 拜賜, 拜賓, 皆拜也. 喪拜, 稽顙而后拜也. 吉拜, 拜而后稽顙也. 今按檀弓鄭註, 以拜而后稽顙, 爲殷之喪拜; 稽顙而后拜, 爲周之喪拜. 疏云, 鄭知此者, 以孔子所論, 每以二代對言, 故云三年之

---

2) 『예기』「잡기하」048장 : 凡喪小功以上, 非虞附練祥無沐浴.
3) 『예기』「잡기하」032장 : 非爲人喪, <u>問與? 賜與?</u>

喪吾從其至者, 但殷之喪拜, 自斬衰至緦麻皆拜而后稽顙, 以其質故也. 周則杖期以上, 皆先稽顙而后拜, 不杖期以下, 乃作殷之喪拜. 此章疏義與檀弓疏互看, 乃其詳.

물어 온 것에 대해 절을 하고, 물건을 보내 온 것에 대해 절을 하며, 빈객에게 절을 하는 것들은 모두 절에 해당한다. '상배(喪拜)'는 이마가 땅에 닿도록 한 이후에 절을 한다. '길배(吉拜)'는 절을 한 이후에 이마가 땅에 닿도록 한다. 현재 『예기』 「단궁(檀弓)」편에 대한 정현의 주를 살펴보면, 절을 한 이후에 이마를 땅에 닿도록 하는 것은 은나라 때의 상배로 여겼고, 이마를 땅에 닿도록 한 이후에 절을 하는 것은 주나라 때의 상배로 여겼다. 공영달의 소에서는 정현이 이러한 사실을 알 수 있었던 것은 공자가 논의를 할 때에는 매번 은·주 두 왕조를 비교해서 말했기 때문에, 삼년상에서 나는 그 지극한 방법에 따르겠다고 한 것인데, 다만 은나라 때의 상배는 참최복으로부터 시마복까지 모두 절을 한 이후에 이마를 땅에 닿도록 했으니, 질박함을 숭상했기 때문이다. 주나라의 제도에서는 지팡이를 잡고 치르는 기년상 이상은 모든 경우에 있어서 먼저 이마를 땅에 닿도록 하고 그 이후에 절을 했으니, 지팡이를 잡고 치르는 기년상이 아닌 경우부터는 곧 은나라 때의 상례 규정에 따라 절을 했던 것이라고 했다. 이곳 문장에 나온 공영달의 소 뜻과 「단궁」편에 대한 소를 함께 참고해보면, 그 상세한 내용을 알 수 있다.

浅見

近按: 此上四節, 言居喪與人交際之禮.

내가 살펴보니, 여기까지의 4개 절은 상을 치르며 남과 교제하는 예법을 언급한 것이다.

縣[玄]子曰: "三年之喪如斬, 期之喪如剡." 〈035〉

현자가['縣'자의 음은 '玄(현)'이다.] 말하길 "삼년상의 애통함은 몸을 베는
것 같고, 기년상의 애통함은 몸을 깎는 것 같다."고 했다.

集說

剡, 削也. 此言哀痛淺深之殊.

'섬(剡)'자는 "깎는다."는 뜻이다. 이것은 애통함의 차이를 언급한 것이
다.

經文

三年之喪雖功衰不弔, 自諸侯達諸士. 如有服而將往哭之, 則
服其服而往. 〈036〉 [舊在"遺人可也"之下.]

삼년상을 치르고 있을 때, 비록 소상을 끝내서 공최로 갈아입은 상태라
하더라도 남의 상에 찾아가서 조문을 하지 않으니, 이러한 규정은 제후
로부터 사에 이르기까지 모두 통용된다. 그러나 만약 자신과 상복관계
에 있는 친족이 죽게 되어, 그에게 찾아가 곡을 하게 되면, 자신이 입고
있던 공최를 벗고, 해당하는 상복을 착용하고 찾아간다. [옛 판본에는 "남
에게 물건을 보내주어도 괜찮다."[1]라고 한 문장 뒤에 수록되어 있었다.]

---

1) 『예기』「잡기하」 034장 : 三年之喪, 如或遺之酒肉, 則受之必三辭. 主人衰絰而
受之. 如君命則不敢辭, 受而薦之. 喪者不遺人. 人遺之, 雖酒肉受也. 從父昆
弟以下旣卒哭, <u>遺人可也</u>.

疏曰: 小祥後衰與大功同, 故曰功衰. 如有五服之親喪而往哭, 不著
己之功衰, 而依彼親之節以服之也. 不弔與往哭二者, 貴賤皆同之.

소에서 말하길, 소상을 치른 이후의 상복 수위는 대공복의 수위와 동일
하다. 그렇기 때문에 그때의 상복을 '공최(功衰)'라고 부른다. 만약 오복
의 관계에 있는 친족이 죽어서 그에게 찾아가 곡을 할 때에는 자신의
공최를 착용하지 않고, 상대방 친족에 대한 규범에 따라서 해당 복장을
착용한다. 조문을 하지 않는다는 사안과 가서 곡을 한다는 사안은 신분
의 등급에 상관없이 모두 동일하게 따른다.

近按: 如斬如剡, 言其哀痛深淺之異.

내가 살펴보니, 여참(如斬)과 여섬(如剡)은 애통함의 차이를 언급한 것
이다.

期之喪, 十一月而練, 十三月而祥, 十五月而禫. 練則弔.〈037〉
[舊聯上文.]

기년상을 치를 때, 11개월이 지나면 소상을 치르며, 13개월이 지나면
대상을 치르고, 15개월이 지나면 담제를 치른다. 소상을 치르면 집을
벗어나 조문을 할 수 있다. [옛 판본에는 앞 문장의 뒤에 수록되어 있었다.]

集說

鄭氏曰: 凡齊衰十一月, 皆可以出弔. 又曰: 此爲父在爲母.

정현이 말하길, 무릇 자최복의 상에서 11개월이 지나면 모두 집밖으로
나가 조문을 할 수 있다. 또 말하길, 이것은 부친이 생존해 계실 때 모
친의 상을 치르는 경우이다.

經文

期之喪未葬, 弔於鄕人, 哭而退, 不聽事焉. 功衰弔, 待事不執
事.〈039〉 [舊在下節之下. 今以期功之序爲次.]

자최복을 입고 지팡이를 잡지 않는 기년상을 치르고 있을 경우, 아직
장례를 끝내지 않았더라도, 마을 사람에 대해서는 조문을 할 수 있지만,
조문을 하게 되면 곡을 하고 물러나며, 상주가 해당 절차를 끝낼 때까
지 기다리지 않는다. 공최를 착용한 뒤 조문을 하게 되면, 해당 절차를
끝낼 때까지 기다릴 수 있지만, 그 일들에 대해서는 직접 맡아서 처리
할 수 없다. [옛 판본에는 아래 절의 뒤에 수록되어 있었다. 지금은 기년복과 대공
복의 순서에 따라 차례를 정했다.]

儀禮·喪服傳, 姑姊妹適人無主者, 姪與兄弟爲之齊衰不杖期. 此言期之喪, 正謂此也. 雖未葬, 亦可出弔. 但哭而退, 不聽事也. 此喪旣葬, 受以大功之衰, 謂之功衰. 此後弔於人, 可以待主人襲斂等事, 但不親自執其事耳.

『의례』「상복(喪服)」편의 전문에서는 고모 및 자매 중 남에게 시집을 갔으나 상주를 맡을 자가 없는 경우, 조카 및 형제들은 그녀들을 위해 자최복을 입고 지팡이를 잡지 않는 기년상을 치른다고 했다. 이곳에서 '기지상(期之喪)'이라고 한 말은 바로 이러한 경우를 뜻한다. 비록 아직 장례를 치르지 않았지만, 이러한 경우에는 또한 집밖으로 나가 남에 대해 조문을 할 수 있다. 다만 곡을 하면 물러나니, 상주가 해당 절차를 처리할 때까지 기다리지 않는다. 이러한 상에서 이미 장례를 치르게 되면 대공복의 수위와 같은 상복을 받게 되니, 이것을 '공최(功衰)'라고 부른다. 이것을 착용한 이후 남에 대해서 조문을 하게 되면, 상주가 습이나 염 등의 절차를 끝낼 때까지 기다릴 수 있지만, 직접 그 상의 일들을 맡아볼 수 없다.

旣葬大功[句], 弔哭而退, 不聽事焉. 〈038〉 [舊在前章之上.]

본인에게 대공복을 착용해야 하는 상이 발생했는데, 그 상에 대해서 이미 장례를 치렀다면['功'자에서 구문을 끊는다.] 타인의 상에 대해서 찾아가서 조문을 하고 곡을 하고서 즉시 물러나니, 상주가 습이나 염의 절차를 마칠 때까지 기다리지 않는다. [옛 판본에는 앞 장의 앞에 수록되어 있었다.]

旣葬大功者, 言己有大功之喪已葬也. 弔哭而退, 謂往弔他人之喪,
則弔哭旣畢, 卽退去, 不待與主人襲斂等事也.

"이미 대공의 상에 대해서 장례를 치렀다."고 한 말은 본인에게 대공복
을 착용해야 하는 상이 발생했는데, 그 상에 대해서 이미 장례를 치렀다
는 뜻이다. "조문하고 곡을 하고서 물러난다."는 말은 다른 집에 발생한
상에 찾아가서 조문을 하면, 조문하고 곡하는 일이 끝나면 즉시 물러나
오고, 주인이 습이나 염을 하는 등의 사안을 끝낼 때까지 기다리지 않는
다는 뜻이다.

近按: 旣葬大功, 恐當作大功旣葬. 然上言期喪未葬而弔, 此言大功
旣葬而後弔者, 未詳.

내가 살펴보니, '기장대공(旣葬大功)'은 아마도 '대공기장(大功旣葬)'으로
기록해야 할 것 같다. 그러나 앞에서 기년상에서 아직 장례를 치르지
않았는데 조문을 한다고 했는데, 이곳에서 대공상에서 장례를 마친 이
후에 조문을 한다고 한 이유는 잘 모르겠다.

小功緦, 執事不與於禮.⟨040⟩ [舊在"不執事"之下.]

소공복이나 시마복의 상을 치르고 있을 때에는 남의 상에 대해서 의례 진행은 도울 수 있지만, 궤전(饋奠)처럼 중대한 절차에 대해서는 참여하지 않는다. [옛 판본에는 "일을 맡지 않는다."[1]라고 한 문장 뒤에 수록되어 있었다.]

集說

執事, 謂擯相也. 禮, 饋奠也. 輕服可以爲人擯相, 擯相事輕故也. 饋奠之禮重, 故不與.

'집사(執事)'는 의례의 진행을 돕는다는 뜻이다. '예(禮)'는 궤전을 뜻한다. 수위가 낮은 상복을 착용했을 때에는 남을 위해 의례의 진행을 도울 수 있는데, 의례의 진행을 돕는 일은 상대적으로 덜 중요한 일이기 때문이다. 궤전을 치르는 예법은 중대한 절차이기 때문에 참여하지 않는다.

淺見

近按: 此言居喪爲人出弔之節.

내가 살펴보니, 이것은 상을 치르며 남을 위해 집밖으로 나가 조문하는 절차를 언급한 것이다.

---

1) 『예기』 「잡기하」 039장 : 期之喪未葬, 弔於鄕人, 哭而退, 不聽事焉. 功衰弔, 待事不執事.

相趨也出宮而退, 相揖也哀次而退, 相問也旣封[窆]而退, 相見
也反哭而退, 朋友虞附而退.〈041〉 [舊聯上文.]

서로에 대해 종종걸음으로 걸어서 공경의 뜻을 표하는 관계에서라면 영
구가 묘의 궁문을 빠져나갈 때까지 기다린 뒤에 물러간다. 서로 읍을
하며 안면이 있었던 자였다면 영구가 대문 밖의 애도를 표하는 장소까
지 도달한 뒤에 물러간다. 서로 안무를 물으며 물건을 보내는 관계에서
라면 하관을['封'자의 음은 '窆(폄)'이다.] 할 때까지 기다린 뒤에 물러간다.
예물을 가지고 가서 서로 만나보는 의례를 시행하는 관계에서라면 자식
이 반곡을 할 때까지 기다린 뒤에 물러간다. 벗들이라면 우제와 부제를
치를 때까지 기다린 뒤에 물러간다. [옛 판본에는 앞 문장의 뒤에 수록되어
있었다.]

集說

此言弔喪之禮, 恩義有厚薄, 故去留有遲速. 相趨者, 古人以趨示敬.
論語: "過之必趨", 左傳: "免冑趨風"之類, 是也. 言此弔者與主人昔
嘗有相趨之敬, 故來弔喪. 以情輕, 故柩出廟之宮門卽退去也. 相揖
者, 己嘗相會相識, 故待柩至大門外之哀次而退也. 相問遺者, 是有
往來恩義, 故待窆畢而退. 嘗執贄行相見之禮者, 情又加重, 故待孝
子反哭於家乃退. 朋友恩義更重, 故待虞祭祔祭畢而後退也.

이 내용은 상사에 조문하는 예법에 있어서 은정과 도의에 따라 차이가
있기 때문에, 떠나고 머물러 있음에도 더디고 빠른 차이가 있음을 뜻한
다. '상추(相趨)'는 고대인들은 종종걸음으로 감으로써 공경의 뜻을 나타
냈다. 『논어』에서 "그 곁을 지나칠 때에는 반드시 종종걸음으로 걸으셨
다."[1]라 했고, 『좌전』에서 "투구를 벗고 종종걸음으로 신속히 지나갔

---

1) 『논어』 「자한(子罕)」: 子見齊衰者冕衣裳者與瞽者, 見之, 雖少必作, 過之

다."[2]라 한 부류들이 이러한 경우에 해당한다. 즉 이것은 조문을 하는 자와 상주가 이전부터 일찍이 서로에 대해 종종걸음으로 걸으며 공경의 뜻을 나타낸 사이임을 뜻한다. 그렇기 때문에 찾아가서 상대방의 상사에 조문을 할 때, 그 정감이 가볍기 때문에 영구가 묘의 궁문 밖으로 나가게 되면 곧바로 물러나게 된다. '상읍(相揖)'은 본인이 일찍이 서로 회합을 가져서 서로 안면이 있었던 자이다. 그렇기 때문에 영구가 대문 밖에 잠시 머물며 애도를 표하는 장소에 도착할 때까지 기다렸다가 물러난다. "서로 안부를 묻고 물건을 전한다."는 말은 왕래를 가지며 은정과 도의를 나눴던 관계이다. 그렇기 때문에 하관하는 일이 끝날 때까지 기다린 뒤에 물러난다. 일찍이 예물을 가지고 서로 찾아보는 의례를 시행했던 자라면, 그 정감이 더욱 두텁기 때문에, 자식이 그 집에서 반곡을 할 때까지 기다린 뒤에야 물러간다. 벗들은 은정과 도의가 더욱 두텁기 때문에, 우제와 부제를 끝낼 때까지 기다린 뒤에야 물러간다.

經文

弔非從主人也, 四十者執綍[弗]. 鄕人五十者從反哭, 四十者待盈坎.〈042〉

상사에 조문을 하는 일은 온갖 일들을 돕기 위함이지, 단순히 상주를 따르는 것만이 아니다. 따라서 40세 이하의 자들은 힘이 장성하므로, 힘을 많이 쓰는 상엿줄['綍'자의 음은 '弗(불)'이다.] 잡는 일을 해야 한다. 같은 마을 사람들 중 50세가 된 자는 쇠약해지는 나이가 되므로, 상주를 따라서 반곡을 하고, 40세인 자들은 무덤에 흙 채우는 일이 끝날 때까

必趨.

2) 『춘추좌씨전』「성공(成公) 16년」: 郤至三遇楚子之卒, 見楚子, 必下, 免冑而趨風.

지 기다린 뒤에야 물러간다.

言弔喪者, 是爲相助凡役, 非徒隨從主人而已, 故年四十以下者力
壯, 皆當執紼. 同鄕之人五十者始衰之年, 故隨主人反哭, 而四十者
待土盈壙乃去.

상사에 대해 조문을 한다는 것은 상사에 필요한 온갖 일들을 돕기 위함
이지, 단순히 주인을 따르는 것이 아닐 따름이라는 뜻이다. 그렇기 때문
에 40세 이하인 자들은 힘이 장성하므로 모두들 상엿줄을 잡아야 한다.
같은 마을의 사람들 중 50세가 된 자들은 비로소 쇠약해지는 나이이기
때문에 주인을 따라가서 반곡을 하고, 40세인 자들은 무덤에 흙 채우는
일이 끝날 때까지 기다린 뒤에야 물러난다.

近按: 此兩節, 因上言居喪出弔之事, 而汎言弔喪之禮也.

내가 살펴보니, 이 두 절은 앞에서 상 중에 밖으로 나가 조문하는 사안
을 언급한 것에 따라서 상사에 조문하는 예법을 두루 언급한 것이다.

以喪冠[去聲]者, 雖三年之喪可也. 旣冠於此入哭踊, 三[去聲]者三, 乃出.〈054〉 [舊在"同名則諱"之下.]

상으로 인해 관을 쓰게['冠'자는 거성으로 읽는다.] 된 경우에는 비록 그 상이 삼년상이라도 가능하다. 상중에 머무는 임시숙소에서 관을 쓰고 그 일이 끝나면 빈소로 들어가서 곡과 용을 하는데, 용을 하며 세 번씩['三'자는 거성으로 읽는다.] 세 차례 반복하면 곧 밖으로 나와 임시숙소로 간다. [옛 판본에는 "이름이 같은 경우라면, 다른 장소라 하더라도 피휘를 한다."[1]라고 한 문장 뒤에 수록되어 있었다.]

集說

當冠而遭五服之喪, 則因成喪服而遂加冠. 此禮無分服之輕重, 故曰雖三年之喪可也. 旣冠於居喪之次, 乃入哭踊. 凡踊三踊爲一節, 三者三, 言如此者三次也. 乃出, 出就次所也. 詳見曾子問.

관례를 치러야 하는데 오복에 해당하는 상을 당한 경우라면, 상복을 갖춰 입는 것에 따라서 결국 관까지도 쓴다. 이러한 예법에는 상복의 수위에 따른 구분이 없다. 그렇기 때문에 "비록 삼년상이라도 가능하다."라고 말한 것이다. 상중에 머무는 임시숙소에서 관을 쓰고, 그 일이 끝나면 들어가서 곡과 용을 한다. 무릇 용을 할 때에는 세 차례 발을 구르는 것을 한 마디로 삼으니, '삼자삼(三者三)'이라는 말은 이와 같이 하길 세 차례 반복한다는 뜻이다. '내출(乃出)'은 밖으로 나와서 상중에 머무는 숙소로 나아간다는 뜻이다. 자세한 설명은 『예기』「증자문(曾子問)」편에 나온다.

---

1) 『예기』「잡기하」 053장 : 母之諱宮中諱, 妻之諱不擧諸其側, 與從祖昆弟同名則諱.

近按: 此言因喪而冠之禮.

내가 살펴보니, 이것은 상으로 인해 관을 쓰는 예법을 언급한 것이다.

大功之末可以冠子, 可以嫁子. 父小功之末, 可以冠子, 可以
嫁子, 可取[去聲]婦. 己雖小功旣卒哭, 可以冠取妻, 下殤之小
功則不可.〈055〉 [舊聯上文.]

본인이 대공복의 상을 치르고 있는데 상복을 제거하려고 하는 때라면,
자식에게 관례를 치러줄 수 있고 자식을 시집보낼 수 있다. 부친이 소
공복의 상을 치르고 있는데 상복을 제거하려고 하는 때라면, 자식에게
관례를 치러줄 수 있고 자식을 시집보낼 수 있으며 며느리를 들일['取'자
는 거성으로 읽는다.] 수 있다. 본인이 비록 소공복의 상을 치르고 있더라
도 이미 졸곡을 했다면, 관례를 치르거나 아내를 들일 수 있지만, 하상
을 당한 자에 대한 소공복의 상을 치르고 있다면 해서는 안 된다. [옛
판본에는 앞 문장의 뒤에 수록되어 있었다.]

末, 服之將除也. 舊說, 以末爲卒哭後. 然大功卒哭後, 尙有六月, 恐
不可言末. 小功旣言末, 又言卒哭, 則末非卒哭明矣. 下言父小功之
末, 則上文大功之末, 是據己身而言. 舊說, 父及己身俱在大功之末,
或小功之末, 恐亦未然. 下殤之小功, 自期服而降, 以本服重, 故不
可冠娶也.

'말(末)'자는 상복을 장차 제거하려는 때를 뜻한다. 옛 학설에서는 '말
(末)'자를 졸곡 이후라고 여겼다. 그러나 대공복의 상에서 졸곡을 치른
뒤라면 여전히 6개월의 복상기간이 남게 되므로, 아마도 이것을 '말(末)'
이라고 부를 수 없을 것 같다. 또 소공복의 상에 대해서 이미 '말(末)'이
라고 말했는데, 그 뒤에서는 재차 '졸곡(卒哭)'이라고 말했으니, '말(末)'
자는 졸곡이 아님이 분명하다. 아래문장에서 "부친이 소공복을 착용하
는 상의 말미에 있다."라 말했으니, 앞 문장에서 "대공복을 착용하는 상
의 말미에 있다."라 한 말은 자신을 기준으로 한 말이다. 옛 학설에서는

부친과 자신이 모두 대공복의 상에서 말미에 있거나 소공복의 상에서 말미에 있는 것으로 여겼는데, 아마도 이 또한 그렇지 않을 것이다. 하 상을 당한 자의 소공복은 본래 기년복에서 강복을 한 경우인데, 본래의 복장은 수위가 높기 때문에, 관례를 치르거나 아내를 들일 수 없다.

淺見

近按: 此言當喪而行冠昏之禮. 然上章是主自冠而言, 此章全言冠子, 則上章是因喪而冠, 成人之喪冠也, 此章是用吉冠也. 冠昏雖皆是吉禮, 然冠雖三年之喪可用喪冠, 而自冠大功之末, 可用吉冠而冠子也. 昏則己大功之末, 始可以嫁女子, 父小功之末, 乃可以取子婦, 則冠昏之輕重見矣. 嫁子謂嫁女子, 取婦謂取子婦, 嫁女其行昏之吉禮在於壻家, 故大功之末猶可嫁也. 取婦其行昏禮在己之家, 故小功之末乃可取婦, 亦可自取其妻也. 大功稍重則不可也. 己雖小功, 既卒哭, 可以冠取妻者, 承上小功之末, 可以冠子可以取婦而言, 小功卒哭之後, 己雖可以行冠取妻之事, 若下殤之小功, 則本服重, 故不可也.

내가 살펴보니, 이것은 상을 당했는데 관례나 혼례를 치르는 예법을 언급한 것이다. 그런데 앞 장은 스스로 관례를 치르는 것을 위주로 언급한 것이고, 이 장에서는 전적으로 자식에게 관례를 치러주는 것을 언급했다면, 앞 장의 내용은 상으로 인해 관을 썼다는 것은 성인들이 착용하는 상관에 해당하는 것이고, 이 장의 내용은 길관을 사용하는 것이다. 관례나 혼례는 비록 모두가 길례에 속하는데, 관례의 경우 비록 삼년상을 당했더라도 상관을 써서 치를 수 있고, 대공복 상의 말미에 관을 씌워주는 것부터는 길관을 써서 자식에게 관례를 치러줄 수 있다. 혼례의 경우 본인이 대공복 상의 말미에 있으면 비로소 여식을 시집보낼 수 있고, 부친이 소공복 상의 말미에 있게 되면 자식의 부인을 들일 수 있다면, 혼례와 관례 사이의 경중 차이가 나타난다. '가자(嫁子)'는 여식을 시집보낸다는 뜻이며, '취부(取婦)'는 자식의 부인을 들인다는 뜻인데, 여식을 시집보낼 때 길례에 해당하는 혼례의 시행은 사위 집안에서 하기 때문에 대공복 상의 말미라 하더라도 여전히 시집 보낼 수 있는 것이다. 그런데 자식의 부인을 들이는 것은 그 혼례의 의식을 자신의 집에서 시행하기 때문에 소공복 상의 말미가 되어야 자식의 부인을 들일 수 있고 또한 스스로 자신의 아내를 들일 수 있는 것이다. 대공복의 상은 보다 수위가 높기 때문에 할 수 없다. 본인이 비록 소공복의 상을 치르고 있지만 이미 졸곡을 마쳤다면 관례를 치르고 아내를 들일 수 있다고 했는데, 이것은 앞에서 소공복 상의 말미에는 자식에게 관례를 치러줄 수 있고 자식의 부인을 들일 수 있다고 한 말을 이어서 말한 것인데, 소공복 상에서 졸곡을 한 이후라면 본인이 비록 관례를 치르고 아내를 들이는 일을 시행할 수 있지만, 만약 하상의 소공복 상이라 한다면 본래의 복장이 수위가 높기 때문에 할 수 없다.

凡弁絰其衰侈袂.〈056〉 [舊聯上文.]

무릇 변질을 착용할 때에는 그 복장에 있어서 소매의 크기를 크게 만든
다. [옛 판본에는 앞 문장의 뒤에 수록되어 있었다.]

弁絰之服, 弔服也. 首著素弁而加以一股環絰, 其服有三等, 錫衰·
緦衰·疑衰也. 侈, 大也. 袂之小者, 二尺二寸, 此三尺三寸.

변질(弁絰)의 복장은 조문할 때의 복장이다. 머리에 흰색의 변을 쓰고
그곳에 한 가닥으로 둥글게 꼰 질을 두르는데, 그 복장에는 세 등급이
있으니, 석최·시최(緦衰)[1]·의최(疑衰)[2]이다. '치(侈)'자는 "크게 한다."
는 뜻이다. 소매 중 작은 것은 둘레가 2척 2촌인데, 이 복장의 소매는
3척 3촌으로 만든다.

麻者不紳, 執玉不麻, 麻不加於采.〈059〉 [舊在"附於夫之黨"之下.]

상복과 질을 차고 있는 자는 길복에 착용하는 대대를 두르지 않고, 옥
을 들고 있는 자는 질을 두를 수 없으며, 질은 채색된 옷에 차지 않는
다. [옛 판본에는 "남편의 조고에게 부제를 지낸다."[3]라고 한 문장 뒤에 수록되어

---

1) 시최(緦衰)는 석최(錫衰)와 비슷한 재질로 만든 옷으로, 일종의 상복(喪服)에 해
당한다. 천자의 경우, 제후의 상(喪)에 착용했던 복장이다.
2) 의최(疑衰)는 길복(吉服)에 가까운 복장으로, 일종의 상복(喪服)에 해당한다. 천
자의 경우, 대부(大夫)나 사(士)의 상(喪)에 착용했던 복장이다.

있었다.]

麻, 謂喪服之経也. 紳, 大帶也. 吉凶異道, 居喪以経代大帶也. 執玉
不麻, 謂著衰経者, 不得執玉行禮也. 采, 玄纁之衣也.

'마(麻)'는 상복에 착용하는 질을 뜻한다. '신(紳)'은 대대를 뜻한다. 길사
와 흉사는 도를 달리하니, 상을 치르고 있을 때에는 질로써 대대를 대신
한다. "옥을 잡으면 마를 하지 않는다."는 말은 상복과 질을 두르고 있
는 자는 옥을 잡고서 의례를 시행할 수 없다는 뜻이다. '채(采)'는 현색
과 분홍색의 옷을 뜻한다.

近按: 弁経, 舊說以爲弔服, 而麻者, 喪服之経也. 此二節因上言冠,
而弁付之也.

내가 살펴보니, '변질(弁経)'을 옛 학설에서는 조복으로 여겼고, '마(麻)'
는 상복에 차는 질이라고 했다. 이곳의 2개 절은 앞에서 관에 대해 언급
한 것으로 인해 변에 대한 내용을 덧붙인 것이다.

---

3) 『예기』「잡기하」 058장 : 姑姊妹其夫死而夫黨無兄弟, 使夫之族人主喪. 妻之
黨, 雖親弗主. 夫若無族矣, 則前後家, 東西家. 無有, 則里尹主之. 或曰, "主之
而附於夫之黨."

親喪外除, 兄弟之喪內除.〈020〉[舊在"下殤視成人"之下.]

부모의 상을 치를 때에는 그 기한이 끝났더라도 슬픔을 잊지 못하는 것
이고, 형제의 상을 치를 때에는 그 기한이 아직 끝나지 않았더라도 슬
픔이 줄어들게 된다. [옛 판본에는 "하상의 상을 치를 때에는 성인이 죽었을 때
에 준한다."[1]라고 한 문장 뒤에 수록되어 있었다.]

集說

鄭氏曰: 外除, 日月已竟而哀未忘. 內除, 日月未竟而哀已殺.

정현이 말하길, '외제(外除)'는 그 기한이 이미 끝났지만 슬픔을 아직 잊
지 못한다는 뜻이다. '내제(內除)'는 그 기한이 아직 끝나지 않았는데도
슬픔이 이미 줄어들었다는 뜻이다.

淺見

近按: 上文諸章, 皆言居喪所行之事, 自哭 · 踊 · 袒 · 冒 · 襲 · 斂, 至
於葬虞之常, 疾病飮食問遺, 往來出弔之節, 與夫冠昏之吉凡當喪而
可行之禮, 無不備記. 此下乃言除喪之事也.

내가 살펴보니, 앞의 여러 장들에서는 모두 상을 치르는 도중 시행해야
하는 사안들을 언급하여, 곡 · 용 · 단 · 모 · 습 · 염으로부터 장례와 우제
를 치르는 일상적인 경우, 질병에 걸려서 음식을 먹고 안부를 묻고 물건
을 보내며, 왕래하고 밖으로 나가 조문하는 절차에 이르기까지, 또 관례
와 혼례와 같은 길례에서 상을 당하고도 시행할 수 있는 예법들까지, 두
루 갖춰서 기록하지 않은 것이 없다. 이 구문으로부터 그 이하의 내용은
제상의 사안을 언급한 것이다.

---

1) 『예기』「잡기하」 019장 : 妻視叔父母, 姑姊妹視兄弟, 長中下殤視成人.

免喪之外行於道路, 見似目瞿[九遇反], 聞名心瞿, 弔死而問疾, 顏色戚容, 必有以異於人也. 如此而后可以服三年之喪, 其餘則直道而行之是也.〈022〉 [舊在"不飮食也"之下.]

부모에 대한 삼년상을 끝낸 이후라도, 길을 가다 부모와 비슷한 자를 보게 되면 눈을 동그랗게 뜨며 놀라서['瞿'자는 '九(구)'자와 '遇(우)'자의 반절음이다.] 허둥대고, 어떤 자가 이름을 부르는 것을 들었는데, 그것이 자신의 부모 이름과 같다면, 마음이 깜짝 놀라 허둥대며, 죽은 자를 조문하고 병든 자를 위문함에, 부모에 대한 생각이 들어서 안색과 슬퍼하는 모습에 반드시 다른 자들과 차이가 나게 된다. 이처럼 된 이후에야 삼년상을 치를 수 있으며, 나머지 수위가 낮은 상에 있어서는 상례의 규정에 따라 시행하는 것이 옳다. [옛 판본에는 "음식들은 또한 마시거나 먹지 않는다."[1]라고 한 문장 뒤에 수록되어 있었다.]

集說

見人貌有類其親者, 則目爲之瞿然驚變; 聞人所稱名與吾親同, 則心爲之瞿然驚變. 喪服雖除, 而餘哀未忘, 故於弔死問疾之時, 戚容有加異於無憂之人也. 如此而后可以服三年之喪, 言其哀心誠實無僞也. 其餘服輕者, 直道而行, 則不過循喪禮而已.

남의 모습을 보았을 때 부모와 비슷한 점이 있다면, 눈은 놀라게 되어 마치 깜짝 놀라 허둥대는 것처럼 되고, 남이 부르는 이름을 들었을 때 자신의 부모와 이름이 같다면, 마음은 놀라게 되어 마치 깜짝 놀라 허둥대는 것처럼 된다. 상복에 있어서 비록 제거를 했더라도, 남아 있는 슬픔은 잊을 수가 없기 때문에, 죽은 자를 조문하고 병든 자를 문병할 때

1)『예기』「잡기하」021장: 視君之母與君之妻, 比之兄弟, 發諸顏色者亦不飮食也.

에도 근심스러워하는 모습은 근심이 없는 자들과 차이가 난다. 이와 같이 된 이후에야 삼년상을 치를 수 있으니, 애통한 마음과 진실됨에 거짓이 없다는 뜻이다. 그 외 수위가 낮은 상복을 착용하는 경우라면, 단지 법도에 따라서 시행하니, 상례의 규정에 따라 지내는데 불과할 따름이다.

浅見

近按: 此言喪制有限, 而心無窮, 終身之慕無時而已者也.

내가 살펴보니, 이것은 상례 제도에는 제한이 있지만 마음은 무궁하여 종신토록 그리워함에 어느 때이건 그침이 없다는 뜻이다.

祥, 主人之除也, 於夕爲期, 朝服. 祥因其故服.〈023〉 [舊聯上文,
下倣此.]

대상의 제사는 상주가 상복을 제거하는 절차이니, 대상의 제사를 치르
기 전날 저녁에 제사를 지내겠다는 계획을 알리고, 조복을 착용한다.
대상의 제사 때에는 그 전날 저녁에 입고 있었던 복장에 따라서 조복을
착용한다. [옛 판본에는 앞 문장의 뒤에 수록되어 있었고, 뒤의 기록도 이와 같다.]

集說

祥, 大祥也.

'상(祥)'은 대상을 뜻한다.

疏曰: 祥祭之時, 主人除服之節, 於夕爲期, 謂於祥祭前夕, 預告明
日祭期也. 朝服, 謂主人著朝服, 緇衣素裳, 其冠, 則縞冠也. 祥因其
故服者, 謂明旦祥祭時, 主人因著其前夕故朝服也. 又曰: 此據諸侯
卿大夫言之, 從祥至吉, 凡服有六: 祥祭, 朝服縞冠, 一也. 祥訖, 素
縞麻衣, 二也. 禫祭, 玄冠黃裳, 三也. 禫訖, 朝服綅冠, 四也. 踰月吉
祭, 玄冠朝服, 五也. 旣祭玄端而居, 六也.

소에서 말하길, 대상의 제사를 지내게 될 때 상주가 복장을 제거하는 규
범에서는 저녁에 기약을 하니, 대상의 제사를 지내기 전날 저녁에 미리
다음날 제사를 지낼 계획에 대해 미리 알린다는 뜻이다. '조복(朝服)'은
상주가 조복을 착용한다는 뜻으로, 치의에 흰색의 하의를 착용하며, 그
때 착용하는 관은 호관이다. "대상에서는 옛 복장에 따른다."라고 했는
데, 다음날 아침 대상의 제사를 지낼 때, 상주는 그 전날 저녁에 착용했
던 옛 복장인 조복에 따른다는 뜻이다. 또 말하길, 이것은 제후에게 소
속된 경과 대부를 기준으로 한 말이니, 대상으로부터 길제를 치를 때까
지, 그 복장에는 모두 여섯 가지가 있다. 대상의 제사에서는 조복에 호

관을 착용하니, 이것이 첫 번째 복장이다. 대상의 제사를 끝내면 소호에 마의를 착용하니, 이것이 두 번째 복장이다. 담제를 치를 때에는 현관과 황색의 하의를 착용하니, 이것이 세 번째 복장이다. 담제를 끝내면 조복에 섬관을 착용하니, 이것이 네 번째 복장이다. 그 달을 건너서 길제를 치르며 현관에 조복을 착용하니, 이것이 다섯 번째 복장이다. 제사를 끝내면 현단을 착용하고 거처하니, 이것이 여섯 번째 복장이다.

陸氏曰: 綅, 息廉反. 黑經白緯曰綅.

육덕명이 말하길, '綅'자는 '息(식)'자와 '廉(렴)'자의 반절음이다. 흑색의 날줄과 백색의 씨줄로 직조한 것을 '섬(綅)'이라 부른다.

經文

子游曰: "旣祥, 雖不當縞者, 必縞然後反服."〈024〉

자유가 말하길, "대상을 치른 이후 찾아온 조문객이 있다면, 비록 호관을 착용하는 때가 아니더라도, 반드시 호관을 착용한 뒤에 조문을 받는다. 그런 뒤에는 대상 이후 착용하는 소호와 마의로 다시 갈아입는다." 라고 했다.

集說

疏曰: 旣祥, 謂大祥後有來弔者, 雖不當縞, 謂不正當祥祭縞冠之時也. 必縞然後反服者, 主人必須著此祥服縞冠以受弔者之禮, 然後反服大祥後素縞麻衣之服也.

소에서 말하길, '기상(旣祥)'은 대상을 치른 이후 찾아온 조문객이 있는 경우를 뜻하며, "비록 호관을 착용하는 경우에 해당하지 않는다."는 말은 대상의 제사에서 호관을 착용해야 하는 때에 해당하지 않는다는 말이다. "반드시 호관을 착용한 뒤에야 복장을 되돌린다."는 말은 주인은 반드시 대상의 제사 때 쓰는 호관을 착용하고서 조문을 받는 예법에 따라야 하며, 그런 뒤에는 대상 이후 착용하는 소호와 마의의 복장으로 다시 갈아입는다는 뜻이다.

經文

凡喪小功以上[上聲]**, 非虞附練祥無沐浴.** 〈048〉 [舊在"無免於塪"之下.]

무릇 상에 있어서 소공복으로부터 그 이상의['上'자는 상성으로 읽는다.] 경우, 우제·부제·소상·대상이 아니라면, 목욕을 하거나 머리를 감는 일이 없다. [옛 판본에는 "도로에서 문을 착용하는 경우가 없다."[1)]라고 한 문장 뒤에 수록되어 있었다.]

集說

潔飾所以交神, 故非此四祭, 則不沐浴也.

청결히 하고 장식을 하는 것은 신과 교감하기 위해서이다. 그렇기 때문에 이 네 가지 제사가 아니라면, 목욕을 하거나 머리를 감지 않는다.

---

1) 『예기』「잡기하」047장 : 非從柩與反哭, <u>無免於塪</u>.

經文

三年之喪, 祥而從政. 期之喪, 卒哭而從政. 九月之喪, 旣葬而
從政. 小功緦之喪, 旣殯而從政. 〈050〉 [舊在"涕泣而見人"之下.]

삼년상을 치르는 경우에는 대상을 끝내고서 부역에 참여한다. 기년상을
치르는 경우에는 졸곡을 하고서 부역에 참여한다. 대공복의 상을 치르
는 경우에는 장례를 끝내고서 부역에 참여한다. 소공복과 시마복의 상
에서는 빈소를 차린 뒤에 부역에 참여한다. [옛 판본에는 "눈물을 흘리며 남
을 만나본다."[2]라고 한 문장 뒤에 수록되어 있었다.]

集說

從政, 謂庶人供力役之征也. 王制云: "齊衰大功, 三月不從政." 庶人
依士禮, 卒哭與葬同三月也.

'종정(從政)'은 서인들이 부역의 임무에 따른다는 뜻이다. 『예기』「왕제
(王制)」편에서는 "자최복과 대공복을 입고 치르는 상에서는 3개월 동안
부역에 종사하지 않게 한다."고 했다. 서인들은 사 계층의 예법에 따르
게 되어, 졸곡과 장례는 모두 3개월째에 시행한다.

淺見

近按: 以上六節, 言除喪練祥之後, 從政之事也.

내가 살펴보니, 여기까지의 6개 절은 제상과 연상을 치른 이후 부역에
종사하는 사안을 언급한 것이다.

---

2) 『예기』「잡기하」049장 : 疏衰之喪旣葬, 人請見之則見, 不請見人. 小功請見人
可也. 大功不以執摯, 唯父母之喪, 不辟涕泣而見人.

父有服, 宮中子不與[去聲]於樂. 母有服, 聲聞[去聲]焉, 不擧樂.
妻有服, 擧樂於其側. 大功將至, 辟[婢亦反]琴瑟. 小功至, 不絶
樂.〈057〉[舊在"其衰侈袂"之下.]

부친이 상복을 착용하고 있다면, 부친과 같은 건물에 거주하는 자식은
밖에서라도 음악을 연주하는 일에 참여하지['與'자는 거성으로 읽는다.] 않
고 음악도 듣지 않는다. 모친이 상복을 착용하고 있다면, 소리가 들리
는['聞'자는 거성으로 읽는다.] 곳에서는 음악을 연주하지 않는다. 처가 상복
을 착용하고 있다면, 그녀의 주변에서는 음악을 연주하지 않는다. 대공
복을 착용하고 있는 자가 자신의 집으로 찾아오게 된다면, 금슬 등의
악기를 보이지 않도록 치워둔다.['辟'자는 '婢(비)'자와 '亦(역)'자의 반절음이
다.] 소공복을 착용하고 있는 자가 찾아올 때에는 음악을 멈추지 않는
다. [옛 판본에는 "그 복장에 있어서 소매의 크기를 크게 만든다."[1]라고 한 문장
뒤에 수록되어 있었다.]

宮中子, 與父同宮之子也. 命士以上乃異宮. 不與於樂, 謂在外見樂,
不觀不聽也. 若異宮則否. 此亦謂服之輕者, 如重服, 則子亦有服,
可與樂乎? 聲之所聞, 又加近矣. 其側則尤近者也. 輕重之節如此.
大功將至, 謂有大功喪服者將來也. 爲之屏退琴瑟, 亦助之哀戚之
意. 小功者輕, 故不爲之止樂.

'궁중자(宮中子)'는 부친과 같은 건물에 살고 있는 자식을 뜻한다. 명사
로부터 그 이상의 계층은 부친과 자식이 다른 건물에 거주한다. '불여어
악(不與於樂)'은 밖에 있을 때 음악 연주하는 것을 보게 되면, 그것을 살

---

1) 『예기』「잡기하」 056장 : 凡弁絰其衰侈袂.

펴보지 않고 듣지도 않는다는 뜻이다. 만약 다른 건물에 거주하는 경우라면 그처럼 하지 않는다. 이 내용은 또한 상복 중 수위가 낮은 것을 착용했을 때를 뜻하는데, 만약 수위가 높은 상복을 착용했다면, 자식 또한 상복을 착용하게 되는데, 어떻게 음악 연주하는 일에 참여할 수 있겠는가? 소리가 들리는 곳은 또한 보다 가까운 장소이다. 그녀의 곁이라면 더욱 가까운 곳이 된다. 경중에 따른 규범적 차이가 이와 같다. '대공장지(大功將至)'는 대공복을 착용한 자가 찾아오게 된다는 뜻이다. 그를 위해서는 금슬 등의 악기를 가리고 물리니, 이 또한 그의 애통하고 슬퍼하는 마음을 돕고자 하는 뜻이다. 소공복은 수위가 낮기 때문에, 그를 위해 음악을 멈추지 않는다.

淺見

近按: 此下雜言喪禮輕重之節.

내가 살펴보니, 이 구문으로부터 그 이하의 기록에서는 상례의 경중에 따른 절차들을 뒤섞어 언급하고 있다.

姑姊妹其夫死而夫黨無兄弟, 使夫之族人主喪. 妻之黨, 雖親
不主. 夫若無族矣, 則前後家, 東西家. 無有, 則里尹主之. 或
曰: "主之里附於夫之黨."〈058〉 [舊聯上文.]

출가를 한 고모와 자매가 죽었는데, 그녀의 상을 주관할 수 있는 남편
도 없고 자식도 없으며, 남편의 집안에 남편의 형제도 없다면, 남편의
친족으로 하여금 그녀의 상을 주관하도록 한다. 처의 친족은 비록 친밀
한 자이지만, 상을 주관할 수 없다. 남편에게 만약 친족도 없는 경우라
면, 앞뒤 또는 좌우의 이웃이 상을 주관한다. 그마저도 없다면 마을의
수장이 상을 주관한다. 혹자는 "처의 친족이 그녀의 상을 주관하되 남
편의 조고(祖姑)에게 부제를 지낸다."라고 했지만, 이것은 잘못된 주장
이다. [옛 판본에는 앞 문장의 뒤에 수록되어 있었다.]

此明姑姊妹死, 而無夫無子者, 喪必有主. 婦人於本親降服, 以其成
於外族也, 故本族不可主其喪. 里尹, 蓋閭胥里宰之屬也. 或以爲妻
黨主之, 而祔祭於其祖姑, 此非也. 故記者幷著之.

이 내용은 고모나 자매가 죽었을 때, 그녀의 남편도 없고 자식도 없는
경우, 상에서는 반드시 상주가 있어야 함을 나타내고 있다. 부인은 본가
의 친족에 대해서 강복을 하니, 남편의 친족 사람이 되었기 때문에, 본
가의 친족 사람들은 그녀의 상을 주관할 수 없다. 이윤(里尹)은 여서나
이재와 같이 그 지역을 담당하는 관리이다. 혹자는 처의 친족이 상을
주관하되 그녀의 조고에게 부제를 지낸다고 했는데, 이것은 잘못된 주
장이다. 그렇기 때문에 『예기』를 기록한 자는 이러한 기록까지도 함께
수록한 것이다.

近按: 此兩節, 皆言於己無服之事, 然從父母姑姊妹之親而爲先也.

내가 살펴보니, 이 두 절은 모두 자신과 상복 관계가 없는 사안에 대해서 언급하고 있는데, 부모 및 고모나 자매처럼 가까운 자로부터 시작하였다.

孔子曰: "伯母叔母疏衰, 踊不絶地. 姑姊妹之大功, 踊絶於地. 如知此者, 由文矣哉! 由文矣哉!"〈062〉 [舊在"不菲不廬"之下.]

공자가 말하길, "백모와 숙모에 대해 자최복을 착용할 경우, 상복의 수위가 높더라도 그녀들에 대한 정감이 낮으므로, 용을 할 때에는 땅에서 발을 떼지 않는다. 반면 고모와 자매에 대해 대공복을 착용할 경우, 상복의 수위가 낮더라도 그녀들에 대한 정감이 높으므로, 용을 할 때에는 땅에서 발을 뗀다. 이와 같은 사실을 아는 자라면, 예법의 형식을 제대로 지킬 수 있을 것이다! 예법의 형식을 제대로 지킬 수 있을 것이다!"라고 했다. [옛 판본에는 "짚신을 신지 않으며, 상중의 임시숙소에 머물지 않는다."[1]라고 한 문장 뒤에 수록되어 있었다.]

集說

伯叔母之齊衰, 服重而踊不離地者, 其情輕也. 姑姊妹之大功, 服輕而踊必離地者, 其情重也. 孔子美之, 言知此絶地 · 不絶地之情者, 能用禮文矣哉.

백모와 숙모에 대해서 자최복을 착용할 경우, 상복의 수위가 높지만 용을 할 때 땅에서 발을 떼지 않는 것은 그녀들에 대한 정감이 낮기 때문이다. 고모와 자매를 위해 대공복을 착용할 경우, 상복의 수위가 낮지만 용을 할 때 반드시 땅에서 발을 떼는 것은 그녀들에 대한 정감이 높기 때문이다. 공자는 이 사실을 찬미하였던 것이니, 이처럼 땅에서 발을 떼고 발을 떼지 않는 정감을 아는 자라면, 예법의 형식을 제대로 따를 줄 아는 자라고 한 뜻이다.

---

1) 『예기』「잡기하」 061장 : 童子哭不偯, 不踊, 不杖, 不菲, 不廬.

鄭氏曰: 伯母叔母, 義也. 姑姊妹, 骨肉也.

정현이 말하길, 백모와 숙모는 도의에 따라 형성된 관계이다. 고모와 자매는 골육지친이다.

經文

妻視叔父母, 姑姊妹視兄弟, 長中下殤視成人.〈019〉[舊在"廬嚴者也"之下.]

처의 상을 치르며 나타내는 슬픔은 숙부나 숙모의 상을 치를 때에 준하고, 고모 및 자매의 상을 치를 때에는 형제의 상을 치를 때에 준하며, 장상·중상·하상의 상을 치를 때에는 성인이 죽었을 때에 준한다. [옛 판본에는 "의려라는 곳은 매우 엄숙한 장소이기 때문이다."[2]라고 한 문장 뒤에 수록되어 있었다.]

集說

哀戚輕重之等, 各有所比, 殤服皆降, 而哀之如成人, 以本親重故也.

애통함과 슬픔에는 경중의 차등이 있으니, 각각 비견되는 점이 있고, 요절한 자의 상복에 대해서는 모두 등급을 낮추지만, 슬픔에 있어서는 성인인 자가 죽었을 경우와 같으니, 본래의 친족관계가 두텁기 때문이다.

---

2) 『예기』 「잡기하」 018장 : 疏衰皆居堊室不廬. <u>廬嚴者也</u>.

視君之母與君之妻, 比之兄弟, 發諸顏色者亦不飲食也.〈021〉
[舊在"之喪內除"之下.]

군주의 모친 및 군주의 처에 대해 슬픔을 나타낼 때에는 자신의 형제의 상에 준하고, 그 효과가 안색으로 나타날 수 있는 음식들은 또한 마시거나 먹지 않는다. [옛 판본에는 "상을 치를 때에는 그 기한이 아직 끝나지 않았더라도 슬픔이 줄어들게 된다."3)라고 한 문장 뒤에 수록되어 있었다.]

集說

君母, 君妻, 小君也. 服輕, 哀之比兄弟之喪. 然於酒肴之珍醇, 可以甚見顏色者, 亦不飲之食之也.

군주의 모친과 군주의 처는 모두 소군(小君)이다. 상복의 수위가 가볍지만, 그녀들에 대한 애통함은 형제의 상에 준한다. 그러므로 술과 안주 중의 값진 음식과 진한 술은 안색으로 나타날 수 있는 것이니, 또한 마시거나 먹지 않는다.

經文

嫂不撫叔, 叔不撫嫂.〈072〉 [舊在"如奔喪禮然"之下.]

형수는 시동생이 죽었을 때 그 시신을 어루만지지 않고, 시동생은 형수가 죽었을 때 그 시신을 어루만지지 않는다. [옛 판본에는 "분상의 예법처럼 따른다."4)라고 한 문장 뒤에 수록되어 있었다.]

---

3) 『예기』「잡기하」020장 : 親喪外除, 兄弟之喪內除.
4) 『예기』「잡기하」071장 : 婦人非三年之喪, 不踰封而弔; 如三年之喪, 則君夫人

撫, 死而撫其尸也. 嫂叔宜遠嫌, 故皆不撫.

'무(撫)'는 어떤 자가 죽었을 때 그 시신을 어루만진다는 뜻이다. 형수와 시동생은 마땅히 혐의를 멀리해야 하기 때문에, 둘 모두 서로에 대해 시신을 만지지 않는다.

近按: 自"子貢問喪"至此, 始由父母之喪, 推而至於嫂叔之無服, 其言喪制終始 · 常變 · 輕重之節備矣.

내가 살펴보니, '자공문상(子貢問喪)'이라는 구문으로부터 이곳에 이르기까지, 처음에는 부모의 상으로부터 비롯되어, 이를 미루어 형수와 시동생처럼 상복관계가 없는 자에 대한 경우까지 이르렀는데, 상례 제도를 말함에 있어서 시작부터 끝, 상례와 변례, 경중에 따른 절차가 갖춰져 있다.

歸. 夫人其歸也, 以諸侯之弔禮. 其待之也, 若待諸侯然. 夫人至, 入自闈門, 升自側階, 君在阼. 其他如奔喪禮然.

天子飯[上聲]九貝, 諸侯七, 大夫五, 士三.〈064〉 [舊在"之徒爲之也"
之下.]

천자는 함을['飯'자는 상성으로 읽는다.] 하며 9개의 조개를 사용하고, 제후
는 7개를 사용하며, 대부는 5개를 사용하고, 사는 3개를 사용한다. [옛
판본에는 "무리들이 처음으로 시행했다."[1]라고 한 문장 뒤에 수록되어 있었다.]

飯, 含也. 貝, 水物, 古者以爲貨. 士喪禮: "貝三, 實于笲." 周禮天子
飯含用玉, 此蓋異代之制乎.

'반(飯)'은 함이다. 조개는 수중생물인데, 고대에는 이것을 화폐로 여겼
다. 『의례』 「사상례(士喪禮)」편에서는 "조개 3개를 상자에 담는다."[2]라
고 했다. 그런데 주나라의 예법에 따르면 천자의 반함에는 옥을 사용한
다고 했으니, 이곳의 기록은 아마도 다른 시대의 제도일 것이다.

升正柩, 諸侯執綍五百人, 四綍皆銜枚, 司馬執鐸, 左八人, 右
八人, 匠人執羽葆御柩. 大夫之喪, 其升正柩也, 執引[去聲]者
三百人, 執鐸者左右各四人, 御柩以茅.〈068〉 [舊在"比殯不擧樂"之
下.]

---

1) 『예기』 「잡기하」 063장 : 泄柳之母死, 相者由左; 泄柳死, 其徒由右相. 由右相,
   泄柳之徒爲之也.
2) 『의례』 「사상례(士喪禮)」 : 貝三實于笲. 稻米一豆實于筐. 沐巾一, 浴巾二, 皆
   用綌, 于笲. 櫛于簞. 浴衣于篋. 皆饌于西序下, 南上.

장례를 치르기 위해 영구를 조묘의 당 위로 올리고 위치를 바르게 잡을 때, 제후의 경우에는 상엿줄을 잡는 자가 500명이며, 상여에 매달린 4개의 상엿줄에 각각 고르게 분포하여 위치하고 모두들 입에 재갈을 물어서 떠들지 않으며, 사마는 목탁을 들고서 그들에 대해 호령을 하는데, 좌측에 8명이 위치하고, 우측에 8명이 위치하여, 좌우에서 영구를 둘러싸게 되며, 장인은 깃털로 만든 보를 잡고서 영구를 인도하게 된다. 대부의 상이라면, 영구를 당에 올려서 위치를 바로잡을 때, 상엿줄을['引'자는 거성으로 읽는다.] 잡는 자는 300명이며, 목탁을 들고 좌우에 위치하는 자는 각각 4명씩이고, 영구를 인도할 때에는 모로써 한다. [옛 판본에는 "빈소를 차릴 때까지 음악을 연주하지 않는다."3)라고 한 문장 뒤에 수록되어 있었다.]

集說

升正柩者, 將葬柩朝祖廟, 升西階, 用輁軸載柩于兩楹間而正之也. 柩有四紼, 枚形似箸, 兩端有小繩, 銜于口而繫于頸後, 則不能言, 所以止諠譁也. 五百人皆用之. 司馬十六人執鐸, 分居左右夾柩, 以號令於衆也. 葆形如蓋, 以羽爲之. 御柩者, 在柩車之前, 若道塗有低昂傾虧, 則以所執者爲抑揚左右之節, 使執紼者知之也. 引, 卽紼, 互言之耳. 茅, 以茅爲麾也.

'승정구(升正柩)'는 장례를 치르려고 하여 영구를 조묘에 알현시키며 서쪽 계단으로 올리는데, 공축을 사용해서 양쪽 기둥 사이에 영구를 올리고 위치를 바로잡는다. 영구에는 4개의 불이 달려 있다. '매(枚)'는 그 모습이 대나무로 만든 통과 유사하며, 양쪽 끝에는 작은 새끼줄이 달려 있어서, 입에 재갈처럼 물리고서 목 뒤에서 묶게 되면 말을 할 수 없으니, 시끄럽게 떠드는 것을 그치게 하는 도구이다. 500명의 사람들은 모

---

3) 『예기』「잡기하」 067장 : 卿大夫疾, 君問之無筭, 士壹問之. 君於卿大夫, 比葬不食肉, 比卒哭不擧樂. 爲士, <u>比殯不擧樂</u>.

두 이것을 사용하여 입에 문다. 사마 16명은 목탁을 잡고, 좌우로 나뉘어 양쪽에서 영구를 둘러싸니, 이들을 통해 많은 사람들을 호령한다. '보(翣)'는 그 모습이 뚜껑과 유사한데, 깃털로 만든다. 영구를 인도하는 자는 영구를 실은 수레 앞에 위치하니, 만약 길에 낮아지거나 높아지는 등의 굴곡이 있다면, 손에 든 것을 좌우로 낮추거나 올리는 기준으로 삼아, 상엿줄을 잡고 있는 자로 하여금 그 사실을 인지하도록 한다. '인(引)'은 곧 불에 해당하니, 상호 호환이 되도록 말한 것일 뿐이다. '모(茅)'는 띠풀로 만든 일종의 깃발이다.

經文

士三月而葬, 是月也卒哭. 大夫三月而葬, 五月而卒哭. 諸侯五月而葬, 七月而卒哭. 士三虞, 大夫五, 諸侯七.〈065〉 [舊在"大夫五士三"之下.]

사는 3개월이 지나서 장례를 치르며, 장례를 치른 달에 졸곡을 한다. 대부는 3개월이 지나서 장례를 치르고, 5개월이 지나서 졸곡을 한다. 제후는 5개월이 지나서 장례를 치르고, 7개월이 지나서 졸곡을 한다. 사는 3차례 우제를 치르고, 대부는 5차례 치르며, 제후는 7차례 치른다. [옛 판본에는 "대부는 5개를 사용하고, 사는 3개를 사용한다."[4]라고 한 문장 뒤에 수록되어 있었다.]

集說

疏曰: 大夫以上位尊, 念親哀情於時長遠. 士職卑位下, 禮數未伸.

소에서 말하길, 대부로부터 그 이상의 계층은 지위가 존귀하므로, 부모

---

4) 『예기』「잡기하」 064장 : 天子飯九貝, 諸侯七, 大夫五, 士三.

를 그리워하고 애통해하는 정감이 시기적으로 더 길다. 사는 직무가 미천하고 지위도 낮으니, 예법을 모두 펼치지 못한다.

諸侯使人弔, 其次含襚賵臨, 皆同日而畢事者也. 其次如此也.⟨066⟩ [舊聯上文, 下倣此.]

제후가 죽었을 때, 이웃 나라의 제후는 사신을 파견하여 조문을 하고, 그 다음으로 함·수·봉·임을 차례대로 시행하니, 이러한 절차들은 같은 날에 모두 시행하는 것이다. 시행하는 순서는 이 기록과 같다. [옛 판본에는 앞 문장의 뒤에 수록되어 있었으며, 이하의 기록도 이와 같다.]

諸侯薨, 鄰國遣使來先弔, 次含, 次賵, 次臨, 四者之禮, 一日畢行, 詳見上篇.

제후가 죽었을 때, 이웃 나라에서 사신을 보내오면 찾아와서 먼저 조문을 하고, 그 다음으로 함을 하며, 그 다음으로 수(襚)[5]를 하고, 그 다음으로 봉(賵)을 하며, 그 다음으로 임을 하는데, 이러한 네 가지 예법은 같은 날에 모두 시행한다. 자세한 설명은 『예기』「잡기상(雜記上)」편에 나온다.

---

5) 수(襚)는 부의를 보낸다는 뜻이며, 또한 부의로 보내는 특정 물건을 가리키기도 한다. '수'는 시신과 함께 매장하게 될 의복이나 이불 등을 부의로 보내는 것이다. 『의례』「사상례(士喪禮)」편에는 "君使人襚, 徹帷, 主人如初, 襚者左執領, 右執要, 入升致命."이라는 기록이 있는데, 이에 대한 정현의 주에서는 "襚之言遺也, 衣被曰襚."라고 풀이했다.

卿・大夫疾, 君問之無筭, 士壹問之. 君於卿・大夫, 比[卑]葬
不食肉, 比卒哭不擧樂. 爲[去聲]士, 比殯不擧樂.〈067〉

경과 대부가 병에 걸렸을 때, 군주는 그들에게 문병을 함에 정해진 횟
수가 없고, 사가 병에 걸렸을 때에는 한 차례만 문병한다. 군주는 경과
대부의 죽음에 대해서, 그들의 장례를 치를 때까지['比'자의 음은 '卑(비)'이
다.] 고기를 먹지 않고, 그들에 대해 졸곡을 할 때까지 음악을 연주하지
않는다. 사를 위해서는['爲'자는 거성으로 읽는다.] 빈소를 차릴 때까지 음악
을 연주하지 않는다.

喪大記云: "三問." 此云無筭, 或恩義如師保之類乎. 或三問者, 君親
往; 而無筭者, 遣使乎. 士有疾, 君問之惟一次, 卑賤. 比, 及也.

『예기』「상대기(喪大記)」편에서는 "세 차례 문병을 한다."고 했는데, 이
곳에서는 정해진 수가 없다고 했으니, 아마도 은정과 도의에 따른 사
(師)나 보(保) 같은 스승들의 부류였기 때문일 것이다. 그것이 아니라면
세 차례 문병을 하는 것은 제후가 직접 찾아가는 것이고, 정해진 수가
없이 자주 가는 것은 사신을 보내는 것이다. 사가 병에 걸리면, 군주는
문병을 하며 오직 한 차례만 하니, 신분이 미천하기 때문이다. '비(比)'
자는 "~에 이르다."는 뜻이다.

上大夫之虞也少牢, 卒哭成事附皆大牢. 下大夫之虞也犆[特]
牲, 卒哭成事附皆少牢.〈026〉 [舊在"不改成踊"之下.]

상대부가 우제를 치를 때에는 소뢰를 사용하고, 졸곡을 하여 길사를 완성하는 때와 부제를 치를 때에는 태뢰를 사용한다. 하대부가 우제를 치를 때에는 특생을['牲'자의 음은 '特(특)'이다.] 사용하고, 졸곡을 하여 길사를 완성하는 때와 부제를 치를 때에는 소뢰를 사용한다. [옛 판본에는 "다시 고쳐서 용을 마무리 짓지 않는다."6)라고 한 문장 뒤에 수록되어 있었다.]

集說

卒哭謂之成事, 成吉事也. 附, 祔廟也.

졸곡을 '성사(成事)'라 부르니, 길사를 완성했다는 뜻이다. '부(附)'자는 묘에서 부제를 치른다는 뜻이다.

經文

自諸侯達諸士, 小祥之祭, 主人之酢也嚌[才細反]之, 衆賓兄弟則皆啐[七內反]之. 大祥主人啐之, 衆賓兄弟皆飮之可也.〈011〉
[舊在"虞附亦然"之下.]

제후로부터 사에 이르기까지 소상의 제사를 지낼 때, 상주가 돌린 술잔을 받게 되면 입에 대고['嚌'자는 '才(재)'자와 '細(세)'자의 반절음이다.] 빈객 무리들과 형제들은 모두 술을 마신다.['啐'자는 '七(칠)'자와 '內(내)'자의 반절음이다.] 대상의 제사에서 상주가 술을 마신다면, 빈객 무리들과 형제들은 모두 술을 마셔도 괜찮다. [옛 판본에는 "우제와 부제를 치르고 난 뒤에도 이처럼 한다."7)라고 한 문장 뒤에 수록되어 있었다.]

---

6) 『예기』「잡기하」 025장 : 當祖, 大夫至, 雖當踊, 絶踊而拜之, 反, 改成踊, 乃襲. 於士, 旣事成踊襲, 而后拜之, 不改成踊.

7) 『예기』「잡기하」 010장 : 祭, 主人之升降散等, 執事者亦散等. 雖虞附亦然.

至齒爲嚌, 入口爲啐. 主人之酢嚌之, 謂正祭之後, 主人獻賓長, 賓長酢主人, 主人受酢則嚌之也. 衆賓兄弟啐之, 謂祭未受獻之時則啐之也.

술을 입에 대는 것을 '제(嚌)'라 부르고, 입으로 넘기는 것을 '쵀(啐)'라 부른다. "상주가 잔을 돌렸을 때에는 입에 댄다."는 말은 정규 제사를 지낸 이후 상주가 빈객들의 수장에게 술을 따라서 주면, 빈객들의 수장은 주인에게 술잔을 돌리고, 상주가 돌린 술잔을 받으면 입에 대기만 한다는 뜻이다. "여러 빈객 무리들과 형제들은 술을 마신다."는 말은 제사 말미에 술잔을 받을 때라면 술을 마신다는 뜻이다.

孔子曰: "管仲遇盜取二人焉, 上[上聲]以爲公臣, 曰: '其所與遊辟[僻]也, 可人也.' 管仲死, 桓公使爲之服. 官於大夫者之爲之服也, 自管仲始也, 有君命焉爾也."〈082〉 [舊在"相弔之道也"之下.]

공자는 "예전에 관중은 도적떼를 만난 적이 있었는데, 그 중 두 사람을 선별하여 군주의 신하로 천거했다.['上'자는 상성으로 읽는다.] 그리고 '이 사람들은 어울렸던 자들이 나쁜 사람들이었기['辟'자의 음은 '僻(벽)'이다.] 때문에 도적이 되었던 것일 뿐이다. 본래는 좋은 사람들이다.'라 했다. 관중이 죽자 환공은 그 두 사람으로 하여금 관중을 위해 상복을 착용하도록 시켰다."라 했다. 대부를 섬기는 자들이 죽은 대부를 위해서 상복을 착용했던 것은 관중으로부터 시작되었으니, 군주의 명령에 따라 그처럼 되었을 뿐이다. [옛 판본에는 "서로에 대해 조문하는 도이다."[8]라고 한 문

---

8) 『예기』「잡기하」 081장 : 庫焚, 孔子拜鄕人爲火來者. 拜之, 士壹, 大夫再, 亦相

장 뒤에 수록되어 있었다.]

管仲遇群盜, 簡取二人而薦進之, 使爲公家之臣, 且曰: 爲其所與交
游者是邪僻之人, 故相誘爲盜爾. 此二人本是堪可之人, 可任用也.
其後管仲死, 桓公使此二人爲管仲服. 記者言仕於大夫而爲之服自
此始, 以君命不可違也. 蓋於禮違大夫而之諸侯, 不爲大夫反服, 桓
公之意, 蓋不忘管仲之擧賢也.

관중은 도적떼를 만났는데, 그 중 두 사람을 선별하여 천거를 했고, 그
들을 군주의 신하로 삼았으며, 또 "그가 함께 어울렸던 자들이 사악한
자들이기 때문에, 그들의 꾐에 넘어가서 도적이 되었을 따름이다. 이 두
사람은 본래 적합하고 좋은 사람들이니 등용할 수 있다."고 했다. 그 후
관중이 죽자 환공은 이 두 사람으로 하여금 관중을 위해 상복을 착용하
도록 했다. 『예기』를 기록한 자는 대부를 섬기는 자들이 대부를 위해서
상복을 착용한 것은 이로부터 시작되었으며, 군주의 명령을 위배할 수
없었기 때문이라고 한 것이다. 무릇 예법에서는 대부를 떠나 제후에게
간 신하는 되돌아가 대부를 위해 상복을 착용하지 않는다고 했는데, 환
공의 의중은 아마도 관중이 현명한 자를 등용시킨 것을 잊을 수 없었기
때문인 것 같다.

恤由之喪, 哀公使孺悲之孔子學士喪禮, 士喪禮於是乎書.〈075〉
[舊在"祀以下牲"之下.]

弔之道也.

휼유의 상이 발생했을 때, 해당하는 예법이 남아있지 않았으므로, 애공은 유비를 공자에게 보내서 사의 상례를 배우도록 했으니, 『의례』의 「사상례(士喪禮)」편은 이 시기에 기록되었다. [옛 판본에는 "제사를 지낼 때에는 한 등급을 낮춘 희생물을 사용한다."[9]라고 한 문장 뒤에 수록되어 있었다.]

集說

鄭氏曰: 時人轉而僭上, 士之喪禮已廢矣. 孔子以教孺悲, 國人乃復書而存之.

정현이 말하길, 당시 사람들은 변해서 윗사람에게 참람되게 굴었으므로, 사의 상례도 이미 폐지되었다. 공자는 유비를 가르쳐서, 나라 사람들이 다시 그것을 기록해 사의 상례가 보존되었다.

經文

婦人非三年之喪, 不踰封而弔; 如三年之喪, 則君夫人歸. 夫人其歸也, 以諸侯之弔禮. 其待之也, 若待諸侯然. 夫人至, 入自闈門, 升自側階, 君在阼. 其他如奔喪禮然.〈071〉[舊在"下不偪下"之下.]

제후의 부인은 친부모에 대한 상이 아니라면, 국경을 넘어가 자신의 형제에 대해서 조문을 하지 않는다. 만약 부모의 상이라면, 제후의 부인은 본국으로 되돌아간다. 부인이 본국으로 돌아갈 때에는 제후가 조문하는 예법에 따른다. 조문을 받는 나라에서도 그녀를 대함에 제후를 대하는 예법에 따른다. 부인이 도착하면, 위문을 통해서 들어가고, 측면의

---

9) 『예기』「잡기하」 074장 : 孔子曰, "凶年則乘駑馬, 祀以下牲."

계단을 통해서 당으로 올라가되, 제후는 당하로 내려와서 그녀를 맞이하지 않고, 동쪽 계단 위에 서 있게 된다. 나머지 예법은 분상의 예법처럼 따른다. [옛 판본에는 "아래로 아랫사람을 핍박하지 않는다."[10]라고 한 문장 뒤에 수록되어 있었다.]

集說

三年之喪, 父母之喪也. 女嫁者爲父母期, 此以本親言也. 踰封, 越疆也. 言國君夫人奔父母之喪, 用諸侯弔禮, 主國待之, 亦用待諸侯之禮. 闈門, 非正門, 宮中往來之門也. 側階, 非正阻, 東房之房階也. 此皆異於女賓. 主國君在阼階上, 不降迎也. 奔喪禮, 謂哭踊髽麻之類.

'삼년지상(三年之喪)'은 부모의 상을 뜻한다. 여자가 시집을 가게 되면 자신의 부모를 위해서 기년상을 치르는데, '삼년지상(三年之喪)'이란 말은 본래의 친족 관계에 따라 말한 것이다. '유봉(踰封)'은 국경을 넘어간다는 뜻이다. 즉 제후의 부인이 부모의 상에 분상을 하게 되면 제후가 조문하는 예법을 사용하고, 상을 당한 나라에서 그녀를 대할 때에도 제후를 대하는 예법을 사용한다는 뜻이다. '위문(闈門)'[11]은 정문이 아니니, 건물 안에서 왕래할 때 사용하는 문이다. '측계(側階)'는 정식 계단이 아니니, 동쪽 방에 있는 방의 계단이다. 이러한 내용들은 모두 여자 빈객의 경우와 차이를 보인다. 상을 당한 나라의 군주는 동쪽 계단 위에 있고, 내려가서 그녀를 맞이하지 않는다. '분상례(奔喪禮)'는 곡과 용 및 머리는 트는 방식인 좌와 마를 이용해 질을 만드는 부류를 뜻한다.

---

10) 『예기』「잡기하」 070장 : 晏平仲祀其先人, 豚肩不揜豆, 賢大夫也, 而難爲下也. 君子上不僭上, 下不偪下.

11) 위문(闈門)은 궁실(宮室)이나 종묘(宗廟)의 측면에 있는 작은 문을 뜻한다.

外宗爲[去聲]君夫人, 猶內宗也.〈080〉[舊在"昭公始也"之下.]

외종이 제후와 그의 부인을 위해[爲'자는 거성으로 읽는다.] 상복을 착용하는 것은 내종의 경우와 같다. [옛 판본에는 "소공 때부터 시작되었다."[12]라고 한 문장 뒤에 수록되어 있었다.]

集說

疏曰: 外宗者, 謂君之姑姊妹之女, 及舅之女, 及從母皆是也. 內宗者, 君五屬內之女. 內宗爲君服斬衰, 爲夫人齊衰. 此云猶內宗也, 則齊斬皆同. 君夫人者, 是國人所稱號. 此外宗, 謂嫁在國中者. 若國外, 當云諸侯也. 古者大夫不外娶, 故君之姑姊妹嫁於國內大夫爲妻, 是其正也. 諸侯不內娶, 故舅女及從母不得在國中. 凡內外宗, 皆據有爵者, 其無服而嫁於諸臣, 從爲夫之君者, 內外宗皆然. 若嫁於庶人, 則亦從其夫爲國君服齊衰三月者, 亦內外宗皆然.

소에서 말하길, '외종(外宗)'은 군주의 고모 · 자매가 낳은 딸자식, 외숙의 딸자식, 종모(從母)[13] 등이 모두 여기에 해당한다. '내종(內宗)'은 군주의 오속(五屬)[14]에 속한 친족의 딸자식을 뜻한다. 내종은 군주를 위해서 참최복을 착용하고, 그의 부인을 위해서 자최복을 착용한다. 이곳에서는 "내종과 같다."고 했으니, 참최복을 착용한다는 것은 모두 동일하다. '군(君)'과 '부인(夫人)'은 그 나라의 사람들이 지칭하는 호칭이다. 이곳에서 '외종(外宗)'이라고 말한 자들은 같은 나라 안에서 시집을 간

---

12) 『예기』「잡기하」 079장 : 夫人之不命於天子, 自魯昭公始也.

13) 종모(從母)는 모친의 자매인 이모를 뜻한다.

14) 오속(五屬)은 서로를 위해 상복(喪服)을 입어야 하는 친족을 뜻한다. 상복은 참최복(斬衰服), 자최복(齊衰服), 대공복(大功服), 소공복(小功服), 시마복(緦麻服)이 있는데, 친족들은 각각의 친소(親疎) 관계에 따라 위의 다섯 가지 상복을 착용하게 되므로, '오속'이라고 부른다.

여자들을 뜻한다. 만약 다른 나라로 시집을 간 경우라면 마땅히 '제후
(諸侯)'라고 불러야 한다. 고대의 대부들은 다른 나라에서 아내를 맞이
하지 않았다. 그렇기 때문에 군주의 고모·자매 등이 같은 나라에 살고
있는 대부에게 시집을 가서 그들의 아내가 되었으니, 이것은 정식 규범
에 해당한다. 제후는 국내에서 아내를 맞이하지 않았다. 그렇기 때문에
외숙의 딸 및 종모 등은 국내에 있을 수 없다. 무릇 내종과 외종은 모두
작위를 가지고 있는 자를 기준으로 말한 것이니, 상복관계가 없고 뭇 신
하들에게 시집을 간 여자들은 남편을 따라 남편의 군주를 위해서 상복
을 착용하니, 내종과 외종이 모두 이러하다. 만약 서인에게 시집을 간
여자라면, 또한 그녀의 남편을 따라서 그 나라의 군주를 위해서 자최복
을 3개월 동안 착용하니, 이 또한 내종과 외종이 모두 이처럼 따른다.

又按儀禮·喪服疏云: "外宗有三: 周禮外宗之女有爵, 通卿·大夫
之妻, 一也. 雜記註, 謂君之姑·娣妹之女·舅之女·從母皆是, 二
也. 若姑之子婦, 從母之子婦, 其夫是君之外親, 爲君服斬, 其婦亦
名外宗, 爲君服期, 三也. 內宗有二: 周禮內女之有爵, 謂同姓之女
悉是, 一也. 雜記註, 君之五屬之內女, 二也."

또한『의례』「상복(喪服)」편의 소를 살펴보면, "외종(外宗)에는 세 종류
가 있다.『주례』에서는 외종의 여자 중 작위를 가지고 있는 자이니, 이
들은 경과 대부의 아내들과 함께 첫 번째 부류가 된다.『예기』「잡기」편
에 대한 정현 주에서는 군주의 고모·자매의 딸자식, 외숙의 딸자식, 종
모 등이 모두 여기에 해당한다고 했으니, 이것이 두 번째 부류이다. 고
모의 아들 부인, 종모의 아들 부인과 같은 경우, 그녀들의 남편은 군주
의 외친이 되어 군주를 위해 참최복을 착용하니, 그들의 부인 또한 외종
이라고 부르며, 군주를 위해서 기년복을 착용한다. 이것이 세 번째 부류
이다. 내종(內宗)에는 두 종류가 있다.『주례』에서는 내녀 중 작위를 가
진 자라고 했는데, 천자와 동성인 여자들이 모두 여기에 해당하여, 첫
번째 부류가 된다.「잡기」편의 주에서 군주의 오속에 속한 내녀라고 했
으니, 두 번째 부류가 된다."라 했다.

近按: 此上諸節, 言自天子至於士, 喪禮不同之事, 而末兼及夫人之
禮也.

내가 살펴보니, 여기까지의 여러 절들은 천자로부터 사에 이르기까지
그들 상례에 차이나는 사안들을 언급하고, 끝에서는 부인들의 예법까지
도 언급하였다.

經文

孟獻子曰: "正月日至, 可以有事於上帝; 七月日至, 可以有事
於祖." 七月而禘, 獻子爲之也.(078) [舊在下章"文武之道也"之下. 今
以祭之輕重爲次.]

맹헌자는 "정월 동지일에는 상제에게 교제사를 지낼 수 있고, 7월 하지
일에는 조상에게 체제사를 지낼 수 있다."라 했다. 7월에 체제사를 지내
는 것은 맹헌자가 그처럼 했다. [옛 판본에는 아래장의 "문왕과 무왕의 도이
다."1)라고 한 문장 뒤에 수록되어 있었다. 지금은 제사의 경중에 따라 순서를 정했
다.]

集說

獻子, 魯大夫仲孫蔑. 正月, 周正建子之月也. 日至, 冬至也. 有事上
帝, 郊祭也. 七月, 建午之月也. 日至, 夏至也. 有事於祖, 禘祭也.
明堂位云: "季夏六月, 以禘禮祀周公於太廟." 蓋夏正建巳之月, 郊
用冬至, 禮之當然. 此言獻子變禮用七月禘祭, 然不言自獻子始, 而
但言獻子爲之, 蓋一時之事耳.

'헌자(獻子)'는 노나라 대부인 중손멸이다. '정월(正月)'은 주나라 정월로
북두칠성의 자루가 자(子) 방위에 오는 달이다. 이때의 '일지(日至)'는
동지를 뜻한다. "상제에게 일이 있다."는 말은 교제를 치른다는 뜻이다.
'칠월(七月)'은 북두칠성의 자루가 오(午) 방위에 오는 달이다. 이때의
'일지(日至)'는 하지를 뜻한다. "조상에게 일이 있다."는 말은 체제(禘
祭)2)를 치른다는 뜻이다. 『예기』 「명당위(明堂位)」편에서는 "계하인 6

---

1) 『예기』 「잡기하」 077장: 張而不弛, 文武弗能也. 弛而不張, 文武弗爲也. 一張
一弛, <u>文武之道也</u>.

2) 체제(禘祭)는 천신(天神) 및 조상신(祖上神)에게 지내는 '큰 제사[大祭]'를 뜻한
다. 『이아』 「석천(釋天)」편에는 "禘, 大祭也."라는 기록이 있고, 이에 대한 곽박
(郭璞)의 주에서는 "五年一大祭."라고 풀이하여, 대제(大祭)로써의 체제사는 5

월에 체제사의 예법으로 태묘에서 주공에 대한 제사를 지냈다."고 했으니, 아마도 하나라 정월인 북두칠성의 자루가 사(巳) 방위에 오는 달에는 교제사를 지내며 동지일에 따른 것은 예법상 당연한 일이다. 이곳의 내용은 맹헌자가 예법을 바꿔서 7월을 이용하여 체제사를 지냈다는 뜻이다. 그런데 "맹헌자로부터 시작되었다."라 말하지 않고, 단지 "헌자가 그처럼 했다."라 말한 것은 아마도 일시적으로 발생한 일이기 때문일 것이다.

<code>淺見</code>

近按: 此下雜言祭禮也.

내가 살펴보니, 이 구문으로부터 그 이하의 기록들은 제례를 뒤섞어 언급하고 있다.

년마다 1번씩 지낸다고 설명한다. 그러나 『예기』「왕제(王制)」에 수록된 각종 제사들에 대한 기록을 살펴보면, 체제사는 큰 제사임에는 분명하나, 반드시 5년마다 1번씩 지내는 제사는 아니었다.

子貢觀於蜡[사]. 孔子曰: "賜也樂乎?" 對曰: "一國之人皆若
狂, 賜未知其樂也." 子曰: "百日之蜡, 一日之澤, 非爾所知也."
⟨076⟩

자공이 사제를['蜡'자의 음은 '乍(사)'이다.] 치르는 모습을 살펴보고 왔다.
그러자 공자는 "사야 너는 즐거웠느냐?"라고 물었다. 자공은 "온 나라의
사람들이 모두 미치광이처럼 술에 취해 들떠 있는데, 저는 그들이 즐거
워하는 것에 대해 알지 못하겠습니다."라고 대답했다. 공자는 "1년 내내
수고롭게 일하다가 사제사를 지내는 것은 하루 동안 마음껏 즐기도록
군주가 은혜를 베푼 것이니, 네가 알 수 있는 바가 아니다."라고 했다.

集說

蜡祭, 見郊特牲. 若狂, 言飲酒醉甚也. 未知其樂, 言醉無禮儀, 方且
可惡, 何樂之有? 孔子言百日勞苦而有此蜡, 農民終歲勤動, 今僅使
之爲一日飲酒之歡, 是乃人君之恩澤, 非爾所知, 言其義大也.

'사제(蜡祭)'에 대해서는 그 설명이 『예기』「교특생(郊特牲)」편에 나온
다. '약광(若狂)'은 술을 마셔서 몹시 취했다는 뜻이다. "그들의 즐거워
함을 알지 못하겠다."는 말은 술에 취해 예의 없이 행동하여, 혐오스러
울만한데 어떤 즐거움을 느끼겠느냐는 뜻이다. 공자는 백일 동안 수고
롭게 일한 뒤 이러한 사제사가 있으니, 농민들은 한 해 동안 내내 수고
롭게 일하다가 오늘에서야 겨우 그들로 하여금 하루 동안 술을 마시며
즐거워하도록 만든 것으로, 이것은 군주가 은택을 베푼 것이니, 네가 알
수 있는 대상이 아니라고 했는데, 즉 그 의미가 크다는 뜻이다.

"張而不弛, 文·武弗能也. 弛而不張, 文·武弗爲. 一張一弛,
文·武之道也."〈077〉[以上舊在"於是乎書"之下.]

계속하여 공자가 말하길 "계속 당기기만 하고 느슨하게 풀어주지 않는
다면, 그러한 백성들은 문왕과 무왕이라 할지라도 다스릴 수 없다. 느
슨하게 풀어주기만 하고 당기지 않는다면, 그러한 일에 대해서는 문왕
과 무왕이라 할지라도 하지 않았다. 때로 당기고 때로 풀어주는 것이
바로 문왕과 무왕의 도이다."라고 했다. [여기까지 옛 판본에는 "이 시기에
기록되었다."1)라고 한 문장 뒤에 수록되어 있었다.]

集說

張, 張弦也. 弛, 落弦也. 孔子以弓喩民, 謂弓之爲器, 久張而不弛,
則力必絶; 久弛而不張, 則體必變. 猶民久勞苦而不休息, 則其力憊;
久休息而不勞苦, 則其志逸. 弓必有時而張, 有時而弛, 民必有時而
勞, 有時而息. 文武弗能, 言雖文王武王, 亦不能爲治也. 一於逸樂
則不可, 故言文武弗爲.

'장(張)'자는 시위를 당긴다는 뜻이다. '이(弛)'자는 시위를 푼다는 뜻이
다. 공자는 활을 통해서 백성들에 대한 사안을 비유했으니, 활이라는 기
구는 오래도록 당기기만 하고 풀어주지 않는다면 반드시 탄력이 끊어지
게 되고, 오래도록 풀어두기만 하고 당기지 않는다면 반드시 몸체가 틀
어지게 된다. 이것은 마치 백성들이 오래도록 수고롭게 일만하고 휴식
을 취하지 않는다면 고단하게 되고, 오래도록 휴식만 취하고 수고롭게
일을 하지 않는다면 뜻이 나태해지는 것과 같다는 뜻이다. 활은 반드시
때에 따라 당기기도 하고 또 때에 따라 풀어주기도 해야 하니, 백성들에

---

1) 『예기』「잡기하」075장 : 恤由之喪, 哀公使孺悲之孔子學士喪禮, <u>士喪禮於是
乎書</u>.

대해서도 반드시 때에 따라 수고롭게 일을 시키고 때에 따라 휴식을 시켜야 한다. '문무불능(文武弗能)'이라는 말은 비록 문왕이나 무왕이라 할지라도 그들을 다스릴 수 없다는 뜻이다. 한결같이 태만하게 놀기만 한다면 불가하다. 그렇기 때문에 문왕과 무왕이 하지 않았던 것이다.

經文

孔子曰: "凶年則乘駑馬, 祀以下牲." 〈074〉 [舊在"君子恥之"之下.]

공자가 말하길 "흉년이 든다면, 가장 하등의 말인 노마를 이용해 수레를 끌고, 제사를 지낼 때에는 한 등급을 낮춘 희생물을 사용한다."라고 했다. [옛 판본에는 "군자는 이것을 치욕스럽게 생각한다."[2]라고 한 문장 뒤에 수록되어 있었다.]

集說

周禮校人六馬, 曰種馬 · 戎馬 · 齊馬 · 道馬 · 田馬 · 駑馬, 駑馬其最下者. 下牲, 如常祭用大牢者, 降用少牢; 小牢者降用特牲; 特豕者降用特豚之類. 以年凶, 故貶損也. 王制云: "凡祭豊年不奢, 凶年不儉", 與此不同, 未詳.

『주례』 「교인(校人)」편에서는 여섯 종류의 말은 '종마(種馬)' · '융마(戎馬)' · '제마(齊馬)' · '도마(道馬)' · '전마(田馬)' · '노마(駑馬)'라고 했으니,[3]

---

2) 『예기』 「잡기하」 073장: 君子有三患: 未之聞, 患弗得聞也. 旣聞之, 患弗得學也. 旣學之, 患弗能行也. 君子有五恥: 居其位無其言, 君子恥之. 有其言無其行, 君子恥之. 旣得之而又失之, 君子恥之. 地有餘而民不足, 君子恥之. 衆寡均而倍焉, 君子恥之.

3) 『주례』 「하관(夏官) · 교인(校人)」: 辨六馬之屬: 種馬一物, 戎馬一物, 齊馬一物, 道馬一物, 田馬一物, 駑馬一物.

'노마(駑馬)'라는 것은 가장 하급의 말이다. '하생(下牲)'의 경우, 만약 일
상적인 제사 때 태뢰를 사용하는 자라면, 등급을 낮춰서 소뢰를 사용하
는 것이고, 소뢰를 사용하는 자라면, 등급을 낮춰 특생을 사용하는 것이
며, 한 마리의 돼지를 사용하는 자라면 등급을 낮춰 한 마리의 새끼 돼
지를 사용하는 부류와 같다. 흉년이기 때문에 줄이고 덜어내는 것이다.
그런데 『예기』 「왕제(王制)」편에서는 "무릇 제사를 지냄에 있어서, 풍년
에는 사치하지 않고, 흉년에도 너무 검소하게 하지 않는다."고 하여, 이
곳의 기록과 동일하지 않은데, 그 이유에 대해서는 자세히 모르겠다.

經文

孔子曰: "管仲鏤簋而朱紘, 旅樹而反坫[店], 山節而藻梲[拙], 賢
大夫也, 而難爲上也."〈069〉

공자는 "관중은 궤에 조각을 해서 장식을 하고 면류관의 끈을 주색으로
달았으며, 여수를 설치하고 반점을['坫'자의 음은 '店(점)'이다.] 두었으며,
두공에 산을 조각하고 단주에['梲'자의 음은 '拙(졸)'이다.] 수초풀을 그렸으
니, 현명한 대부였다고 하더라도, 윗사람에게 참람되게 군 자이다."라고
말했다.

集說

鏤簋, 簋有雕鏤之飾也. 紘, 冕之飾, 天子朱, 諸侯靑, 大夫·士緇.
旅, 道也. 樹, 屛也. 立屛當所行之路以蔽內外也. 反坫, 反爵之坫
也. 土爲之, 在兩楹間. 山節, 刻山於柱頭之斗拱也. 藻, 水草. 藻梲,
畫藻於梁上之短柱也. 難爲上, 言僭上也.

'누궤(鏤簋)'는 궤에 조각을 새겨서 장식한 것이 있다는 뜻이다. '굉(紘)'
은 면류관의 장식인데, 천자는 주색으로 하며 제후는 청색으로 하고 대

부와 사는 검은색으로 한다. '여(旅)'는 길을 뜻한다. '수(樹)'는 병풍을 뜻한다. 지나다녀야 하는 길에 병풍을 세워서 안과 밖을 가리는 것이다. '반점(反坫)'은 술잔을 돌려놓는 받침대이다. 흙을 쌓아서 만들게 되는데, 양쪽 기둥 사이에 설치한다. '산절(山節)'은 기둥 끝의 두공에 산의 모양으로 조각을 하는 것이다. '조(藻)'는 수초이다. '조절(藻梲)'은 들보 위의 단주에 수초풀을 그린 것이다. '난위상(難爲上)'은 윗사람에게 참람되게 군다는 뜻이다.

經文

> "晏平仲祀其先人, 豚肩不揜豆, 賢大夫也, 而難爲下也. 君子
> 上不僭上, 下不偪下."〈070〉 [舊在"御柩以茅"之下.]

계속하여 공자가 말하길 "안평중은 조상에게 제사를 지내며, 너무 작은 희생물을 사용해서 돼지의 어깨부위가 두조차 가릴 수 없을 정도였으니, 현명한 대부였다 하더라도, 아랫사람을 핍박하는 자이다. 군자는 위로 윗사람에게 참람되게 굴지 않고, 아래로 아랫사람을 핍박하지 않는다."라고 했다. [옛 판본에는 "영구를 인도할 때에는 모로써 한다."[4]라고 한 문장 뒤에 수록되어 있었다.]

集說

大夫祭用少牢, 不合用豚肩, 在俎不在豆. 此但喩其極小, 謂倂豚兩肩亦不能掩豆耳. 難爲下, 言偪下也.

---

4) 『예기』「잡기하」 068장 : 升正柩, 諸侯執綍五百人, 四綍皆銜枚, 司馬執鐸, 左八人, 右八人, 匠人執羽葆御柩. 大夫之喪, 其升正柩也, 執引者三百人, 執鐸者左右各四人, 御柩以茅.

대부의 제사에서는 소뢰를 사용하니, 돼지의 어깨 부위를 사용하는 것은 합당하지 않으며, 도마에 올려두고 두에 올려두지 않는다. 이 말은 단지 희생물이 매우 작았음을 비유한 것이니, 돼지의 양쪽 어깨 부위를 합쳐도 두 전체를 가릴 수 없을 정도로 작았다는 뜻이다. '난위하(難爲下)'는 아랫사람을 핍박한다는 뜻이다.

經文

成廟則釁之, 其禮祝·宗人·宰夫·雍人, 皆爵弁純[緇]衣. 雍人拭羊, 宗人祝之, 宰夫北面于碑南東上. 雍人擧羊升屋自中, 中屋南面刲羊, 血流于前乃降. 門夾室皆用雞, 先門而後夾室. 其衈[二]皆於屋下割雞, 門當門, 夾室中室. 有司皆鄕[去聲]室而立, 門則有司當門北面. 旣事, 宗人告事畢, 乃皆退. 反命于君曰: "釁某廟事畢." 反命于寢, 君南鄕于門內朝服, 旣反命乃退.〈087〉

종묘를 처음으로 완성하게 되면 피칠을 하게 되는데, 그 예법은 다음과 같다. 축·종인·재부·옹인은 모두 작변과 치의를['純'자의 음은 '緇(치)'이다.] 착용한다. 옹인은 양을 씻고 종인은 축문을 아뢰며, 재부는 희생물을 매어둔 말뚝의 동쪽 끝에 위치하여 북쪽을 바라본다. 옹인이 양을 들고서 가운데를 통해 지붕으로 올라가고, 지붕 가운데 위치하여 남쪽을 바라보며 양을 갈라서 그 피가 앞쪽으로 흐르도록 한 뒤에 내려온다. 묘문과 협실에 대해서 피칠을 할 때에는 모두 닭을 사용하는데, 묘문에 대해서 먼저 시행하고, 그 이후에 협실에 대해서 시행한다. 피칠을 할 때에는 먼저 희생물의 귀 측면에 있는 털을 뽑아서 신에게 바치는데['衈'자의 음은 '二(이)'이다.] 이 모두는 지붕 아래에서 하게 되고, 닭을 가를 때 묘문에 피칠을 하게 되면 문의 지붕 가운데에서 하고, 협실에 피칠을 하게 되면 협실 지붕의 가운데에서 한다. 일을 담당하는 자들은 모두 협실을 바라보고('鄕'자는 거성으로 읽는다.] 서 있게 되고, 묘문에 대해서 피칠을 하게 되면 일을 담당하는 자들은 묘문 쪽을 향하여 북쪽을 바라보게 된다. 그 일들이 끝나면, 종인은 재부에게 그 사안이 모두 끝났다고 아뢰고, 곧 모두 물러난다. 재부는 군주에게 가서 보고를 하니, "아무개 묘에 대해 피칠하는 일이 모두 끝났습니다."라고 말한다. 돌아가서 보고를 할 때에는 군주가 있는 노침에서 하게 되는데, 군주는 문 안쪽에서 남쪽을 바라보며 조복을 착용한 상태에서 보고를 받고, 보고하는 일이 끝나면 곧 물러난다.

集說

宗廟初成, 以牲血塗釁之, 尊神明之居也. 爵弁, 士服也. 純衣, 玄衣纁裳也. 拭羊, 拭之使淨潔也. 宗人祝之, 其辭未聞. 碑, 麗牲之碑也, 在廟之中庭. 升屋自中, 謂由屋東西之中而上也. 門, 廟門也. 夾室, 東西廂也. 門與夾室各一雞, 凡三雞也, 亦升屋而割之. 岨者, 末刲羊割雞之時, 先滅耳旁毛以薦神, 耳主聰, 欲神聽之也. 廟, 則在廟之屋下; 門與夾室, 則亦在門與夾室之屋下也. 門, 則當門屋之中; 夾室, 則當夾室屋之中, 故云門當門, 夾室中室也. 有司, 宰夫祝宗人也. 宗人告事畢, 告于宰夫也. 宰夫爲攝主, 反命于寢, 其時君在路寢也.

종묘가 처음 완성되면 희생물을 피를 통해 피칠을 하게 되는데, 신명이 거주하는 장소를 존귀하게 여기기 때문이다. '작변(爵弁)'은 사가 착용하는 복장이다. '치의(純衣)'는 현색의 상의와 분홍색의 하의를 착용하는 것이다. '식양(拭羊)'은 씻어서 청결하게 만든다는 뜻이다. 종인이 축문을 아뢰는데, 아뢰는 말에 대해서는 들어보지 못했다. '비(碑)'는 희생물을 매어두는 말뚝으로, 묘의 마당에 있다. '승옥자중(升屋自中)'이라는 말은 지붕의 가로방향 중 중앙으로 올라간다는 뜻이다. '문(門)'은 묘문을 뜻한다. '협실(夾室)'은 동서쪽에 있는 상(廂)이다. 문과 협실에 대해서는 각각 한 마리의 닭을 이용하니, 모두 3마리의 닭을 사용하고, 여기에 대해서도 지붕에 올라가서 희생물을 가르게 된다. '이(刵)'는 양을 가르거나 닭을 가르기 이전에 먼저 귀 측면에 있는 털을 뽑아서 신에게 바치니, 귀는 밝게 듣는 것을 위주로 하니, 신이 그 소식을 듣게끔 하기 위해서이다. 이(刵)의 경우, 묘에서 하게 되면 묘의 지붕 아래에서 하고, 문과 협실에서 하게 되면 또한 문과 협실의 지붕 아래에서 한다. 피칠의 경우, 문에 대해 하게 되면 문의 지붕 가운데에서 하고, 협실에 대해 하게 되면 협실 지붕의 가운데에서 한다. 그렇기 때문에 "문에 대해서는 문의 지붕 중앙에서 하고, 협실에 대해는 협실 지붕의 가운데에서 한다."라 했다. '유사(有司)'는 재부·축·종인을 뜻한다. 종인이 그 사안이 끝났음을 아뢰는 것은 재부에게 아뢴다는 뜻이다. 재부는 주인을 대신해서 일을 담당하는 자이므로, 침으로 되돌아가서 명령의 시행에 대해 보고 하니, 그 당시 군주는 노침에 있게 된다.

路寢成, 則考之而不釁. 釁屋者, 交神明之道也.〈088〉

노침을 완성하면, 연회를 베풀며 낙성식을 하지만, 지붕에 피칠은 하지 않는다. 지붕에 피칠을 하는 것은 신명과 교감하는 도이기 때문이다.

疏曰: 考之者, 謂盛饌以落之. 庾蔚云: "落, 謂與賓客燕會, 以酒食澆落之, 卽歡樂之義也."

소에서 말하길, '고지(考之)'는 성찬을 차려서 낙성식을 한다는 뜻이다. 유울은 "'낙(落)'은 빈객과 함께 연회를 베풀어, 음주를 하며 건물을 완성한 것에 대해 축하를 하는 것이니, 기쁨과 즐거움을 나누는 뜻에 해당한다."라 했다.

經文

凡宗廟之器, 其名者成, 則釁之以豭[加]豚.〈089〉[以上舊在"下執事
也"之下.]

무릇 종묘에서 사용하는 기물 중 명칭이 있는 것을 완성하면, 수컷['豭'자
의 음은 '加(가)'이다.] 돼지를 사용하여 피칠을 한다. [여기까지 옛 판본에는
"하집사를 맡은 뒤부터입니다."5)라고 한 문장 뒤에 수록되어 있었다.]

集說

名者, 有名之器, 若尊彝之屬也. 豭豚, 牡豚也.

'명자(名者)'는 명칭이 있는 기물이니, 준이나 이 등의 부류이다. '가돈
(豭豚)'은 수컷 돼지이다.

淺見

近按: 此因祭禮, 而兼及廟器之事也.

내가 살펴보니, 이것은 제례에 따라서 종묘와 기물에 대한 사안도 함께
언급한 것이다.

---

5) 『예기』「잡기하」086장 : 哀公問子羔曰, "子之食奚當?" 對曰, "文公之下執事
也."

贊大行曰: "圭, 公九寸, 侯·伯七寸, 子·男五寸, 博三寸, 厚半寸, 剡上左右各寸半, 玉也. 藻三采六等."〈085〉[舊在"外患弗辟也"之下.]

「찬대행」에서 말하길, "규에 있어서 그 크기의 경우 공작은 9촌으로 하며, 후작·백작은 7촌으로 하고, 자작·남작은 5촌으로 하며, 너비는 3촌으로 하고, 두께는 0.5촌으로 하며, 위의 좌우측은 깎아내니 각각 1.5촌으로 하는데, 이들은 모두 옥으로 만든다. 옥구슬 장식은 3가지 색깔을 넣고 6줄로 만든다."라고 했다. [옛 판본에는 "외환에는 피하지 않는다."[1]라고 한 문장 뒤에 수록되어 있었다.]

贊大行, 古禮書篇名也. 其書必皆贊說大行人之職事, 今記者引之, 故云贊大行曰. 子·男執璧, 非圭也, 記者失之. 博三寸, 圭也. 厚半寸, 圭璧各厚半寸也. 剡上, 削殺其上也. 籍玉者以韋衣板, 而藻畫朱白蒼三色爲六行, 故曰藻三采六等也.

'찬대행(贊大行)'은 고대 『예서』의 편명이다. 그 기록은 분명 대행인의 직무 기록에 대해서 보충 설명을 하는 내용일 것인데, 현재 『예기』를 기록한 자가 인용을 했기 때문에 '찬대행왈(贊大行曰)'이라 기록했다. 자작과 남작은 벽을 들게 되니 규가 아니므로, 이것은 기록한 자가 잘못 기술한 것이다. "너비가 3촌이다."라는 말은 규에 해당한다. "두께가 0.5촌이다."는 말은 규와 벽이 각각 그 두께를 0.5촌으로 만든다는 뜻이다. '섬상(剡上)'은 위를 깎아낸다는 뜻이다. 옥을 받치는 깔개는 나무판에 가죽으로 옷을 입히고 옥구슬 장식에는 주색·백색·청색의 세 색깔로 채색을 하여 여섯 줄로 만든다. 그렇기 때문에 "조에는 세 가지 채색을

---

1) 『예기』「잡기하」 084장 : 內亂不與焉, 外患弗辟也.

하고 여섯 줄로 만든다."라 말한 것이다.

經文

韠長[去聲]三尺, 下廣[去聲]二尺, 上廣一尺, 會[膾]去上五寸. 紕
[毗]以爵韋六寸, 不至下五寸. 純[準]以素, 紃[旬]以五采. ⟨096⟩ [舊
在篇末"燕則髦首"之下.]

슬갑의 길이는['長'자는 거성으로 읽는다.] 3척이고, 하단의 폭은['廣'자는 거성
으로 읽는다.] 2척이며, 상단의 폭은 1척이고, 꿰맨 곳이 모인 지점은['會'
자의 음은 '膾(회)'이다.] 상단에서 5촌이 떨어진 지점이다. 슬갑의 측면 가
선은['紕'자의 음은 '毗(비)'이다.] 6촌의 길이인 적흑색의 가죽으로 만드는
데, 밑으로 5촌의 지점까지는 내리지 않는다. 하단의 가선은['純'자의 음
은 '準(준)'이다.] 흰색의 끈을 사용하고, 장식으로 다는 끈은['紃'자의 음은
'旬(순)'이다.] 다섯 가지 채색의 끈을 사용한다. [옛 판본에는 편의 끝 부분인
"집에서 한가롭게 거처할 때라면, 비녀를 빼고 머리를 묶을 수 있다."2)라고 한 문장
뒤에 수록되어 있었다.]

集說

疏曰: 韠, 韍也. 會, 頭縫也. 韠旁緣謂之紕, 下緣曰純. 紃, 條也, 謂
以五采之條置於諸縫之中, 詳見玉藻.

소에서 말하길, '필(韠)'은 슬갑이다. '회(會)'는 상부의 꿰맨 곳이다. 슬
갑 측면의 가선을 '비(紕)'라고 부르고, 하단의 가선을 '준(純)'이라 부른
다. '순(紃)'은 장식으로 다는 끈이니, 다섯 가지 채색의 끈을 봉합된 부

---

2) 『예기』「잡기하」095장 : 女雖未許嫁, 年二十而笄, 禮之, 婦人執其禮. <u>燕則鬌
首</u>.

위에 묶는 것으로, 자세한 설명은 『예기』「옥조(玉藻)」편에 나온다.

近按: 此因廟器, 而兼及圭韠之制, 自此以下, 汎記雜禮也.

내가 살펴보니, 이것은 종묘와 기물에 대한 내용으로 인해 규와 슬갑에 대한 제도까지도 함께 언급한 것인데, 이 구문으로부터 그 이하의 기록들은 잡다한 예법들을 폭넓게 기록하고 있다.

納幣一束, 束五兩[如字], 兩五尋.〈093〉 [舊在"不敢以傷五子"之下.]

납폐를 할 때에는 1속의 비단을 사용하니, 1속은 5냥이['兩'자는 글자대로 읽는다.] 되고, 1냥은 5심이 된다. [옛 판본에는 "감히 그대가 탈이 나도록 할 수 없습니다."[1]라고 한 문장 뒤에 수록되어 있었다.]

集說

此謂昏禮納徵也. 一束, 十卷也. 八尺爲尋, 每五尋爲匹. 從兩端卷至中, 則五匹爲五箇兩卷矣, 故曰束五兩.

이 내용은 혼례의 납징(納徵)[2]에 해당한다. 1속은 10권이다. 8척이 1심이 되며, 매 5심마다 1필이 된다. 양쪽 끝단부터 접어서 가운데 이르게 되면 5필이 되니, 5번 접은 한 쌍의 권이 된다. 그렇기 때문에 "1속은 5냥이다."라 말한 것이다.

鄭氏曰: 四十尺謂之匹, 猶匹偶之匹, 言古人每匹作兩箇卷子.

정현이 말하길, 40척의 길이를 1필로 부르는데, 배필이라고 할 때의 '필(匹)'자와 같으니, 고대인은 매 필마다 양쪽을 접어 한 쌍의 묶음을 만들었다는 뜻이다.

淺見

近按: 此言昏禮納幣之制.

내가 살펴보니, 이것은 혼례 때 납폐의 제도를 언급한 것이다.

---

1) 『예기』「잡기하」092장: 孔子曰, "吾食於少施氏而飽, 少施氏食我以禮. 吾祭, 作而辭曰, '疏食不足祭也.' 吾飱, 作而辭曰, '疏食也, 不敢以傷吾子.'"
2) 납징(納徵)은 납폐(納幣)라고도 부른다. 혼인과 관련된 육례(六禮) 중 하나이다. 혼인 약속을 증명하기 위해, 여자 집안에 폐백을 보내는 일을 뜻한다.

夫人之不命於天子, 自魯昭公始也.〈079〉 [舊在"獻子爲之也"之下.]

제후의 부인이 될 때에는 본래 천자에게 허락을 받아야 하는데, 제후의 부인이 천자에게 허락을 받지 않았던 일은 노나라 소공 때부터 시작되었다. [옛 판본에는 "맹헌자가 그처럼 했다."[1]라고 한 문장 뒤에 수록되어 있었다.]

集說

昭公娶吳爲同姓, 不敢告天子, 天子亦不命之, 後遂以爲常. 此記魯失禮之由.

소공은 오나라에서 아내를 맞이하여 동성끼리 결혼을 하게 되어, 천자에게 감히 아뢸 수 없었고, 천자 또한 명령을 내려 허락을 할 수 없었으니, 그 이후에는 결국 이러한 것이 일상화되었다. 이것은 노나라에서 실례가 유래된 것을 기록한 것이다.

疏曰: 天子命畿外諸侯夫人. 若畿內諸侯夫人及卿大夫之妻, 則玉藻註云: "天子諸侯命其臣, 后夫人亦命其妻也."

소에서 말하길, 천자는 수도 밖에 머무는 제후들의 부인에 대해서 명령을 하여 허락한다. 만약 천자의 수도 안에 머무는 제후들의 부인과 경 및 대부의 아내에 대해서라면, 『예기』「옥조(玉藻)」편에 대한 정현의 주에서 "천자와 제후는 그들의 신하에게 명령을 내리니, 왕후와 부인들 또한 그녀들의 휘하에 있는 처들에게 의복에 대한 명령을 내릴 수 있다."라 했다.

---

1) 『예기』「잡기하」078장 : 孟獻子曰, "正月日至, 可以有事於上帝; 七月日至, 可以有事於祖." 七月而禘, 獻子爲之也.

諸侯出夫人, 夫人比[畀]至于其國, 以夫人之禮行. 至以夫人
入, 使者將命曰: "寡君不敏, 不能從而事社稷宗廟, 使使臣某
敢告於執事." 主人對曰: "寡君固前辭不教矣, 寡君敢不敬須
以俟命." 有司官陳器皿, 主人有司亦官受之.〈090〉[舊在"釁之以
貑豚"之下.]

제후가 자신의 부인을 내치면, 내쳐진 부인이 자신의 본국에 도착할 때
까지['比'자의 음은 '畀(비)'이다.] 사신이 함께 따라가며 제후의 부인이었을
때의 예법에 따라 행차한다. 그 나라에 도착해서도 제후의 부인이었을
때의 예법에 따라 들어가고, 사신이 명령을 전달하며, "저희 군주께서
민첩하지 못하여 부인과 함께 종묘와 사직을 섬기지 못했습니다. 그래
서 사신인 저 아무개를 시켜서 감히 일을 맡아보는 자에게 이러한 사실
을 아룁니다."라고 말한다. 그러면 부인의 본국에서는 사신이 나와서
"저희 군주께서는 진실로 이전에 혼인을 할 때에도 제대로 가르치지 못
했다고 사양을 하였었는데, 저희 군주께서 어떻게 감히 불경스럽게 여
식을 기다리게 하여 되돌아오라는 군주의 명을 기다리게 하겠습니까."
라고 대답한다. 그러면 부인과 함께 왔던 사신은 실무자를 시켜서 부인
이 시집을 올 때 가져왔던 기물들을 진열하고, 부인의 나라에서도 실무
자를 시켜서 또한 그것들을 받아들인다. [옛 판본에는 "수컷 돼지를 사용하여
피칠을 한다."[2]라고 한 문장 뒤에 수록되어 있었다.]

集說

出夫人, 有罪而出之還本國也. 在道至入, 猶以夫人禮者, 致命其國,
然後義絶也. 將命者, 謙言寡君不敏, 不能從夫人以事宗廟社稷, 而
不斥言夫人之罪. 答言前辭不教, 謂納采時, 固嘗以此爲辭矣.

---

2) 『예기』「잡기하」 089장 : 凡宗廟之器, 其名者成, 則釁之以貑豚.

'출부인(出夫人)'은 부인이 죄를 지어 내쫓겨 본국으로 되돌아간다는 뜻이다. 도로에 있을 때나 그 나라로 들어가게 될 때에는 여전히 제후의 부인에 대한 예법으로 대하니, 그 나라에 명령을 전달한 뒤에야 도의가 끊어지기 때문이다. 명령을 전달하는 자는 겸손하게 나타내어 "저희 군주께서 민첩하지 못하여 부인과 함께 종묘와 사직을 섬기지 못했습니다."라고 말하고, 부인의 죄를 직접적으로 언급하지 않는다. 답변을 하며 "이전에 가르치지 못한 것에 대해서 사양을 했습니다."라고 말하는데, 이것은 납채(納采)³⁾를 할 때, 일찍이 제대로 가르치지 못했다는 말로 사양을 했었다는 뜻이다.

疏曰: 有司官陳器皿者, 使者使從己來有司之官, 陳夫人嫁時所齊器皿之屬以還主國也. 主人有司亦官受之者, 主國亦使有司官領受之也. 竝云官者, 明付受悉如法也.

소에서 말하길, '유사관진기명(有司官陳器皿)'이라는 말은 사신이 자신을 따라 온 자들 중 실무를 담당하는 하위 관리를 시켜서, 부인이 시집올 때 가져온 기물들을 진열하여 부인의 본국에 되돌려준다는 뜻이다. '주인유사역관수지(主人有司亦官受之)'라는 말은 부인의 나라에서도 실무를 담당하는 하위 관리를 시켜서 그것을 받게끔 한다는 뜻이다. 이모두에 대해서 '관(官)'자를 붙여서 말한 것은 주고 받는 일들을 모두 예법대로 한다는 사실을 밝히기 위해서이다.

---

3) 납채(納采)는 혼인과 관련된 육례(六禮) 중 하나이다. 청원을 하며 여자 집안에 예물을 보내는 일을 뜻한다.

妻出, 夫使人致之曰: "某不敏, 不能從而共[供]粢盛, 使某也敢
告於侍者." 主人對曰: "某之子不肖, 不敢辟[避]誅, 敢不敬須以
俟命." 使者退, 主人拜送之. 如舅在則稱舅, 舅沒則稱兄, 無兄
則稱夫. 主人之辭曰: "某之子不肖." 如姑姉妹亦皆稱之. 〈091〉
[舊聯上文.]

경이나 대부로부터 그 이하의 계층이 아내를 내치면, 남편은 사람을 시
켜서 그녀를 배웅하며 말을 전달하니, "아무개는 민첩하지 못하여 아내
와 함께 제사를 시행하지['共'자의 음은 '供(공)'이다.] 못했습니다. 그래서
아무개를 시켜서 감히 시중을 드는 자에게 이러한 사실을 아룁니다."라
고 말한다. 그러면 아내의 집에서는 "아무개의 여식이 불초하니, 감히
책임을 피하지['辟'자의 음은 '避(피)'이다.] 않겠습니다. 어떻게 감히 불경스
럽게 여식을 기다리게 하여 돌아오라는 명령을 기다리겠습니까."라고
대답한다. 심부름을 왔던 자가 물러가게 되면, 아내의 집에서는 절을
하며 그를 전송한다. 만약 남편의 부친이 살아계신 경우라면, 말을 전
달할 때 부친의 이름으로 하고, 부친이 돌아가신 경우라면, 남편의 형
이름으로 하며, 형도 없는 경우라면, 직접적으로 남편의 이름으로 한다.
아내의 집에서 대답하는 말에서는 "아무개의 여식이 불초합니다."라고
말한다. 고모나 자매의 경우 또한 모두 이처럼 지칭한다. [옛 판본에는 앞
문장의 뒤에 수록되어 있었다.]

集說

遣妻必命由尊者, 故稱舅稱兄. 兄, 謂夫之兄也. 此但言夫致之之辭,
未聞舅與兄致之之辭也. 上文已有主人對辭, 下文因姑姉妹故重言,
對言某之姑不肖, 或某之姉不肖, 或某之妹不肖, 故云亦皆稱之也.

아내를 되돌려 보낼 때에는 반드시 존귀한 자로부터 그 명령이 나와야
한다. 그렇기 때문에 부친이나 형을 지칭하게 된다. '형(兄)'은 남편의

형을 뜻한다. 여기에서는 단지 남편이 전달하는 말만을 언급했는데, 부친이나 형이 전달하는 말에 대해서는 들어보지 못했다. 앞 문장에서는 이미 아내의 집에서 대답하는 말을 수록하고 있는데, 그 뒤의 문장에서 고모와 자매의 사안을 수록한 것에 따라서 중복해서 언급한 것이니, 상대적으로 말을 하면, "아무개의 고모가 불초하다."라고 말하거나 "아무개의 누이가 불초하다."라고 말하거나 "아무개의 여동생이 불초하다."라고 말하게 된다. 그렇기 때문에 "또한 모두 이처럼 지칭한다."라 했다.

婦見舅姑, 兄弟姑娣妹皆立于堂下, 西面北上, 是見已. 見諸父各就其寢. 〈094〉 [舊在"兩五尋"之下.]

시집을 온 며느리가 시부모를 알현할 때, 남편의 형제·고모·자매들은 모두 당하에 서 있게 되는데, 모두 서쪽을 바라보며 서열에 따라 북쪽 끝에서부터 정렬한다. 며느리가 들어오게 되면 그들을 지나치게 되므로 이 시기에 그들을 알현할 따름이며, 별도로 찾아뵙지 않는다. 다만 남편의 백부나 숙부 등은 존귀한 자들이므로, 그 다음날 각각에 대해서 그들의 침소로 찾아가 뵙는다. [옛 판본에는 "1냥 5심이 된다."[4]라고 한 문장 뒤에 수록되어 있었다.]

集說

立于堂下, 則婦之入也. 已過其前, 此卽是見之矣, 不復各特見之也. 諸父旁尊, 故明日各請其寢而見之.

----

4) 『예기』「잡기하」 093장 : 納幣一束, 束五兩, <u>兩五尋</u>.

"당하에 서 있다."라 했다면, 부인이 들어왔을 때 이미 그 앞을 지나가게 되니, 이것이 바로 "이 시기에 뵙는다."는 뜻으로, 재차 그들 각각에 대해서 단독으로 찾아뵙지 않는다는 뜻이다. 남편의 백부나 숙부들은 방계의 친족 중 존귀한 자들이기 때문에, 그 다음날 각각 그들의 침소로 찾아가서 뵙는다.

経文

女雖未許嫁, 年二十而筓, 禮之, 婦人執其禮. 燕則鬈[拳]首.
〈095〉 [舊聯上文.]

여자의 경우 아직 혼인이 허락되지 않았더라도, 나이가 20세가 되면 계례를 치르고, 그녀를 예우하게 되는데, 계례의 의례는 부인이 맡아서 치른다. 아직 혼인이 약속되지 않았는데 계례를 치른 경우, 집에서 한가롭게 거처할 때라면, 비녀를 빼고 머리를 묶을['鬈'자의 음은 '拳(권)'이다.] 수 있다. [옛 판본에는 앞 문장의 뒤에 수록되어 있었다.]

集說

疏曰: 十五許嫁而筓, 若未許嫁, 至二十而筓, 以成人禮言之. 婦人執其禮者, 十五許嫁而筓, 則主婦及女賓爲筓禮, 主婦爲之著筓, 女賓以禮之. 未許嫁而筓者, 則婦人禮之, 無主婦女賓, 不備儀也. 燕則鬈首者, 謂旣筓之後, 尋常在家燕居, 則去其筓而分髮爲鬌紒也. 此爲未許嫁, 故雖已筓, 猶爲少者處之.

소에서 말하길, 딸이 15세 때 혼인이 약속되면 계례를 치러주고, 만약 혼인이 약속되지 않았는데 20세가 된다면 계례를 치러서, 성인이 따라야 하는 예법을 말해준다. "부인이 그 예법을 주관한다."는 말은 딸이 15세 때 혼인이 약속되어 계례를 치르게 되면, 주부 및 여자 빈객들이 계례를 시행한다는 뜻으로, 주부는 그녀에게 비녀를 꼽아주고, 여자 빈객은 단술을 통해 그녀를 예우하게 된다. 아직 혼인이 약속되지 않았지만 나이가 차서 계례를 시행하게 된다면, 부인이 그 의례를 담당하며, 주부 및 여자 빈객이 없으니, 예법대로 모두 갖출 수 없기 때문이다. '연즉권수(燕則鬐首)'라는 말은 이미 계례를 치른 뒤, 평상시 집에서 한가롭게 거처할 때라면, 비녀를 제거하여 머리카락을 갈라서 묶는다는 뜻이다. 이것은 아직 혼인이 약속되지 않은 경우이다. 그렇기 때문에 비록 이미 계례를 치렀다 하더라도 여전히 아이 때처럼 처신하는 것이다.

經文

過而擧君之諱, 則起. 與君之諱同, 則稱字.〈083〉 [舊在"有君命焉爾也"之下.]

실수로 군주의 피휘를 말하게 되면 자리에서 일어난다. 신하의 이름이 군주의 피휘와 동일하다면, 자를 지칭한다. [옛 판본에는 "군주의 명령에 따라 그처럼 되었을 뿐이다."[5]라고 한 문장 뒤에 수록되어 있었다.]

集說

過, 失誤也. 擧, 猶稱也. 起, 起立也. 失言不自安, 故起立, 示改變之意. 諸臣之名或與君之諱同, 則稱字也.

'과(過)'자는 실수로 잘못을 저질렀다는 뜻이다. '거(擧)'자는 "지칭한다."는 뜻이다. '기(起)'자는 일어난다는 뜻이다. 실언을 하여 스스로 편안할

----

5) 『예기』「잡기하」 082장 : 孔子曰, "管仲遇盜取二人焉, 上以爲公臣, 曰, '其所與遊辟也. 可人也.' 管仲死, 桓公使爲之服." 宦於大夫者之爲之服也, 自管仲始也, <u>有君命焉爾也</u>.

수 없기 때문에 일어나니, 생각을 고친다는 뜻을 나타낸다. 여러 신하들의 이름 중에는 간혹 군주의 피휘와 동일한 경우가 있으니, 이러한 경우라면 자를 지칭한다.

淺見

近按: 與君之諱同者, 舊說諸臣之名或與君之諱同. 愚恐諸臣之名, 不應有與君之諱同者也. 是謂古人之名有與君之諱同者, 臣之言或及其人之事, 則當稱其人之字也. 抑或鄰國之臣名同者, 亦然爾.

내가 살펴보니, '여군지휘동(與君之諱同)'이라는 것에 대해 옛 학설에서는 여러 신하들의 이름 중에는 간혹 군주의 피휘와 동일한 경우가 있다고 했다. 내가 생각하기에, 여러 신하들의 이름은 응당 군주의 피휘와 동일한 경우가 있어서는 안 된다. 이것은 고대 사람들의 이름 중 군주의 피휘와 동일한 경우가 있다는 뜻으로, 신하가 말을 하며 간혹 그 사람의 일화를 언급하게 된다면, 마땅히 그 사람의 자를 지칭해야 한다는 의미이다. 그것이 아니라면 이웃 나라의 신하 이름 중에 군주의 피휘와 같은 경우가 있을 때에도 이처럼 한다는 뜻일 따름이다.

卒哭而諱. 王父母兄弟世父叔父姑姊妹, 子與父同諱.〈052〉 [舊
在"何常聲之有"之下.]

졸곡을 끝낸 뒤에는 피휘를 한다. 부친의 조부모, 부친의 형제, 부친의
백부와 숙부, 부친의 고모, 부친의 자매 등에 대해서 부친은 피휘를 하
니, 자식은 부친과 함께 그들에 대해서도 동일하게 피휘를 한다. [옛 판
본에는 "어떤 규칙적인 소리가 있겠는가?"[1]라고 한 문장 뒤에 수록되어 있었다.]

集說

卒哭以前, 猶以生禮事之, 故不諱其名. 卒哭後, 則事以鬼道, 故諱
其名而不稱也. 此專言父之所諱, 則子亦不敢不諱, 伏曰子與父同
諱也. 父之祖父母伯父叔父及姑等於己小功以下, 本不合諱, 但以
父之所諱, 己亦從而諱也. 若父之兄弟及姊妹, 己自當諱, 不以從父
而諱也. 又按: 不逮事父母, 則不諱王父母, 謂庶人. 此所言, 以父是
士, 故從而諱也.

졸곡을 치르기 이전에는 여전히 살아계실 때의 예법에 따라 섬긴다. 그
렇기 때문에 이름에 대해서 피휘를 하지 않는다. 졸곡을 치른 뒤라면,
귀신에 대한 도리로써 섬긴다. 그렇기 때문에 이름에 대해서는 피휘를
하여 지칭하지 않는다. 이곳 내용은 부친이 피휘를 하는 대상에 대해서
는 자식 또한 감히 피휘를 하지 않을 수 없음을 전적으로 언급하고 있
다. 그렇기 때문에 "자식은 부친과 피휘를 동일하게 한다."라고 말한 것
이다. 부친의 조부모 · 백부 · 숙부 및 고모 등은 자신에 대해서 소공복
으로부터 그 이하의 관계에 있으므로, 본래는 피휘를 하는 것이 합당하
지 않다. 그러나 부친이 피휘를 하는 대상이기 때문에 본인 또한 그에

---

1) 『예기』 「잡기하」 051장 : 曾申問於曾子曰, "哭父母有常聲乎?" 曰, "中路嬰兒失
其母焉, 何常聲之有?"

따라서 피휘를 한다. 만약 부친의 형제 및 자매 등에 대해서라면 본인은 마땅히 피휘를 해야 하니, 부친을 따라서 피휘를 하는 것이 아니다. 또 살펴보면, 부모를 섬기는 자가 아니라면 조부모의 이름을 피휘하지 않는데, 이것은 서인들에 대한 경우이다. 이곳에서 언급한 내용은 부친이 사의 신분인 경우이다. 그렇기 때문에 그에 따라서 피휘를 한다.

經文

母之諱宮中諱, 妻之諱不擧諸其側, 與從[去聲]祖昆弟同名則諱. 〈053〉 [舊聯上文.]

모친이 피휘를 하는 이름에 대해서는 집안에서 피휘를 하고, 처가 피휘를 하는 이름에 대해서는 그녀의 주변에서 피휘를 하는데, 만약 모친 및 처가 피휘하는 이름이 때마침 자신의 종조['從'자는 거성으로 읽는다.] 곤제들과 이름이 같은 경우라면, 다른 장소라 하더라도 피휘를 한다. [옛 판본에는 앞 문장의 뒤에 수록되어 있었다.]

集說

母爲其親諱, 則子於一宮之中亦爲之諱. 妻爲其親諱, 則夫亦不得稱其辭於妻之左右. 非宮中, 非其側則, 固可稱矣. 若母與妻所諱者, 適與己從祖昆弟之名同, 則雖他所亦諱之也.

모친은 자신의 친족에 대해서 피휘를 하니, 자식은 집안에서 또한 그들에 대해 피휘를 한다. 처는 자신의 친족에 대해서 피휘를 하니, 남편 또한 처가 피휘를 하는 이름에 대해서 처의 주변에서 지칭할 수 없다. 집안이 아니고 처의 주변이 아니라면, 해당하는 이름들을 지칭할 수 있다. 만약 모친 및 처가 피휘하는 이름이 때마침 자신의 종조 곤제들과 이름이 같은 경우라면, 비록 다른 장소라 하더라도 피휘를 한다.

近按: 此上三節, 言名諱之禮, 先言君諱, 次父, 次母, 而次及妻也.

내가 살펴보니, 여기까지의 3개 절은 이름을 피휘하는 예법을 언급한 것인데, 우선 군주의 피휘에 대해 언급하고, 그 다음 부친에 대해 언급하며, 그 다음 모친에 대해 언급하고, 그 다음으로 처에 대해서 언급하였다.

廐焚, 孔子拜鄉人爲[去聲]火來者. 拜之, 士壹, 大夫再, 亦相弔
之道也. 〈081〉 [舊在"猶內宗也"之下.]

공자의 마구간에 화재가 발생하였다. 그 소식을 듣고 화재로 인해['爲'자
는 거성으로 읽는다.] 향인들이 찾아와서 위로의 뜻을 표하니, 공자는 그들
에게 절을 하였다. 절을 할 때 사에 대해서는 한 번 했고, 대부에 대해
서는 두 번 했으니, 이것은 또한 서로에 대해 조문하는 도이다. [옛 판본
에는 "내종의 경우와 같다."[1]라고 한 문장 뒤에 수록되어 있었다.]

集說

鄭氏曰: 宗伯職曰: "以弔禮哀禍災."

정현이 말하길, 『주례』「종백(宗伯)」편의 직무 기록에서는 "조문의 예법
에 따라 재앙에 대해 애도를 표한다."[2]고 했다.

經文

孔子曰: "吾食於少施氏而飽, 少施氏食[嗣]我以禮. 吾祭, 作而
辭曰: '疏食不足祭也.' 吾飱[孫], 作而辭曰: '疏食[嗣]也, 不敢以
傷吾子.'" 〈092〉 [舊在"亦皆稱之"之下.]

공자는 "나는 일찍이 소시씨의 집에서 식사 대접을 받았는데, 배불리 먹
을 수가 있었다. 소시씨는 나에게 예법에 따라 식사를['食'자의 음은 '嗣
(사)'이다.] 대접했다. 내가 음식에 대한 제사를 지내려고 하자 그는 자리

---

1) 『예기』「잡기하」 080장 : 外宗爲君夫人, <u>猶內宗也</u>.
2) 『주례』「춘관(春官)・대종백(大宗伯)」 : 以弔禮哀禍災.

에서 일어나 사양을 하며, '보잘것없는 음식들이니 제사를 지내기에는 부족합니다.'라고 말했다. 그리고 내가 식사를 끝내고 밥에 물을 말자['飱'자의 음은 '孫(손)'이다.] 그는 자리에서 일어나서 사양을 하며, '보잘것 없는 음식이니['食'자의 음은 '嗣(사)'이다.] 억지로 드셔서 감히 그대가 탈이 나도록 할 수 없습니다.'"라고 말했다. [옛 판본에는 "또한 모두 이처럼 지칭 한다."3)라고 한 문장 뒤에 수록되어 있었다.]

集說

少施氏, 魯惠公子施父之後. 作而辭, 起而辭謝也. 疏食, 麤疏之食 也. 飱, 以飲澆飯也. 禮食竟, 更作三飱以助飽實. 不敢以傷吾子者, 言麤疏之飯, 不可强食以致傷害也.

'소시씨(少施氏)'는 노나라 혜공의 아들인 시보의 후손이다. '작이사(作 而辭)'라는 말은 자리에서 일어나서 사양을 했다는 뜻이다. '소사(疏食)' 는 보잘것없는 음식이라는 뜻이다. '손(飱)'은 밥에 물을 만 것이다. 예 사가 끝나면 재차 세 차례 밥에 물을 말아서 포만감을 느끼도록 돕는다. '불감이상오자(不敢以傷吾子)'라는 말은 보잘것없는 밥이니 억지로 먹어 서 탈이 나게 할 수 없다는 뜻이다.

淺見

近按: 此二節, 言孔子與人交際之禮.

내가 살펴보니, 이곳의 2개 절은 공자가 남과 교제했었을 때의 예법을 언급한 것이다.

---

3) 『예기』「잡기하」 091장 : 妻出, 夫使人致之曰, "某不敏, 不能從而共粢盛, 使某 也敢告於侍者." 主人對曰, "某之子不肖, 不敢辟誅, 敢不敬須以俟命." 使者退, 主人拜送之. 如舅在則稱舅, 舅沒則稱兄, 無兄則稱夫. 主人之辭曰, "某之子 不肖." 如姑姊妹亦皆稱之.

哀公問子羔曰: "子之食奚當?" 對曰: "文公之下執事也." 〈086〉
[舊在"藻三采六等"之下.]

애공이 자고에게 묻기를 "그대의 집안에서 국가의 녹봉을 받기 시작한 것은 어느 군주부터인가?"라고 했다. 그러자 자고는 "문공 때 선조께서 하집사를 맡은 뒤부터입니다."라고 대답했다. [옛 판본에는 "옥구슬 장식은 3가지 색깔을 넣고 6줄로 만든다."[1]라고 한 문장 뒤에 수록되어 있었다.]

集說

問其先人始仕食祿, 當何君時, 文公至哀公七君.

선조 중에 처음으로 벼슬을 하여 녹봉을 받은 것은 어느 군주 시대에 해당하느냐고 물은 것이니, 문공으로부터 애공까지는 7대가 걸린다.

淺見

近按: 此節之下, 恐有闕文.

내가 살펴보니, 이 절 뒤에는 아마도 누락된 문장이 있는 것 같다.

---

1) 『예기』「잡기하」085장 : 贊大行曰, "圭, 公九寸, 侯伯七寸, 子男五寸, 博三寸, 厚半寸, 剡上左右各寸半, 玉也. 藻三采六等."

> 君子有三患: 未之聞, 患弗得聞也. 旣聞之, 患弗得學也. 旣學
> 之, 患弗能行也. 君子有五恥: 居其位無其言, 君子恥之. 有其
> 言無其行, 君子恥之. 旣得之而又失之, 君子恥之. 地有餘而
> 民不足, 君子恥之. 衆寡均而倍焉, 君子恥之. 〈073〉 [舊在"叔不撫
> 嫂"之下.]

군자에게는 세 가지 근심이 있다. 앎에 대해 아직 듣지 못했을 때에는 듣지 못하게 될까를 근심한다. 이미 들었다면, 그것을 배우지 못하게 될까를 근심한다. 이미 배웠다면, 그것을 시행하지 못하게 될까를 근심한다. 군자에게는 다섯 가지 치욕이 있다. 해당 지위에 있으면서도, 지위에 걸맞은 좋은 말을 한 적이 없다면, 군자는 이것을 치욕스럽게 생각한다. 좋은 말을 했지만, 그것을 시행함이 없다면, 군자는 이것을 치욕스럽게 생각한다. 덕을 갖췄다고 하여 이미 해당 지위를 얻었는데, 재차 덕이 없다는 이유로 물러나게 된다면, 군자는 이것을 치욕스럽게 생각한다. 채지로 받은 땅이 넓은데도 백성들이 충분히 모여들지 않는다면, 군자는 이것을 치욕스럽게 생각한다. 임무를 부여받은 양이 상대와 균등한데도 상대의 공적이 자신보다 배가 된다면, 군자는 이것을 치욕스럽게 생각한다. [옛 판본에는 "시동생은 형수가 죽었을 때 그 시신을 어루만지지 않는다."[1]라고 한 문장 뒤에 수록되어 있었다.]

> 三患, 言爲學之君子; 五恥, 言爲政之君子也. 居位而無善言之可聞,
> 是不能講明政事, 一恥也. 有言無行, 是言行不相顧, 二恥也. 始以
> 有德而進, 今以無德而退, 三恥也. 不能撫民, 使之逃散, 四恥也. 國
> 有功役, 己與彼衆寡相等, 而彼之功績倍於己, 是不能作興率勵其

---

1) 『예기』「잡기하」 072장 : 嫂不撫叔, <u>叔不撫嫂</u>.

下, 五恥也.

'삼환(三患)'은 학문을 익히는 군자에 대한 내용이며, '오치(五恥)'는 정치를 시행하는 군자에 대한 내용이다. 해당 지위에 있으면서 칭송을 받을 만한 좋은 말을 한 적이 없다면, 이것은 정사에 대해서 제대로 설명할 수 없는 것이니, 첫 번째 치욕이다. 그러한 말을 했지만 시행함이 없다면, 이것은 말과 행실이 서로 돌아보지 못한 것이니, 두 번째 치욕이다. 처음에는 덕을 갖췄기 때문에 등용이 되었는데, 현재 덕이 없어서 물러나게 되는 것이 세 번째 치욕이다. 백성들을 어루만질 수 없어서 그들을 흩어지게 하는 것이 네 번째 치욕이다. 국가에서 노역을 부여함이 있는데, 본인과 상대에게 부여된 양이 균등한데도, 상대의 공적이 자신보다 배가 된다면, 이것은 그 일을 진작시키거나 백성들을 통솔하여 독려하지 못한 것이니, 다섯 번째 치욕이다.

經文

內亂不與[去聲]焉, 外患不辟[避]也. 〈084〉 [舊在"同則稱字"之下.]

내란에는 간여하지['與'자는 거성으로 읽는다.] 않고, 외환에는 피하지['辟'자의 음은 '避(피)'이다.] 않는다. [옛 판본에는 "동일하다면 자를 지칭한다."²⁾라고 한 문장 뒤에 수록되어 있었다.]

集說

內亂, 謂本國禍難也. 言卿·大夫在國, 若同僚中有謀作亂者, 力能討, 則討之, 力不能討, 則謹自畏避, 不得干與. 其或冠患在外, 如隣國來攻, 或戎狄侵擾, 則不可逃避, 當盡力捍禦, 死義可也.

---

2) 『예기』「잡기하」083장 : 過而擧君之諱, 則起. 與君之諱同, 則稱字.

'내란(內亂)'은 본국에서 발생한 환란을 뜻한다. 즉 경과 대부가 본국에 있는데, 만약 동료 중에 모의를 하여 혼란을 일으키는 자가 있는 경우, 토벌할 수 있는 역량이 된다면 토벌하고, 토벌할 수 있는 역량이 없다면, 조심하며 스스로 피해야 하고 환란에 참여할 수 없다. 간혹 외지에서 환란이 발생한 경우, 예를 들어 이웃 나라에서 침공하거나 오랑캐들이 침입한 경우라면, 피할 수 없으니, 마땅히 힘을 다해 막아야 하고, 의로움에 따라 목숨을 걸어야 옳다.

淺見

近按: 此二節, 言君子爲學守道之事, 以終之也.

내가 살펴보니, 이곳의 2개 절은 군자가 학문을 하고 도를 지키는 사안을 언급하여 결론을 맺은 것이다.

禮記淺見錄卷第十九

『예기천견록』 19권

「상대기(喪大記)」

近按: 此篇記君·大夫·士喪禮同異之制, 詳於復斂至葬之事, 而不及虞祔以後者, 此篇全言凶禮, 而虞祔始是吉祭, 故不之及, 中間一節, 雖言祥禫, 亦是因其居廬之事, 以明其居喪之終始, 非爲祭而陳之也. 其文節次詳備, 竝從舊文.

내가 살펴보니, 「상대기」편은 군주·대부·사의 상례에 나타나는 같고 다른 제도들을 기록한 것인데, 초혼과 염을 하는 것으로부터 장례를 치르는 사안까지는 상세히 설명을 했는데, 우제와 부제 및 그 이후의 절차를 언급하지 않은 것은 이 편은 전적으로 흉례를 언급한 것이고, 우제와 부제는 비로소 길제에 해당하기 때문에 언급하지 않은 것이다. 중간 1개 절에서는 비록 상제와 담제를 언급하였지만, 이 또한 여에 거처하는 사안으로 인해 상을 치르는 처음과 끝을 드러낸 것으로, 제사를 위해서 진술한 것이 아니다. 이곳 문장의 순서가 상세하고 자세히 갖춰져 있어서, 모두 옛 기록의 순서에 따른다.

「상대기」편 문장 순서 비교

『예기집설』	『예기천견록』	
	구분	문장
001		001
002		002
003		003
004		004
005		005
006		006
007		007
008		008
009		009
010		010
011		011
012		012
013		013
014		014
015		015
016		016
017	무분류	017
018		018
019		019
020		020
021		021
022		022
023		023
024		024
025		025
026		026
027		027
028		028
029		029
030		030
031		031
032		032
033		033
034		034

『예기집설』	『예기천견록』	
	구분	문장
035		035
036		036
037		037
038		038
039		039
040		040
041		041
042		042
043		043
044		044
045		045
046		046
047		047
048		048
049		049
050		050
051	무분류	051
052		052
053		053
054		054
055		055
056		056
057		057
058		058
059		059
060		060
061		061
062		062
063		063
064		064
065		065
066		066
067		067
068		068
069		069

『예기집설』	『예기천견록』	
	구분	문장
070		070
071		071
072		072
073		073
074		074
075		075
076		076
077		077
078		078
079		079
080		080
081		081
082		082
083	무분류	083
084		084
085		085
086		086
087		087
088		088
089		089
090		090
091		091
092		092
093		093
094		094
095		095
096		096

무분류

經文

疾病, 外內皆埽[去聲]. 君·大夫徹縣[玄], 士去[上聲]琴瑟. 寢東
首[去聲]於北牖下. 廢牀, 徹褻衣, 加新衣, 體一人. 男女改服.
屬[燭]纊[曠]以俟絶氣. 男子不死於婦人之手, 婦人不死於男子
之手.〈001〉

병이 위독하게 되면, 그 집의 사람들은 그가 거처하는 곳 안팎을 모두
청소한다.['埽'자는 거성으로 읽는다.] 위독한 자가 군주나 대부의 경우라면,
걸어두는['縣'자의 음은 '玄(현)'이다.] 악기들을 치우고, 사의 경우라면 금슬
을 치운다.['去'자는 상성으로 읽는다.] 침에서는 북쪽 들창 아래에 병자를
옮겨두는데, 땅바닥에 두며 머리를['首'자는 거성으로 읽는다.] 동쪽으로 둔
다. 그가 거의 죽을 지경이 되면, 침상을 치우고, 속옷을 치우며, 새로
운 복장을 입히는데, 사지를 들 때 양팔과 양다리를 각각 한 사람씩 붙
잡는다. 집안의 남자와 여자들은 모두 복장을 갈아입는다. 병자의 입과
코에 솜을['纊'자의 음은 '曠(광)'이다.] 대서['屬'자의 음은 '燭(촉)'이다.] 그의 숨
이 끊어지는 것을 살핀다. 남자는 여자의 손에서 죽지 않고, 여자는 남
자의 손에서 죽지 않는다.

集說

疾, 病之甚也. 以賓客將來候問, 故埽潔所居之內外. 若君與大夫之
病, 則徹去樂縣, 士則去琴瑟. 東首於北牖下者, 東首, 向生氣也. 按
儀禮宮廟圖無北牖, 而西北隅謂之屋漏, 以天光漏入而得名. 或者
北牖指此乎. 古人病將死, 則廢牀而置病者於地, 以始生在地, 庶其
生氣復反而得活. 及死, 則復擧尸而置之牀上. 手足爲四體, 各一人
持之, 爲其不能自屈伸也. 男女皆改服, 亦擬賓客之來也. 貴者朝服,

庶人深衣. 纊, 新綿也. 屬之口鼻, 觀其動否, 以驗氣之有無也. 男子
不死於婦人之手, 婦人不死於男子之手, 惡其褻也.

'병(病)'은 질 중에서도 심각한 것이다. 빈객이 찾아와서 병문안을 하게
되므로, 그가 거처하는 곳 안팎을 청소한다. 만약 군주와 대부의 병이
위독하다면, 걸어둔 악기를 치워두고, 사의 경우라면 금슬을 치워둔다.
"북쪽 들창 아래에서 머리를 동쪽으로 둔다."고 했는데, 머리를 동쪽으
로 두는 것은 생기를 향하도록 하기 때문이다. 「의례궁묘도」를 살펴보
면 북쪽 들창이 없고, 서북쪽 모퉁이를 '옥루(屋漏)'라고 부르니, 하늘의
빛이 그곳으로 흘러 들어와서 이러한 명칭을 얻은 것이다. 어떤 자는
북쪽 들창이 바로 이곳을 뜻할 것이라고 했다. 고대인은 병이 위독하여
죽을 지경에 이르면, 침상을 치우고 바닥에 병자를 내려놓았으니, 처음
생겨나는 것들은 땅에 달려 있어서, 생기가 다시 회복되어 살아나기를
바라는 것이다. 그가 거의 죽을 지경에 이르면 재차 시신을 들어서 침상
위에 올려둔다. 양손과 양발은 사지가 되는데, 각각 한 사람씩 그 부분
을 잡게 되니, 그가 직접 몸을 굽히거나 펼 수 없기 때문이다. 집안의
남자와 여자들이 모두 복장을 갈아입는 것은 또한 빈객이 찾아오는 것을
대비하기 때문이다. 신분이 존귀한 자는 조복을 착용하고, 서인들은 심
의를 착용한다. '광(纊)'은 새로 뽑은 솜이다. 그것을 입과 귀에 대서 움
직이는지의 여부를 살피니, 숨을 쉬고 있는지를 가늠할 수 있기 때문이
다. 남자는 여자의 손에서 죽지 않고, 여자도 남자의 손에서 죽지 않는
것은 남녀 사이에서는 너무 친밀하게 대하는 것을 꺼려하기 때문이다.

經文

君夫人卒於路寢, 大夫世婦, 卒於適[的]寢. 內子未命, 則死於
下室, 遷尸于寢. 士之妻, 皆死於寢.〈002〉

제후와 그의 부인은 죽을 때 노침에서 생을 마감하고, 대부와 그의 아

내는 적침에서['適'자의 음은 '的(적)'이다.] 생을 마감한다. 경의 아내 중 아직 명령을 받아 정식 부인으로 허락을 받지 못한 여자라면, 하실에서 생을 마감하고, 죽은 이후 시신을 침으로 옮긴다. 사와 그의 아내는 모두 침에서 생을 마감한다.

集說

諸侯與夫人皆有三寢, 君正者曰路寢, 餘二曰小寢. 夫人一正寢, 二小寢, 卒當於正處也. 大夫妻曰命婦, 而云世婦者, 世婦乃國君之次婦, 其尊卑與命婦等, 故兼言之. 內子, 卿妻也. 下室, 燕處之所. 又燕寢亦曰下室也. 士之妻皆死于寢, 謂士與其妻, 故云皆也. 士喪禮云死于適室, 此云寢, 寢室通名也.

제후와 그의 부인은 모두 3개의 침을 가지게 되는데, 군주의 정침을 '노침(路寢)'이라 부르고, 나머지 2개는 '소침(小寢)'이라 부른다. 부인도 1개의 정침과 2개의 소침을 가지는데, 죽을 때에는 정침에서 죽게 된다. 대부의 아내는 명부(命婦)1)라 부르는데, '세부(世婦)'라고 말한 이유는 세부는 곧 제후에게 있는 첩 중 정부인 다음 서열이 되어, 신분이 명부와 동일하기 때문에 그 둘을 포함해서 말한 것이다. '내자(內子)'는 경의 처이다. '하실(下室)'은 한가롭게 머무는 장소이다. 또한 연침을 '하실(下室)'이라고도 부른다. '사지처(士之妻)'는 모두 침에서 죽는다고 했는데, 사와 그의 처에게 해당하기 때문에 '모두'라고 말한 것이다. 『의례』「사상례(士喪禮)」편에서는 "적실에서 죽는다."2)라고 했는데, 이곳에서는 '침(寢)'이라고 했으니, 침(寢)과 실(室)은 통용되는 명칭이다.

---

1) 명부(命婦)는 고대 봉호(封號)를 부여받은 여자들을 뜻한다. 궁중에 머물며 비(妃)나 빈(嬪)의 신분을 가진 여자들은 내명부(內命婦)라고 부르고, 신하의 처가 된 자들은 외명부(外命婦)라고 부른다.
2) 『의례』「사상례(士喪禮)」: 士喪禮. 死于適室, 幠用斂衾.

復, 有林麓, 則虞人設階, 無林麓則狄人設階.〈003〉

초혼을 할 때, 죽은 자가 산림을 소유한 경우라면 우인을 시켜서 사다
리를 설치하고, 산림이 없는 경우라면 적인을 시켜서 사다리를 설치한
다.

集說

復, 始死升屋招魂也. 虞人, 掌林麓之官. 階, 梯也. 狄人, 樂吏之賤
者. 死者封疆內若有林麓, 則使虞人設梯以升屋. 其官職卑下不合
有林麓者, 則使狄人設之. 以其掌設簨簴, 或便於此.

'복(復)'은 어떤 자가 이제 막 죽었을 때 지붕에 올라가서 초혼을 한다는
뜻이다. '우인(虞人)'은 산림을 관장하는 관리이다. '계(階)'는 사다리를
뜻한다. '적인(狄人)'은 음악을 담당하는 관리 중에서도 신분이 낮은 자
이다. 죽은 자가 받은 영지 안에 산림이 있는 경우라면, 우인을 시켜서
사다리를 설치하여 지붕에 올라가게 된다. 그가 맡은 관직과 직무가 낮
아서 산림을 소유하기에 적합하지 않다면, 적인을 시켜서 설치한다. 그
는 악기를 매다는 틀인 순거(簨簴)[3]를 담당하니, 아마도 이러한 일을 처
리하는데 유용했기 때문일 것이다.

---

3) 순거(簨簴)는 종(鍾)이나 경(磬)을 매다는 도구이다. 가로로 받치는 것을 순(簨)
이라고 부르며, 비늘을 가진 짐승으로 장식을 한다. 세로로 받치는 것을 거(簴)라
고 부르며, 털이 짧은 짐승이나 깃털을 가진 짐승으로 장식을 한다. 순(簨)은
큰 나무판으로 만들게 되어, '업(業)'이라고도 부른다. 『예기』「명당위(明堂位)」
편에는 "夏后氏之龍簨簴, 殷之崇牙, 周之壁翣."이라는 기록이 있고, 이에 대한
정현의 주에서는 "簨簴, 所以縣鍾·磬也. 橫曰簨, 飾之以鱗屬; 植曰簴, 飾之以
臝屬·羽屬. 簨以大版爲之, 謂之業."이라고 풀이했다.

小臣復, 復者朝服. 君以卷[袞], 夫人以屈[闕]狄, 大夫以玄賴[敕
貞反], 世婦以禕[知彦反]衣, 士以爵弁, 士妻以稅[象]衣, 皆升自東
榮, 中屋履危, 北面三號[平聲], 捲衣投于前, 司服受之, 降自西
北榮.〈004〉

주군을 가까이 모시는 자가 초혼을 하는데, 초혼을 하는 자는 조복을
착용한다. 군주에 대해 초혼을 하면 곤복을['卷'자의 음은 '袞(곤)'이다.] 사
용해서 흔들고, 군주의 부인에 대해서는 궐적을['屈'자의 음은 '闕(궐)'이다.]
사용하며, 대부에 대해서는 현정을['賴'자는 '敕(칙)'자와 '貞(정)'자의 반절음이
다.] 사용하고, 세부에 대해서는 전의를['禕'자는 '知(지)'자와 '彦(언)'자의 반
절음이다.] 사용하며, 사에 대해서는 작변을 사용하고, 사의 처에 대해서
는 단의를['稅'자의 음은 '象(단)'이다.] 사용하는데, 모든 경우에 있어서 초
혼을 하는 자는 동쪽 처마를 통해서 지붕으로 올라가고, 지붕에 올라가
서는 지붕 중앙의 등마루를 밟고서, 북쪽을 향한 뒤 세 차례 부르게['號'
자는 평성으로 읽는다.] 되고, 그 일이 끝나면 옷을 말아서 앞으로 던지니,
사복이 밑에서 그 옷을 받으며, 초혼을 했던 자는 내려갈 때 서북쪽 처
마를 통해서 내려간다.

小臣, 君之近臣也. 君以袞, 謂上公用袞服也. 循其等而用之, 則侯
伯用鷩冕之服, 子男用毳冕之服, 上公之夫人用褘衣, 侯伯夫人用揄
狄, 子男夫人用屈狄. 此言君以袞, 舉上以見下也. 夫人以屈狄, 舉
下以知上也. 賴, 赤色. 玄賴, 玄衣纁裳也. 世婦, 大夫妻, 言世婦者,
大夫妻與世婦同用禕衣也. 褘衣而下六服, 說見前篇. 爵弁, 指爵弁
服而言, 非用弁也. 六冕則以衣名冠, 四弁則以冠名衣也. 榮, 屋翼
也. 天子諸侯屋皆四註, 大夫以下, 但前簷後簷而已. 翼, 在屋之兩
頭, 似翼, 故名屋翼也. 中屋, 當屋之中也. 履危, 立于高峻之處, 蓋

屋之脊也. 三號者, 一號於上, 冀魂自天而來. 一號於下, 冀魂自地而來. 一號於中, 冀魂在天地四方之間而來. 其辭則皐某復也. 皐, 長聲也. 三號畢, 乃捲斂此衣自前投而下, 司服者以篋受之, 復之小臣, 卽西北榮而下也.

'소신(小臣)'은 군주를 가까이에서 모시는 신하이다. '군이곤(君以袞)'이라는 말은 상공에 대해서는 곤복을 사용한다는 뜻이다. 그 등급에 따라서 사용을 한다면, 후작과 백작에 대해서는 별면의 복장을 사용하고, 자작과 남작에 대해서는 취면의 복장을 사용하며, 상공의 부인에 대해서는 위의를 사용하고, 후작과 백작의 부인에 대해서는 유적을 사용하며, 자작과 남작의 부인에 대해서는 궐적을 사용한다. 이곳에서 "군주에 대해서 곤복을 사용한다."라고 한 말은 상위의 것을 제시하여 그 이하의 내용도 나타낸 것이다. 또 "부인에 대해서는 궐적을 사용한다."라고 한 말은 하위의 것을 제시하여 그 이상의 내용도 알 수 있다. '정(禎)'자는 적색을 뜻한다. '현정(玄禎)'은 현색의 상의와 분홍색의 하의를 뜻한다. '세부(世婦)'는 대부의 처인데, '세부(世婦)'라고 말한 것은 대부의 처와 군주의 세부가 동일하게 전의를 사용하기 때문이다. 위의 이하의 여섯 가지 복식에 대해서는 앞 편에 그 설명이 나온다. '작변(爵弁)'은 작변복을 가리켜서 한 말이니, 실제로 변을 착용한다는 뜻이 아니다. 육면(六冕)[4]에 대해서는 옷에 따라서 관(冠)의 명칭을 부르며, 사변(四弁)[5]에

---

4) 육면(六冕)은 천자가 착용하는 여섯 종류의 면복(冕服)을 가리킨다. 호천(昊天) 및 오제(五帝)에게 제사지낼 때에는 대구(大裘)를 입고 면류관(冕)을 쓰며, 선왕(先王)에게 제사지낼 때에는 곤면(袞冕)을 착용하고, 선공(先公)에 대한 제사 및 향사례(饗射禮)를 시행할 때에는 별면(鷩冕)을 착용하며, 산천(山川) 등에 제사지낼 때에는 취면(毳冕)을 착용하고, 사직(社稷) 등에 제사지낼 때에는 희면(希冕: =絺冕)을 착용하며, 기타 여러 제사에는 현면(玄冕)을 착용한다. 『주례』「춘관(春官)・사복(司服)」편에는 "掌王之吉凶衣服, 辨其名物, 辨其用事. 王之吉服, 祀昊天上帝, 則服大裘而冕, 祀五帝亦如之. 享先王則袞冕. 享先公, 饗射則鷩冕. 祀四望山川則毳冕. 祭社稷五祀則希冕. 祭群小祀則玄冕."이라는 기록이 있다.

대해서는 관에 따라서 옷의 명칭을 부른다. '영(榮)'은 지붕에 날개처럼 달린 처마를 뜻한다. 천자와 제후의 궁실 지붕에는 모두 사면에 빗물을 흘러내리도록 하는 처마가 있고, 대부로부터 그 이하의 계층은 단지 앞과 뒤에만 처마가 있을 따름이다. '익(翼)'은 지붕의 양쪽 끝단에 있는데, 그 모습이 날개와 같기 때문에 '옥익(屋翼)'이라고 부른다. '중옥(中屋)'은 지붕 중에서도 가운데 있다는 뜻이다. '이위(履危)'는 가장 높은 곳에 서 있다는 뜻으로, 지붕의 등마루를 뜻한다. '삼호(三號)'라고 했는데, 위에 대해 한 차례 불러서 혼이 하늘로부터 다시 오기를 기대하는 것이다. 또 아래에 대해 한 차례 불러서 혼이 땅으로부터 다시 오기를 기대하는 것이다. 중간에 대해 한 차례 불러서 혼이 천지와 사방의 사이에서 다시 오기를 기대하는 것이다. 그때 하는 말에 있어서는 "아아! 아무개여 돌아오소서."라고 한다. '고(皐)'자는 소리를 길게 내빼는 말이다. 세 차례 부르는 일이 끝나면, 사용한 옷을 말아서 앞으로 던져 밑으로 떨어지게 하고, 의복을 담당하는 사복이 상자를 이용해서 그것을 받고, 초혼을 했던 소신은 곧 서북쪽 처마를 통해서 밑으로 내려온다.

---

5) 사변(四弁)은 천자가 착용하는 여섯 종류의 변복(弁服)을 가리킨다. 전쟁이나 군대와 관련된 일을 처리할 때에는 위변복(韋弁服)을 착용하는데, 무두질한 가죽으로 변(弁) 및 상의와 하의를 만든 복장이다. 조정에 참관하여 신하들에게 정무를 보고받을 때에는 피변복(皮弁服)을 착용하는데, 가죽으로 만든 변(弁)과 15승(升)의 백색 포(布)로 만든 상의 및 흰색의 옷감에 주름을 잡아 만든 하의를 착용한다. 사냥과 관련된 일을 처리할 때에는 관변복(冠弁服)을 착용하는데, 관변(冠弁)은 위모(委貌)를 뜻하며, 치포(緇布)로 만든 상의와 흰색 옷감에 주름을 잡아 만든 하의를 착용한다. 흉사와 관련된 일에는 복변복(服弁服)을 착용하는데, 복변(服弁)은 상관(喪冠)을 뜻하며, 복장은 참최복(斬衰服)이나 자최복(齊衰服)에 해당한다. 『주례』「춘관(春官) · 사복(司服)」편에는 "凡兵事, 韋弁服. 眡朝, 則皮弁服. 凡甸, 冠弁服. 凡凶事, 服弁服."이라는 기록이 있고, 이에 대한 정현의 주에서는 "韋弁, 以靺韋爲弁, 又以爲衣裳. …… 視朝, 視內外朝之事. 皮弁之服, 十五升白布衣, 積素以爲裳. …… 甸, 田獵也. 冠弁, 委貌, 其服緇布衣, 亦積素以爲裳. …… 服弁, 喪冠也. 其服, 斬衰 · 齊衰."라고 풀이했다.

其爲賓, 則公館復, 私館不復. 其在野, 則升其乘車之左轂而
復.〈005〉

사신으로 온 자가 죽었을 경우, 그 자가 머문 속소가 공관이라면 초혼
을 하지만, 사관이라면 초혼을 하지 않는다. 만약 여정 중에 죽게 된다
면, 그가 타고 갔던 수레의 좌측 수레바퀴 위에 올라가서 초혼을 한다.

說見曾子問及雜記.

자세한 설명은 『예기』「증자문(曾子問)」 및 「잡기(雜記)」편에 나온다.

復衣不以衣[去聲]尸, 不以斂. 婦人復, 不以袡[如占反]. 凡復男子
稱名, 婦人稱字. 唯哭先[去聲]復, 復而后行死事.〈006〉

초혼을 했던 옷으로는 시신에 대해 습을['衣'자는 거성으로 읽는다.] 하지 않
고, 염을 하지 않는다. 부인에 대해 초혼을 할 때에는 시집을 올 때 착용
했던 복장을['袡'자는 '如(여)'자와 '占(점)'자의 반절이다.] 사용하지 않는다.
무릇 초혼을 할 때 남자의 경우라면 이름을 부르고, 여자의 경우라면 자
를 부른다. 어떤 자가 죽었을 때 곡을 하지만 우선['先'자는 거성으로 읽는
다.] 초혼을 하고, 초혼을 끝낸 뒤에 장례를 치르는 절차로 넘어간다.

士喪禮: "復衣初用以覆尸, 浴則去之." 此言不以衣尸, 謂不用以襲

也. 以絳緣衣之下曰神. 蓋嫁時盛服, 非事鬼神之衣, 故不用以復也.

『의례』「사상례(士喪禮)」편에서는 "초혼을 할 때의 옷으로는 최초 그것을 사용하여 시신을 덮지만, 시신을 목욕시키게 되면 제거한다."고 했다. 이곳에서는 이 옷을 시신에게 입히지 않는다고 했는데, 이 말은 이 옷을 사용하여 습을 하지 않는다는 뜻이다. 진홍색으로 연의(緣衣)[6]의 하단을 만든 옷을 '염(神)'이라 부른다. 무릇 시집을 갈 때에는 융성한 복장을 착용하는데, 이것은 귀신을 섬기기 위해 착용하는 복장이 아니다. 그렇기 때문에 이 옷을 사용하여 초혼을 하지 않는다.

經文

始卒, 主人啼, 兄弟哭, 婦人哭踊.⟨007⟩

어떤 자가 이제 막 죽었을 때, 상주는 울부짖고, 형제들은 곡을 하며, 부인은 곡과 용을 한다.

集說

啼者, 哀痛之甚, 嗚咽不能哭, 如嬰兒失母也. 兄弟情稍輕, 故哭有聲. 婦人之踊, 似雀之跳, 足不離地. 問喪篇云: "爵踊", 是也.

'제(啼)'는 애통함이 극심하여 목이 메어 곡을 할 수 없는 것이니, 마치 어린아이가 어미를 잃은 경우와 같다. 형제는 그 정감이 보다 가볍기 때문에 곡을 하며 소리를 낼 수 있다. 부인들의 용은 마치 참새가 뛰는

---

6) 연의(緣衣)는 단의(緣衣)를 뜻한다. '단의'는 흑색의 천으로 상의와 하의를 만들고, 붉은색으로 가장자리에 단을 댄 옷이다. 『의례』「사상례(士喪禮)」편에는 '단의'가 기록되어 있는데, 이에 대한 정현의 주에서는 "黑衣裳赤緣謂之緣."이라고 풀이했다.

것과 같아서, 다리가 지면에서 떨어지지 않는다. 『예기』 「문상(問喪)」편에서 '작용(爵踊)'이라고 한 말이 이것에 해당한다.

旣正尸, 子坐于東方, 卿·大夫父兄子姓立于東方, 有司庶士哭于堂下北面, 夫人坐于西方, 內命婦姑姊妹子姓立于西方, 外命婦率外宗哭于堂上北面.〈008〉

군주의 시신을 들창 아래로 옮기고 머리를 남쪽으로 두게 되면, 자식은 동쪽에 앉고, 경과 대부 및 부형과 그 자손들은 동쪽에 서 있으며, 유사와 여러 사들은 당하에서 곡을 하며 북쪽을 바라보고, 부인은 서쪽에 앉으며, 내명부 및 군주의 고모 및 자매와 여손자들은 서쪽에 서 있고, 외명부는 외종을 이끌고 당상에서 곡을 하고 북쪽을 바라본다.

集說

此言國君之喪. 正尸, 遷尸於牖下南首也. 姓, 猶生也. 子姓, 子所生, 謂衆子孫也. 內命婦, 子婦世婦之屬. 姑姊妹, 君之姑姊妹也. 子姓, 君女孫也. 外命婦, 卿·大夫之妻也. 外宗, 謂姑姊妹之女.

이 내용은 제후의 상을 뜻한다. '정시(正尸)'는 들창 아래로 시신을 옮기고 머리를 남쪽으로 둔다는 뜻이다. '성(姓)'자는 "낳는다."는 뜻이다. '자성(子姓)'은 자식이 낳은 대상으로, 뭇 자손들을 뜻한다. '내명부(內命婦)'는 자식의 부인 및 세부 등을 뜻한다. '고자매(姑姊妹)'는 군주의 고모 및 자매를 뜻한다. '자성(子姓)'은 군주의 여손자를 뜻한다. '외명부(外命婦)'는 경과 대부의 처를 뜻한다. '외종(外宗)'은 고모와 자매의 딸을 뜻한다.

大夫之喪, 主人坐于東方, 主婦坐于西方, 其有命夫命婦則坐, 無則皆立. 士之喪, 主人父兄子姓皆坐于東方, 主婦姑姊妹子姓皆坐于西方. 凡哭尸于室者, 主人二手承衾而哭.〈009〉

대부의 상에서 상주는 동쪽에 앉고, 주부는 서쪽에 앉으며, 친족 중 작위를 가진 남자나 여자가 있을 경우라면 앉고 작위가 없다면 모두 서 있게 된다. 사의 상에서 상주, 부친 및 형의 항렬과 자손들은 모두 동쪽에 앉고, 주부, 고모와 자매 및 여손자들은 모두 서쪽에 앉는다. 무릇 실에서 시신에 대해 곡을 할 때, 상주는 두 손으로 시신을 덮고 있는 이불을 붙잡고 곡을 한다.

承衾而哭, 猶若致其親近扶持之情也, 謂初死時.

이불을 잡고 곡을 한다는 말은 마치 친근한 자가 부축해야 하는 정감을 지극히 나타내는 것과 같으니, 이것은 이제 막 죽었을 때에 대한 내용이다.

疏曰: 君與大夫位尊, 故坐者殊其貴賤; 士位下, 故坐者等其尊卑.

소에서 말하길, 군주와 대부는 지위가 존귀하기 때문에 앉게 되는 자들에 대해 신분의 귀천을 구별하는데, 사는 지위가 낮기 때문에 앉게 되는 자들에 대해 신분의 차등에 상관없이 동등하게 한다.

君之喪, 未小斂, 爲寄公國賓出. 大夫之喪, 未小斂, 爲君命出. 士之喪, 於大夫, 不當斂則出.〈010〉

군주의 상에서 아직 소렴을 하지 않았다면, 상주는 찾아온 기공이나 국빈을 위해서 밖으로 나가서 맞이한다. 대부의 상에서 아직 소렴을 하지 않았다면, 상주는 군주의 명령을 가지고 찾아온 사신을 위해서 밖으로 나가서 맞이한다. 사의 상에서 대부가 조문을 왔는데, 상주가 소렴을 하는 때가 아니라며 밖으로 나가서 맞이한다.

集說

寄公, 諸侯失國而寄託鄰國者也. 國賓, 他國來聘之卿 · 大夫也. 出, 出迎也. 爲君命出, 謂君有命及門則出也. 檀弓云: "大夫弔, 當事而至則辭焉." 辭, 告也, 故不當斂時, 則亦出迎. 雜記云: "大夫至, 絶踊而拜之"者, 亦謂斂後也.

'기공(寄公)'은 제후들 중 자신의 나라를 잃고 이웃 나라에 의탁해 있는 자를 뜻한다. '국빈(國賓)'은 다른 나라에서 빙문으로 찾아온 경과 대부를 뜻한다. '출(出)'자는 나가서 맞이한다는 뜻이다. '위군명출(爲君命出)'은 군주의 명령을 받들고 온 자가 문에 당도하면, 밖으로 나간다는 뜻이다. 『예기』「단궁(檀弓)」편에서는 "대부가 사에게 조문을 왔는데, 만약 상주가 시행하고 있는 일이 있을 때 당도하게 된다면, 그 일을 돕는 자가 나와서, 상주가 현재 어떠한 일을 시행하고 있다는 사실을 아뢴다."고 했다. '사(辭)'자는 "아뢴다."는 뜻이다. 그러므로 염을 할 때가 아니라면, 또한 밖으로 나와서 맞이한다. 『예기』「잡기(雜記)」편에서는 "대부가 조문을 하기 위해 찾아왔다면, 용을 멈추고 밖으로 나가서 대부에게 절을 한다."고 했는데, 이 또한 염을 한 이후에 대한 내용이다.

凡主人之出也, 徒跣扱[揷]袵拊[抚]心, 降自西階. 君拜寄公國賓
于位. 大夫於君命, 迎于寢門外, 使者升堂致命, 主人拜于下.
士於大夫親弔則與之哭, 不逆於門外.〈011〉

무릇 상주가 빈객을 맞이하기 위해 밖으로 나올 때에는 맨발을 하며 심의의 앞자락을 허리띠에 꼽고['扱'자의 음은 '揷(삽)'이다.] 가슴을 두드리며['拊'자의 음은 '抚(무)'이다.] 서쪽 계단을 통해서 당하로 내려간다. 군주의 상에 있어서 기공과 국빈에게 절을 할 때에는 그들의 자리를 향해서 한다. 대부의 상에서 군주의 명을 받들고 온 사신에 대해서는 침문 밖에서 그를 맞이하고, 사신이 당으로 올라가서 명령을 전달하면, 상주는 당하에서 절을 한다. 사의 상에서 대부가 직접 조문을 오게 되면, 상주는 그와 함께 곡을 하지만, 문밖에서 그를 맞이하지는 않는다.

徒跣者, 未著喪屨, 吉屨又不可著也. 扱袵者, 扱深衣前襟於帶也.
拊心, 擊心也. 曲禮云: "升降不由阼階." 拜寄公國賓于位者, 寄公位在門西, 國賓位在門東, 主人於庭各向其位而拜之也. 士喪禮云: "賓有大夫, 則特拜之, 卽位于西階下東面, 不踊."

'도선(徒跣)'은 상을 치르며 신는 신발을 아직 착용하지 않은 상태이며, 길한 시기에 신는 신발 또한 신지 않는 것이다. '급임(扱袵)'은 심의의 앞자락을 허리띠에 꼽는 것이다. '무심(拊心)'은 가슴을 친다는 뜻이다. 『예기』「곡례(曲禮)」편에서는 "당에 오르거나 내려갈 때에는 부친이 사용하던 동쪽 계단을 이용하지 않는다."고 했다. 기공과 국빈에게 자리에서 절을 한다고 했는데, 기공의 자리는 문의 서쪽이 되고, 국빈의 자리는 문의 동쪽이 되니, 상주는 마당에서 각각 그들의 자리를 향한 상태에서 절을 한다는 뜻이다. 『의례』「사상례(士喪禮)」편에서는 "빈객 중 대부가 있다면, 그에게 단독으로 절을 하고, 서쪽 계단 아래의 자리로 나아가서 동쪽을 바라보되 용은 하지 않는다."[7]고 했다.

經文

夫人爲寄公夫人出, 命婦爲夫人之命出, 士妻不當斂, 則爲命婦出.〈012〉

제후의 부인은 조문을 온 기공의 부인을 위해서 방밖으로 나오고, 경과 대부의 부인은 제후 부인의 명령을 받들고 온 사신을 위해서 방밖으로 나오며, 사의 처는 소렴을 하는 시기가 아니라면, 조문을 온 명부를 위해서 방밖으로 나온다.

集說

婦人不下堂, 此謂自房而出拜於堂上也.

부인들은 당하로 내려가지 않으니, 이 내용은 방으로부터 밖으로 나와서 당상에서 절을 한다는 뜻이다.

經文

小斂, 主人卽位于戶內, 主婦東面乃斂. 卒斂, 主人馮[憑]之踊, 主婦亦如之. 主人袒, 說[脫]髦, 括髮以麻. 婦人髽[側瓜反], 帶麻于房中. 徹帷, 男女奉[上聲]尸夷于堂, 降拜.〈013〉

---

7) 『의례』「사상례(士喪禮)」: 有大夫則特拜之, 卽位于西階下, 東面, 不踊. 大夫雖不辭, 入也.

소렴을 치르게 되면, 상주는 방문 안쪽의 자리로 나아가고, 주부는 동쪽을 바라보고서 곧 소렴을 시행한다. 소렴을 끝내면 상주는 시신을 부여잡고['馮'자의 음은 '憑(빙)'이다.] 용을 하며, 주부 또한 이처럼 한다. 주부는 단을 하고 다팔머리를 풀며['說'자의 음은 '脫(탈)'이다.] 마를 이용해서 머리카락을 묶는다. 부인은 좌의['鬠'자는 '側(측)'자와 '瓜(과)'자의 반절음이다.] 방식으로 머리를 틀고, 방안에서 마로 된 허리띠를 찬다. 당에 쳤던 휘장을 걷고, 상주와 주부 및 남녀의 친족들은 시신을 받들어서['奉'자는 상성으로 읽는다.] 당으로 옮기고, 상주는 당하로 내려와서 빈객에게 절을 한다.

集說

檀弓云: "小斂于戶內." 馮之踊者, 馮尸而踊也. 髦, 幼時翦髮爲之, 年雖成人, 猶垂于兩過. 若父死脫左髦, 母死脫右髦. 親沒不髦, 謂此也. 鬠, 亦用麻, 如男子括髮以麻也. 帶麻, 麻帶也, 謂婦人要絰. 小斂畢, 卽徹去先所設帷堂之帷. 諸侯·大夫之禮, 賓出乃徹帷, 此言士禮耳. 夷, 陳也. 小斂竟, 相者擧尸出戶, 往陳于堂, 而孝子男女親屬, 竝扶捧之也. 降拜, 適子下堂而拜賓也.

『예기』「단궁(檀弓)」편에서는 "방문의 안쪽에서 소렴을 한다."고 했다. '빙지용(馮之踊)'은 시신을 부여잡고 용을 한다는 뜻이다. '모(髦)'는 어렸을 때 머리카락을 잘라서 만든 다팔머리인데, 나이가 비록 성인에 해당하더라도 여전히 양쪽 측면으로 머리카락을 늘어트린다. 만약 부친이 돌아가셨다면 좌측의 다팔머리를 풀어서 늘어트리고, 모친이 돌아가셨다면 우측의 다팔머리를 풀어서 늘어트린다. "부모가 돌아가시게 되면, 모의 머리 방식을 하지 않는다."고 한 말은 바로 이러한 뜻을 나타낸다. '좌(鬠)'의 머리 방식 또한 마를 사용해서 만들게 되는데, 이것은 남자가 머리카락을 묶을 때 마를 사용하는 것과 같다. '대마(帶麻)'는 마로 만든 허리띠를 뜻하니, 부인이 차는 요질을 의미한다. 소렴을 끝내면 곧 당에 쳤던 휘장을 우선적으로 제거한다. 제후와 대부의 예법에서 빈객이 밖으로 나오면 휘장을 걷는다고 했으니, 이곳의 내용은 사에게 적용되는 예법일 뿐이다. '이(夷)'자는 "놓아둔다."는 뜻이다. 소렴이 끝나면 의례를 돕는 자는 시신을 들어서 방문 밖으로 나가고, 당으로 가서 시신을 놓아두는데, 자식과 남녀의 친족들은 모두 시신을 받들게 된다. '강배(降拜)'는 적자가 당하로 내려와서 빈객에게 절을 한다는 뜻이다.

經文

> 君拜寄公國賓大夫 · 士[句], 拜卿大夫於位, 於士旁三拜. 夫人亦拜寄公夫人於堂上, 大夫內子士妻, 特拜命婦, 氾[泛]拜眾賓於堂上.〈014〉

군주의 상에서 소렴이 끝나면 세자는 밖으로 나와서 기공과 국빈에게 절을 하고, 선대 군주의 신하인 대부와 사에 대해서도 절을 하는데['士'자에서 구문을 끊는다.] 경과 대부에 대해서는 그 자리에 나아가서 절을 하지만, 사에 대해서라면 두루 세 차례 절을 할 따름이다. 부인 또한 기공의 부인에 대해서 당상에서 절을 하고, 대부의 내자와 사의 처에 대해서도 절을 하는데, 내자와 명부에 대해서는 개개인마다 절을 하고, 사의 처에 대해서라면 당상에서 그들에 대해 두루['氾'자의 음은 '泛(범)'이다.] 절을 할 따름이다.

集說

君, 謂遭喪之嗣君也. 寄公與國賓入弔, 固拜之矣, 其於大夫 · 士也, 卿 · 大夫則拜之於位, 士則旁三拜而已. 旁, 謂不正向之也. 士有上中下三等, 故共三拜. 大夫 · 士皆先君之臣, 俱當服斬, 今以小斂畢而出庭列位, 故嗣君出拜之. 夫人亦拜寄公夫人於堂上矣, 其於卿 · 大夫之內子士之妻, 則亦拜之. 但內子與命婦則人人各拜之. 衆賓, 則士妻也. 氾拜之而已, 亦旁拜之比也.

'군(君)'자는 상을 당한 세자를 뜻한다. 기공과 국빈이 들어와서 조문을 하였으므로, 그들에게 절을 하는 것이며, 또한 세자가 대부와 사에게 절을 할 때, 경과 대부에게 한다면 그 자리에서 절을 하고, 사에게 한다면 두루 세 차례 절을 할 따름이다. '방(旁)'은 그들 개개인을 향해서 하지 않는다는 뜻이다. 사에는 상·중·하 세 등급이 있다. 그렇기 때문에 모두 세 차례 절을 한다. 대부와 사는 모두 선대 군주의 신하이니, 모두 참최복을 착용해야만 하는데, 현재 소렴을 끝내고서 마당으로 나와 신분에 따라 나열되어 자리를 잡고 있으니, 세자도 밖으로 나와서 그들에게 절을 한다. 부인 또한 기공의 부인에게 당상에서 절을 하는데, 경과 대부의 내자 및 사의 처에 대해서도 절을 한다. 다만 내자와 명부의 경우에는 개개인에게 각각 절을 한다. '중빈(衆賓)'은 사의 처를 뜻한다. 그녀들에 대해서는 두루 절을 할 따름이니, 또한 세자가 하는 '방배지(旁拜之)'와 비견된다.

經文

主人卽位, 襲帶絰, 踊. 母之喪, 卽位而免[問], 乃奠. 弔者襲裘加武帶絰, 與主人拾[其劫反]踊.〈015〉

상주는 빈객에게 절을 한 뒤 자신의 자리로 나아가서 습을 하고 대와 질을 차며, 용을 한다. 모친의 상이라면 자리로 나아가서 문을['免'자의 음은 '問(문)'이다.] 하고 전제사를 지낸다. 소렴을 끝낸 뒤에 찾아온 조문객은 갓옷을 습하고 관에 테두리를 더하며 대와 질을 차고, 상주와 번갈아가며['拾'자는 '其(기)'자와 '劫(겁)'자의 반절음이다.] 용을 한다.

集說

主人拜賓後, 卽阼階下之位, 先拜賓時袒, 今拜畢, 乃掩襲其衣, 而

加要帶首絰, 乃踊. 士喪禮: "先踊乃襲絰." 此諸侯禮, 故先襲絰乃踊
也. 母喪降於父, 拜賓竟而卽位, 以免代括髮之麻, 免而襲絰, 至大
斂乃成踊也. 乃奠者, 謂小斂奠. 弔者小斂後來, 則掩襲裘上之裼衣,
加素弁於吉冠之武. 武, 冠下卷也. 帶絰者, 要帶首絰. 有朋友之恩,
則加帶與絰, 無朋友之恩, 則無帶惟絰而已. 拾踊, 更踊也.

상주는 빈객에게 절을 한 이후 계단 아래의 자리로 나아가는데, 이전에
빈객에게 절을 할 때에는 단을 했고, 현재 절을 끝냈으므로, 곧 그 옷을
가려서 습을 하고 요대와 수질을 차고서 용을 한다. 『의례』「사상례(士
喪禮)」편에서는 "먼저 용을 하고 곧 습과 질을 한다."[8]고 했다. 이곳의
내용은 제후의 예법이다. 그렇기 때문에 먼저 습과 질을 한 뒤에 용을
한다. 모친의 상은 부친의 상보다 낮추니, 빈객에게 절하는 절차가 끝나
면 곧 자리로 나아가는데, 문을 하는 것으로 마로 괄발하는 것을 대체하
여, 문을 하고 습과 질을 하며, 대렴 때가 되면 곧 용의 절차를 마무리한
다. '내전(乃奠)'이라는 말은 소렴을 지내며 차리는 전제사를 뜻한다. 조
문하는 자 중 소렴을 치른 이후에 찾아오는 자가 있다면, 갓옷의 위를
석의로 가리고 습을 하며, 길관의 무에 소변을 더하여 쓰게 된다. '무
(武)'는 관 하단부의 테두리이다. '대질(帶絰)'은 요대와 수질이다. 벗에
대한 은정을 가진 자라면 대와 질을 차는데, 벗에 대한 은정이 없는 자
라면 대를 차지 않고 질만 차게 될 따름이다. '습용(拾踊)'은 번갈아가며
용을 한다는 뜻이다.

君喪, 虞人出木角, 狄人出壺, 雍人出鼎, 司馬縣[玄]之, 乃官代
哭. 大夫官代哭不縣[玄]壺, 士代哭不以官.〈016〉

----

8) 『의례』「사상례(士喪禮)」: 主人拜賓, 大夫特拜, 士旅之. 卽位踊, 襲絰于序東,
復位.

군주의 상에 있어서, 우인은 물이 얼지 않도록 하는 땔감과 물을 뜨는 각을 공출하고, 적인은 물을 담는 호를 공출하며, 옹인은 떨어지는 물을 끓이는 정을 공출하고, 사마는 물이 떨어지도록 호를 걸어두는데['縣'자의 음은 '玄(현)'이다.] 그런 뒤에는 떨어진 물의 양으로 시간을 판단하여 휘하의 관리들로 하여금 교대로 곡을 하도록 시킨다. 대부의 상에서는 휘하의 관리들이 교대로 곡을 하지만, 호는 걸어두지['縣'자의 음은 '玄(현)'이다.] 않고, 사의 상에서는 교대로 곡을 하지만 휘하의 관리를 시키지 않는다.

虞人, 主山澤之官. 出木爲薪, 以供爨鼎. 蓋冬月恐漏水氷凍也. 角, 斟水之斗. 狄人, 樂吏也. 主挈壺漏水之器, 故出壺. 雍人主烹飪, 故出鼎. 司馬, 夏官卿也, 其屬有挈壺氏. 司馬自臨視其縣, 此漏器乃官代哭者, 未殯, 哭不絶聲, 爲其不食疲倦, 故以漏器分時刻, 使官屬以次依時相代, 而哭聲不絶也. 士代哭不以官者, 親疎之屬, 與家人自相代也.

'우인(虞人)'은 산림과 하천을 담당하는 관리이다. 나무를 공출하여 땔감으로 삼으니, 솥에 불을 때는 일에 공급하는 것이다. 겨울철에는 물이 떨어지며 얼게 됨을 염려하기 때문이다. '각(角)'은 물을 뜨는 용기이다. '적인(狄人)'은 음악을 담당하는 하위 관리이다. 호를 걸어서 물이 떨어지도록 하는 기구를 담당한다. 그렇기 때문에 호를 공출하는 것이다. '옹인(雍人)'은 음식을 삶는 등의 일을 담당한다. 그렇기 때문에 정을 공출하는 것이다. '사마(司馬)'는 하관의 수장인 경의 신분으로, 그의 휘하에는 설호씨라는 관리가 있다.[9] 사마가 직접 그 일에 임해 물이 떨어지도록 하는 기구의 걸어둔 상태를 점검하면, 관이 대신 곡을 한다고 했는

---

9) 『주례』「하관사마(夏官司馬)」: 挈壺氏, 下士六人, 史二人, 徒十有二人.

데, 아직 빈소를 차리기 이전에는 곡을 하는 소리가 끊이지 않아야 하고, 음식도 먹지 않고 피로해졌기 때문에, 물이 떨어지는 기구를 통해 시간을 구분하여, 휘하의 관리로 하여금 차례대로 그 시기에 따라 서로 교대를 시켜서, 곡하는 소리가 끊이지 않도록 하는 것이다. 사의 상에서는 교대로 곡을 하며 관리를 시키지 않는다고 했는데, 친족들이 가족과 함께 서로 교대로 하는 것이다.

經文

君堂上二燭, 下二燭. 大夫堂上一燭, 下二燭. 士堂上一燭, 下一燭.〈017〉

군주의 상에서는 당상에 2개의 횃불을 준비하고, 당하에 1개의 횃불을 준비한다. 대부의 상에서는 당상에 1개의 횃불을 준비하고, 당하에 2개의 횃불을 준비한다. 사의 상에서는 당상에 1개의 횃불을 준비하고, 당하에 1개의 횃불을 준비한다.

集說

疏曰: 有喪則於中庭終夜設燎, 至曉滅燎, 而日光未明, 故須燭以照祭饌也. 古者未有蠟燭, 呼火炬爲燭也.

소에서 말하길, 상이 발생하게 되면 마당에는 밤이 될 때 화톳불을 설치하고, 새벽이 되면 화톳불을 끄며, 햇빛이 잘 들지 않기 때문에 횃불을 두어서 제사의 음식들을 비춰야 한다. 고대에는 아직까지 밀랍으로 만든 촛불이 없었으므로, 횃불을 '촉(燭)'이라고 불렀다.

賓出徹帷.〈018〉

상주가 빈객에게 절을 한 뒤, 빈객이 밖으로 나가게 되면 당에 설치한
휘장을 걷는다.

小斂畢卽徹帷, 士禮也. 此君與大夫之禮, 小斂畢, 下階拜賓, 賓出
乃徹帷也.

소렴을 끝내면 곧바로 휘장을 걷는데, 이것은 사의 예법이다. 이곳의 내
용은 군주와 대부의 예법에 해당하니, 소렴을 끝내고 계단으로 내려가
서 빈객에게 절을 하고, 빈객이 밖으로 나가게 되면 휘장을 걷는다.

哭尸于堂上, 主人在東方, 由外來者在西方, 諸婦南鄉[向].〈019〉

시신을 당상으로 옮기고 나서 곡을 하게 되면, 상주는 동쪽에 있게 되
고, 외지에서 분상하여 온 자는 서쪽에 있게 되며, 부인들은 북쪽과 가
까운 자리에서 남쪽을 바라보게['鄉'자의 음은 '向(향)'이다.] 된다.

婦人哭位本在西而東面, 今以奔喪者由外而來, 合居尸之西, 故退而
近北以鄉南也.

부인이 곡을 하는 자리는 본래 서쪽에서 동쪽을 바라보는 자리인데, 현
재는 분상을 하여 외지로부터 온 자가 함께 시신의 서쪽에 있기 때문에,

물러나 북쪽과 가까운 곳에 있으며 남쪽을 향하는 것이다.

婦人迎客送客不下堂, 下堂不哭. 男子出寢門外見人不哭.〈020〉

부인은 빈객을 맞이하거나 전송할 때 당하로 내려가지 않고, 당하로 내려가게 되면 곡을 하지 않는다. 남자는 침문 밖으로 나가게 되면 사람을 보더라도 곡을 하지 않는다.

集說

堂以內至房, 婦人之事. 堂以外至門, 男子之事. 非其所而哭, 非禮也. 此言小斂後, 男主女主迎送弔賓之禮. 婦人於敵者固不下堂, 若君夫人來弔, 則主婦下堂至庭, 稽顙而不哭也. 男子於敵者之弔亦不出門, 若有君命而出迎, 亦不哭也.

당의 안쪽부터 방에 이르기까지는 부인이 치러야 하는 일에 해당한다. 또 당의 바깥쪽부터 문에 이르기까지는 남자가 치러야 하는 일에 해당한다. 해당하는 장소가 아닌데도 곡을 하는 것은 비례이다. 이곳에서는 소렴을 한 이후에 남자 상주와 여자 상주가 조문객을 맞이하거나 전송하는 예법을 나타내고 있다. 부인은 자신과 신분이 대등한 자에 대해서라도 당하로 내려가지 않는데, 만약 군주의 부인이 찾아와서 조문을 하는 경우라면, 주부는 당하로 내려가서 마당까지 가고, 이마를 땅에 대어 절을 하지만 곡은 하지 않는다. 남자는 자신과 신분이 대등한 조문객에 대해서 또한 문밖으로 나가지 않는데, 만약 군주의 명령을 받들고 온 사신이라면, 밖으로 나가서 맞이하지만 또한 곡은 하지 않는다.

經文

其無女主, 則男主拜女賓于寢門內; 其無男主, 則女主拜男賓
于阼階下. 子幼則以衰[催]抱之, 人爲之拜. 爲後者不在, 則有
爵者辭, 無爵者人爲之拜. 在竟[境]內則俟之, 在竟外則殯葬可
也. 喪有無後, 無無主.〈021〉

상을 치를 때, 여자 상주가 없는 경우라면, 남자 상주가 침문 안쪽에서
여자 빈객들에게 절을 한다. 남자 상주가 없는 경우라면, 여자 상주가
동쪽 계단 아래에서 남자 빈객에게 절을 한다. 상주를 맡을 자식이 너
무 어리다면, 다른 사람을 시켜 상복으로['衰'자의 음은 '催(최)'이다.] 그를
감싸 안게 하고, 그가 어린 상주를 대신하여 빈객들에게 절을 한다. 후
계자가 외지에 나가 있을 경우, 후계자가 작위를 가진 자라면, 섭주를
맡은 자가 작위가 없어서 빈객에게 절을 할 수 없다는 이유로 조문객에
게 사양의 뜻을 전한다. 만약 후계자가 작위가 없는 경우라면, 섭주가
그를 대신하여 조문객에게 절을 한다. 후계자가 국경을['竟'자의 음은 '境
(경)'이다.] 벗어나지 않은 경우라면, 그가 되돌아올 때까지 기다린 뒤에
빈소를 차리고 장례를 치른다. 만약 그가 외국에 나가 있는 경우라면,
그가 없더라도 빈소를 차려야 할 시점이 되면 빈소를 차리고, 장례를
치러야 하는 시점이 되면 장례를 치러도 괜찮다. 상사에서는 후계자가
없는 경우는 있어도, 상주가 없는 경우는 없다.

集說

爲後者不在, 謂以事故在外也. 此時若有喪事, 而弔賓及門, 其爲後
者是有爵之人, 則辭以攝主無爵, 不敢拜賓. 若此爲後者是無爵之
人, 則攝主代之拜賓可也. 出而在國竟之內, 則俟其還乃殯葬. 若在
境外, 則當殯卽殯, 殯後又不得歸, 而及葬期, 則葬之可也. 無後, 不
過己自絶嗣而已. 無主, 則闕於賓禮. 故可無後, 不可無主也.

후계자가 있지 않다는 말은 어떠한 일 때문에 외지에 있다는 뜻이다. 이 시기에 만약 상사의 일이 발생하여 조문객이 문에 당도하게 되면, 후계자가 작위를 가진 사람일 경우에는 섭주에게 작위가 없어서 감히 빈객에게 절을 할 수 없다고 사양한다. 만약 후계자인 자가 작위가 없는 자라면, 섭주가 그를 대신해서 빈객에게 절을 해도 괜찮다. 출타를 했는데 국경 안에 있는 경우라면, 그가 되돌아올 때까지 기다린 뒤에 빈소를 마련하고 장례를 치른다. 만약 국경 밖에 있는 경우라면, 빈소를 차려야 할 시기가 되면 빈소를 차리고, 빈소를 차린 뒤에도 또한 되돌아오지 못했고, 장례를 치러야 하는 기간이 되었다면 장례를 치러도 괜찮다. 후계자가 없는 것은 본인에게 후손이 끊기는 것에 불과할 따름이다. 그러나 상주가 없게 되면, 빈객에 대한 예법을 빠트리게 된다. 그렇기 때문에 후계자가 없는 경우는 있을 수 있지만, 상주가 없는 경우는 있을 수 없다.

經文

君之喪三日, 子夫人杖; 五日旣殯. 授大夫世婦杖. 子大夫寢門之外杖, 寢門之內輯[集]之; 夫人世婦在其次則杖, 卽位則使人執之. 子有王命則去[上聲]杖, 國君之命則輯杖. 聽卜有事於尸則去杖. 大夫於君所則輯杖, 於大夫所則杖.〈022〉

군주의 상에서는 3일째가 되면 자식과 부인이 지팡이를 짚는다. 또 5일째가 되어 빈소를 차린 뒤에는 대부와 세부에게 지팡이를 지급한다. 자식과 부인은 침문 밖에서 지팡이를 짚는데, 침문 안쪽으로 들어오면 지팡이를 손에 모아 쥐어서['輯'자의 음은 '集(집)'이다.] 땅을 짚지 않는다. 부인과 세부는 임시숙소에 있을 때 지팡이를 짚지만, 자신의 자리로 나아가게 되면 다른 사람을 시켜서 그것을 들게 한다. 세자가 천자의 명령을 받들고 온 사신을 맞이하게 되면 지팡이를 제거하고['去'자는 상성으로 읽는다.] 이웃 나라의 제후가 보낸 사신을 대하게 되면 지팡이를 모아 쥐어서 땅을 짚지 않는다. 거북점을 치거나 시동에 대한 일을 처리하게 되면 지팡이를 제거한다. 대부는 군주가 계신 장소에서 지팡이를 모아 쥐어서 땅을 짚지 않고, 대부들끼리 있는 장소라면 지팡이를 짚는다.

子, 兼適庶及世子也. 寢門, 殯宮門也. 輯, 斂也. 謂擧之不以柱地也. 子大夫廬在寢門外, 得柱杖而行至寢門. 子與大夫幷言者, 據禮, 大夫隨世子以入, 子杖則大夫輯, 子輯則大夫去杖, 故下文云: "大夫於君所則輯杖也." 此言大夫特來, 不與子相隨, 故云門外杖, 門內輯. 若庶子之杖, 則不得持入寢門也. 夫人世婦居次在房內, 有王命至則世子去杖, 以尊王命也. 有隣國君之命則輯杖者, 下成君也. 聽卜, 卜葬卜日也. 有事於尸, 虞與卒哭及祔之祭也. 於大夫所則杖者, 諸大夫同在門外之位, 同是爲君, 故竝得以杖柱地而行也.

'자(子)'는 적자 및 서자와 세자를 모두 포함한다. '침문(寢門)'은 빈소의 문을 뜻한다. '집(輯)'자는 "모으다."는 뜻이니, 지팡이를 들지만 이것을 가지고 땅을 짚지 않는다는 뜻이다. 자식과 대부가 머무는 임시숙소 여는 침문 밖에 있으니, 지팡이로 땅을 짚고서 침문까지 당도할 수 있다. 자식과 대부를 함께 언급한 이유는 예법에 따르면 대부는 세자를 따라서 들어오니, 자식이 지팡이를 짚으면 대부는 지팡이를 모으고, 자식이 지팡이를 모으면 대부는 지팡이를 제거한다. 그렇기 때문에 아래문장에서 "대부는 군주가 계신 장소에서는 지팡이를 모은다."고 말한 것이다. 이곳의 내용은 대부 홀로 찾아와서, 자식과 함께 뒤따르지 않는 경우를 뜻한다. 그렇기 때문에 문밖에서 지팡이를 짚고, 문안에서 지팡이를 모은다고 한 것이다. 만약 서자가 지팡이를 짚는 경우라면, 그것을 지니고서 침문 안으로 들어갈 수 없다. 부인과 세부가 머무는 임시숙소 차는 방안에 해당한다. 천자의 명령을 받드는 사신이 당도하게 되면 세자는 지팡이를 제거하니, 천자의 명령을 존귀하게 여기기 때문이다. 이웃 나라 제후의 명령을 받들고 온 자가 있다면 지팡이를 모으니, 세자 스스로 정식 군주에 대한 예법보다 낮추기 때문이다. '청복(聽卜)'은 장례를 치르는 장소와 그 날짜에 대해서 거북점을 친다는 뜻이다. "시동에게 해야할 일이 있다."는 말은 우제와 졸곡 및 부제 등을 뜻한다. 대부가 있는 장소에서 지팡이를 짚는다는 말은 여러 대부들이 모두 문밖의 자리에 있을 때, 모두 군주를 위해 상을 치르는 입장이므로, 모두가 지팡이로 땅을 짚으며 이동할 수 있다.

大夫之喪, 三日之朝旣殯, 主人主婦室老皆杖. 大夫有君命則去杖, 大夫之命則輯杖. 內子爲夫人之命去杖, 爲世婦之命授人杖.〈023〉

대부의 상에서 3일째 아침에 빈소를 차리고 나면, 상주·주부·실로는 모두 지팡이를 짚는다. 상주에게 군주의 명령을 받들고 온 사신이 조문을 한다면 지팡이를 제거하고, 대부의 명령을 받들고 온 사신에 대해서는 지팡이를 모아쥐고 땅을 짚지 않는다. 내자는 군주 부인의 명령을 받들고 온 조문객을 위해 지팡이를 제거하고, 군주 세부의 명령을 받들고 온 조문객을 위해서는 남에게 지팡이를 건넨다.

大夫有君命, 是大夫, 指爲後子而言. 世婦, 君之世婦也.

대부에게 군주의 명령을 받들고 온 사신이 찾아온다고 했는데, 이때의 '대부(大夫)'는 후계자가 된 자식을 가리켜서 한 말이다. '세부(世婦)'는 군주의 세부를 뜻한다.

士之喪, 二日而殯, 三日之朝主人杖, 婦人皆杖. 於君命夫人
之命如大夫, 於大夫世婦之命如大夫.〈024〉

사의 상에서는 2일이 지난 뒤에 빈소를 마련하며, 3일째 아침에 상주는
지팡이를 짚고, 주부 및 첩과 시집을 가지 않은 딸자식은 모두 지팡이
를 짚는다. 군주의 명령을 받들고 온 사신이나 군주 부인의 명령을 받
들고 온 사신을 대하는 경우에는 대부의 예법처럼 하고, 대부나 세부의
명령을 받들고 온 사신을 대하는 경우에는 대부의 예법처럼 한다.

集說

如大夫, 謂去杖・輯杖・技人杖, 三者輕重之節也.

"대부와 같다."는 말은 지팡이를 제거하거나 지팡이를 모아 쥐거나 지팡
이를 남에게 건네는 등의 세 가지 절차를 적용하는 수위의 규정을 의미
한다.

經文

子皆杖, 不以卽位. 大夫士哭殯則杖, 哭柩則輯杖. 棄杖者, 斷
[短]而棄之於隱者.〈025〉

적장자를 제외한 나머지 아들들은 모두 지팡이를 짚지만, 그것을 짚고
서 자신의 자리로 나아가지 않는다. 대부와 사는 빈소에서 곡을 하게
되면 지팡이를 짚지만, 계빈을 한 이후 영구에 대해 곡을 하게 되면 지
팡이를 모아 쥐고 땅을 짚지 않는다. 대상을 치른 이후 지팡이를 버리
게 되면, 분질러서['斷'자의 음은 '短(단)'이다.] 은밀한 곳에 버린다.

子, 凡庶子, 不獨言大夫 · 士之庶子也. 不以杖卽位, 避適子也. 哭
殯則杖, 哀勝敬也. 哭柩, 啓後也. 輯杖, 敬勝哀也. 獨言大夫士者,
天子諸侯尊, 子不敢以杖入殯宮門, 故哭殯哭柩皆去杖也. 杖於喪
服爲重, 大祥棄之, 必斷截使不堪他用, 而棄於幽隱之處, 不使人褻
賤之也.

'자(子)'는 적장자를 제외한 나머지 아들들을 뜻하니, 대부와 사의 서자
들만 뜻하는 것이 아니다. 지팡이를 짚고 자신의 자리로 나아가지 않는
것은 적장자의 예법을 피하기 위해서이다. 빈소에서 곡을 하며 지팡이
를 짚는 것은 애통함이 공경함보다 심하기 때문이다. 영구에 대해 곡을
하는 것은 계빈을 한 이후를 뜻한다. 지팡이를 모아 쥐고 땅을 짚지 않
는 것은 공경함이 애통함보다 심하기 때문이다. 유독 대부와 사에 대해
서 언급한 이유는 천자와 제후는 존귀하여, 그의 자식들은 감히 지팡이
를 짚고서 빈소의 문으로 들어갈 수 없다. 그렇기 때문에 빈소에서 곡을
하고 영구에게 곡을 할 때에는 모두 지팡이를 제거한다. 지팡이는 상복
중에서도 중대한 대상이지만, 대상을 치르면 버리게 되니, 반드시 분질
러서 다른 용도로 사용할 수 없도록 하고, 은밀한 곳에 버려서 사람들이
함부로 대하거나 천시여기지 못하도록 한다.

始死, 遷尸于牀, 幠[呼]用斂衾, 去死衣, 小臣楔[先結反]齒用角
柶[四], 綴[拙]足用燕几, 君 · 大夫 · 士一也.〈026〉

어떤 자가 이제 막 죽었을 때에는 땅바닥에 있던 시신을 들어서 침상으
로 옮긴다. 그런 뒤에 대렴 때의 이불로 시신을 덮으며['幠'자의 음은 '呼
(호)'이다.] 새로 입혔던 옷을 벗기고, 소신은 뿔로 만든 수저를['柶'자의 음

은 '四(사)'이다.] 이용해서 입을 벌리게['楔'자는 '先(선)'자와 '結(결)'자의 반절
음이다.] 하고, 연궤를 사용하여 발을 고정시키니['綴'자의 음은 '拙(졸)'이다.]
이러한 예법은 군주·대부·사에게 모두 동일하게 적용된다.

集說

病因時遷尸于地, 冀其復生, 死則擧而置之牀上也. 幠, 覆也. 斂衾,
擬爲大斂之衾也. 先時徹褻衣而加新衣以死, 今覆以衾而去此死時
之新衣也. 楔, 柱也. 以角爲柶, 長六寸, 兩頭屈曲爲將含恐口閉, 故
以柶柱齒令開而受含也. 尸應著屨, 恐足辟戾, 故以燕几拘綴之令
直也.

병이 깊어졌을 때 땅으로 시신을 옮겨서 다시 살아나기를 기대하는데,
그가 죽게 되면 시신을 들어서 침상 위에 올려놓는다. '무(幠)'자는 "덮
다."는 뜻이다. '염금(斂衾)'은 대렴을 치르기 위해 만든 이불이다. 그 이
전에 속옷을 치우고 새로운 옷을 입히는 것은 그가 죽었기 때문인데, 현
재 이불로 덮으며 죽었을 때 새로 입혔던 옷을 벗기는 것이다. '설(楔)'
자는 "지탱하다"는 뜻이다. 뿔로 수저를 만드는데, 그 길이는 6촌이며
양쪽 끝을 굽히니, 함을 할 때 입이 닫히는 것을 염려하기 때문에, 수저
로 이빨을 벌려서 벌어지도록 하고 함을 할 수 있게끔 하는 것이다. 시
신에 대해서는 마땅히 신발을 신겨야 하는데, 발이 굽혀지는 것을 염려
하기 때문에 연궤로 발이 틀어지지 않도록 묶어서 곧게 만드는 것이다.

經文

管人汲, 不說[脫]繘屈之, 盡階, 不升堂, 授御者. 御者入浴,
小臣四人抗衾, 御者二人浴. 浴水用盆, 沃水用枓[主], 浴用絺
巾, 挋[震]用浴衣, 如他日. 小臣瓜足. 浴餘水棄于坎. 其母之
喪, 則內御者抗衾而浴. 〈027〉

시신을 목욕시킬 때, 관인이 그 물을 공급하니, 두레박에 달린 끈을 풀지['說'자의 음은 '脫(탈)'이다.] 않고 손으로 감아쥐며, 서쪽 계단으로 올라가지만 당에는 올라가지 않고 시중을 드는 자에게 전한다. 시중을 드는 자는 물을 건네받고 안으로 들어가서 시신을 목욕시키는데, 소신 4명이 이불을 들어서 시신의 몸을 가리며, 시중을 드는 자 2명이 목욕을 시킨다. 목욕을 시키는 물은 분을 이용해서 담고, 물을 퍼서 시신에게 뿌릴 때에는 주를['枓'자의 음은 '主(주)'이다.] 사용하며, 때수건으로는 고운 칡베를 사용하고, 물기를 제거할['抾'자의 음은 '震(진)'이다.] 때에는 욕의를 사용하는데, 이것은 생전과 동일하게 하는 것이다. 목욕을 모두 마치면 소신은 시신의 발톱을 깎는다. 목욕을 시키고 남은 물은 전인이 파놓았던 구덩이에 버린다. 모친의 상을 치르는 경우라면, 부인들이 이불을 들고서 목욕을 시킨다.

集說

管人, 主館舍者. 汲, 汲水以供浴事也. 繘, 汲水缾上索也. 急遽不暇解脫此索, 但縈屈而執於手. 水從西階升, 盡等而不上堂, 授與御者. 抗衾, 擧衾以蔽尸也. 此浴水用盆盛之, 乃用枓酌盆水以沃尸, 以絺爲巾, 蘸水以去尸之垢. 抾, 拭也. 浴衣, 生時所用以浴者, 用之以拭尸, 令乾也. 如他日者, 如生時也. 瓜足, 浴竟而翦尸足之瓜甲也. 浴之餘水, 棄之坎中, 此坎是甸人取土爲竈所掘之坎. 內御者, 婦人也.

'관인(管人)'은 숙소에 대한 일을 주관하는 자이다. '급(汲)'자는 물을 길러서 목욕시키는 일에 공급한다는 뜻이다. '율(繘)'은 물을 기르는 두레박에 달린 끈이다. 신속히 처리하여 이 끈을 풀 겨를이 없으니, 단지 끈을 감아서 손에 쥐게 된다. 물은 서쪽 계단을 통해서 올려 보내는데, 계단에 다 올라가되 당으로는 올라가지 않고, 시중을 드는 자에게 건넨다. '항금(抗衾)'은 이불을 들어서 시신을 가린다는 뜻이다. 이처럼 목욕을 시키는데 사용되는 물은 분을 이용해서 담고, 주를 이용해 분에 담긴 물을 떠서 시신에게 뿌린다. 고운 칡베로 수건을 만들고 물에 적셔서 시신에 묻어 있는 때를 제거한다. '진(抿)'자는 "닦는다."는 뜻이다. '욕의(浴衣)'는 생전에 목욕을 하며 사용하던 것으로, 이것을 이용해서 시신의 몸에 묻어 있는 물기를 닦아 건조시키는 것이다. "다른 때처럼 한다."는 말은 생전처럼 한다는 뜻이다. '조족(爪足)'은 목욕을 끝낸 뒤에 시신의 발톱을 깎는다는 뜻이다. 목욕을 시키고 남은 물은 구덩이에 버리는데, 이 구덩이는 전인이 흙을 모아서 부뚜막을 만들며 파냈던 구덩이이다. '내어자(內御者)'는 부인들을 뜻한다.

經文

管人汲授御者, 御者差[七何反]沐于堂上. 君沐粱, 大夫沐稷, 士沐粱. 甸人爲堲[役]于西牆下, 陶人出重[平聲]鬲[歷], 管人受沐, 及煮之. 甸人取所徹廟之西北厞[扶味反]薪, 用爨之. 管人授御者沐, 乃沐. 沐用瓦盤, 抿用巾, 如他日. 小臣瓜手翦須. 濡[乃亂反]濯[掉]棄于坎.〈028〉

시신의 머리를 감길 때, 관인은 물을 길러서 시중을 드는 자에게 건네고, 시중을 드는 자는 당상에서 머리 감길 물에 곡물을 담가서 씻는다. ['差'자는 '七(칠)'자와 '何(하)'자의 반절음이다.] 군주의 경우에는 조를 사용하고, 대부의 경우에는 기장을 사용하며, 사의 경우에도 조를 사용한다. 전인은 서쪽 담장 밑에 흙을 쌓아 부뚜막을['堲'자의 음은 '役(역)'이다.] 만들고, 도인은 중에['重'자는 평성으로 읽는다.] 걸칠 항아리를['鬲'자의 음은 '歷(력)'이다.] 꺼내오며, 관인은 시중드는 자가 건넨 곡물 씻은 물을 받아서 이것을 부뚜막의 병에 담아 끓인다. 전인은 부뚜막을 만든 뒤 곧바로 초혼을 했던 자가 치워두었던 정침 서북쪽 모퉁이에['厞'자는 '扶(부)'자와 '味(미)'자의 반절음이다.] 있던 땔감을 가져다가 이것을 이용해서 부뚜막에 불을 지핀다. 머리 감길 물이 끓으면 관인은 시중드는 자에게 물을 건네고, 시중을 드는 자가 머리를 감긴다. 머리 감길 물을 담을 때에는 와반을 사용하고, 씻길 때에는 수건을 사용하는데, 이것은 생전과 동일하게 하는 것이다. 머리를 감긴 뒤에는 소신이 손톱을 깎고 수염을 자른다. 머리를 감기고['濡'자는 '乃(내)'자와 '亂('란)'자의 반절음이다.] 난 더러운['濯'자의 음은 '掉(도)'이다.] 물은 구덩이에 버린다.

此言尸之沐. 差, 猶摩也, 謂浙粱或稷之潘汁以沐髮也. 君與士同用粱者, 士卑不嫌於僭上也. 堲, 塊竈也, 將沐時, 甸人之官取西墻下之土爲塊竈. 陶人, 作瓦器之官也. 重鬲, 懸重之罌, 瓦缾也, 受三升. 管人受沐汁於堂上之御者, 而下往西墻於堲竈中煮之令溫, 甸人爲竈畢, 卽往取復者所徹正寢西北厞, 以爨竈煮沐汁. 謂正寢爲廟, 神之也. 舊說, 厞是屋簷, 謂抽取屋西北之簷. 一說, 西北隅厞, 隱處之薪也, 用瓦甒以貯此汁也. 抯用巾, 以巾拭髮及面也. 瓜手, 翦手之瓜甲也. 濡, 煩撋其髮也. 濯, 不淨之汁也.

이 내용은 시신의 머리를 감긴다는 뜻이다. '차(差)'자는 "문지르다."는 뜻이니, 조나 기장을 씻고 난 물로 머리카락을 감긴다는 뜻이다. 군주와 사가 동일하게 조를 사용하는 것은 사는 미천하여 상위 예법을 참람되게 따른다는 혐의를 받지 않기 때문이다. '역(堲)'은 흙을 쌓아 만든 부뚜막이니, 머리를 감기고자 할 때, 전인이라는 관리가 서쪽 담장 아래의 흙을 가져다가 부뚜막을 만든다. '도인(陶人)'은 옹기 등을 만드는 관리이다. '중력(重鬲)'은 중(重)에 걸어둔 항아리로, 옹기로 만든 병이니, 용적은 3승이다. 관인은 당상에 있는 시중드는 자에게 머리 감길 물을 받고, 아래로 내려가서 서쪽 담장에 설치된 병 안에 담고 따뜻하게 끓이는데, 전인은 부뚜막 만드는 일이 끝나면, 곧 초혼을 했던 자가 치워두었던 정침 서북쪽 모퉁이의 나무를 가져다가 부뚜막에 불을 지펴 머리 감길 물을 끓인다. 정침에 대해서 '묘(廟)'라고 부르는 것은 신령스럽게 대하기 때문이다. 옛 학설에서 비(厞)는 지붕의 처마이니, 지붕 서북쪽에 있는 처마의 나무를 뽑는다고 했다. 또 일설에서는 서북쪽 모퉁이의 비

(厞)는 깊숙한 곳에 쌓아둔 땔감이라고 했다. 옹기로 만든 반을 이용해서 끓인 물을 담는다. 씻을 때 건을 사용한다고 했는데, 수건을 사용하여 머리카락과 얼굴을 닦는다는 뜻이다. '조수(爪手)'는 손톱을 깎는다는 뜻이다. '난(湏)'은 머리카락을 감기고 적신다는 뜻이다. '도(潘)'자는 깨끗하지 않은 물을 뜻한다.

君設大盤, 造[七到反]冰焉. 大夫設夷盤, 造冰焉. 士倂[步頂反]瓦盤, 無冰. 設牀襢[展]第[滓], 有枕. 含[去聲]一牀, 襲一牀, 遷尸于堂又一牀, 皆有枕席, 君·大夫·士一也.〈029〉

군주의 경우에는 침상 밑에 대반을 설치하고 그 안에 얼음을 채운다. ['造'자는 '七(칠)'자와 '到(도)'자의 반절음이다.] 대부의 경우에는 침상 밑에 이반을 설치하고 그 안에 얼음을 채운다. 사의 경우에는 와반을 나란히 ['倂'자는 '步(보)'자와 '頂(정)'자의 반절음이다.] 설치하되 얼음은 없고 물만 채운다. 침상을 설치하고 자리를 걷어 대자리가['第'자의 음은 '滓(재)'이다.] 드러나도록['襢'자의 음은 '展(전)'이다.] 하며, 베개를 둔다. 함을['含'자는 거성으로 읽는다.] 할 때 하나의 침상이 놓이고, 습을 할 때 하나의 침상이 놓이며, 당으로 시신을 옮길 때에도 하나의 침상이 놓이는데, 이 모든 경우에는 베개와 자리가 포함되니, 이러한 예법은 군주·대부·사에게 모두 동일하게 적용된다.

大盤造氷, 納氷於大盤中也. 夷盤, 小於大盤. 夷, 猶尸也. 倂, 竝也. 瓦盤小, 故倂設之. 無氷, 盛水也. 氷在下, 設牀於上. 擅, 單也. 去席而袒露第簀, 尸在其上, 使寒氣得通, 免腐壞也. 含襲遷尸三飾,各自有牀, 此謂沐浴以後, 襲斂以前之事.

'대반조빙(大盤造氷)'은 대반 안에 얼음을 채운다는 뜻이다. '이반(夷盤)'은 대반보다 작은 것이다. '이(夷)'자는 시(尸)자와 같다. '병(幷)'자는 나란히라는 뜻이다. 와반은 작기 때문에 나란히 설치한다. '무빙(無氷)'은 얼음 없이 물만 채운다는 뜻이다. 얼음 채운 것을 밑에 두고, 그 위에 침상을 설치한다. '전(禮)'자는 홑이라는 뜻이다. 자리를 치우고 침상의 대자리가 드러나도록 하며 그 위에 시신을 올려두어, 차가운 기운이 통하도록 해서 부패를 막는 것이다. 함을 하고 습을 하며 시신을 옮기는 세 절차에 대해서는 각각 그 사안마다 침상이 있게 되는데, 이곳의 내용은 머리를 감고 목욕을 시킨 이후, 습과 염을 하기 이전의 사안에 해당한다.

經文

君之喪, 子·大夫·公子·衆士皆三日不食. 子·大夫·公子·衆士食粥, 納財, 朝一溢米, 莫[暮]一溢米, 食之無筭. 士疏食[嗣]水飲, 食之無筭. 夫人·世婦·諸妻皆疏食水飲, 食之無筭.〈030〉

군주의 상에서 세자·대부·공자들·여러 사들은 모두 3일 동안 밥을 먹지 않는다. 세자·대부·공자들·여러 사들은 밥 대신 죽을 먹으니, 죽을 만들 때 들어가는 쌀알은 아침에는 1일(溢)만큼의 쌀알을 넣고, 저녁에는['莫'자의 음은 '暮(모)'이다.] 1일만큼의 쌀알을 넣는다. 사는 거친 밥을['食'자의 음은 '嗣(사)'이다.] 먹고 물을 마시는데, 정해진 때가 없이 먹고 싶을 때 먹는다. 부인·세부 및 여러 신하의 처들은 모두 거친 밥과 물을 마시는데, 정해진 때가 없이 먹고 싶을 때 먹는다.

納財, 謂有司供納此米也. 鄭註: "財, 穀也", 謂米由穀出, 故言財. 一
溢, 二十四分升之一也. 食之無筭者, 謂居喪不能頓食, 隨意欲食則
食, 但朝莫不得過此二溢之米也. 疏食, 粗飯也.

'납재(納財)'는 유사가 이러한 쌀알을 공급한다는 뜻이다. 정현의 주에서
는 "'재(財)'자는 알곡이다."라 했는데, 쌀알은 알곡에서 나온 것이기 때
문에 '재(財)'라고 말했다는 뜻이다. 1일(溢)10)은 24분의 1승이다. "먹음
에 셈이 없다."는 말은 상을 치를 때에는 끼니마다 먹을 수 없으니, 자신
의 의사에 따라 먹고자 한다면 먹게 되지만, 아침과 저녁에 공급되는 2
일만큼의 알곡은 넘을 수 없다. '소사(疏食)'는 거친 밥을 뜻한다.

大夫之喪, 主人·室老·子姓皆食粥, 衆士疏食水飲, 妻妾疏
食水飲. 士亦如之.〈031〉

대부의 상에서, 상주·실로·손자들은 모두 죽을 먹고, 여러 가신들은
거친 밥을 먹고 물을 마시며, 처와 첩들은 거친 밥을 먹고 물을 마신다.
사의 상에서도 이처럼 한다.

室老, 家臣之長. 子姓, 孫也. 衆士, 室老之下也. 士亦如之, 謂士之
喪, 亦子食粥, 妻妾疏食水飲也.

---

10) 일(溢)은 한 손에 담을 수 있는 양을 뜻한다. 『소이아(小爾雅)』「광량(廣量)」편
에는 "一手之盛謂之溢."이라는 기록이 있다.

'실로(室老)'는 가신들 중의 우두머리이다. '자성(子姓)'은 손자이다. '중사(衆士)'는 실로보다 낮은 가신들이다. '사역여지(士亦如之)'는 사의 상에서도 자식은 죽을 먹고 처와 첩들은 거친 밥을 먹고 물을 마신다는 뜻이다.

旣葬, 主人疏食水飮, 不食菜果, 婦人亦如之, 君・大夫・士一也. 練而食菜果, 祥而食肉. 食粥於盛[平聲]不盥, 食於簋[思管反]者盥. 食菜以醯醬. 始食肉者, 先食乾[干]肉. 始飮酒者, 先飮醴酒.〈032〉

장례를 끝내면 상주는 거친 밥을 먹고 물을 마시되, 채소와 과일은 먹지 않으며, 부인들 또한 이처럼 하니, 이러한 예법은 군주・대부・사가 동일하게 따른다. 소상을 끝내면 채소와 과일을 먹고, 대상을 끝내면 고기를 먹는다. 대접에['盛'자는 평성으로 읽는다.] 죽을 담아 먹을 때에는 손을 씻지 않고, 대나무 그릇에['簋'자는 '思(사)'자와 '管(관)'자의 반절음이다.] 밥을 담아 먹을 때에는 손을 씻는다. 채소를 먹을 때에는 식초나 젓갈을 곁들인다. 처음 고기를 먹을 때에는 먼저 마른['乾'자의 음은 '干(간)'이다.] 고기를 먹는다. 처음 술을 마실 때에는 먼저 단술을 마신다.

盛, 杯坮之器也. 簋, 竹筥也. 杯坮盛粥, 歠之以口, 故不用盥手. 飯在簋, 須手取而食之, 故當盥手也.

'성(盛)'은 대접 등의 그릇이다. '산(簋)'은 대나무로 만든 그릇이다. 대접에 죽을 담게 되면 입을 대고 마시기 때문에 손을 씻지 않는다. 밥을 대나무 그릇에 담게 되면 손으로 떠서 먹어야 하므로 손을 씻어야만 한다.

經文

期之喪, 三不食, 食疏食水飮, 不食菜果. 三月旣葬, 食肉飮酒.
期, 終喪不食肉, 不飮酒. 父在, 爲母爲妻, 九月之喪, 食飮猶
期之喪也. 食肉飮酒, 不與人樂[洛]之.〈033〉

기년상을 치를 때, 방계 친족이 치르는 경우라면 3끼를 먹지 않고, 이후
거친 밥을 먹고 물을 마시되 채소와 과일은 먹지 않는다. 3개월이 지나
서 장례를 치른 뒤에는 고기를 먹고 술을 마신다. 본래 기년상에 있어
서는 상을 끝낼 때까지 고기를 먹지 않고 술을 마시지 않는다. 부친이
생존해 계실 때 돌아가신 모친이나 죽은 아내를 위해서 상을 치르게 되
거나 9개월 동안 치르는 대공복의 상에서는 먹고 마시는 것들은 기년상
의 경우와 동일하게 따른다. 고기를 먹고 술을 마실 때에는 남과 함께
먹으며 즐거움을['樂'자의 음은 '洛(락)'이다.] 나누지 않는다.

集說

不與人樂之, 言不以酒肉與人共食爲歡樂也. 與, 舊音預, 非.

"남과 더불어서 즐기지 않는다."는 말은 술과 고기를 남과 함께 먹으며
기쁨을 나누지 않는다는 뜻이다. '與'자를 구음에서는 '預(예)'라고 했는
데, 잘못된 주장이다.

疏曰: 期喪三不食, 謂大夫士旁期之喪, 正服則二日不食. 見閒傳.

소에서 말하길, 기년상에서 3끼를 먹지 않는다고 했는데, 이것은 대부와
사에 대해서 방계 친족이 치르는 기년상을 뜻하며, 정식 기년상의 경우
라면 2일째까지 먹지 않는다. 이 내용은 『예기』「간전(間傳)」편에 나온
다.

五月·三月之喪, 壹不食, 再不食, 可也. 比[뛰]葬, 食肉飮酒,
不與人樂之. 叔母·世母·故主·宗子, 食肉飮酒.〈034〉

5개월 동안 치르는 소공복의 상에서는 2끼를 먹지 않고, 3개월 동안 치
르는 시마복의 상에서는 1끼를 먹지 않더라도 괜찮다. 장례를 치를 때
까지['比'자의 음은 '뛰(비)'이다.] 고기를 먹고 술을 마시지만, 남과 함께 먹
으며 즐거움을 나누지 않는다. 숙모와 세모, 옛 주군과 종자를 위해서
상을 치를 때에는 고기를 먹고 술을 마신다.

一不食, 三月之喪也. 再不食, 五月之喪也. 故主, 舊君也. 大夫本稱
主.

1끼를 먹지 않는다는 말은 3개월 동안 치르는 상에 대한 내용이다. 2끼
를 먹지 않는다는 말은 5개월 동안 치르는 상에 대한 내용이다. '고주
(故主)'는 옛 주군을 뜻하는데, 대부에 대해서도 본래 '주(主)'라고 지칭
한다.

不能食粥, 羹之以菜可也. 有疾, 食肉飮酒可也. 五十不成喪,
七十唯衰麻在身.〈035〉

죽을 먹을 수 없는 경우라면 채소로 만든 국을 먹어도 괜찮다. 상중에
병약해지면 고기를 먹고 술을 마셔도 괜찮다. 50세가 된 자는 상례의
절차를 모두 치르지 않고, 70세가 된 자는 오직 상복만 입을 따름이다.

不成喪, 謂不備居喪之禮節也.

'불성상(不成喪)'은 상중의 의례 절차를 모두 치르지 않는다는 뜻이다.

既葬, 若君食之, 則食之. 大夫・父之友食之, 則食之矣. 不辟 [避]梁肉, 若有酒醴則辭.〈036〉

이미 장례를 치른 이후인데, 만약 군주가 음식을 보내와서 먹도록 한다면 그 음식을 먹는다. 대부나 부친의 벗이 음식을 보내와서 먹도록 한다면 그 음식을 먹는다. 이러한 경우에는 좋은 곡식으로 지은 밥이나 맛있는 고기 요리라도 사양을['辟'자의 음은 '避(피)'이다.] 하지 않지만, 진한 술의 경우라면 안색으로 나타나니 사양을 해야만 한다.

君食之, 食臣也. 大夫食之, 食士也. 父友, 父同志者. 此竝是尊者食卑者, 故雖梁肉不避, 酒醴見顔色, 故當辭.

군주가 음식을 보내와서 먹게 한다는 말은 신하에게 음식을 보내서 먹도록 한다는 뜻이다. 대부가 음식을 보내와서 먹게 한다는 말은 사에게 음식을 보내서 먹도록 한다는 뜻이다. 부친의 벗은 부친과 뜻을 함께 했던 자들이다. 이러한 것들은 모두 존귀한 자가 미천한 자에게 음식을 보내서 먹게끔 하는 것이다. 그렇기 때문에 비록 좋은 곡식으로 지은 밥이나 맛있는 고기 요리라도 사양하지 않는데, 진한 술을 먹게 되면 안색으로 나타나기 때문에 사양해야만 한다.

小斂於戶內, 大斂於阼. 君以簟席, 大夫以蒲席, 士以葦席.〈037〉

소렴은 방문 안쪽에서 하고, 대렴은 동쪽 계단에서 한다. 군주의 경우에는 침상에 대나무로 짠 자리를 깔고, 대부는 부들로 짠 자리를 깔며, 사는 갈대로 짠 자리를 깐다.

簟席, 竹席也.

'점석(簟席)'은 대나무로 짠 자리이다.

小斂: 布絞[爻], 縮者一, 横者三. 君錦衾, 大夫縞衾, 士緇衾, 皆一. 衣十有九稱[去聲]. 君陳衣于序東, 大夫士陳衣于房中, 皆西領北上. 絞・紟[其鴆反]不在列.〈038〉

소렴(小斂)을 치를 때에는 포로 만든 묶는 끈을['絞'자의 음은 '爻(효)'이다.] 사용하는데, 세로로 묶는 끈은 1개이고, 가로로 묶는 끈은 3개이다. 묶는 끈을 깐 뒤에는 그 위에 이불을 덮는데, 군주의 경우에는 비단으로 만든 이불을 사용하고, 대부의 경우에는 명주로 짠 이불을 사용하며, 사의 경우에는 치포로 만든 이불을 사용하니, 모두 1개의 이불을 사용한다. 의복은 총 19칭을['稱'자는 거성으로 읽는다.] 사용한다. 군주의 경우에는 서의 동쪽에 시신에게 입히는 옷들을 진열하고, 대부와 사의 경우에는 방안에 옷들을 진열하는데, 모두 옷깃을 서쪽으로 두되 북쪽 끝에서부터 진열한다. 묶는 끈과 홑겹으로 된 이불은['紟'자는 '其(기)'자와 '鴆(짐)'자의 반절음이다.] 19칭의 수에 포함되지 않는다.

此明小斂之衣衾. 絞, 既斂所用以束尸使堅實者. 從者在橫者之上,
從者一幅, 橫者三幅, 每幅之末, 折爲三片, 以便結束. 皆一者, 君·
大夫·士皆一衾也. 衾在絞之上. 天數終於九, 地數終於十, 故十有
九稱也. 袍, 夾衣. 衣裳, 單衣. 故註云: "單·複具曰稱." 紟, 單被也.
不在列, 不在十九稱之數也.

이 내용은 소렴에 사용하는 의복과 이불에 대해서 나타내고 있다. '효
(絞)'는 염을 하고서 이것을 사용하여 시신을 묶어 결속시키는 것이다.
세로로 묶는 것은 가로로 묶는 것 위에 설치하는데, 세로로 묶는 것은
1폭이고, 가로로 묶는 것은 3폭이며, 매 폭마다 그 끝을 갈라서 3가닥으
로 만드니, 쉽게 결속시키기 위해서이다. '개일(皆一)'이라는 말은 군
주·대부·사가 모두 하나의 이불을 사용한다는 뜻이다. 이불은 묶는
것 위에 덮어둔다. 하늘의 수는 9에서 끝나고, 땅의 수는 10에서 끝난
다. 그렇기 때문에 19칭을 사용한다. '포(袍)'는 겹으로 된 옷이다. 상의
와 하의는 홑옷이다. 그렇기 때문에 주에서는 "홑옷과 겹옷에 대해서는
모두 '칭(稱)'이라고 부른다."고 한 것이다. '금(紟)'은 홑겹으로 된 이불
이다. '부재렬(不在列)'이라는 말은 19칭의 수에는 포함되지 않는다는
뜻이다.

大斂: 布絞, 縮者三, 橫者五; 布紟, 二衾. 君·大夫·士一也.
君陳衣于庭, 百稱, 北領西上. 大夫陳衣于序東, 五十稱, 西領
南上. 士陳衣于序東, 三十稱, 西領南上. 絞·紟如服. 絞一幅
爲三, 不辟[百]. 紟五幅, 無紞[都敢反].〈039〉

대렴을 치를 때에는 포로 만든 묶는 끈을 사용하는데, 세로로 묶는 끈

은 3개이고, 가로로 묶는 끈은 5개이며, 포로 만든 홑이불이 사용하고, 소렴 때 사용한 이불보다 1개를 더하여 2개의 이불을 사용한다. 이것은 군주·대부·사가 모두 동일하다. 군주의 경우 의복은 마당에 진열해두는데, 총 100칭이고, 옷깃은 북쪽으로 두되 서쪽 끝에서부터 정렬한다. 대부의 경우 의복은 서의 동쪽에 진열해두는데, 총 50칭이고, 옷깃은 서쪽으로 두되 남쪽 끝에서부터 정렬한다. 사의 경우 의복은 서의 동쪽에 진열해두는데, 총 30칭이고, 옷깃은 서쪽으로 두되 남쪽 끝에서부터 정렬한다. 묶는 끈과 홑이불에 사용하는 포는 조복에 사용하는 포와 같다. 묶는 끈은 1폭으로 하되 끝을 갈라서 3가닥으로 만들지만, 가운데는 가르지['辟'자의 음은 '百(백)'이다.] 않는다. 홑이불은 5폭으로 하되, 가에 붙이는 술이['紞'자는 '都(도)'자와 '敢(감)'자의 반절음이다.] 없다.

集說

此明大斂之事. 縮者三, 謂一幅直用, 裂其兩頭爲三片也. 橫者五, 謂以布二幅, 分裂作六片, 而用五片橫於直者之下也. 紟, 一說在絞下用二擧尸, 一說在絞上, 未知孰是. 二衾者, 小斂一衾, 大斂又加一衾也. 如朝服, 其布如朝服十五升也. 絞一幅爲三不辟者, 一幅兩頭分爲三段, 而中不擘裂也. 紟五幅, 用以擧尸者. 無紞, 謂被頭不用組紐之類爲識別也. 又按, 士沐粱及陳衣, 與士喪禮不同, 舊說此爲天子之士.

이 문장은 대렴의 사안을 나타내고 있다. "가로로 된 것이 3개이다."는 말은 1폭으로 된 것을 세로로 두되 양쪽 끝을 갈라서 세 가닥으로 만든다는 뜻이다. "가로로 된 것이 5개이다."는 말은 2폭의 포를 사용하되 갈라서 6가닥으로 만들고, 그 중 5가닥을 이용해서 세로로 된 것 밑에 가로로 둔다는 뜻이다. '금(紟)'에 대해서 일설에서는 효 밑에 두어서 시신을 들 때 사용하는 것이라고도 하고, 또 어떤 자들은 효 위에 둔다고 하는데, 어느 것이 옳은지 모르겠다. '이금(二衾)'이라고 했는데, 소렴에는 1개의 이불을 사용하고, 대렴에는 재차 1개의 이불을 추가하여 2개를 사용한다는 뜻이다. '여조복(如朝服)'은 사용하는 포가 조복에 사용하는 것과 동일하게 15승의 것을 사용한다는 뜻이다. "효는 1폭으로 하되 3으로 만들고 백을 하지 않는다."고 했는데, 1폭의 포에서 양쪽 끝을 갈라 3가닥으로 만들지만, 가운데는 찢지 않는다는 뜻이다. "금은 5폭이다."라고 했는데, 이것을 이용해서 시신을 들어 올린다. '무담(無紞)'은 이불 끝에 끈 등을 이용해서 표식을 하지 않는다는 뜻이다. 또 살펴보니, 사에 대해서 머리를 감길 때 조 씻은 물을 사용한다는 기록이나 옷을 진열하는 것에 있어서, 그 내용이 『의례』「사상례(士喪禮)」편의 기록과 차이를 보이는데, 옛 학설에서는 여기에 나오는 사는 천자에게 소속된 사이기 때문이라고 했다.

經文

小斂之衣, 祭服不倒. 君無襚. 大夫·士畢主人之祭服. 親戚之衣, 受之不以卽陳. 小斂, 君·大夫·士皆用複[福]衣複衾. 大斂, 君·大夫·士祭服無算, 君褶[牒]衣褶衾, 大夫·士猶小斂也.〈040〉

소렴에 사용하는 19칭의 옷에 있어서, 제사 복장은 거꾸로 뒤집어두지 않는다. 군주는 자신의 옷만 사용하므로, 다른 사람이 보내온 수의를 포함시키지 않는다. 대부와 사는 가지고 있는 옷이 적기 때문에, 본인의 정규 복장을 먼저 사용하고, 모자란 부분은 다른 사람이 보내온 수의에서 충당한다. 친척이 보내온 수의는 받기만 하고 진열하지 않는다. 소렴 때 군주·대부·사는 모두 솜을 채운['複'자의 음은 '福(복)'이다.] 옷과 솜을 채운 이불을 사용한다. 대렴 때 군주·대부·사는 모두 제사 복장을 사용함에 제한된 수치가 없지만, 군주의 경우에는 겹으로 된['褶'자의 음은 '牒(첩)'이다.] 옷과 겹으로 된 이불을 사용하고, 대부와 사는 여전히 소렴 때 사용하는 옷 및 이불과 동일하게 따른다.

小斂十九稱, 不悉著於身, 但取其方, 故有領在下者, 惟祭服尊, 故
必領在上也. 君無襚, 謂悉用己衣, 不用他人襚送者, 大夫・士盡用
己衣然後用襚. 言祭服, 舉尊美者言之也. 親戚所襚之衣, 雖受之而
不以陳列. 複衣・複衾, 衣衾之有綿纊者. 祭服無筭, 隨所有皆用,
無限數也. 褶衣・褶衾, 衣衾之袷者. 君衣尙多, 故大斂用袷衣衾,
大夫・士猶用小斂之複衣複衾也.

소렴에 사용하는 의복은 19칭이지만, 이 모두를 시신의 몸에 입히는 것
은 아니다. 다만 네모반듯하게 펼쳐두려고 하기 때문에 옷깃이 밑으로
가도록 두는 옷도 있다. 그러나 오직 제사 복장만은 존귀한 의복이므로,
반드시 옷깃이 위로 오도록 펼쳐둔다. "군주는 수의가 없다."라고 했는
데, 모두 자신의 옷을 사용하는 것이며, 다른 사람이 수의로 보내온 옷
을 사용하지 않는다는 뜻이다. 대부와 사는 자신의 옷을 모두 사용한
뒤에 부족한 부분은 수의를 사용한다. '제복(祭服)'이라고 말한 것은 존
귀하고 아름다운 복장을 기준으로 말한 것이다. 친척이 수의로 보내온
옷에 대해서는 비록 받기는 하지만 이것을 진열하지는 않는다. '복의(複
衣)'와 '복금(複衾)'은 옷과 이불 중 솜을 채운 것이다. "제복에는 셈이
없다."라고 했는데, 가지고 있는 것을 모두 사용하며, 수치의 제한이 없
다는 뜻이다. '첩의(褶衣)'와 '첩금(褶衾)'은 옷과 이불 중 겹으로 된 것이
다. 군주가 사용하는 옷은 항상 많기 때문에 대렴에서는 겹으로 된 옷과
이불을 사용하며, 대부와 사는 여전히 소렴 때 사용하는 솜을 채운 옷과
솜을 채운 이불을 동일하게 사용한다.

袍必有表, 不禪[丹]; 衣必有裳. 謂之一稱.〈041〉

포에는 반드시 겉옷을 껴입혀야 하니, 포만을 홑겹으로('禪'자의 음은 '丹

(단)'이다.] 입힐 수 없다. 또 상의를 입힌다면 반드시 하의도 입혀야 한다. 이처럼 모두 갖추게 되면, 이것을 1칭이라 부른다.

袍, 衣之有著者, 乃褻衣也, 必須有禮服以表其外, 不可襢露. 衣與裳亦不可偏有, 如此乃成稱也.

'포(袍)'는 옷 중에 속을 채운 것으로 안에 입는 속옷에 해당한다. 따라서 반드시 예복을 껴입어서 그 겉을 가려야 하니, 포만을 홑겹으로 착용해서 드러내서는 안 된다. 상의와 하의 또한 한쪽만 있어서는 안 되니, 이처럼 모두 갖추게 되면 '칭(稱)'이라 부른다.

凡陳衣者實之篋, 取衣者亦以篋. 升降者自西階. 凡陳衣不詘[屈], 非列采不入, 絺·綌·紵[宁]不入.〈042〉

무릇 옷을 진열하는 자는 상자에 담았던 옷을 꺼내서 진열하고, 수의를 거둬가는 자 또한 상자에 담아서 가져간다. 옷을 진열하기 위해 당에 오르고 내릴 때에는 서쪽 계단을 이용한다. 무릇 옷을 진열할 때에는 모두 펴두며 말아놓지['詘'자의 음은 '屈(굴)'이다.] 않고, 정복의 색깔이 아닌 간색이나 잡색의 의복은 그 안에 포함시키지 않으며, 고운 갈포와 성근 갈포 및 모시로['紵'자의 음은 '宁(저)'이다.] 만든 옷들은 그 안에 포함시키지 않는다.

陳衣者實之篋, 自篋中取而陳之也. 取衣, 收取襚者所委之衣也. 不

詘, 舒而不卷也. 非列采, 謂間色·雜色也. 斂尸者, 當暑亦用袍, 故
絺·綌與紵布皆不入也.

"옷을 진열하는 자는 상자에 담는다."는 말은 상자로부터 꺼내서 진열한
다는 뜻이다. '취의(取衣)'는 수의를 보내온 자가 전달한 옷을 거둬간다
는 뜻이다. '불굴(不詘)'은 펴 두며 말아놓지 않는다는 뜻이다. '비렬채
(非列采)'는 간색이나 잡색이 된다는 뜻이다. 시신에게 염을 할 때, 더운
시기라도 또한 포를 사용해야 한다. 그렇기 때문에 치·격과 모시 등은
모두 포함시키지 않는다.

凡斂者袒, 遷尸者襲.〈043〉

무릇 염을 하는 자는 단을 하고, 시신을 옮기는 자는 습을 한다.

執小斂·大斂之事者, 其事煩, 故必袒, 以取便. 遷尸入柩, 則其事
易矣, 故不袒.

소렴과 대렴의 사안을 맡아보는 자들은 그 사안이 번다하기 때문에, 반
드시 단을 하니, 편리함에 따르는 것이다. 시신을 옮겨서 관에 안치하는
경우라면, 그 사안이 간단하기 때문에 단을 하지 않는다.

君之喪, 大[泰]胥[祝]是斂, 衆胥佐之. 大夫之喪, 大胥侍之, 衆
胥是斂. 士之喪, 胥爲侍, 士是斂.〈044〉

군주의 상에서는 태축이['大'자의 음은 '泰(태)'이다. '胥'자의 음은 '祝(축)'이다.]
염을 담당하고, 나머지 축들은 태축을 돕는다. 대부의 상에서는 태축이
그 사안에 임하고, 나머지 축들이 염을 한다. 사의 상에서는 축이 그
사안에 임하고, 사가 염을 한다.

胥, 讀爲祝者, 以胥是樂官, 不掌喪事也. 周禮大祝之職, 大喪贊斂;
喪祝, 卿 · 大夫之喪掌斂. 士喪禮: "商祝主斂." 故知當爲祝. 侍, 猶
臨也.

'서(胥)'자는 축(祝)자로 풀이하니, 서(胥)는 음악을 담당하는 관리라서
상사의 일을 담당하지 않기 때문이다. 『주례』「대축(大祝)」편의 직무 기
록에서는 대상에는 염을 돕는다고 했고,[11] 「상축(喪祝)」편에서는 경과
대부의 상에서 염을 담당한다고 했다.[12] 『의례』「사상례(士喪禮)」편에
서는 상축(商祝)이 염을 주관한다고 했다. 그렇기 때문에 이 글자는 마
땅히 '축(祝)'자가 되어야 함을 알 수 있다. '시(侍)'자는 "임한다."는 뜻
이다.

小斂大斂, 祭服不倒, 皆左衽, 結絞不紐.〈045〉

소렴과 대렴을 치를 때, 제사 복장은 거꾸로 펼쳐두지 않고, 이러한 옷
들은 모두 옷깃이 좌측을 향하도록 하며, 묶는 끈을 결속하게 되면 매

---

11) 『주례』「춘관(春官) · 대축(大祝)」: 大喪, 始崩, 以肆鬯渳尸, 相飯, 贊斂,
徹奠.
12) 『주례』「춘관(春官) · 상축(喪祝)」: 凡卿大夫之喪, 掌事, 而斂飾棺焉.

듭을 짓지 않는다.

集說

疏曰: 衽, 衣襟也, 生向右, 左手解抽帶便也. 死則襟向左, 示不復解也. 結絞不紐者, 生時帶竝爲屈紐, 使易抽解, 死時無復解義, 故絞束畢結之不爲紐也.

소에서 말하길, '임(衽)'자는 옷의 옷깃을 뜻하며, 살아있는 자들은 우측을 향하도록 하니, 좌측 손으로 허리띠를 풀거나 당기기에 편리하기 때문이다. 죽은 자에 대해서는 옷깃이 좌측을 향하도록 하니, 다시 풀지 않는다는 뜻을 보이기 때문이다. '결교불뉴(結絞不紐)'라고 했는데, 살아 있을 때 허리띠는 모두 한쪽으로 굽혀서 매듭을 짓게 되니, 당기거나 풀 때 편리하게 만들기 위해서이며, 죽었을 때에는 다시 푼다는 뜻이 없으므로, 묶는 끈을 결속하게 되면 매듭을 짓지 않는다.

經文

斂者旣斂必哭. 士與[去聲]其執事則斂, 斂焉則爲之壹不食. 凡斂者六人.〈046〉

염을 하는 자는 염을 끝내면 반드시 곡을 한다. 사가 상사의 일 돕는 것에 참여하게['與'자는 거성으로 읽는다.] 된다면 염을 하고, 염을 하게 되면 죽은 자를 위해 1끼의 식사를 하지 않는다. 대체로 염에 참여하는 자는 6명이다.

集說

與其執事, 謂相助凡役也. 舊說, 謂與此死者平生共執事, 則不至褻惡死者, 故以之斂. 未知是否.

'여기집사(與其執事)'는 상사의 모든 일들에 대해서 돕는다는 뜻이다. 옛 학설에서는 "죽은 자와 함께 근무를 한 자라면, 죽은 자에 대해서 꺼려하지 않기 때문에, 그들로 염을 시행하도록 한다."고 했다. 그러나 이 말이 옳은지 아닌지 모르겠다.

經文

君錦冒黼殺[色介反], 綴旁七. 大夫玄冒黼殺, 綴旁五. 士緇冒赬[尺貞反]殺, 綴旁三. 凡冒, 質長與手齊, 殺三尺, 自小斂以往用夷衾. 夷衾質殺之裁[去聲]猶冒也.〈047〉

시신을 감싸는 모에 있어서, 군주의 경우 상단부인 질은 비단으로 만들고 하단부인 쇄에는['殺'자는 '色(색)'자와 '介(개)'자의 반절음이다.] 보무늬를 그리며, 측면에 다는 끈은 7개이다. 대부의 경우 상단부인 질은 현색으로 만들고 하단부인 쇄에는 보무늬를 그리며, 측면에 다는 끈은 5개이다. 사의 경우 상단부인 질은 치포로 만들고 하단부인 쇄는 붉은색으로['赬'자는 '尺(척)'자와 '貞(정)'자의 반절음이다.] 만들며, 측면에 다는 끈은 3개이다. 무릇 모의 경우 상단부의 질 길이는 시신의 팔 길이와 같고, 하단부의 쇄는 3척이며, 소렴을 치른 이후에는 이금을 사용하여 시신을 덮는다. 이금의 질과 쇄를 만드는['裁'자는 거성으로 읽는다.] 방법은 모와 같다.

集說

冒者, 韜尸之二囊. 上曰質, 下曰殺. 先以殺韜足而上, 後以質韜首而下. 君質用錦, 殺畫黼文, 故云 "錦冒黼殺" 也. 其制縫合一頭, 又縫連一邊, 餘一邊不縫, 兩囊皆然. 綴旁七者, 不縫之邊, 上下安七帶, 綴以結之也. 上之質從頭而下, 其長與手齊; 殺則自下而上, 其長三尺也. 小斂有此冒, 故不用衾; 小斂以後, 則用夷衾覆之. 夷, 尸也. 裁, 猶製也. 夷衾與質殺之制, 皆爲覆冒尸形而作也. 舊說, 夷衾亦上齊手, 下三尺, 繒色及長短制度, 如冒之質殺.

'모(冒)'는 시신을 감싸는 2개의 주머니이다. 상단부를 '질(質)'이라 부르고 하단부를 '쇄(殺)'라 부른다. 먼저 쇄로 시신의 다리를 감싸서 위로 올리고, 이후에 질로 시신의 머리를 감싸서 아래로 내린다. 군주의 질은 비단을 이용해서 만들고 쇄에는 보무늬를 그린다. 그렇기 때문에 '비단의 모에 보무늬를 새긴 쇄'라고 말한 것이다. 그것을 제작하는 방법은 한쪽 끝부분을 봉합하고, 재차 한쪽 측면을 봉합하지만 나머지 한쪽 측면은 봉합하지 않으니, 두 주머니를 모두 이처럼 만든다. '철방칠(綴旁七)'이라고 했는데, 봉합하지 않은 측면에 대해서, 위아래로 7개의 띠를 달고, 그것을 묶어서 결속을 시킨다는 뜻이다. 상단부의 질은 시신의 머리부터 그 밑으로 내리는데, 그 길이는 시신의 팔에 맞추며, 하단부의 쇄는 아래로부터 위로 올리는데, 그 길이는 3척이다. 소렴을 치를 때 이러한 모가 포함되므로, 이불을 사용하지 않는다. 소렴을 치른 이후라면 곧 이금을 이용해서 시신을 덮는다. '이(夷)'자는 시(尸)자를 뜻한다. '재(裁)'자는 "만들다."는 뜻이다. 이금과 질·쇄의 제작 방법은 모두 시신을 덮는 모처럼 만들게 된다. 옛 학설에서는 이금 또한 상단부의 길이는 팔의 길이에 맞추고 하단부는 3척이라고 했으며, 비단의 색깔과 그 길이에 대한 제도는 모의 질·쇄와 같다고 했다.

君將大斂, 子弁絰, 卽位于序端; 卿·大夫卽位于堂廉楹西, 北面東上; 父兄堂下北面; 夫人·命婦尸西, 東面; 外宗房中南面. 小臣鋪席, 商祝鋪絞·紟·衾·衣, 士盥于盤上, 士舉遷尸于斂上. 卒斂, 宰告, 子馮之踊, 夫人東面亦如之.〈048〉

군주의 대렴을 치르게 되면, 상주는 흰색의 변을 쓰고 그 위에 환질을 두르며, 동서의 남쪽 끝으로 나아가 자리한다. 경과 대부는 당상의 남쪽 중 모가진 부분에서 기둥의 서쪽에 자리하여, 북쪽을 바라보며 동쪽 끝에서부터 차례대로 정렬한다. 군주의 제부나 제형들 중 관직에 나아가지 않은 자들은 당하에서 북쪽을 바라본다. 부인과 명부들은 시신의 서쪽에서 동쪽을 바라본다. 외종은 방안에서 남쪽을 바라본다. 소신이 자리를 깔게 되면, 상축은 그 위에 묶는 끈·홑이불·이불·의복들을 펼쳐두고, 상축에게 소속된 말단 관리들은 대야에서 손을 씻고 시신을 들어서 염을 치르는 장소로 옮긴다. 염을 끝내면, 태재는 상주에게 끝났다는 사실을 아뢰며, 상주는 시신을 부여잡고 용을 하고, 부인도 동쪽을 바라보며 동일하게 한다.

集說

弁絰, 素弁上加環絰, 未成服故也. 序, 謂東序. 端, 序之南頭也. 堂廉, 堂基南畔廉稜之上也, 楹南近堂廉者. 父兄堂下北面, 謂諸父諸兄之不仕者, 以賤故在堂下. 外宗, 見雜記下. 小臣鋪席, 絞·紟·衾鋪于席上. 士, 商祝之屬也. 斂上, 卽斂處也. 卒斂宰告, 大宰告孝子以斂畢也. 馮之踊者, 馮尸而起踊也.

'변질(弁絰)'은 흰색의 변에 환질을 두르는 것이니, 아직 성복을 하지 않았기 때문이다. '서(序)'는 동쪽의 서를 뜻한다. '단(端)'은 서의 남쪽 끝을 뜻한다. '당렴(堂廉)'은 당의 터 중 남쪽에 모가 진 자리를 뜻하니, 기둥의 남쪽은 이곳과 가까운 곳이다. "부형들은 당하에서 북쪽을 바라본다."고 했는데, 군주의 제부들 및 제형들 중 관직에 나아가지 않은 자들은 신분이 미천하기 때문에 당하에 있다는 뜻이다. '외종(外宗)'에 대한 설명은 『예기』「잡기하(雜記下)」편에 나온다. "소신은 자리를 깐다."라고 했는데, 효·금·금·의는 이 자리 위에 깔아두게 된다. '사(士)'는 상축의 휘하에 있는 말단 관리들이다. '염상(斂上)'은 염을 치르는 장소를 뜻한다. "염을 끝내고 재가 아뢴다."고 했는데, 태재가 세자에게 염을

끝냈다고 아뢴다는 뜻이다. '빙지용(馮之踊)'은 시신을 부여잡고 일어나
서 용을 한다는 뜻이다.

經文

大夫之喪, 將大斂, 旣鋪絞·紟·衾·衣, 君至, 主人迎, 先入
門右, 巫止于門外. 君釋菜, 祝先入, 升堂. 君卽位于序端;
卿·大夫卽位于堂廉楹西, 北面東上; 主人房外南面; 主婦尸
西, 東面. 遷尸卒斂, 宰告, 主人降, 北面于堂下, 君撫之, 主人
拜稽顙. 君降, 升主人馮之, 命主婦馮之. 〈049〉

대부의 상에서 대렴을 치르게 되었는데, 이미 묶는 끈·홑이불·이불·
의복들을 펼쳐둔 상태이고, 그때 군주가 당도하게 되면, 주인은 군주를
맞이하는데, 맞이한 뒤에는 먼저 문으로 들어가서 우측에 위치하고, 군
주와 함께 온 무는 문밖에 멈춰 선다. 군주는 문의 신을 예우하여 석채
를 지내고, 그 일이 끝나면 군주와 함께 온 축이 먼저 들어가서 당에
오른다. 군주는 뒤따라 들어가서 동서의 남쪽 끝으로 나아가 자리한다.
경과 대부는 당상의 남쪽 중 모가진 부분에서 기둥의 서쪽에 자리하여,
북쪽을 바라보며 동쪽 끝에서부터 차례대로 정렬한다. 상주는 방밖에서
남쪽을 바라본다. 주부는 시신의 서쪽에서 동쪽을 바라본다. 시신을 옮
겨서 대렴을 끝내면, 재는 상주에게 끝났다는 사실을 아뢰고, 상주는 내
려가서 당하에서 북쪽을 바라본다. 그런 뒤 군주는 시신을 어루만지고,
상주는 절을 하며 이마를 땅에 닿도록 하여, 군주에게 감사를 표한다.
군주가 당하로 내려오면, 상주에게 명령하여 당상으로 올라가서 시신을
부여잡고 용을 하도록 시키고, 주부에게도 명령하여 시신을 부여잡고
용을 하도록 시킨다.

君釋菜, 禮門神也. 宰告, 亦告主人以斂畢也. 君撫之, 撫尸也. 主人
拜稽顙, 謝君之恩禮也. 升主人馮之, 君使主人升堂馮尸也. 命, 亦
君命之.

군주가 석채를 치르는 것은 문의 신을 예우하기 위해서이다. '재고(宰
告)' 또한 상주에게 염이 끝났다고 아뢴다는 뜻이다. '군무지(君撫之)'는
군주가 시신을 어루만진다는 뜻이다. 상주가 절을 하며 이마를 땅에 닿
도록 하는 것은 군주의 은혜에 대해 감사를 표하기 때문이다. '승주인빙
지(升主人馮之)'는 군주가 상주로 하여금 당상에 올라가서 시신을 부여
잡도록 한다는 뜻이다. '명(命)' 또한 군주가 명령한다는 뜻이다.

士之喪, 將大斂, 君不在, 其餘禮猶大夫也.〈050〉

사의 상에서 대렴을 치르려고 하는데, 군주가 찾아와 임하지 않는다면,
나머지 예법 절차는 대부의 경우와 같게 한다.

其餘禮, 如鋪衣列位等事.

나머지 예법은 옷을 펼쳐 두거나 차례대로 나열하여 위치하는 등의 사
안을 뜻한다.

鋪絞·紟踊, 鋪衾踊, 鋪衣踊, 遷尸踊. 斂衣踊, 斂衾踊, 斂絞·
紟踊.〈051〉

묶는 끈과 홑이불을 펼치게 되면 상주는 용을 하고, 이불을 펼치면 상
주는 용을 하며, 의복을 펼치면 상주는 용을 하고, 시신을 옮기면 상주
는 용을 한다. 시신에게 옷을 입히면 상주는 용을 하고, 이불로 감싸면
상주는 용을 하며, 홑이불로 감싸고 묶는 끈으로 결박하게 되면 상주는
용을 한다.

集說

此踊之節也. 動尸擧柩, 哭踊無數, 不在此節.

이것은 용하는 절차이다. 시신을 옮기고 영구를 들 때에는 곡과 용을
함에 정해진 수치가 없으니, 이러한 절차에 포함되지 않는다.

經文

君撫大夫, 撫內命婦. 大夫撫室老, 撫姪[迭]娣.〈052〉

군주는 대부의 시신을 어루만지고 내명부의 시신을 어루만진다. 대부는
실로의 시신을 어루만지고 잉첩의['姪'자의 음은 '迭(질)'이다.] 시신을 어루
만진다.

集說

撫, 以手按之也. 內命婦, 君之世婦也. 大夫·內命婦皆貴, 故君自
撫之, 以下則不撫也. 室老, 貴臣; 姪娣, 貴妾; 故大夫撫之也. 古者

諸侯一娶九女, 二國各以女媵之, 爲姪娣以從, 大夫內子亦有姪娣. 姪者, 兄之子娣, 女弟也, 娣尊姪卑. 士昏禮雖無娣媵, 先言姪, 若無娣, 猶先媵, 士有娣媵, 則大夫有可知矣.

'무(撫)'자는 손으로 시신을 어루만진다는 뜻이다. '내명부(內命婦)'는 군주의 세부들을 뜻한다. 대부와 내명부는 모두 존귀한 자들이기 때문에, 군주가 직접 그들의 시신을 어루만지며, 이들보다 낮은 자들이라면 어루만지지 않는다. '실로(室老)'는 가신 중에서도 존귀한 산하이며, '질제(姪娣)'는 첩 중에서도 존귀한 첩이다. 그렇기 때문에 대부가 직접 그들의 시신을 어루만진다. 고대에는 제후가 한 번 장가를 들 때 9명의 여인을 맞이하였으니, 시집을 보내는 제후국 외에 이웃의 두 제후국에서 각각 여자를 잉첩으로 보내어, 그들을 여동생이나 여조카로 삼아 부인을 따라가게 하는데, 대부의 내자 또한 여조카나 여동생을 첩으로 데려오게 된다. '질(姪)'은 형제의 딸자식이며, '제(娣)'는 여동생인데, 상대적으로는 제(娣)가 높고 질(姪)은 낮다. 『의례』「사혼례(士昏禮)」편에는 "비록 제(娣)가 없더라도 잉첩이 먼저 한다."[13]라고 했으니, 질(姪)의 경우 제(娣)가 없다면 여전히 잉첩을 우선한다는 뜻인데, 사에게도 잉첩으로 삼는 제(娣)가 있으므로, 대부 또한 있었음을 알 수 있다.

經文

君·大夫馮父·母·妻·長子, 不馮庶子. 士馮父·母·妻·長子·庶子. 庶子有子, 則父母不馮其尸. 凡馮尸者, 父母先, 妻子後.〈053〉

---

13) 『의례』「사혼례(士昏禮)」: 婦徹于房中, 媵·御餕, 姑酳之. 雖無娣, 媵先. 於是與始飯之錯.

군주와 대부는 부친·모친·처·장자의 시신을 부여잡게 되지만, 서자의 시신은 부여잡지 않는다. 사는 부친·모친·처·장자·서자의 시신을 부여잡게 된다. 서자에게 만약 자식이 있다면, 서자의 부모는 서자의 시신을 부여잡지 않는다. 무릇 시신을 부여잡을 때, 죽은 자의 부모가 먼저 부여잡고, 처와 자식은 뒤에 부여잡는다.

父母先妻子後, 謂尸之父母妻子也. 尊者先馮, 卑者後馮.

"부모가 먼저이고 처자가 뒤이다."는 말은 죽은 자의 부모와 처자들을 뜻한다. 존귀한 자가 먼저 시신을 부여잡게 되고, 미천한 자가 뒤에 시신을 부여잡게 된다.

疏曰: 君·大夫之庶子, 雖無子, 竝不得馮.

소에서 말하길, 군주와 대부의 서자에게 비록 자식이 없더라도 시신을 부여잡을 수 없다.

君於臣撫之. 父母於子執之. 子於父母馮之. 婦於舅姑奉[上聲]之. 舅姑於婦撫之. 妻於夫拘[俱]之. 夫於妻·於昆弟執之. 馮尸不當君所. 凡馮尸, 興必踊.〈054〉

군주는 신하의 시신에 대해서 어루만진다. 부모는 자식의 시신에 대해서 옷가지를 부여잡고 매달린다. 자식은 부모의 시신에 대해서 몸을 숙여 부여잡는다. 며느리는 시부모의 시신에 대해서 옷을 쥔다.['奉'자는 상성으로 읽는다.] 시부모는 며느리의 시신에 대해서 어루만진다. 처는 남편의 시신에 대해서 옷을 잡아끈다.['拘'자의 음은 '俱(구)'이다.] 남편은 처의 시신 및 형제의 시신에 대해서 옷가지를 부여잡고 매달린다. 시신에 대해 매달릴 때에는 군주가 어루만진 지점은 피한다. 무릇 시신에 대해 매달릴 때에는 일어나서 반드시 용을 한다.

撫之者, 當尸之心胸處撫按之也. 執之者, 執之其衣. 馮之者, 身俯而馮之. 奉之者, 捧持其衣. 拘之者, 微牽引其衣. 皆於心胷之處. 不當君所者, 假令君已撫心, 則餘人馮者必少避之, 不敢當君所撫之處也. 馮尸之際, 哀情切極, 故起必爲踊以泄哀也.

'무지(撫之)'는 시신의 가슴 부분을 어루만진다는 뜻이다. '집지(執之)'는 의복을 잡고 매달린다는 뜻이다. '빙지(馮之)'는 몸을 숙여서 시신에 기대어 부여잡는다는 뜻이다. '봉지(奉之)'는 의복을 잡는다는 뜻이다. '구지(拘之)'는 의복을 조금 잡아끈다는 뜻이다. 이 모두는 시신의 가슴 부근에서 시행한다. '부당군소(不當君所)'라는 말은 가령 군주가 이미 시신의 가슴 부근을 어루만졌다면, 나머지 사람들이 부여잡을 때에는 반드시 그 자리를 조금 피해서 하니, 감히 군주가 어루만진 지점에서 할 수 없다는 뜻이다. 시신을 부여잡을 때에는 애통한 감정이 지극하기 때문에, 일어나서 반드시 용을 하여 슬픔을 덜어내야 한다.

父母之喪, 居倚廬, 不塗, 寢苫[始占反]枕[去聲]凷[塊], 非喪事不言. 君爲廬, 宮之. 大夫・士, 襢[展]之.〈055〉

부모의 상을 치를 때에는 임시숙소인 의려에 머물게 되는데, 의려의 벽에는 진흙을 바르지 않고, 거적을['苫'자는 '始(시)'자와 '占(점)'자의 반절음이다.】 깔고 자며 흙덩이를['由'자의 음은 '塊(괴)'이다.】 베개로['枕'자는 거성으로 읽는다.】 삼고, 상사와 관련되지 않은 말은 하지 않는다. 군주의 경우 의려를 만들 때에는 의려 밖에 담장처럼 휘장을 둘러서 가린다. 대부와 사는 휘장을 치지 않고 의려를 노출시킨다.['襢'자의 음은 '展(전)'이다.】

集說

疏曰: 倚廬者, 於中門外東墻下倚木爲廬也. 不塗者, 但以草夾障, 不以泥塗飾之也. 寢苫, 臥於苫也. 枕由, 枕土塊也. 爲廬宮之者, 廬外以帷障之, 如宮牆也. 襢, 袒也, 其廬袒露, 不以帷障之也.

소에서 말하길, '의려(倚廬)'는 중문 밖 동쪽 담장 아래에 나무를 기대어 만든 임시숙소이다. '부도(不塗)'라는 말은 단지 풀을 엮어서 가리기만 하며, 진흙을 발라서 틈을 메우지 않는다는 뜻이다. '침섬(寢苫)'은 거적 위에 눕는다는 뜻이다. '침괴(枕由)'는 흙덩이를 베개로 삼는다는 뜻이다. '위려궁지(爲廬宮之)'라는 말은 의려 밖에 휘장을 쳐서 가리니, 마치 건물에 담장이 있는 것처럼 한다는 뜻이다. '전(襢)'자는 "드러내다."는 뜻이니, 의려를 노출시키며 휘장으로 가리지 않는다는 뜻이다.

經文

旣葬, 柱[主]楣, 塗廬, 不於顯者. 君·大夫·士皆宮之.〈056〉

장례를 치르게 되면, 담장에 기대었던 나무를 세워서 처마를 받치게['柱'자의 음은 '主(주)'이다.】 하고, 안쪽에는 진흙을 발라서 비바람을 막지만, 밖으로 드러나는 부분에는 진흙을 바르지 않는다. 군주·대부·사는 모두 사면을 둘러서 의려를 드러내지 않는다.

拄楣者, 先時倚木於牆以爲廬, 葬後哀殺, 稍舉起其木, 拄之於楣以
納日光, 略寬容也. 又於內用泥以塗之, 而免風寒. 不於顯者, 不塗
廬外顯處也. 皆宮之, 不禮也.

'주미(拄楣)'는 이전에 담장 쪽에 나무를 기대어 의려를 만들었는데, 장
례를 치른 이후에는 애통함이 줄어들었으니, 이전보다 조금 나무를 세
워 박아서 처마를 받치게 하여 햇빛이 들어오도록 하니, 대체적으로 관
대하게 처리하는 것이다. 또 내부에는 진흙을 이용해서 벽을 바르고, 비
와 추위를 면하게 한다. '불어현자(不於顯者)'는 의려의 밖 중 드러나는
부분에 대해서는 진흙을 바르지 않는다는 뜻이다. '개궁지(皆宮之)'는 드
러내지 않는다는 뜻이다.

凡非適子者, 自未葬, 以於隱者爲廬.⟨057⟩

무릇 적장자가 아닌 자들은 장례를 치르기 이전부터 동남쪽 모서리의
어두운 장소에 의려를 만들어 기거한다.

疏曰: 旣非喪主, 故於東南角隱映處爲廬. 經雖云未葬, 其實葬竟亦
然也.

소에서 말하길, 이러한 자들은 이미 상주가 아니기 때문에, 동남쪽 모서
리의 어두운 장소에 의려를 만든다. 경문에서는 비록 "아직 장례를 치르
지 않았다."고 했지만, 실제로는 장례를 끝냈을 때에도 이처럼 한다.

旣葬, 與人立, 君言王事, 不言國事; 大夫·士言公事, 不言家事. 君旣葬, 王政入於國; 旣卒哭, 而服王事. 大夫·士旣葬, 公政入於家; 旣卒哭, 弁経·帶, 金革之事無辟[避]也.〈058〉

장례를 끝내고서 남과 함께 서 있을 때, 제후는 천자의 일은 말해도 자기 국가의 일은 말하지 않는다. 또 대부와 사가 이러한 경우에 처한다면, 국가의 일은 말해도 자기 집안의 일은 말하지 않는다. 제후가 장례를 마치게 되면 천자와 관련된 정무가 제후의 조정에 들어올 수 있고, 졸곡을 치러서 변질과 대를 착용했다면, 천자와 관련된 정무를 처리한다. 대부와 사가 장례를 마쳤다면, 국가와 관련된 정무가 집안으로 들어올 수 있고, 졸곡을 치러서 변질과 대를 착용했다면, 국가와 관련된 정무를 처리할 수 있으니, 전쟁과 관련된 사안이라 할지라도 피하지['辟'자의 음은 '避(피)'이다.] 않는다.

不言國事·家事, 禮之經也; 旣葬政入以下, 禮之權也. 弁経·帶, 謂素弁加環経, 而帶則仍是要経也. 大夫·士弁経, 則國君亦弁経也. 君言服王事, 則此亦服國事也.

국가의 일이나 집안일을 말하지 않는 것은 예법에 따른 정도이다. 장례를 치른 뒤 정무가 들어온다는 것으로부터 그 이하의 일들은 예법에 따른 권도이다. 변질과 대는 흰색의 변에 환질을 두르고, 대는 곧 요질에 해당한다는 뜻이다. 대부와 사가 변질을 착용한다고 했다면, 제후의 경우에도 또한 변질을 착용했을 때에 해당한다. 제후에 대해서 "천자의 일에 복무한다."고 했다면, 대부와 사에게 있어서도 국가의 일에 복무한다.

經文

旣練, 居堊室, 不與人居. 君謀國政, 大夫·士謀家事. 旣祥,
黝[於糾反]堊[烏故反]. 祥而外無哭者, 禪而乃無哭者, 樂作矣故
也. 〈059〉

소상을 치르게 되면, 악실에 머물되 남과 함께 머물지 않는다. 제후는
국정을 모의하고, 대부와 사는 가사를 모의한다. 대상을 치르게 되면,
악실의 바닥은 검게['黝'자는 '於(어)'자와 '糾(두)'자의 반절음이다.] 칠하고 벽
면은 하얗게['堊'자는 '烏(오)'자와 '故(고)'자의 반절음이다.] 칠한다. 대상을 치
른 뒤에는 중문 밖에서 곡을 하지 않고, 담제를 치른 뒤에는 중문 안에
서도 곡을 하지 않으니, 음악을 연주하기 때문이다.

集說

堊室在中門外, 練後服漸輕, 可以謀國政·謀家事也. 祥, 大祥也.
黝, 治堊室之地令黑. 堊, 塗堊室之壁令白. 皆稍致其飾也. 祥後中
門外不哭, 故曰 "祥而外無哭者"; 禪則門內亦不復哭, 故曰 "禪而乃
無哭者". 所以然者, 以樂作故也.

악실(堊室)은 중문 밖에 있는데, 소상을 치른 뒤에는 상복의 수위가 보
다 가벼워지기 때문에, 국정과 가사를 모의할 수 있다. '상(祥)'자는 대
상을 뜻한다. '유(黝)'는 악실의 바닥을 검게 칠한다는 뜻이다. '악(堊)'은
악실의 벽을 하얗게 칠한다는 뜻이다. 이 모두는 보다 장식을 꾸민 것이
다. 대상을 치른 뒤 중문 밖에서는 곡을 하지 않는다. 그렇기 때문에
"대상을 치르고서 밖에서 곡을 함이 없다."고 말한 것이다. 담제를 치르
게 되면 중문 안쪽에서도 재차 곡을 하지 않는다. 그렇기 때문에 "담제
를 치르고서 안에서 곡을 함이 없다."고 말한 것이다. 이처럼 하는 이유
는 음악을 연주하기 때문이다.

禫而從御, 吉祭而復寢.〈060〉

담제를 치른 뒤에는 직무를 처리하고, 길제를 치른 뒤에는 침소로 되돌
아간다.

從御, 鄭氏謂御婦人, 杜預謂從政而御職事. 杜說近是. 蓋復寢, 乃
復其平時婦人當御之寢耳. 吉祭, 四時之常祭也. 禫祭後値吉祭同
月, 則吉祭畢而復寢; 若禫祭不値當吉祭之月, 則踰月而吉祭乃復寢
也. 孔氏以下文不御於內爲證, 故從鄭說. 又按, 閒傳言旣祥復寢者,
謂大祥後復殯宮之寢, 與此復寢異.

'종어(從御)'에 대해서 정현은 부인을 시중들게 한다고 했고, 두예는 정
무에 종사하며 직무를 다스린다고 했다. 두예의 주장이 정답에 가깝다.
무릇 복침(復寢)은 평상시 부인이 시중을 들던 침소로 되돌아간다는 뜻
이기 때문이다. '길제(吉祭)'는 사계절마다 지내는 정규 제사를 뜻한다.
담제를 치른 이후 길제를 같은 달에 치르게 되면, 길제를 끝내고서 침소
로 되돌아간다. 만약 담제를 치르는 달이 길제를 치르는 달에 해당하지
않다면, 그 달을 넘기고 길제를 치른 뒤에 침소로 되돌아간다. 공영달은
아래 문장에서 "안에서 시중을 들지 않는다."고 한 문장으로 증명을 했
으니, 정현의 주장에 따른 것이다. 재차 살펴보니, 『예기』「간전(間傳)」
편에서는 대상을 치르고서 침소로 되돌아간다고 했는데, 이것은 대상을
치른 이후 빈궁의 침소로 되돌아간다는 뜻으로, 여기에서 침소로 되돌
아간다고 한 말과는 다르다.

期居廬, 終喪不御於內者, 父在爲母·爲妻. 齊衰期者, 大功
布衰九月者, 皆三月不御於內. 婦人不居廬, 不寢苫; 喪父母,
旣練而歸; 期九月者, 旣葬而歸.〈061〉

기년상을 치를 때에는 의려에 머물며, 상 기간을 끝낼 때까지 침소 안
에서 부인을 시중들게 하지 않으니, 부친이 생존해 계실 때 돌아가신
모친의 상을 치르거나 죽은 처의 상을 치를 때이다. 자최복을 착용하고
기년상을 치르며, 또 대공복을 착용하고 9개월 동안 상을 치르는 경우
에도 모두 3개월 동안 침소 안에서 부인을 시중들게 하지 않는다. 부인
은 의려에 머물지 않고, 거적을 깔고 자지 않는다. 부인이 친부모의 상
을 당하게 되면 소상을 끝내고 남편의 집으로 되돌아가고, 기년상과 9
개월 상을 치를 때에는 장례를 치른 뒤에 되돌아간다.

喪父母, 謂婦人有父母之喪也. 旣練而歸, 練後乃歸夫家也. 女子出
嫁爲祖父母, 及爲父後之兄弟皆期服. 九月者, 謂本是期服而降在
大功者, 此皆哀殺, 故葬後卽歸也.

'상부모(喪父母)'는 부인에게 친부모의 상이 발생했다는 뜻이다. '기련이
귀(旣練而歸)'는 소상을 치른 뒤에는 남편의 집으로 되돌아간다는 뜻이
다. 출가한 여자는 조부모 및 부친의 후계자가 된 형제를 위해서 모두
기년복을 착용한다. '구월(九月)'은 본래는 기년복에 해당하지만 강복하
여 대공복을 착용한 경우인데, 이러한 경우에는 모두 애통함이 줄어들
기 때문에, 장례를 치른 뒤에 곧바로 되돌아간다.

公之喪, 大夫俟練, 士卒哭而歸.〈062〉

채지를 소유한 대부의 상이 발생했을 때, 그의 채지를 다스렸던 대부는 소상을 끝내고서 다스리던 곳으로 되돌아가며, 채지를 다스렸던 사는 졸곡을 끝내고서 되돌아간다.

集說

雜記曰: "大夫次於公館以終喪, 士練而歸", 言大夫士爲國君喪之禮也. 此言公者, 家臣稱有地之大夫爲公也. 有地大夫之喪, 其大夫與士治其采地者, 皆來奔喪, 大夫則俟小祥而反其所治, 士則待卒哭而反其所治也.

『예기』「잡기(雜記)」편에서는 "대부는 공관에 머물며 군주의 상을 끝내고, 읍재인 사는 소상를 끝내면 되돌아간다."고 했는데, 대부와 사가 제후의 상을 치르는 예법을 뜻한다. 이곳에서 '공(公)'이라고 한 말은 가신들이 채지를 소유한 대부를 '공(公)'이라 부르는 것을 가리킨다. 채지를 소유한 대부의 상이 발생하면, 그 채지를 다스리고 있는 대부와 사는 모두 찾아와 분상을 하게 되는데, 대부의 경우라면 소상을 끝낼 때까지 기다린 뒤에 다스리던 곳으로 되돌아가고, 사의 경우라면 졸곡을 끝낼 때까지 기다린 뒤에 다스리던 곳으로 되돌아간다.

經文

大夫·士, 父母之喪, 旣練而歸; 朔日·忌日, 則歸哭于宗室. 諸父·兄弟之喪, 旣卒哭而歸.〈063〉

서자들 중 대부나 사가 된 자가 부모의 상을 당하게 된다면, 적자의 집에 가서 상을 치르는데, 소상을 치르게 되면 자신이 거주하는 건물로 되돌아간다. 또 매월 초하루나 부모가 돌아가신 날이 되면, 종자의 집에 마련된 빈소로 가서 곡을 한다. 제부들이나 형제의 상에 대해서라면, 졸곡을 끝내고 되돌아간다.

集說

命士以上, 父子皆異宮. 庶子爲大夫·士, 而遭父母之喪, 殯宮在適子家. 旣練, 各歸其宮. 至月朔與死之日, 則往哭于宗子之家, 謂殯宮也. 諸父·兄弟期服輕, 故卒哭卽歸也.

명사로부터 그 이상의 계층은 부모와 자식이 모두 다른 건물에 거주한다. 서자들 중 대부나 사가 된 자가 부모의 상을 당하게 된다면, 빈소는 적자의 집에 있게 된다. 소상을 치르게 되면 각각 그들의 집으로 되돌아간다. 매월 초하루와 부모가 돌아가신 날이 되면, 종자의 집으로 찾아가서 곡을 하니, 종자의 집에 마련된 빈소를 뜻한다. 제부들과 형제들에 대해서는 기년복을 착용하여 수위가 상대적으로 낮기 때문에, 졸곡을 치르면 되돌아간다.

經文

父不次於子, 兄不次於弟.〈064〉

부친은 자식의 상을 치를 때 임시숙소에 머물지 않고, 형은 동생의 상을 치를 때 임시숙소에 머물지 않는다.

集說

疏曰: 喪卑, 故尊者不居其殯宮次也.

소에서 말하길, 상대적으로 미천한 자의 상을 치르기 때문에, 존귀한 자는 그들의 빈소에 마련된 임시숙소에 머물지 않는다.

君於大夫·世婦, 大斂焉; 爲之賜, 則小斂焉. 於外命婦, 旣加蓋而君至. 於士, 旣殯而往; 爲之賜, 大斂焉[爲字竝去聲].〈065〉

군주는 대부와 내명부에 대해서 그들이 죽었을 때, 대렴 때 찾아가서 조문하며 그 일들을 살피고, 그들에게 은혜를 베풀게 된다면, 소렴 때 찾아가서 조문하며 그 일들을 살핀다. 신하의 처에 대해서는 은정이 낮으므로, 그녀들의 대렴이 끝나서 관의 뚜껑을 닫은 이후에 군주가 찾아가서 조문한다. 사에 대해서는 빈소를 마련한 뒤에 찾아가서 조문하는데, 그들에게 은혜를 베풀게 된다면, 대렴 때 찾아가서 조문하고 그 일들을 살핀다.[여기에 나온 '爲'자는 모두 거성으로 읽는다.]

君於大夫及內命婦之喪, 而視其大斂, 常禮也. 若爲之加恩賜, 則視其小斂也. 外命婦, 乃臣之妻, 其恩輕, 故君待其大斂入棺加蓋之後, 而後至也. 士雖卑, 亦宜有恩賜, 故亦視其大斂.

군주는 대부와 내명부의 상에 대해서, 그들의 대렴을 살피는 것이 일반적인 예법이다. 만약 그들에게 은혜를 베풀게 된다면, 그들의 소렴을 살핀다. '외명부(外命婦)'는 신하의 처를 뜻하니, 그녀들에 대한 은정이 상대적으로 낮기 때문에, 군주는 그녀들의 대렴이 끝나서 관에 안치하고 뚜껑을 닫은 이후까지 기다렸다가 그 이후에 찾아가게 된다. 사는 비록 신분이 미천하지만 또한 그들에 대해 은혜를 베푸는 경우가 있기 때문에 이러한 경우에도 그들의 대렴을 살피게 된다.

夫人於世婦, 大斂焉; 爲之賜, 小斂焉. 於諸妻, 爲之賜, 大斂
焉. 於大夫·外命婦, 旣殯而往. 〈066〉

제후의 부인은 내명부에 대해서 그녀들이 죽었을 때 대렴 때 찾아가서
조문하며 그 일들을 살피고, 그녀들에게 은혜를 베풀게 된다면, 소렴 때
찾아가서 조문하며 그 일들을 살핀다. 제처에 대해서는 그녀들에게 은
혜를 베풀게 된다면 대렴 때 찾아가서 조문하며 그 일들을 살핀다. 대부
와 신하들의 처들에 대해서는 빈소를 마련한 뒤에 찾아가서 조문한다.

疏曰: 諸妻, 姪娣及同姓女也, 同士禮, 故賜大斂. 若夫人姪娣尊同
世婦, 當賜小斂. 已上言君夫人視之皆有常禮, 而爲之賜, 則加禮也.

소에서 말하길, '제처(諸妻)'는 여조카 및 여동생과 동성인 여자들을 뜻
하는데, 사에 대한 예법과 동일하게 따르기 때문에, 은혜를 베풀면 대렴
때 찾아가서 살펴본다. 만약 부인의 여조카 및 여동생이라면 그녀들의
존귀함은 세부와 동일하기 때문에 은혜를 베풀게 되면 소렴(小斂) 때 찾
아가서 살펴본다. 이러한 말들은 군주와 그의 부인이 다른 사람의 상에
찾아가서 살펴볼 때에는 모두 일반적인 예법이 있는데, 그 대상을 위해
은혜를 베풀게 되면 예법의 수위를 높인다는 뜻이다.

大夫·士旣殯, 而君往焉, 使人戒之. 主人具殷奠之禮, 俟于
門外; 見馬首, 先入門右. 巫止于門外. 祝代之先. 君釋菜于門
內. 祝先升自阼階, 負墉南面. 君卽位于阼, 小臣二人執戈立
于前, 二人立于後. 擯者進, 主人拜稽顙. 君稱言, 視祝而踊.
主人踊. 〈067〉

대부와 사의 상이 발생했는데, 군주에게 사정이 있어서 염을 할 때 찾아가지 못했다면, 빈소를 마련한 뒤에 찾아가게 된다. 이러한 경우에는 사람을 시켜서 군주가 온다는 사실을 알린다. 상주가 그 소식을 접하면 성대한 전제사의 의례를 갖추고, 문밖으로 나와서 기다린다. 군주의 수레 말머리가 보이면 먼저 문으로 들어가서 우측에 위치한다. 군주 앞에 위치했던 무는 문밖에 멈추고, 축이 무를 대신하여 먼저 문으로 들어간다. 군주는 문의 안쪽에서 석채를 지내서 문의 신을 예우한다. 이 시기에 축은 먼저 동쪽 계단을 통하여 당상으로 올라가며, 동쪽 방의 담장을 등지고 남쪽을 바라보며 서 있게 된다. 군주가 동쪽 계단 위의 자리로 나아가게 되면, 소신 2명이 창을 들고서 군주 앞에 위치하고, 또 다른 2명이 군주 뒤에 위치한다. 상주의 부관이 상주 앞으로 나아가 의례 절차를 아뢰면, 상주는 마당에서 북쪽을 바라보며 절을 하고 이마를 땅에 닿도록 한다. 군주가 조문하는 말을 건네면, 축이 용하는 것을 살펴서 군주도 용을 하고, 군주의 용이 끝나면 곧 상주가 용을 한다.

集說

大夫·士之喪, 君或以他故不及斂者, 則殯後亦往, 先使告戒主人使知之. 主人具盛饌之奠, 身自出候於門外, 見君車前之馬首, 入立于門東北面. 巫本在君之前, 今巫止不入, 祝乃代巫先君而入. 君釋菜以禮門神之時, 祝先由東階以升. 負墉南面者, 在房戶之東, 背壁而向南也. 主人拜稽顙者, 以君之臨喪, 故於庭中北面拜而稽顙也. 君稱言者, 君擧其所來之言, 謂弔辭也. 祝相君之禮, 稱言畢而祝踊, 故君視祝而踊. 君踊畢, 主人乃踊也.

대부와 사의 상에서 군주가 간혹 다른 사안 때문에 염을 하는 시기에 당도하지 못했다면, 빈소를 마련한 이후에 또한 찾아가게 되니, 먼저 다른 사람을 시켜서 상주에게 알려 군주가 찾아온다는 사실을 인지하게끔 한다. 상주는 성찬을 차린 전제사를 갖추고서 본인이 직접 문밖으로 나가서 기다리고, 군주의 수레 앞에 있는 말머리가 보이게 되면, 문으로 들어와서 동쪽에 서서 북쪽을 바라본다. 무(巫)는 본래 군주 앞에 위치하는데, 현재 무가 멈추고 문으로 들어가지 않는다고 했으니, 축(祝)이 무를 대신하여 군주보다 먼저 들어간다. 군주가 석채를 지내서 문의 신을 예우할 때, 축은 먼저 동쪽 계단을 통해서 당상으로 올라간다. "담장을 등지고 남쪽을 바라본다."고 했는데, 방문의 동쪽에서 벽을 등지고서 남쪽을 향해 선다는 뜻이다. "상주가 절을 하며 이마를 땅에 닿도록 한다."고 했는데, 군주가 상에 임했기 때문에, 마당에서 북쪽을 바라보며 절을 하고 이마를 땅에 닿도록 하는 것이다. '군칭언(君稱言)'은 군주가 찾아오게 된 말을 전한다는 뜻이니, 조문하는 말에 해당한다. 축은 군주가 시행하는 의례를 돕는데, 조문하는 말이 끝나면 축이 용을 한다. 그렇기 때문에 군주는 축이 용하는 것을 살펴보고서 용을 한다. 군주가 용하는 절차를 끝내면 상주가 곧 용을 한다.

經文

大夫則奠可也; 士則出俟于門外, 命之反奠乃反奠. 卒奠, 主人先俟于門外. 君退, 主人送于門外, 拜稽顙.〈068〉

군주가 대부의 상에 임하게 된다면, 대부는 용이 끝난 뒤 곧바로 전제사를 지내도 괜찮다. 그러나 사의 경우라면, 상주는 먼저 문밖으로 나가서 기다리니, 전제사를 끝낼 때까지 군주를 기다리게 만들 수 없기 때문이다. 군주가 다른 사람을 시켜 상주에게 되돌아가서 전제사를 지내라고 명령하면, 그제야 되돌아가서 전제사를 지낸다. 전제사를 마치면 상주는 먼저 문밖으로 나가서 기다린다. 군주가 물러가게 되면 상주는 문밖에서 전송하며, 절을 하고 이마를 땅에 닿도록 한다.

若君所臨是大夫喪, 則踊畢, 卽釋此殷奠于殯可也. 若是士喪, 則主
人卑, 不敢留君待奠, 故先出俟于門, 謂君將去也, 君使人命其反而
奠乃反奠. 奠畢, 主人又先俟于門外, 君去卽拜以送也. 奠畢出俟,
大夫與士皆然.

군주가 상에 임한 것이 대부의 상이라면, 용을 끝내고서 빈소에 은전의
음식들을 진설하여도 괜찮다. 만약 사의 상이라면, 상주는 신분이 낮으
므로 감히 군주를 머물게 하여 전제사를 지낼 때까지 기다리도록 할 수
없다. 그렇기 때문에 먼저 문밖으로 나가서 기다리니, 군주가 떠나려고
할 때, 군주는 다른 사람을 시켜서 상주에게 되돌아가서 전제사를 지내
라고 명령하면 되돌아가 전제사를 지낸다는 뜻이다. 전제사가 끝나면
상주는 또한 먼저 문밖으로 나가서 기다리고, 군주가 떠나게 되면 절을
하며 전송한다. 전제사가 끝나서 밖으로 나가 기다리는 것은 대부와 사
가 모두 동일하다.

君於大夫疾, 三問之; 在殯, 三往焉. 士疾, 壹問之; 在殯, 壹往
焉. 君弔, 則復殯服.〈069〉

군주는 대부가 병에 걸렸을 때 세 차례 병문안을 가고, 그가 죽었다면
장례를 치르기 이전까지 세 차례 찾아가서 조문한다. 사의 병에 대해서
는 한 차례 병문안을 가고, 그가 죽었을 때에는 한 차례 찾아가서 조문
한다. 군주가 조문을 오게 되면, 상주가 이미 성복을 한 상태라도 빈소
를 마련할 때의 복장으로 갈아입는다.

殯後主人已成服, 而君始來弔, 主人則還著殯時未成服之服. 蓋苴
絰 · 免布 · 深衣也, 不散帶, 故小記云: "君弔雖不當免時也, 主人必
免, 不散麻." 一則不敢謂君之弔後時, 又且以君來, 故新其禮也.

빈소를 마련한 이후 상주는 이미 성복을 한 상태인데, 군주가 처음 찾아
와서 조문을 하게 되면, 상주는 빈소를 마련할 때, 즉 아직 성복하기 이
전의 복장으로 갈아입는다. 아마도 저질 · 문포 · 심의를 착용하고, 대의
끝을 늘어트리지 않았을 것이다. 그렇기 때문에 『예기』「상복소기(喪服
小記)」편에서는 "자기 나라의 군주가 조문을 오면, 비록 문을 해야 할
시기가 아니더라도, 상주는 반드시 문을 하며, 요질의 끝을 늘어트리지
않는다."고 한 것이다. 그 이유는 감히 군주의 조문이 뒤늦게 왔다고 말
할 수 없기 때문이며, 또 군주가 찾아왔기 때문에 그 예법을 새롭게 하
고자 해서이다.

夫人弔於大夫 · 士, 主人出迎于門外. 見馬首, 先入門右. 夫
人入, 升堂卽位. 主婦降自西階, 拜稽顙于下. 夫人視世子而
踊, 奠如君至之禮. 夫人退, 主婦送于門內, 拜稽顙; 主人送于
大門之外, 不拜.〈070〉

제후의 부인이 대부와 사에 대해서 조문을 하게 되면, 주인은 문밖으로
나와서 맞이한다. 부인의 수레 말머리가 보이면, 상주는 먼저 문으로
들어와 우측에 위치한다. 부인은 안으로 들어와서 당상으로 올라가 자
신의 자리로 나아간다. 주부는 서쪽 계단으로 내려와서 당하에서 절을
하며 이마를 땅에 닿도록 한다. 부인의 세자는 부인 앞에서 인도를 하
는데, 부인은 세자를 살펴보고서 용을 하고, 전제사의 경우는 군주가 당

도했을 때의 예법과 같다. 부인이 물러가게 되면 주부는 문의 안쪽에서 그녀를 전송하고, 절을 하며 이마를 땅에 닿도록 한다. 한편 주인은 대문 밖에서 그녀를 전송하지만, 주부가 이미 절을 했으므로, 부인에 대해 절을 하지 않는다.

夫人弔, 則主婦爲喪主, 故主婦之待夫人, 猶主人之待君也. 世子, 夫人之世子也. 夫人來弔, 則世子在前道引, 其禮如祝之道君, 故夫人視世子而踊也. 主人送而不拜者, 喪無二主, 主婦已拜, 主人不當拜也.

제후의 부인이 조문을 하게 되면, 주부가 상주를 맡는다. 그렇기 때문에 주부가 부인을 응대하는 것이니, 주인이 군주를 응대하는 경우와 같다. '세자(世子)'는 제후 부인의 세자이다. 부인이 찾아와서 조문하게 되면, 세자가 그 앞에 위치하여 부인을 인도하니, 그 예법은 축이 군주를 인도하는 경우와 같다. 그렇기 때문에 부인은 세자를 살펴서 용을 한다. 주인이 전송을 하면서도 절을 하지 않는 것은 상에서는 2명의 상주가 있을 수 없기 때문으로, 주부가 이미 절을 했으니 주인은 절을 해서는 안된다.

大夫君, 不迎于門外, 入卽位于堂下. 主人北面, 衆主人南面, 婦人卽位于房中. 若有君命·命夫命婦之命·四鄰賓客, 其君後主人而拜.〈071〉

대부인 주군이 자신에게 소속된 신하의 상에 조문하게 되면, 상주는 문밖에서 대부인 주군을 맞이하지 않고, 대부인 주군이 안으로 들어가면

당하의 동쪽 계단에 있는 자신의 자리로 나아가 서쪽을 바라본다. 상주
는 그의 남쪽에 위치하여 북쪽을 바라보고, 상주의 형제들은 남쪽을 바
라보며, 부인들은 방안에 있는 자신의 자리로 나아간다. 대부인 주군이
조문을 할 때, 만약 군주의 명령이나 같은 나라에 살고 있는 대부 및
명부의 명령 또는 이웃 나라에서 찾아온 조문객이 있다면, 대부인 주군
이 상주를 자신의 뒤에 서도록 하고, 명령 및 빈객에 대해 먼저 절을
한다.

集說

大夫之臣, 亦以大夫爲君, 故曰大夫君也. 言此大夫君之弔其臣喪
也, 主人不迎于門外, 此君入而卽堂下之位, 位在阼階下西向, 主人
在其位之南而北面也. 此大夫君來弔之時, 若有本國之君命·或有
國中大夫及命婦之命·或鄰國卿大夫遣使來弔者, 此大夫君必代主
人拜命. 及拜賓, 以喪用尊者主其禮故也. 然此君終不敢如國君專
代爲主, 必以主人在己後, 待此君拜竟, 主人復拜也.

대부의 신하는 또한 대부를 주군으로 섬기기 때문에, '대부군(大夫君)'이
라고 말했다. 이것은 대부인 주군이 그의 신하에 대한 상에 조문을 한다
는 뜻이니, 상주는 문밖에서 맞이하지 않고, 대부인 주군이 안으로 들어
가게 되면 당하의 자리로 나아가는데, 그 자리는 동쪽 계단 아래에서 서
쪽을 바라보는 곳이며, 상주는 그 자리의 남쪽에 위치하여 북쪽을 바라
본다. 대부인 주군이 찾아와서 조문을 할 때, 만약 본국의 군주로부터
명령이 전달되거나 혹은 같은 나라에 살고 있는 대부 및 명부의 명령이
전달되거나 혹은 이웃 나라의 경과 대부가 사신을 보내와서 조문을 하
는 일이 발생한다면, 대부인 주군은 반드시 상주를 대신하여 명령 및 빈
객에게 절을 하니, 상례에서는 존귀한 자가 그 예법을 주관하기 때문이
다. 그러나 여기에서 말한 대부인 주군은 감히 제후가 전적으로 상주를
대신하여 상주를 맡는 것과 동일하게 할 수 없으니, 반드시 상주를 자기
뒤에 위치하도록 해야 하고, 대부인 주군이 절하는 절차가 끝날 때까지

기다린 뒤에 상주가 재차 절을 한다.

石梁王氏曰: 後主人者, 己在前拜, 使主人陪後.

석량왕씨가 말하길, '후주인(後主人)'이라는 말은 본인이 앞에 위치하여 절을 하고, 상주로 하여금 뒤에서 돕도록 한다는 뜻이다.

經文

君弔, 見尸柩而后踊.⟨072⟩

군주가 조문을 하면, 시신을 안치한 관을 본 이후에 용을 한다.

集說

前章旣殯而君往, 是不見尸柩也, 乃視祝而踊. 此言見尸柩而后踊, 似與前文異. 舊說殯而未塗則踊, 塗後乃不踊, 未知是否.

앞에서는 빈소를 차린 뒤에 군주가 찾아왔다고 했는데, 이때에는 시신을 안치한 관을 보지 않고, 곧 축을 살펴서 용을 한다. 이곳에서는 시신을 안치한 관을 본 이후에 용을 한다고 했으니, 아마도 앞에 나온 상황과는 차이가 있을 것이다. 옛 학설에서는 빈소를 설치했는데, 아직 흙을 바르지 않았다면 용을 하고, 흙을 바른 뒤에는 용을 하지 않는다고 했는데, 옳은 말인지는 모르겠다.

大夫・士, 若君不戒而往, 不具殷奠, 君退必奠.〈073〉

대부와 사의 상에 있어서, 만약 군주가 미리 기별을 하지 않고 찾아와 조문하게 된다면, 은전을 준비하지 않지만, 군주가 물러가게 되면 반드시 은전을 지내어 그 사실을 죽은 자에게 아뢴다.

集說

以君之來告於死者, 且以爲榮也.

전제사를 지내는 이유는 군주가 찾아온 사실을 죽은 자에게 아뢰기 때문이며, 또한 그것을 영예로 여기기 때문이다.

經文

君大棺八寸, 屬[燭]六寸, 椑[僻]四寸. 上大夫大棺八寸, 屬六寸. 下大夫大棺六寸, 屬四寸. 士棺六寸.〈074〉

제후의 관은 3중으로 만드니, 가장 바깥쪽의 대관은 그 두께가 8촌이고, 대관 안의 촉은['屬'자의 음은 '燭(촉)'이다.] 6촌이며, 촉 안의 벽은['椑'자의 음은 '僻(벽)'이다.] 4촌이다. 하대부의 관은 2중으로 만드니, 대관은 6촌이고, 촉은 4촌이다. 사의 관은 1중으로 만드니 그 두께는 6촌이다.

集說

君, 國君也. 大棺最在外, 屬在大棺之內, 椑又在屬之內, 是國君之棺三重也. 寸數以厚薄而言.

'군(君)'자는 제후를 뜻한다. 대관(大棺)은 가장 바깥쪽에 있는 관이며, 촉(屬)은 대관 안에 있는 관이고, 벽(椑)은 또한 촉 안에 있는 관이니, 이것은 제후의 관은 3중으로 만든다는 사실을 나타낸다. 여기에서 말한 촌(寸)의 수치는 두께를 기준으로 말한 것이다.

經文

君裏[里]棺用朱綠, 用雜金鐕[玆甘反]. 大夫裏棺用玄綠, 用牛骨鐕. 士不綠.〈075〉

군주의 경우 관의 내부에[裏'자의 음은 '里(리)'이다.] 대해서, 네 방면은 주색의 비단을 붙이고 네 모서리는 녹색의 비단을 붙이는데, 붙일 때에는 쇠로 만든 못을['鐕'자는 '玆(자)'자와 '甘(감)'자의 반절음이다.] 이용해서 붙인다. 대부의 경우 관의 내부 중 네 방면은 현색의 비단을 붙이고 네 모서리는 녹색의 비단을 붙이는데, 붙일 때에는 소뼈로 만든 못을 이용해서 붙인다. 사의 경우 관의 내부는 모두 현색의 비단을 붙이며, 녹색의 비단을 사용하지 않고, 붙일 때에는 소뼈로 만든 못을 사용한다.

集說

疏曰: 裏棺, 謂以繒貼棺裏也. 朱繒貼四方, 綠繒貼四角. 鐕, 釘也, 用金釘以椓朱綠著棺也. 大夫四面玄, 四角綠. 士不綠者, 悉用玄也, 亦用大夫牛骨鐕.

소에서 말하길, '이관(裏棺)'은 비단을 관의 내부에 붙인다는 뜻이다. 주색의 비단으로는 사방에 붙이고, 녹색의 비단으로는 네 모서리에 붙인다. '잠(鐕)'자는 못을 뜻하니, 쇠로 된 못을 사용하여 주색과 녹색의 비단을 관에 붙인다. 대부는 네 면에 현색의 비단을 붙이고, 네 모서리에는 녹색의 비단을 붙인다. "사는 녹색을 사용하지 않는다."고 했는데, 모든 곳에 현색의 비단을 붙이고, 또 대부가 사용하는 소뼈로 된 못을 이용해서 붙인다.

石梁王氏曰: 用牛骨爲釘, 不可從.

석량왕씨가 말하길, 소뼈를 이용해서 못을 만들었다는 말은 따를 수 없다.

經文

君蓋用漆, 三衽三束. 大夫蓋用漆, 二衽二束. 士蓋不用漆, 二衽二束.〈076〉

군주의 관 뚜껑은 이음새에 옻칠을 하고, 3개의 임을 사용하며 3개의 묶음을 짓는다. 대부의 관 뚜껑은 이음새에 옻칠을 하고, 2개의 임을 사용하며 2개의 묶음을 짓는다. 사의 관 뚜껑은 이음새에 옻칠을 하지 않고, 2개의 임을 사용하며 2개의 묶음을 짓는다.

集說

蓋, 棺之蓋板也. 用漆, 謂以漆塗其合縫用衽處也. 衽束, 竝說見檀弓.

'개(蓋)'는 관의 뚜껑을 뜻한다. '용칠(用漆)'은 옻으로 이음새 즉 임(衽)을 사용하는 곳에 바른다는 뜻이다. '임(衽)'과 '속(束)'에 대해서는 그 설명이 모두 『예기』「단궁(檀弓)」편에 나온다.

君·大夫鬊[舜]瓜, 實于綠[如字]中. 士埋之.〈077〉

군주와 대부의 상을 치를 때, 그들이 평소에 모아둔 머리카락과['鬊'자의
음은 '舜(순)'이다.] 손발톱은 주머니에 넣어 관의 네 구석에['綠'자는 글자대
로 읽는다.] 담는다. 사의 경우라면 관에 담지 않고 매장한다.

집說

鬊, 亂髮也. 瓜, 手足之瓜甲也. 生時積而不棄, 今死爲小囊盛之, 而
實于棺內之四隅. 故讀綠爲角, 四角之處也. 士則以物盛而埋之耳.

'순(鬊)'은 빠진 머리카락을 뜻한다. '조(瓜)'는 손톱과 발톱이다. 생전에
는 그것을 모아두고 버리지 않는데, 현재 그가 죽어서 작은 주머니에 그
것들을 담고, 관의 내부 중 네 모퉁이에 넣는다. 그렇기 때문에 '녹(綠)'
자를 각(角)자로 풀이하는 것이니, 네 모서리 부근을 뜻한다. 사의 경우
라면 다른 것을 이용해 그것을 담기는 하지만 매장만 할 따름이다.

淺見

近按: 舊讀綠爲角, 愚恐不必改. 上文云君裏棺用朱綠, 大夫用玄綠,
註謂綠繒貼四角. 然則綠是爲角, 不須讀爲角也.

내가 살펴보니, 옛 주석에서는 '녹(綠)'자를 각(角)자로 풀이했는데, 내가
생각하기에는 반드시 고칠 필요는 없을 것 같다. 앞 문장에서 군주는
관의 내부 중 네 방면은 주색의 비단을 붙이고 네 모서리는 녹색의 비단
을 붙이고, 대부는 네 방면은 현색의 비단을 붙이고 네 모서리는 녹색의
비단을 붙인다고 했고, 주에서는 네 모서리에 녹색의 비단을 붙인다고
했다. 그렇다면 '녹(綠)'자는 실질적으로 모서리가 되므로, 굳이 '각(角)'
자로 읽을 필요가 없다.

君殯用輴[春], 欑[才冠反]至于上, 畢塗屋. 大夫殯以幬[燾], 欑至
于西序, 塗不暨于棺. 士殯見衽, 塗上帷之.〈078〉

군주의 빈소를 마련할 때에는 춘거를['輴'자의 음은 '春(춘)'이다.] 사용하여
관을 안치하고, 네 방면에 나무를 쌓아올리는데['欑'자는 '才(재)'자와 '冠
(관)'자의 반절음이다.] 관보다 높게 쌓아 지붕처럼 만들며, 진흙으로 모두
바른다. 대부의 빈소를 마련할 때에는 순거를 사용하지 않고, 나무를
쌓아 지붕처럼 만들지 않으며 천으로 그 위를 덮게['幬'자의 음은 '燾(도)'이
다.] 되고, 관의 한쪽 측면을 서쪽 서에 붙이고 나머지 세 방면에만 나무
를 쌓아 올리는데, 진흙을 바른 것은 관까지 닿지 않게 한다. 사의 빈소
를 마련할 때에는 관과 뚜껑을 봉합한 임을 드러내고, 임 위에 나무를
덮고 그 위에 진흙을 바르고, 장막을 친다.

君, 諸侯也. 輴, 盛柩之車也. 殯時以柩置輴上. 欑, 猶叢也. 叢木于
輴之四面, 至于棺上. 畢, 盡也. 以泥盡塗之. 此欑木似屋形, 故曰畢
塗屋也. 大夫之殯不用輴, 其棺一面貼西序之壁, 而欑其三面, 上不
爲屋形, 但以棺衣覆之. 幬, 覆也. 故言大夫殯以幬, 欑至于西序也.
塗不暨于棺者, 天子·諸侯之欑木廣而去棺遠, 大夫欑俠而去棺近,
所塗者僅僅不及于棺而已. 士殯掘肂以容棺. 肂, 卽坎也. 棺在肂中
不沒, 其蓋縫用衽處, 猶在外而可見, 其衽以上, 亦用本覆而塗之.
帷, 幛也. 貴賤皆有帷, 故惟朝夕之哭乃褰擧其帷耳. 所以帷者, 鬼
神尙幽闇故也. 此章以檀弓參之, 制度不同.

'군(君)'자는 제후를 뜻한다. '춘(輴)'은 영구를 싣는 수레이다. 빈소를 마
련할 때, 영구는 춘거 위에 싣는다. '찬(欑)'자는 "모으다."는 뜻이다. 춘
거의 네 방면에 나무를 쌓아서 관의 윗부분까지 쌓는다. '필(畢)'자는 모
두라는 뜻이다. 진흙으로 모두 바른다는 의미이다. 이처럼 나무를 쌓은

것은 지붕의 형태와 유사하기 때문에 "지붕까지 모두 바른다."고 말했다. 대부의 빈소를 마련할 때에는 춘거를 사용하지 않고, 관의 한 방면을 서쪽 서의 담장에 붙이고, 나머지 세 방면에 나무를 쌓게 되는데, 위는 지붕의 형태로 만들지 않고, 단지 관을 덮는 천으로 그 위를 덮기만 한다. '도(幬)'자는 덮개를 뜻한다. 그러므로 "대부의 빈소를 마련할 때에는 관의를 사용하여 덮고, 나무를 쌓되 서쪽 서까지 이른다."고 말한 것이다. 진흙을 바르는 것이 관까지 미치지 않는 것은 천자와 제후의 경우 나무를 쌓는 것이 폭이 넓어 관과 멀리 떨어져 있고, 대부의 경우 나무를 쌓은 폭이 좁아서 관과의 거리가 짧으니, 진흙을 바른 것이 간신히 관까지는 미치지 않을 따름이다. 사의 빈소를 마련할 때에는 땅을 파고서 관을 안치할 따름이다. '사(肂)'자는 구덩이이다. 관을 구덩이 속에 안치하지만 매장하지는 않고, 관의 뚜껑 중 봉합한 부분에 사용한 임(衽)은 바깥쪽에 있어서 볼 수 있는데, 임 위에는 또한 나무를 이용해서 덮고 그곳에 흙칠을 한다. '유(帷)'자는 장막이다. 신분의 차등에 상관없이 모두 장막을 설치하게 된다. 그렇기 때문에 아침저녁으로 곡을 할 때에는 장막을 걷어 올리고 할 따름이다. 장막을 치는 이유는 귀신은 그윽하고 어두운 곳을 숭상하기 때문이다. 이곳의 내용은 『예기』「단궁(檀弓)」편의 내용과 함께 참고해보면, 그 제도가 동일하지 않다.

經文

熬, 君四種[上聲]八筐, 大夫三種六筐, 士二種四筐, 加魚 · 腊焉.〈079〉

볶은 알곡을 관에 넣을 때, 군주의 경우에는 4종류의['種'자는 상성으로 읽는다.] 알곡을 8개의 광주리에 담아서 넣는다. 대부의 경우에는 3종류의 알곡을 6개의 광주리에 담아서 넣는다. 사의 경우에는 2종류의 알곡을 4개의 광주리에 담아서 넣는다. 여기에는 모두 물고기와 육포를 추가해서 넣는다.

熬, 以火燭穀令熟也. 熟則香, 置之棺旁, 使蚍蜉聞香而來食, 免侵尸也. 四種, 黍·稷·稻·梁也. 每種二筐. 三種, 黍·稷·梁. 二種, 黍·稷也. 加魚與腊, 筐同異未聞.

'오(熬)'는 알곡을 볶아서 익힌 것이다. 익힌다면 향기를 내니, 그것을 관의 측면에 넣어두어 개미들이 그 냄새를 맡고 찾아와 먹도록 하여, 시신을 갉아먹는 일을 방지한다. 4종류는 메기장·차기장·쌀·조를 뜻한다. 매 종류마다 2개의 광주리에 담는다. 3종류는 메기장·차기장·조를 뜻한다. 2종류는 메기장·차기장을 뜻한다. 물고기와 육포를 추가하는데, 광주리를 쓰는지 또는 다른 것을 쓰는지에 대해서는 들어보지 못했다.

石梁王氏曰: 棺旁用熬穀加魚腊, 不可從.

석량왕씨가 말하길, 관의 측면에 볶은 알곡을 넣고 물고기와 육포를 넣는다는 말은 따를 수 없다.

飾棺: 君龍帷·三池. ⟨080⟩

관을 치장함에 있어서, 제후의 경우에는 용을 그린 장막으로 영구를 가리고, 유거에는 3개의 빗물받이를 단다.

疏曰: 君, 諸侯也. 帷, 柳車邊幛也, 以白布爲之. 王侯皆畫爲龍, 故

云君龍帷也. 池者, 織行爲籠, 衣以靑布, 挂於柳上荒邊瓜端, 象宮
室承霤. 天子四注, 屋四面承霤, 柳亦四池. 諸侯屋亦四注而柳降一
池, 闕後, 故三池也.

소에서 말하길, '군(君)'자는 제후를 뜻한다. '유(帷)'는 유거 주변을 가리
는 장막이니, 백색의 포로 만든다. 천자와 제후는 모두 그림을 그려서
용의 무늬를 새긴다. 그렇기 때문에 "제후는 용유를 한다."고 했다. '지
(池)'는 대나무살을 짜서 대바구니를 만들고, 청색의 포를 입히고서 유
거의 위 상단부분인 황(荒) 측면 중 끝부분에 걸어두니, 건물에 빗물이
모여서 떨어지도록 한 유(霤)가 있는 것을 상징한다. 천자의 경우에는
네 방면에 빗물받이를 다니, 지붕의 네 방면에 모두 유가 있으므로, 유
거에도 또한 4개의 지(池)가 있다. 제후의 경우 건물의 지붕에는 또한
4개의 빗물받이가 있지만, 유거에는 1개의 지를 줄이게 되어, 후면의 것
을 뺀다. 그렇기 때문에 3개의 지를 단다.

振容.〈081〉

제후의 관을 치장할 때에는 지 밑에 진용을 단다.

振容者, 振動容飾也, 以靑黃之繒, 長丈餘如幡, 畫爲雉, 懸於池下
爲容飾, 車行則幡動, 故曰振容也.

'진용(振容)'은 움직일 때 함께 흔들리는 장식이니, 청색과 황색의 비단
으로 만드는데, 그 길이는 깃발과 같고, 꿩을 그려서, 지(池) 밑에 달아
장식으로 삼으니, 수레가 움직일 때 함께 흔들리므로, '흔들리는 장식'이
라고 했다.

黼荒, 火三列, 黼[弗]三列.〈082〉

제후의 관을 치장할 때에는 유거의 덮개는 변두리에 백색과 흑색으로
도끼무늬를 그린 보황을 사용하고, 덮개의 중앙 지점에는 또한 화의 무
늬를 그린 것이 3줄이고, 불의 무늬를[黻'자의 음은 '弗(불)'이다.] 그린 것
이 3줄이다.

集說

荒, 蒙也. 柳車上覆, 謂鼈甲也, 綠荒邊爲白黑斧文, 故云黼荒. 荒之
中央又畫爲火三行, 故云火三列. 又畫兩己相背爲三行, 故云黻三
列.

'황(荒)'은 덮개를 뜻한다. 유거의 덮개이니, '별갑(鼈甲)'이라고도 부른
다. 덮개 변두리에 가선을 대며 백색과 흑색으로 도끼무늬를 새기기 때
문에, '보황(黼荒)'이라고 했다. 덮개의 중앙 부분에는 또한 화(火)의 무
늬를 그린 것이 3줄이다. 그렇기 때문에 "화가 3렬이다."라고 했다. 또
두 개의 기(己)자가 서로 등지도록 그림을 그린 것이 3줄이다. 그렇기
때문에 "불이 3렬이다."라고 했다.

經文

素錦褚, 加僞[帷]荒.〈083〉

제후의 관을 치장할 때에는 흰색의 비단으로 지붕을 만들어서 관을 덮
고, 그 위에 주변을 가리는 유와[僞'자의 음은 '帷(유)'이다.] 그 위를 덮는
황을 설치한다.

素錦, 白錦也. 褚, 屋也. 荒下用白錦爲屋, 象宮室也. 加帷荒者, 帷是邊牆, 荒是上蓋, 褚覆竟, 而加帷荒於褚外也.

'소금(素錦)'은 백색의 비단을 뜻한다. '저(褚)'자는 지붕을 뜻한다. 황(荒) 아래에는 백색의 비단을 이용해서 지붕처럼 만드니, 건물을 본뜨기 때문이다. "유황(帷荒)을 더한다."고 했는데, '유(帷)'는 주변을 가리는 장막이고, '황(荒)'은 그 위를 덮는 덮개이니, 지붕 덮는 일이 끝나면 유와 황을 지붕 밖에 설치한다.

纁紐六.〈084〉

제후의 관을 치장할 때에는 분홍색의 끈 6개를 양쪽 측면에 3개씩 두어서 덮개와 옆을 가리는 장막을 연결한다.

上蓋與邊牆相離, 故又以纁帛爲紐連之, 兩旁各三, 凡六也.

윗면의 덮개와 측면을 가리는 장막은 서로 떨어져 있기 때문에, 또한 분홍색의 비단으로 끈을 만들어서 연결하는데, 양쪽 측면에 각각 3개씩 설치하니, 총 6개가 된다.

齊[如字], 五采五貝.〈085〉

제후의 관을 치장할 때에는 수레의 덮개 부분 중 중앙에['齊'자는 글자대로 읽는다.] 해당하는 부분은 원형으로 만드는데, 다섯 가지 채색의 비단을 차례대로 넣어서 옷을 입히고, 그 위에는 조개를 엮어 만든 5개의 줄을 붙인다.

集說

齊者, 臍之義, 以當中而言, 謂鼈甲上當中形圓如車之蓋, 高三尸, 徑二尺餘, 以五采繒衣之, 列行相次. 五貝者, 又連貝爲五行, 交絡齊上也.

'제(齊)'자에는 배꼽이라는 뜻이 있으니, 중앙에 해당한다는 뜻으로 한 말이다. 즉 별갑 위의 중앙 부분은 원형으로 만들어서 수레의 덮개처럼 하는데, 높이는 3척이고 지름은 2척이 넘으며, 다섯 가지 채색의 비단으로 입히는데 각각의 채색은 행렬의 순서에 따라 들어간다. '오패(五貝)'는 또한 조개를 연결하여 5줄을 만든 것이니, 제 위에 교차로 연결한다.

經文

黼翣二, 黻翣二, 畫翣二, 皆戴圭.(086)

제후의 관을 치장할 때에는 삽을 세우는데, 보무늬를 새긴 것이 2개이고, 불무늬를 새긴 것이 2개이며, 구름무늬를 새긴 것이 2개인데, 이 모두에 대해서는 양쪽 모서리에 규를 단다.

集說

翣形似扇, 木爲之, 在路則障車, 入椁則障柩. 二畫黼, 二畫黻, 二畫雲氣, 六翣之兩角皆戴圭玉也.

'삽(翣)'의 형태는 부채와 유사한데, 나무로 만들며, 도로에 있을 때 수레를 가리고, 곽에 넣을 때에는 관을 가리게 된다. 2개에는 보무늬를 새기고, 2개에는 불무늬를 새기며, 2개에는 구름무늬를 새기는데, 여섯 개의 삽 양쪽 모서리에는 모두 규옥을 단다.

經文

魚躍拂池.〈087〉

제후의 관을 치장할 때에는 동으로 만든 물고기를 지 아래에 달아서, 수레가 움직일 때 물고기가 흔들리며 지를 움직이게 한다.

集說

以銅魚懸於池之下, 車行則魚跳躍, 上拂於池, 魚在振容間也.

동으로 만든 물고기를 지(池) 아래에 달아서, 수레가 움직일 때, 물고기가 움직여서 위로 지를 움직이게 하니, 어(魚)는 진용(振容) 사이에 둔다.

經文

君纁戴六.〈088〉

제후의 관을 치장할 때에는 관의 끈과 유거를 결속시키는 분홍색의 대가 6줄이다.

戴, 猶値也, 用纁帛繫棺紐著柳骨, 棺之橫束有三, 每一束, 兩過各
屈皮爲紐, 三束則六紐, 今穿纁戴於紐以繫柳骨, 故有六戴也.

'대(戴)'는 "꽂다."는 뜻이니, 분홍색의 비단을 이용해서 관의 끈에 연결
하고 이것으로 유거의 본체에 결속하니, 관의 가로 방향에는 매듭을 짓
는 것이 3개인데, 매 매듭마다 양쪽 측면에 각각 좁아지는 부분을 끈으
로 삼아서, 3개의 매듭이 있게 되면 6개의 끈이 있는 것이고, 현재 분홍
비단으로 만든 대(戴)를 끈에 붙여서 유거의 본체와 결속을 한다고 했기
때문에, 6개의 대가 포함된다.

纁披[去聲]六.〈089〉

제후의 관을 치장할 때에는 수레가 기우는 것을 방지하기 위해 분홍색
의 비단으로 만든 피가['披'자는 거성으로 읽는다.] 6줄이다.

亦用絳帛爲之, 以一頭繫所連柳纁戴之中, 而出一頭於帷外, 人牽
之, 每戴繫之, 故亦有六也. 謂之披者, 若牽車, 登高則引前以防軒
車, 適下則引後以防翻車, 欹左則引右, 欹右則引左, 使不傾覆也.
已上竝孔說.

이 또한 분홍색의 비단으로 만드는데, 한쪽 끝은 유거를 결속했던 대
(戴)의 중간 부분에 연결하고, 다른 한쪽 끝은 유(帷) 밖으로 돌출시켜
서, 사람들이 잡아서 끌게 되니, 매 대마다 연결하기 때문에 또한 6줄이
있게 된다. 이것을 '피(披)'라고 부르는 것은 수레를 끌었을 때, 높은 곳

으로 오르게 되면 앞쪽을 당겨서 수레가 뒤로 넘어가는 것을 방지하고, 낮은 곳으로 가게 되면 뒤쪽을 당겨서 수레가 앞으로 고꾸라지는 것을 방지하며, 좌측으로 기울어진 곳을 가게 되면 우측을 당기고, 우측으로 기울어진 곳을 가게 되면 좌측을 당겨서, 수레가 전복되지 않도록 한다. 이상의 설명은 모두 공영달의 주장이다.

大夫畫帷二池, 不振容, 畫荒, 火三列, 黻三列, 素錦褚; 纁紐二, 玄紐二, 齊三采三貝; 黻翣二, 畫翣二, 皆戴綏[而追反]; 魚躍拂池. 大夫戴前纁後玄, 披亦如之.〈090〉

대부의 관을 치장할 때에는 구름무늬를 그린 장막으로 영구를 가리고, 유거에는 2개의 빗물받이를 단다. 지 밑에 진용을 달지 않는다. 유거의 덮개는 변두리에 구름무늬를 그린 화황을 사용하고, 덮개의 중앙 지점에는 또한 화무늬를 그린 것이 3줄이고, 불무늬를 그린 것이 3줄이다. 흰색의 비단으로 지붕을 만들어서 관을 덮는다. 분홍색의 끈 2개와 현색의 끈 2개를 두어서 덮개와 옆을 가리는 장막을 연결한다. 수레의 덮개 부분 중 중앙에 해당하는 부분은 원형으로 만드는데, 세 가지 채색의 비단을 차례대로 넣어서 옷을 입히고, 그 위에는 조개를 엮어 만든 3개의 줄을 붙인다. 삽을 세우는데, 불무늬를 새긴 것이 2개이고, 구름무늬를 새긴 것이 2개인데, 이 모두에 대해서는 양쪽 모서리에 다섯 가지 채색의 깃털로 만든 술을['綏'자는 '而(이)'자와 '追(추)'자의 반절음이다.] 단다. 동으로 만든 물고기를 지 아래에 달아서, 수레가 움직일 때 물고기가 흔들리며 지를 움직이게 한다. 대부는 관의 끈과 유거를 결속시키는 대를 앞의 것은 분홍색으로 만들고 뒤의 것은 현색으로 만든다. 피 또한 그 색깔과 수량이 대와 같다.

畫帷, 畫爲雲氣也. 二池, 一云兩過各一, 一云前後各一. 畫荒, 亦畫
爲雲氣也. 齊三采, 絳·黃·黑也. 皆戴緌者, 用五采羽作蕤, 綴翣之
兩角也. 披亦如之, 謂色及數悉與戴同也.

'화유(畫帷)'는 구름무늬를 그린 유를 뜻한다. '이지(二池)'라고 했는데,
양쪽 측면에 각각 1개씩 단다고 말하기도 하고, 또는 앞뒤로 각각 1개씩
단다고 말하기도 한다. '화황(畫荒)' 또한 구름무늬를 그린 황(荒)이다.
제(齊)에는 세 가지 채색을 사용하니, 분홍색·황색·흑색이다. '개대수
(皆戴緌)'라는 말은 다섯 가지 채색의 깃털로 술을 만들어서, 삽(翣)의
양쪽 모서리에 연결시킨 것이다. '피역여지(披亦如之)'라고 했는데, 색깔
과 들어가는 수는 모두 대(戴)와 같다는 뜻이다.

士布帷, 布荒, 一池, 揄[搖]絞[爻]; 纁紐二, 緇紐二, 齊三采, 一
貝, 畫翣二, 皆戴緌. 士戴, 前纁後緇, 二披用纁. 〈091〉

사의 관을 치장할 때에는 그림을 그리지 않은 백색의 포로 장막을 만들
고 그것으로 영구를 가리며, 유거의 덮개도 그림을 그리지 않은 백색의
포로 만든다. 유거에는 1개의 빗물받이를 단다. 지에는 꿩을 그린['揄'자
의 음은 '搖(요)'이다.] 끈을['絞'자의 음은 '爻(효)'이다.] 매단다. 분홍색의 끈 2
개와 현색의 끈 2개를 두어서 덮개와 옆을 가리는 장막을 연결한다. 수
레의 덮개 부분 중 중앙에 해당하는 부분은 원형으로 만드는데, 세 가
지 채색의 비단을 차례대로 넣어서 옷을 입히고, 그 위에는 조개를 엮
어 만든 1개의 줄을 붙인다. 삽을 세우는데, 구름무늬를 새긴 것이 2개
이며, 삽의 양쪽 모서리에 다섯 가지 채색의 깃털로 만든 술을 단다.
사는 관의 끈과 유거를 결속시키는 대를 앞의 것은 분홍색으로 만들고

뒤의 것은 검은색으로 만든다. 한쪽에 있는 2개의 피 또한 분홍색으로 만든다.

布帷布荒, 皆白布不畫也, 一池在前. 揄, 搖翟也, 雉類, 青質五色. 絞, 青黃之繒也. 畫翟於絞, 繒在池上. 戴當棺束, 每束各在兩過, 前頭二戴用纁, 後二用緇. 二披用纁者, 據一過前後各一披, 故云二披. 若通兩過言之, 亦四披也.

'포유(布帷)'와 '포황(布荒)'은 모두 백색의 포로 만들며 그림을 그리지 않는다. 1개의 지(池)는 앞에 있다. '요(揄)'는 꿩을 그린 것이니, 꿩의 부류는 청색 바탕에 다섯 가지 색깔이 섞여 있다. '효(絞)'는 청색과 황색의 비단으로 만든다. 효(絞)에 꿩을 그리고, 그것은 지(池) 위에 단다. 대(戴)는 관의 봉합부분에 있는 매듭 위에 있는데, 매 매듭마다 각각 양쪽 측면에 연결하며, 앞쪽에 있는 2개의 대(戴)는 분홍색으로 만들고, 뒤쪽에 있는 2개의 대(戴)는 검은색으로 만든다. 2개의 피(披)는 분홍색으로 만드는데, 한쪽 측면의 앞뒤에 각각 1개의 피(披)가 달려 있는 것에 근거를 했기 때문에, '이피(二披)'라고 했다. 만약 양쪽 측면을 통괄해서 말한다면 또한 4개의 피(披)가 된다.

君葬用輴[春], 四綍二碑, 御棺用羽葆. 大夫葬用輴[船], 二綍二碑, 御棺用茅. 士葬用國[船]車, 二綍無碑, 比[卑]出宮, 御棺用功布.〈092〉

군주의 장례를 치를 때에는 춘거를['輴'자의 음은 '春(춘)'이다.] 사용하고, 관에는 4개의 끈을 달고 하관을 할 때에는 2개의 비를 설치하며, 앞에서 수레를 이끌 때에는 우보라는 깃대를 이용해서 지휘한다. 대부의 장례를 치를 때에는 선거를['輴'자의 음은 '船(선)'이다.] 사용하고, 2개의 끈을 달고 2개의 비를 설치하며, 수레를 이끌 때에는 모를 사용한다. 사의 장례를 치를 때에는 선거를['國'자의 음은 '船(선)'이다.] 사용하고, 2개의 끈을 달지만 비는 설치하지 않고, 집밖을 빠져나갈 때까지는['比'자의 음은 '뿌(비)'이다.] 관을 이끌 때 공포를 사용한다.

集說

此章二輴字‧一國字, 註皆讀爲輇, 船音, 然以檀弓"諸侯輴而設幬" 言之, 諸諗侯殯得用輴, 豈葬不得用輴乎? 今讀大夫葬用輴與國字, 竝作舡音; 君葬用輴, 音春.

이곳 문장에 나온 2개의 '輴'자와 1개의 '國'자를 정현의 주에서는 모두 '輇'자로 풀이했으니, 그 음은 '船(선)'인데, 『예기』「단궁(檀弓)」편에서 "제후의 경우에는 춘거는 사용하지만, 휘장으로만 그 위를 덮는다."고 한 기록에 따라 말을 해본다면, 제후의 빈소를 마련할 때에는 춘거를 사용할 수 있는데, 어떻게 장례를 치를 때 춘거를 사용할 수 없단 말인가? 현재 대부의 장례를 치를 때 '輴'을 사용한다는 것과 '國'을 사용한다고 했을 때의 두 글자는 모두 '船(선)'자의 음으로 풀이하며, 군주의 장례를 치를 때 '輴'을 사용한다고 했을 때의 '輴'자는 그 음이 '春(춘)'이다.

天子之窆, 用大木爲碑, 謂之豊碑; 諸侯謂之桓楹. 碑紼, 詳見檀弓. 御棺羽葆, 竝見雜記. 功布, 大功之布也. 輇車, 雜記作輲字.

천자에 대해 하관을 할 때에는 큰 나무를 이용해서 기둥을 만드는데, 이것을 '풍비(豊碑)'라고 부르며, 제후에 대해 사용하는 것은 '환영(桓楹)'이라고 부른다. '비(碑)'와 '불(紼)'에 대해서는 그 설명이 『예기』「단궁(檀弓)」편에 나온다. '어관(御棺)'과 '우보(羽葆)'에 대해서는 그 설명이 『예기』「잡기(雜記)」편에 나온다. '공포(功布)'는 대공복을 만들 때의 포를 뜻한다. '전거(輇車)'의 '전(輇)'자를 「잡기」편에서는 '천(輲)'자로 기록했다.

經文

凡封[窆], 用綍, 去碑負引[去聲]. 君封以衡, 大夫·士以咸[緘]. 君命毋譁, 以鼓封. 大夫命毋哭. 士哭者相止也.〈093〉

무릇 하관을['封'자의 음은 '窆(폄)'이다.] 할 때에는 불을 이용하게 되는데, 비와 떨어져 서서 인을['引'자는 거성으로 읽는다.] 짊어지고 관을 내린다. 군주의 하관에는 가로로 덧대는 나무를 사용하여 기울지 않도록 하고, 대부와 사의 경우라면 인을 관의 매듭에 있는 끈에['咸'자의 음은 '緘(함)'이다.] 연결만 하여 하관한다. 군주의 경우 사람들이 잡담하지 않도록 금지시키고, 인을 짊어진 자들은 북소리에 맞춰서 하관한다. 대부의 경우에는 곡을 하지 않도록 금지시킨다. 사의 경우에는 단지 곡을 하는 자들이 서로에게 주의를 주어 곡을 하지 못하도록 한다.

集說

三封字, 皆讀爲窆, 謂下棺也.

이곳에 나온 3개의 '봉(封)'자는 모두 '폄(窆)'자로 풀이하니, 하관한다는 뜻이다.

疏曰: 棺時, 將綍一頭繫棺緘, 又將一頭繞碑間鹿盧, 所引之人, 在碑外背碑而立, 負引者漸漸應鼓聲而下, 故云用綍去碑負引也. 以衡, 謂下棺時, 別以大木爲衡, 貫穿棺束之緘, 平持而下, 備傾頓也. 以緘者, 以綍直繫棺束之緘而下也. 命毋譁, 戒止其諠譁也. 以鼓封, 擊鼓爲負引者縱舍之節也. 命毋哭, 戒止哭聲也. 士則衆哭者自相止而已.

소에서 말하길, 하관할 때, 불의 한쪽 끝은 관을 묶은 줄에 매달고 다른 한쪽 끝은 비(碑)에 있는 도르래에 설치하며, 그것을 잡아당기는 사람은 비(碑) 바깥에서 비(碑)를 등지고 서 있게 되며, 인(引)을 짊어지고 당기는 자는 점진적으로 북소리에 맞춰서 관을 밑으로 내린다. 그렇기 때문에 "불을 이용하며, 비와 떨어져서 인을 짊어진다."라 말한 것이다. '이형(以衡)'이라고 했는데, 하관할 때 별도로 큰 나무를 가로로 덧대는 나무를 만들고, 관의 이음새에 있는 묶음의 끈에 연결하여, 평형을 유지하며 밑으로 내리는 것이니, 기우는 것을 대비하는 것이다. '이함(以緘)'이라고 했는데, 불을 직접적으로 관의 이음새에 있는 묶음의 끈에 연결하여 밑으로 내린다는 뜻이다. '명무화(命毋譁)'는 서로 잡담하며 떠드는 것을 금지시킨다는 뜻이다. '이고폄(以鼓窆)'은 북소리를 울려서 인을 짊어지는 자가 줄을 풀어주는 절도로 삼는다는 뜻이다. '명무곡(命毋哭)'은 곡하는 소리가 나오지 않도록 금지시킨다는 뜻이다. 사의 경우 곡을 하는 많은 자들이 제 스스로 서로 금지시킬 따름이다.

經文

君松槨, 大夫栢槨. 士雜木槨.〈094〉

제후는 소나무로 만든 곽을 사용하고, 대부는 측백나무로 만든 곽을 사용하며, 사는 잡목으로 만든 곽을 사용한다.

集說

天子栢槨, 故諸侯以松. 大夫同於天子者, 卑遠不嫌僭也.

천자는 측백나무로 만든 곽을 사용한다. 그렇기 때문에 제후는 소나무로 만든 곽을 사용한다. 대부가 천자의 예법과 동일하게 따를 수 있는 것은 대부의 신분은 천자에 비해 매우 낮으므로, 참람되다는 혐의를 받지 않기 때문이다.

經文

棺椁之間, 君容柷[昌六反], 大夫容壺, 士容甒[武].〈095〉

관과 곽 사이에는 부장품을 넣는데, 군주의 경우에는 축을['柷'자는 '昌(창)'자와 '六(륙)'자의 반절음이다.] 넣었고, 대부는 호를 넣었으며, 사는 무를['甒'자의 음은 '武(무)'이다.] 넣었다.

集說

柷, 樂器, 形如桶. 壺, 漏水之器, 一說壺甒皆盛酒之器. 此言闊狹之度, 古者棺外椁內皆有藏器也.

'축(柷)'은 악기이니, 그 모습은 옻칠을 한 통과 유사하다. '호(壺)'는 물을 떨어트리는 기구인데, 일설에는 호(壺)와 무(甒)가 모두 술을 담는 기구라고 한다. 이 내용은 폭의 넓이에 대해 나타내고 있으니, 고대에는 관 밖과 곽 내부에 모두 부장품을 넣었다.

經文

君裏椁虞筐. 大夫不裏椁. 士不虞筐.〈096〉

군주의 경우 곽은 안쪽을 바르고 우광을 한다. 대부는 곽의 안쪽을 바르지 않는다. 사는 우광을 하지 않는다.

疏曰: 盧氏雖有解釋, 鄭云未聞, 今不錄.

소에서 말하길, 노식이 비록 이 문장에 대해서 풀이를 한 것이 있지만,
정현은 들어보지 못했다고 했으니, 현재 그 풀이를 기록하지 않는다.

| 저자 소개 |

권근(權近, 1352~1409)
· 고려말 조선초기 때의 학자
· 본관은 안동(安東)이고, 초명은 진(晉)이며, 자는 가원(可遠)·사숙(思叔)이고,
  호는 소오자(小烏子)·양촌(陽村)이며, 시호는 문충(文忠)이다.

| 역자 소개 |

정병섭鄭秉燮
· 1979년 출생
· 2002년 성균관대학교 유교철학과 졸업
· 2004년 성균관대학교 대학원 유학과 석사
· 2013년 성균관대학교 대학원 유학과 철학박사
· 『역주 예기집설대전』과 『역주 예기보주』를 완역하였다.
· 『의례』, 『주례』, 『대대례기』 번역과 한국유학자들의 예학 관련 저작들의
  번역을 계획 중이다.

譯註
禮記淺見錄 ⑤
樂記上·樂記下·雜記上·雜記下·喪大記

초판 인쇄   2019년 10월 1일
초판 발행   2019년 10월 15일

저   자ㅣ권 근(權近)
역   자ㅣ정 병 섭(鄭秉燮)
펴 낸 이ㅣ하 운 근
펴 낸 곳ㅣ學古房

주   소ㅣ경기도 고양시 덕양구 통일로 140 삼송테크노밸리 A동 B224
전   화ㅣ(02)353-9908 편집부(02)356-9903
팩   스ㅣ(02)6959-8234
홈페이지ㅣhakgobang.co.kr
전자우편ㅣhakgobang@naver.com, hakgobang@chol.com
등록번호ㅣ제311-1994-000001호

ISBN 978-89-6071-895-1 94150
         978-89-6071-890-6 (세트)

값 : 39,000원

※ 파본은 교환해 드립니다.